Karl Schattenhofer · Wolfgang Weigand (Hrsg.)

Die Dynamik der Selbststeuerung

Karl Schattenhofer · Wolfgang Weigand (Hrsg.)

Die Dynamik der Selbststeuerung

Beiträge zur angewandten Gruppendynamik

Westdeutscher Verlag

Der Westdeutsche Verlag ist ein Unternehmen der Bertelsmann Fachinformation GmbH.

http://www.westdeutschervlg.de

Höchste inhaltliche und technische Qualität unserer Produkte ist unser Ziel. Bei der Produktion und Verbreitung unserer Bücher wollen wir die Umwelt schonen: Dieses Buch ist auf säurefreiem und chlorfrei gebleichtem Papier gedruckt. Die Einschweißfolie besteht aus Polyäthylen und damit aus organischen Grundstoffen, die weder bei der Herstellung noch bei der Verbrennung Schadstoffe freisetzen.

Umschlaggestaltung: Horst Dieter Bürkle, Darmstadt
Druck und buchbinderische Verarbeitung: Rosch-Buch, Scheßlitz
Printed in Germany

ISBN 3-531-12979-1

Inhaltsverzeichnis

Teil III: Die Rolle des Trainers und Beraters

Teil IV: Praxisprojekte

Vorwort

Der Begriff der Selbststeuerung verspricht viel! Mit ihm wird das Gegenteil von Hierarchie, Abhängigkeit, Zentralismus, Planwirtschaft beschrieben und positiv verbindet man mit diesem Konzept Freiheit, Selbstbestimmung und Autonomie. Er verheißt die Überwindung der Fremdsteuerung und Fremdbestimmung. Was aber bedeutet Selbststeuerung? Wer steuert, wenn sich einzelne Personen, Gruppen und Organisationen selbst steuern und auf welche Weise wird gesteuert? „Ich steuere mich" ist noch relativ klar zu sagen, obwohl wir alle wissen, daß der eigene Einfluß auf unser Verhalten, unsere Gefühle und Gedanken begrenzt ist. Die Aussage: „Wir - z.B. als Mitglieder einer Arbeitsgruppe - steuern uns" wirft sofort sehr viele Fragen und Probleme auf: Steuern alle gleichzeitig oder steuert keiner, wieviel Gleichheit und wieviel Unterschiede in Bezug auf Einfluß und Kompetenz sind zugelassen oder notwendig? Ist Selbststeuerung möglich, wenn die Ziele und Rahmenbedingungen der Gruppe, der Organisation vorgegeben sind? Beginnt Selbststeuerung immer von „unten" oder kann sie (paradoxerweise) angeordnet werden, z.B. wenn andere Formen der Steuerung versagen?

In welcher Beziehung steht die Vorstellung von Selbststeuerung mit der angewandten Gruppendynamik? Unter Gruppendynamik als angewandte Sozialwissenschaft versteht man im engeren Sinne Theorien und Konzepte, die sich mit den Strukturen und Prozessen in Kleingruppen beschäftigen (vgl. dazu König, 1997, S. 11 ff.). Neben diesem Interesse am Verstehen von Gruppenprozessen hatte die angewandte Gruppendynamik in der Tradition des Sozialpsychologen und „Aktionsforschers" Kurt Lewin auch ein Handlungsinteresse: Mit Hilfe der gruppendynamischen Methoden wie der Trainingsgruppe, dem Feedback, dem sozialen Lernen und der Selbsterfahrung in Gruppen, sollten Verhaltensweisen und Einstellungen der Gruppenteilnehmer verändert werden. Inhaltlich ging es Lewin und seiner Gruppe z.B. um die Veränderung von Einstellungen gegenüber Minderheiten und um die Entwicklung eines demokratischen, kooperativen Führungsstils. Vor allem in der Leitidee mit gruppendynamischen Lernformen die Abhängigkeit oder Gegenabhängigkeit der Individuen von Autoritäten überwinden und zur Einsicht in die wechselseitige Abhängigkeit in der Interaktion führen zu können, hatte die Gruppendynamik immer schon emanzipatorische, auf Selbstbestimmung und Selbststeuerung ausgerichtete Ziele.

Die hohen Erwartungen an die Gruppendynamik als „Gesellschaftsverändernde Bewegung" haben sich nicht erfüllt. Sie ist in erster Linie ein *„schlichtes Instrument zur Gewinnung höherer sozialer Kompetenzen und zum Erlernen erfolgver-*

sprechender Kooperation“ geworden (Däumling, 1995, S. 8). Die Gruppendynamik hat ein breites methodisches Repertoire entwickelt, wie Gruppenmitglieder über ihre Wahrnehmung und Interventionen Einfluß auf die anderen Mitglieder und den sozialen Kontext „Gruppe“ nehmen können.

In der angewandten Gruppendynamik wurde kein zusammenhängendes theoretisches Konzept entwickelt, in das sich die verschiedenen, aus unterschiedlichen Bereichen der angewandten Psychologie, der Psychotherapie und der Sozialpsychologie entlehnten Methoden einordnen lassen. Sie arbeitet eher mit einem Flickenteppich aus sozialpsychologischen, (gruppen-)analytischen, tiefenpsychologischen Konzepten, die nicht immer gut zusammenpassen. Gruppendynamisch orientierte Autoren beziehen sich deshalb zunehmend auf systemtheoretische Konzepte, um ihre Praxis einordnen und theoretisch reflektieren zu können (z.B. Königswieser, Pelikan, 1990, Schmidt, 1989a, 1993). Auf ähnliche Weise sollen in diesem Band gruppendynamische Konzepte und gruppendynamische Praxis im Hinblick auf die Dynamik der Selbststeuerung dargestellt und reflektiert werden.

Im ersten Teil des Buches geht es um die Vertiefung der theoretisch-konzeptionellen Fragen zum Verhältnis zwischen Gruppendynamik und dem systemtheoretischen Verständnis von Selbststeuerung. Soziale Systeme werden nach dieser Metatheorie (z.B. Luhmann, 1985) als selbstorganisiert und autonom angesehen, das heißt, daß sie nicht direkt von ihrer Umwelt beeinflußt werden können und daß sie in ihren Reaktionen auf die von ihnen wahrgenommenen Umweltreize eigenen Gesetzen folgen. Selbstorganisierte Systeme sind somit nicht automatisch als selbstgesteuerte Systeme anzusehen (vgl. dazu Willke, 1997, S. 2 ff.). Dafür müssen sie über Strukturen und Prozesse verfügen, die ihnen - eigentlich den Beteiligten - ermöglichen, auf die eigenen Regeln, Strukturen und Prozesse Einfluß zu nehmen.

Die Ausgangsthese des einleitenden Beitrags von Karl Schattenhofer ist, daß die angewandte Gruppendynamik als Praxis des Konzeptes der Selbststeuerung verstanden werden kann. Gruppendynamische Verfahrensweisen haben zum Ziel, das individuelle, aber auch das Selbststeuerungspotential von Gruppen und Organisationen zu erweitern. Mit der gruppendynamischen Trainingsgruppe wurde ein Prototyp des selbststeuernden Sozialsystems erfunden: Eine Gruppe in der das Verhalten der einzelnen und die in der Gruppe geltenden Regeln, Normen und Rollendifferenzierungen über verschiedene Formen von Feedback reflektiert und damit gestaltbar werden. Die Trainingsgruppe selbst wird zum Gegenstand der Reflexion und Gestaltung gemacht und wird dadurch zum selbststeuernden System.

Marianne Hege beschreibt den - im Rahmen der Systemtheorie wenig beachteten - Zusammenhang zwischen der sozialpsychologischen Feldtheorie Kurt Lewins - neben Jakob Moreno der Begründer der angewandten Gruppendynamik - und der Systemtheorie. Die systemtheoretischen Grundfragen nach dem Zusammenhang von Teilen und Ganzem, von System und Umwelt, von Selbstreferenz und Fremdreferenz sowie nach der Konstruktion des Lebensraumes durch die jeweilige Person werden schon in der Feldtheorie Kurt Lewins behandelt. Die Feldtheorie verlagert, ähnlich der Systemtheorie, mit Begriffen wie dem des Lebensraumes (ein Feld von Person und Umwelt) die Aufmerksamkeit von der Frage nach den *Ursachen* zu der Frage nach den *Relationen* z.B. zwischen Person und Umwelt.

Was kann man unter Steuerung - der beabsichtigten und zielgerichteten Beeinflussung psychischer und sozialer Systeme - verstehen, wenn soziale und psychische Systeme als operativ geschlossen (vgl. dazu Willke, 1994 II) und als zumindest teilweise autonom gesehen werden. Karlheinz Geißler und Frank-Michael Orthey befassen sich mit dem grundlegenden Dilemma, daß Individuen, aber auch Gruppen und Organisationen nie (völlig) verstehbar sind und deswegen jede beraterische und jede gruppendynamische Intervention grundlegend paradox bleibt: Interventionen haben neben den beabsichtigten immer auch solche Folgen, die gerade nicht beabsichtigt wurden.

Der erste Teil wird von Wolfgang Weigand abgeschlossen, der die systemischen Konzepte unter dem Blickwinkel des psychoanalytisch orientierten Gruppendynamikers auf Verträglichkeiten und Unverträglichkeiten hin untersucht. Wo liegen Affinitäten und Unterschiede zwischen beiden Konzepten? Fehlt dem Selbststeuerungskonzept eine Theorie der Subjektivität? Am Interventionskonzept und der Prozeßorientierung lassen sich das Gemeinsame und Trennende gut veranschaulichen. Darüber hinaus wird deutlich, daß solche Annäherungsprozesse zwischen zwei Konzepten nicht nur nach rationalen Gesichtspunkten, sondern auch emotional-affektiv strukturiert sind.

Teil II des Buches behandelt „Lernprozesse". Wie lernen Teilnehmer gruppendynamischer Fortbildungen die Fähigkeit, komplexe Systeme wie Gruppen zu leiten und zu beraten? Nach der Analyse von Interviewprotokollen mit ehemaligen TeilnehmerInnen kommt Klaus Antons-Volmerg zu dem Schluß, daß es sich nicht um einen geradlinigen, planbaren Lernprozeß mit fest definierten Inhalten und Erlebnissen handeln kann: Der eigene Lernprozeß wird viel sprunghafter und unsystematischer erlebt und beschrieben, als die TrainerInnen es in ihrem Fortbildungsdesign vorsehen. Das didaktische Konzept dient mehr der Orientierung der TrainerInnen oder LehrerInnen.

Hierarchien und entsprechend formalisierte Regeln und Rollen ermöglichen es den professionell handelnden Rollenträgern, von den persönlichen Beziehungen zu den anderen beteiligten Personen abzusehen. Ist das nicht (mehr) der Fall und sind die Regeln jeweils individuell zu gestalten, werden Gefühle - eigene wie fremde - zu einem wichtigen professionellen Arbeits- und Steuerungsinstrument. Der Umgang mit Gefühlen wird zum professionellen Standard, der in verschiedenen beziehungsorientierten Dienstleistungsberufen von BeraterInnen und TrainerInnen, aber auch Krankenschwestern, FlugbegleiterInnen und anderen beherrscht werden muß. Wie sehen solche Standards aus, wie werden sie gelernt, und darf gruppendynamische Arbeit in diesem Sinne zur Standardisierung von Gefühlsarbeit beitragen? Diesen Fragen geht Lothar Nellessen in seinem Beitrag nach.

Die Beiträge des dritten Teils befassen sich mit der Rolle und Aufgabe der TrainerInnen und BeraterInnen. Die gruppendynamischen LeiterInnen- und TrainerInnenrolle ist paradox angelegt: In der Trainingsgruppe wird ein definierter freier (Zeit-) Raum eröffnet, der von den TeilnehmerInnen zu füllen ist. Die herkömmliche Leitungs- und LehrerInnenrolle wird verweigert und die TeilnehmerInnen müssen tun, lernen und erreichen, was sie tun, lernen und erreichen wollen. Das fordert nicht nur zur Selbststeuerung auf, es bleibt den TeilnehmerInnen eigentlich nichts anderes übrig, als selbst steuernd einzugreifen. Elisabeth Hürter beschreibt den Wandel in ihrer Haltung und ihren Interventionen als Trainerin, die sich immer mehr an Konzepten der Selbstorganisation und Selbststeuerung orientiert. Christiane Pennecke stellt am Beispiel ihrer Erfahrungen im Staff (der Leitung) eines gruppendynamischen Organisationslaboratoriums verschiedene und widersprüchliche Trainerstile und Interventionskonzepte einander gegenüber. Sie stellt die Frage in den Mittelpunkt, wieviel Steuerung durch und Auseinandersetzung mit der Autorität der Leitung die TeilnehmerInnen brauchen, um ihre Unabhängigkeit entwickeln zu können.

Wer nicht bestimmen kann oder will, der muß das „Aushandeln" lernen. Wie sieht die Rolle des Experten, Beraters und Trainers aus, der nicht über hierarchische Macht verfügt. Ob und wie seine (Wert-)Vorstellungen gefragt sind und wie er sie in den Aushandlungsprozeß einbringt, damit befaßt sich anschließend Gerd Leuschner.

Im vierten und letzten Teil des Buches werden einschlägige Beispiele aus der gruppendynamischen Fort- und Weiterbildungspraxis sowie der gruppendynamischen Organisationsberatung dargestellt. Viele reformpädagogische Konzepte hatten schon die Selbstbestimmung und Emanzipation der jeweiligen SchülerInnen zum Ziel, noch bevor jemand von Selbststeuerung sprach. Angelika Behrenberg und Michael Faßnacht verweisen auf diese pädagogische Verbindung zum Konzept der Selbststeuerung am Beispiel ihrer Weiterbildung für MitarbeiterInnen in der Erwachsenenbildung. Es zeigt, wie man die paradoxe Aufforderung zur Selbststeuerung des Lern- und Gruppenprozesses konkret gestalten kann und wie die TeilnehmerInnen darauf reagieren.

Rainer Schildmayer und Gerd Schüning stellen jeweils ein gruppendynamisches Design von Fortbildungsreihen für Führungskräfte vor, die von den teilnehmenden Führungskräften die Bewältigung und „Selbststeuerung" von offenen, unstrukturierten Gruppensituationen verlangen. Wie reagieren sie auf diese Zumutung, und können sie die Situation mit ihrem Führungsalltag in Verbindung bringen?

Wenn externe Experten eine Organisation untersuchen, um einen Vorschlag zu ihrer Veränderung zu entwickeln, kann das in Form eines Gutachtens geschehen, das die Meinung der Experten wiedergibt. Es kann aber auch in Form einer Aktionsforschungswoche geschehen, in der eine ExpertInnengruppe mit fast allen Organisationsmitgliedern in Beziehung tritt und mit ihnen die Organisation untersucht und analysiert. Am konkreten Untersuchungsprozeß eines Großstadtjugendamtes stellen Christian Schrapper und Carl Otto Velmerig die Fragen und Methoden einer gruppendynamischen Organisationsuntersuchung dar, mit der die Selbststeuerungskräfte der Organisation entwickelt werden sollen.

Es gibt zwei weitere Gründe für das Erscheinen dieses Buches: Die Sektion Gruppendynamik im Deutschen Arbeitskreis für Gruppenpsychotherapie und Gruppendynamik (DAGG) - ein Zusammenschluß von gruppendynamischen Trainerinnen und Trainern, die nach den Richtlinien der Sektion ausgebildet wurden - hat ihre öffentliche Fachtagung im Juni 1997 in Königswinter zum Thema „Selbststeuerung in Gruppen und Organisationen“ veranstaltet. Viele Beiträge der Tagung wurden zugleich für dieses Buch vorbereitet. Der Band dokumentiert somit einen Teil der Tagung und gibt darüber hinaus den Stand der durchaus kontroversen Diskussionen zum Thema wieder. Wir erheben natürlich nicht den Anspruch einer endgültigen Klärung, sondern hoffen, daß gruppendynamische Arbeiten vom Aspekt und vom Konzept der Selbststeuerung weitere Impulse bekommt.

Der beziehungsmäßige Anlaß, dieses Thema zu bearbeiten und dieses Buch herauszugeben, liegt in der Tatsache, daß unser gruppendynamischer Lehrer, Kollege und Freund Dr. Otto Hürter in diesem Jahr siebzig Jahre alt wird. Ihm widmen wir diesen Band.

Wir danken allen Beteiligten für ihre Geduld und Mühen bei der Erarbeitung und Überarbeitung ihrer Beiträge, Frau Simone Helmle für die akkurate Erledigung der Gestaltungs- und Formatierungsarbeiten sowie Herrn Dr. Schäbler und Frau Hasenauer vom Westdeutschen Verlag für ihr Interesse an diesem Projekt.

Karl Schattenhofer Wolfgang Weigand

Otto Hürter gewidmet

Dr. med. Otto Hürter, Mediziner, Theologe, Psychoanalytiker, Gruppendynamiker und Organisationsberater, feiert 1997 seinen 70.Geburtstag. Er lebt und arbeitet im Ruhestand in München, ist verheiratet und hat zwei erwachsene Kinder. Für die Herausgeber, die meisten Autorinnen und Autoren dieses Bandes und für viele darüberhinaus ist Otto Hürter gruppendynamischer Lehrer und Kollege; für manche(n) ist er zum Freund, für Elisabeth Hürter zum Lebenspartner geworden. Wir alle widmen ihm dieses Buch.

Otto Hürter will den Dingen auf den Grund und den Problemen an die Wurzel gehen. So könnte man seine umfassende Ausbildung verstehen, die ihn qualifiziert, den Menschen als Leib-, Seele- und Sozialnatur in seinen offenen Fragen und Problemen zu verstehen und ihm Hilfe anzubieten.

Denn Helfen heißt für Otto Hürter, die eigenen Kräfte zur Selbststeuerung und Selbstheilung zu finden. Als praktizierender Psychoanalytiker, Gruppendynamiker und Berater hat er sich dies zur Lebensaufgabe gemacht. Wenn man Therapie und Beratung von Einzelnen, Gruppen und Organisationen nicht als Eingriffe von außen und oben herab in psychische und soziale Systeme versteht, sondern als Hilfe zur Selbsthilfe und Förderung von Selbststeuerung, dann entspricht die Lehre und Praxis von Otto Hürter diesen Sichtweisen sehr. Seine theoretischen Interessen gingen in den letzten Jahren ebenso in diese Richtung, und er hat an verschiedenen Projekten unter dem Thema "Selbstorganisation" mitgearbeitet.

Viele seiner Interventionen in diesen verschiedenen Kontexten waren wohl deshalb wirksam, weil sie über das verfügten, was wirksame Interventionen mit den Worten von Otto Hürter in der Regel auszeichnen: "Rationale Schärfe und emotionale Kontur". Für die Verbindung zwischen dem persönlichen emotionalen Engagement und der rationalen Distanzierung oder auch dem rationalen Verstehen und der emotionalen Distanz, kurz für die gelungene Folge und Mischung von Engagement und Distanzierung ist seine Haltung und seine Praxis ein lebendiges Beispiel.

Deshalb kann er auch sich und anderen den Raum für Ambivalenzen gönnen: nicht zum Zwecke der Neutralisierung in Unentschiedenheit, sondern zum Reifen von fundierten, aber undogmatischen Standpunkten und Entscheidungen, die der Komplexität der Person und Situation einigermaßen gerecht werden. Darüber hinaus entbehrt sein "Dazwischenkommen" in Gruppen oder anderen sozialen Kontexten nicht des Humors und einer zugewandten Konfrontation. Manche seiner teils sparsamen, teils wortreichen Interventionen wurden wahrscheinlich deswegen in das vor allem mündlich überlieferte Traditionsgut der Gruppendynamiker aufgenommen. Zum Thema der "Interventionen in Organisationen" stammt auch eine seiner interessantesten Veröffentlichungen.

Aufsätze aus jüngerer Zeit zur "Kollegialität" und zur "Kunst der Konfrontation" (zusammen mit E. Hürter) vervollständigen eine nicht allzu umfangreiche Liste von Publikationen. Daß sich seine bisherigen schriftlichen Hinterlassenschaften in Grenzen halten, hat einen guten Grund: Otto Hürter spricht "wie gedruckt" und deshalb will er das Gesprochene nicht mehr zu Papier bringen. Statt dessen ist es ein intellektuelles Vergnügen, seine Einlassungen und "Mini-Lectures" in gruppendynamischen Trainings oder auf Tagungen der Sektion Gruppendynamik im Deutschen Arbeitskreis für Gruppenpsychotherapie und Gruppendynamik (DAGG) zu hören und zu erleben.

Lange war er stellvertretender Vorsitzender im DAGG; der Sektion Gruppendynamik, der er seit 1968 als Gründungsmitglied angehört, ist er als einer der wenigen Trainer der älteren Generation bis heute als aktives Mitglied über alle Jahre der Entwicklung und Krise treu geblieben: ein Vorbild für Konsequenz und Zuverlässigkeit, ein Könner in der Kunst der Einmischung und Auseinandersetzung und überhaupt ein Freund der Lebendigkeit.

Wenn jemand an dem, was ihm wichtig geworden ist, was er für bedeutsam hält und wovon er überzeugt ist, festhält, dann ist für diese Tugend das alte Wort der Treue noch immer berechtigt; und die bezieht sich für Otto Hürter auch auf viele andere Bereiche wie Beziehung, Verantwortung und Glaube.

Otto Hürter hat keine eigene theoretische oder methodische "Schule" gegründet; dennoch war er in vielen Graduierten-, Postgraduierten- und Ausbildungsprojekten für Erwachsenenbildner, Gruppenleiter, Gruppendynamiker und Supervisoren ein engagierter und kluger Lehrer, der bei der Klärung und Findung der beruflichen Rolle und Identität entscheidend geholfen hat. Gemeinsamer Nenner seiner Tätigkeit und seines Interesses sind das Verstehen und die Begleitung von Veränderungsprozessen einzelner Menschen und sozialer Systeme. Das liegt nahe; denn er hat sich selbst im Laufe seines Lebens solchen Veränderungsprozessen zur Genüge unterzogen.

Geboren 1927 in Bonn als drittes von acht Kindern, war er 1943/44 noch vor dem Abitur Luftwaffenhelfer und beim Reichsarbeitsdienst. Nach dem Abitur studierte er von 1947 - 53 in Münster/W. Medizin und war danach als praktischer Arzt tätig. 1956 hat er einen ersten signifikanten beruflichen Identitätswandel vollzogen. Er begann Theologie zu studieren und war anschließend als wissenschaftlicher Assistent in Moraltheologie an der Universität München tätig. Neben seiner Praxis als katholischer Priester unterzog er sich der Ausbildung zum Psychoanalytiker.

Eigene gruppendynamische Studien in den USA am Institute for Social Research der University of Michigan bei Bennc, Shepard, Lippitt, Lickert, Cartwright und Zander wurden zur Grundlage einer langen und erfahrungsreichen Tätigkeit als Trainer für angewandte Gruppendynamik, Balintgruppenarbeit, Supervision und Organisationsberatung im Profit- und Nonprofit-Bereich. Aus diesem Fundus schöpfte er für seine Lehrtätigkeit über 50 Semester als Dozent für Gruppendynamik und Tiefenpsychologie an der Universität und der Hochschule für Philosophie in München. So wurde er zum Mitbegründer der angewandten Gruppendynamik in Deutschland. Von seiner therapeutischen Praxis verabschiedet er sich derzeit in einem für ihn angemessenen und verträglichen Tempo.

Mit seinem Interesse am systemtheoretisch begründeten Selbststeuerungskonzept, das für ihn mehr ist als ein schillernder politischer Begriff mit Wunschphantasien, beteiligt er sich an einem Theorie-Praxis-Projekt, das nicht nur für die Gruppendynamik Zukunftscharakter hat.

Wir widmen Otto Hürter diesen Band als Resultat unserer Bemühungen um die Weiterentwicklung von Gruppendynamik, als Ausdruck unserer Kollegialität und Freundschaft und als Zeichen von Respekt und Dankbarkeit.

Karl Schattenhofer Wolfgang Weigand

Teil I

Selbststeuerung und Gruppendynamik: Fremde Konzepte?

Gruppendynamik als Praxis der Selbststeuerung

in sozialen Systemen

Karl Schattenhofer

1. Selbststeuerung: Jenseits von Hierarchie und Konformität

Die aktuelle Befindlichkeit in der "Risikogesellschaft" (Beck) entläßt alle Formen der Gemeinschaft, des Zusammenlebens und der Zusammenarbeit aus den vorgefertigten Entwürfen und Strukturen in die Freiheit und die Verpflichtung der Selbstgestaltung. Familien, Gruppen, Organisationen müssen nicht mehr nach den Vorbildern der Vergangenheit gestaltet werden, sie können und müssen laufend neu erfunden und den eigenen Vorstellungen, die auch erst entwickelt werden müssen, angepaßt werden. Diese Prozesse der Individualisierung und Differenzierung in der Risikogesellschaft fordern dem Individuum viele aktive Orientierungsleistungen ab, sie lassen die Erwartungen an die selbstgeknüpften sozialen Netzwerke und Gemeinschaften, die die traditionellen Bindungen ersetzen müssen, sprunghaft ansteigen:

> "Die Postmoderne, das Zeitalter der Kontingenz und des Endes der großen Entwürfe ist auch das Zeitalter der Suche nach Gemeinschaft, der Erfindung und Einbildung von Gemeinschaft. Gemeinschaft wird als etwas gedacht, wo das Unmögliche möglich erscheint: Als unheimliche Mischung aus Differenz und Kumpanei, als Einmaligkeit, für die man nicht mit Einsamkeit bezahlen muß, als Kontingenz mit Wurzeln, als Freiheit mit Sicherheit." (Bauman, 1992, S. 301f.)

Dieses Zitat "verdunkelt" die Frage, um die es bei der (Selbst-)Gestaltung der sozialen Gruppen, Gemeinschaften und Organisationen jenseits von Hierarchie und Konformität geht, auf eine treffende und dem Gegenstand entsprechende Weise. So erhellend und einfach wie die Ordnungsmuster von Konformität und Hierarchie waren und sind, können die selbstorganisierten und selbstgesteuerten Ordnungen in sozialen Systeme nicht sein. In jedem Fall geht es mehr um Balanceakte als um Entweder-oder Entscheidungen, mehr um Dissens als um Konsens, weniger um das Erreichen von Einheit und mehr um den Umgang mit und das Aushalten von Unterschieden, weniger um die Herstellung von Gleichheit und Homogenität als um die Erhaltung von Differenz und Diversität, also genau um die "unheimliche Mischung aus Differenz und Kumpanei".

Der reine Vorsatz und der gute Wille der Beteiligten kann die beiden Grundmuster, die Ordnung und Orientierung in sozialen Systemen sicherstellen, die Muster der Hierarchie und der Konformität in ihrer Ausschließlichkeit noch lange nicht außer Kraft setzen. Hierarchie im Sinne von Über- und Unterordnung, der Differenzierung in Täter und Opfer, Führer und Geführte, Befehl und Gehorsam bestimmt die Wahrnehmung und das Verhalten in allen sozialen Beziehungen. Ebenso zwingend erscheint, daß die Zugehörigkeit zu einer Gruppe oder einer Gemeinschaft jenseits der formalen Gleichheit oder Gleichberechtigung nur über die Gleichförmigkeit und Anpassung ihrer Mitglieder zu erkaufen ist. Ungewöhnliche Verhaltens- und überraschende Sichtweisen laufen schnell Gefahr, ausgeschlossen und bekämpft zu werden. In beiden Mustern, der hierarchischen wie konformen Ordnung, bestimmt das Entweder-oder. Die Überwindung dieser Muster kommt einem als eine utopische Angelegenheit vor, die mit den alltäglichen Erfahrungen wenig zu tun hat.

2. Selbstorganisation und Selbststeuerung

Unter dem Begriff "Selbstorganisation" haben sich bisher einerseits praktisch-politische Initiativen und Bewegungen versammelt, die solche Balanceakte konkret praktizieren, andererseits repräsentiert der Begriff verschiedene theoretische Modelle, die soziale und andere Systeme unter dem Blickpunkt der Autonomie und der Veränderung betrachten. Diese beiden Bedeutungen werden im folgenden mit ihren Bezügen zur angewandten Gruppendynamik kurz dargestellt, um dann zum Thema Selbststeuerung überzugehen.

2.1. Selbstorganisation als politisches Programm

Man kann Selbstorganisation als politisches Programm verstehen, das sich z.B. gegen Fremd- und Außenbestimmung, gegen unreflektierte und unausgesprochene Macht- und Hierarchieordnungen wendet. Die VertreterInnen dieses Programms treten für die Beteiligung der Betroffenen, für die Erweiterung ihrer Handlungs- und Einflußmöglichkeiten und für die Entdeckung gemeinsamer Kräfte und Ressourcen ein.

Das hat z.B. deutliche Auswirkungen auf alle Formen psychosozialer Hilfeangebote und sozialpolitischer Entscheidungen. Vor allem unter dem Stichwort "Empowerment" wird versucht, defizitorientierte Hilfsangebote und Versorgungsleistungen durch Angebote und Arbeitsweisen zu ersetzen, die an den Ressourcen der Betroffenen ansetzen und sie zumindest zu Mitgestaltern des Hilfeprozesses machen. Dabei ist das Vokabular dieser Perspektive mit "Hilfe zur Selbsthilfe" und ähnlichem schon längst in den Sprachgebrauch der helfenden Institutionen übernommen worden, aber ihr Einfluß auf die Praxis ist noch lange nicht soweit fortgeschritten, daß man von einem Perspektivewechsel sprechen könnte (vgl. dazu Keupp, 1994).

Ein anderer Teil des politischen Programms der Selbstorganisation ist öffentlichkeitswirksamer in den neuen sozialen Bewegungen wie der Friedens- und Ökologiebewegung vertreten.

> Nicht Eigentums- oder Verteilungsfragen, sondern Fragen der Lebensweise, - gekennzeichnet durch nichtmaterielle Interessen, Bestrebungen nach Selbstorganisation und Verantwortung und die Ablehnung von herrschaftlichen und instrumentellen Beziehungen der Menschen untereinander und zwischen Menschen und Natur - stehen im Vordergrund. Bei allen Unterschieden ist diesen Bewegungen gemeinsam: "*Die Infragestellung des technisch-ökonomischen Fortschrittsverständnisses, die Kritik an großindustriellen und bürokratisch-zentralistischen Modernisierungsstrategien und die ansatzweise Herausbildung eines Gegenbildes <sanfter> Vergesellschaftung.*" (Froschauer, 1996, S. 88)

Der Anspruch zielt also einerseits auf die Durchsetzung der eigenen inhaltlich-politischen Interessen gegen andere machtvolle Gruppen in der Gesellschaft, andererseits soll die Bewegung selbst eine Ahnung davon ermöglichen, wie der zukünftige Umgang mit anderen Menschen und der Umwelt geschehen kann: Die Mittel der Auseinandersetzung, aber auch die Art sich zu organisieren und zusammenzuarbeiten, bekommen damit eine exemplarische Bedeutung für die Gestaltung sozialer Beziehungen in Gruppen und Organisationen, und es erscheint klar, daß damit hierarchische und herrschaftliche Formen überwunden werden sollen. Wie aber kann das gehen? Wenn nicht mehr eine oder einer die Führung in der Hand hält, führen dann alle oder keiner? In der Praxis selbstorganisierter Gruppen und Organisationen erscheint es eher so, daß Fragen der Leitung sowie der Machtverteilung - ähnlich wie in hierarchisierten Gruppen - tabuisiert werden, mit der Folge, daß das Tabuisierte nicht gestaltet werden kann. Ordnung wird über die Leitdifferenz Konform - nichtkonform hergestellt, und die Gleichheit der Mitglieder stellt das zentrale Identitätsmerkmal dieser Gruppen dar. Somit kann das jeweils vorhandene Konfliktpotential, das sich aus der Unterschiedlichkeit der Beteiligten ergibt, nicht planmäßig für die Entwicklung der Gruppe genutzt werden. Wenn es zum Vorschein kommt, besteht die Gefahr, daß es zerstörerische Wirkungen hat (vgl. dazu Schattenhofer, 1992).

Selbstorganisation - in diesem Sinne mehr in der Bedeutung von Selbststeuerung (s.u.) - und Empowerment stellen hohe Anforderungen an die beteiligten Individuen, und es kommt auf die verfügbaren - und sozial ungleich verteilten - sozialen Ressourcen und Fähigkeiten an, ob man diesen gerecht werden kann. Zugleich ist von Bedeutung, ob tragfähige Alternativen zu Hierarchie und Konformität als Steuerungs- und Ordnungsmodelle in sozialen Systemen vorstellbar und praktizierbar erscheinen. Das führt zu der zweiten in diesem Zusammenhang wichtigen Bedeutung von Selbstorganisation, in der sich das "Selbst" nicht mehr auf die politisch handelnden Individuen, sondern auf die sozialen Systeme als solche bezieht.

2.2. Selbstorganisation als Modell sozialer Systeme

Die Leitidee dieses Systemverständnisses ist, daß in sozialen Systemen die jeweilige Ordnung, die Regeln, Normen etc. nicht von den beteiligten Akteuren gemacht werden, sondern daß sie in einem rückbezüglichen Prozeß entstehen. Die jeweilige Umwelt wie auch die beteiligten Personen stehen mit der Zeit einem dritten gegenüber, das sie als - innerhalb gewisser Grenzen - ihnen gegenüber autonom und v. a. als unberechenbar und unvorhersagbar erleben. Die jeweilige Gruppe und Organisation wird zwar von den Beteiligten zunächst weitgehend planmäßig aufgebaut und gestaltet, entwickelt sich aber dann zu einem autonomen Dritten, das sich ihrem bewußten Einfluß weitgehend entzieht. Es entsteht eine Ordnung, die mehr ist als die bewußt gemachte und intendierte.

Diese Prozesse der Ordnungsbildung wurden ursprünglich in physikalischen, chemischen und biologischen Systemen beobachtet und als Selbstorganisation beschrieben. Auf soziale Systeme lassen sich diese mathematisch formalen Beschreibungen nicht direkt übertragen. Man kann aber nach analogen Mustern in sozialen Systemen suchen. Damit verändern sich die sozialen Verhältnisse und Systeme nicht als solche, sondern sie werden unter anderen Blickwinkeln wahrgenommen. Die theoretische Perspektive der Selbstorganisation ist somit ein "Programm" zur Veränderung der Wahrnehmung sozialer Systeme, zu vergleichen mit dem "Wahrnehmungsprogramm" systemischer Therapie, das die Aufmerksamkeit auf die Potentiale und Ressourcen von Personen und Systemen, sowie auf die Kommunikationsstrukturen und Prozesse zwischen den Beteiligten lenkt, im Gegensatz zur Wahrnehmung von individuellen Defiziten und Pathologien. Diese andere "Brille" ist natürlich nicht neu und schon gar nicht geschichts- und absichtlos in die Sozialwissenschaften eingetreten[1]. Kennzeichnend für diese Perspektive sind folgende Veränderungen der Fragestellungen:

---

[1] Zur Entstehungsgeschichte, zum Hintergrund dieser vielfältigen und keineswegs widerspruchslosen Ansätze, ihren historischen Wurzeln s. z.B. Küppers (1996), S.J. Schmidt (1987), Probst (1987).

- Von der Gruppe / Organisation als von den Umwelten abhängigen Variablen zur Suche nach dem Eigenwert, der Eigengesetzlichkeit dieser sozialen Systeme: z.B. wo und wie lösen sie sich von ihrer Umwelt ab?
- Von der Momentaufnahme zur Frage nach langfristigen Veränderungen und Verläufen: z.B. von der Untersuchung "minimaler" Gruppen, die nur für Minuten oder Stunden bestehen, zum Versuch, langfristige Entwicklungen, Phasenabläufe, Regelmäßigkeiten in Gruppen zu beschreiben.
- Von der Kontinuität zur Frage nach dem Wandel und der Entstehung von Neuem: z.B. wo liegen die Wendepunkte in der Entwicklung von Gruppen und Organisationen, wo ändern sich die Regeln?
- Von Strukturen zu Strukturen und Prozessen.
- Von der Suche nach allgemeinen, durchschnittlichen Merkmalen und Abläufen zur Frage nach dem Besonderen der einzelnen Gruppe: z.B. die Suche nach der besonderen Geste und Eigenart einer jeden Gruppe und Organisation.
- Von der Suche nach beobachterunabhängigen, objektiven Merkmalen und Theorien zum Einbezug des Beobachters als Konstrukteur des Gegenstandes Gruppe: z.B. zu einem miteinander verschränkten Verständnis von Intervention und Diagnose. Jede Diagnose ist zugleich eine Intervention und jede Intervention ermöglicht erst eine (neue) Diagnose.
- Von der isolierten Betrachtung der Gruppe zur Betrachtung der Gruppe und ihrer Grenzen in einem bestimmten Kontext, z.B. einer Organisation.
- Von "fremdbestimmten" äußeren Grenzen zum Verständnis der Grenzen als Leistung des Systems.
- Von individuellen Lernprozessen zu Veränderungsprozessen im System: z.B. von der Beachtung der individuellen sozialen Kompetenz zur Beachtung des Reflexionspotentials einer Gruppe als Eigenschaft des Systems.
- Von der Frage der Fremdsteuerung zur Frage der Selbststeuerung.

2.3. Selbststeuerung als systemtheoretisches Interventionsmodell

Die weiterführende Frage insbesondere für professionelle Intervenierer ist, wie solche selbstorganisierten Systeme zu beeinflussen sind, wenn zentrale Systemmerkmale die Selbstreferenz und Autonomie dieser Systeme sind[2]. Somit wird eine "Trivialisierung" im Sinne einer direkten und kausalen Beeinflussung von außen

---

Zur Übertragung und Anwendung auf soziale und psychische Systeme gibt es sehr viele Ansätze. Ich beziehe mich v.a. auf die Ausführungen von Willke (1994, Systemtheorie I, II, III), der wiederrum v.a. auf Luhmann (z.B. 1994) aufbaut.

[2] Zur Bedeutung der Leitbegriffe wie Selbstreferenz, Autonomie, Veränderung etc. und ihrem Bezug zu verschiedenen Gruppenmodellen s.a. Schattenhofer (1992, S. 19-67). Für die Gruppenforschung s.a. Langthaler, Schiepeck (1995).

unmöglich oder aber die Existenz des Systems wird in Frage gestellt. Helmut Willke zeigt, daß unter diesen Umständen nur zwei Formen systemadäquater Steuerung übrig bleiben: Kontextsteuerung als Form der externen Einflußnahme und Selbststeuerung als Form der internen Beeinflussung komplexer Systeme (vgl. dazu Willke, 1994 II). Wie kann eine dritte Möglichkeit neben der Idee der absoluten Plan- und Steuerbarkeit unterschiedlicher sozialer Systeme wie Gruppen und Organisationen und dem Glauben an eine quasi naturwüchsige, evolutive Entwicklung aussehen? Wie ist der Prozeß der Selbstorgansiation in einem sozialen System zu steuern? Das ist die Leitfrage der Selbststeuerung im Sinne von "*organisierter Selbstreferenz*" (Schattenhofer, 1992, S. 52).

Selbststeuerung ist ein gradualistisches Konzept. Ein System ist selten entweder selbst- oder fremdgesteuert, es wird immer (nur) in Bezug auf einzelne Dimensionen (z.B. Ziele, Methoden, Mittel) seine Regeln selbst bestimmen können. Selbststeuerung erfordert keine umfassende und vollständig Autonomie, sondern "nur" die Fähigkeit oder Kompetenz eines Systems, "*in einer bestimmten Hinsicht oder Dimension die Grundregeln des Handelns selbst zu bestimmen*" (Willke, 1997, S. 5). So müssen z.B. die Ziele einer Organisation nicht automatisch selbst bestimmbar sein, sie können von außen vorgegeben werden. Dann bezieht sich der Bereich der Selbststeuerung "nur" auf die Wege zu den Zielen. Wenn nach diesem Modell die Autonomie eines Systems nach außen durch seine *Kontextabhängigkeit* (z.B. notwendige Ressourcen, Zielvorgaben etc.) begrenzt wird, so wird das Maß der inneren (Handlungs-)Möglichkeiten durch die eigene *Reflexionsfähigkeit* begrenzt. Es wird deutlich, daß auch das Konzept der Selbststeuerung ein Beobachterschema ist, das eine Unterscheidung zwischen "selbst" im Sinne von dem System eigen und dazugehörig und fremd / nicht zugehörig voraussetzt. Mit einer jeweils anderen Beobachterperspektive, die z.B. den Chef einer Arbeitsgruppe als zugehörig oder nicht zugehörig definiert, kann aus Selbststeuerung sofort Fremdsteuerung werden und umgekehrt.

Wenn man Individuen als autonome, selbstreferentielle psychische Systeme und Gruppen und Organisationen als selbtreferentielle, geschlossene soziale Systeme betrachtet, dann erscheint die Frage nach der Intervention in ein solches System als paradox. Die widersprüchliche Frage - die aber durchaus unserer alltäglichen Erfahrung mit komplexen Systemen entspricht - lautet, wie kann ich als Beobachter, Berater, Trainer, Therapeut, Lehrer etc. in ein soziales oder psychisches System intervenieren, um dort Veränderungen und Entwicklungen anzustoßen, obwohl ich von außen keinen Einfluß auf die Struktur und den Prozeß des Systems selbst habe (sonst wäre es sinnlos von Autonomie zu sprechen). Der schmale Pfad zwischen dem, von fast allen Intervenierenden gewünschten gezielten - gleichsam chirurgischen - Eingriff und dem Anstoß zur "Eigenentwicklung durch eine sogenannte "zielgerichtete Kommunikation", die eine bestimmte Wirkung beim Kommunikationspartner mit ins Kalkül einbezieht, wird deutlich (vgl. dazu Willke, 1988, 1994). Wenn man die Funktionsweise und die Struktur des anderen Systems nicht einfach unterbrechen oder zerstören will und kann, dann bleibt einem nichts anderes übrig, als sich sehr weitgehend und mit sanften Methoden auf das jeweilige Gegenüber einzulassen. Für jeden Beratungs-, Hilfe-, Lern-, Lehrprozeß gilt es, ein eigenes soziales "Hilfe-, Problem-, Lern- oder Trainingssystem" aufzubauen und aufrechtzuerhalten (vgl. dazu Königswieser et al., 1995). Diese und andere systemische Grundannahmen für die Möglichkeiten und Grenzen von Interventionen in autopoietische, selbstorganisierende Systeme gelten auch für gruppendynamisch gestaltete Lernprozesse aller Art. Hier bahnt sich eine schulenübergreifende Sicht der Dinge an. Jede Intervention, die das Ziel hat, das Selbststeuerungspotential - im Sinne intendierter Rückbezüglichkeit oder Reflexivität eines Systems - zu erweitern, wird versuchen, neue und anschlußfähige, verständliche Informationen über das System zu erheben und in Umlauf zu bringen. Im Vergleich zu den Lernprozessen auf der Ebene der Individuen, die man eine Bewußtseins-, Verhaltens- und Gefühlserweiterung (oder Entdeckung?) nennen könnte, geht es auf der Ebene des Systems v. a. um eine Kommunikationserweiterung. Es gilt, "*die "Wahrheit" der gegenwärtigen Situation zu erfassen und damit zu arbeiten*" (Antons, 1994) und eine gemeinsame "Wahrheit" zu konstruieren. Mit dem Übergang zu einer "*kooperativen Informationsverarbeitung*" (Gehm, 1995) und den damit verbundenen Problemen beginnt die Selbststeuerung. Sie muß zu gemeinsamen Entscheidungen, zu gemeinsamen Handlungen und wiederum zu deren Auswertung führen. Ob und wie das möglich ist, hängt zunächst vom Entwicklungsstand und den Eigenschaften des sozialen Systems ab, ist somit eine Lernleistung auf der Ebene des sozialen Systems.

3. Angewandte Gruppendynamik und Selbststeuerung

3.1. Von emanzipatorischen Zielen zur Professionalisierung sozialen Lernens

Die angewandte Gruppendynamik trat Ende der 60iger bis in die 70iger Jahre mit sehr hohen Erwartungen und Versprechungen an die demokratisierende und emanzipatorische Wirkung gruppendynamischer Trainings und Reflexionen an. Sie hat ähnliche Wurzeln wie die neuen sozialen Bewegungen, hat aber eine andere Entwicklungsrichtung eingeschlagen. Mit der zunehmenden Professionalisierung der gruppendynamischen Praxis, aber auch mit der Orientierung an den Markterfordernissen und den Interessen der Auftraggeber, haben sich die GruppendynamikerInnen weitgehend von den einmal hochgesteckten politischen Zielen verabschiedet. Im Rahmen der neuen sozialen Bewegungen haben gruppendynamische Trainingsformen und Strategien keine erkennbare Rolle gespielt[3]. Hier haben sich mit den Trainerkollektiven und den Trainings für die gewaltfreie Aktion, für Zi-

---

[3] Vgl. dazu Rechtien (1995), Nellessen (1995) und allgemein zur GD König (1995).

vilcourage etc. eigene Traditionen herausgebildet, die im Augenblick in ähnlicher Weise zu einer verstärkten Professionalisierung tendieren (vgl. dazu Bittl, 1996).

Trotzdem: Auch in der heutigen gruppendynamischen Praxis, die überwiegend im Rahmen von Weiterbildungen für das professionelle Leiten und Beraten von Gruppen und von Fortbildungs- und Organisationsberatungsmaßnahmen innerhalb von sozialen Institutionen, Verwaltungen und Wirtschaftsunternehmen stattfindet, bleibt doch ein Rest von den alten Wünschen an die "Undomestizierbarkeit" von Gruppen und der angewandten Gruppendynamik (Edding, 1988): In der möglichst offenen, nicht bis ins letzte planbaren Kommunikation innerhalb einer Gruppe liegt immer auch ein Widerstandspotential gegenüber der jeweiligen Umwelt. Gruppen lassen sich nicht beliebig instrumentalisieren. Neben der Gefahr, daß ein Zwangssystem entsteht, in dem sich die einzelnen Mitglieder vollkommen anpassen müssen, gibt es auch die Chance, sich gemeinsam zu emanzipieren.

3.2. Von individuellen Lernprozessen zur Veränderung des sozialen Kontextes

Zu Beginn der Arbeit in gruppendynamischen Laboratorien oder Trainigsgruppen setzten die TrainerInnen auf die Entwicklung der sozialen Kompetenzen der Individuen. Die Teilnahme an gruppendynamischen Trainings sollte den einzelnen über ihren persönlichen Selbsterfahrungs- und Entwicklungsprozeß in der Gruppe zu einem stärker autonomen Verhalten gegenüber Autoritäten und Umweltansprüchen verhelfen. Der einzelne sollte soziale Fähigkeiten erwerben wie:

- eigene Bedürfnisse, Gefühle und Wahrnehmungen zulassen, wahrnehmen und ausdrücken können,
- eigene Interessen auch in Konfliktsituationen vertreten können,
- die Dynamik der Situation erfassen und entsprechend handeln können,
- Wahrnehmungen, Bedürfnisse, Gefühle und Interessen anderer wahrnehmen und entsprechend berücksichtigen können. (Schmidt, 1989, S. 21)

Über die Verhaltensänderung der Individuen - so war die implizite Annahme - würde sich auch der jeweilige soziale Kontext, in dem sich die Teilnehmer bewegen, verändern. Die Gruppendynamiker hingen damit zumindest auf pragmatischer Ebene einer individualistischen Sicht sozialen Verhaltens an. Sie gingen davon aus, daß sich alles Soziale aus der jeweils unterschiedlichen Zusammenfügung personalen Handelns ergibt. Nur so ergaben die Erwartungen, die an die Veränderung des individuellen Verhaltens geknüpft wurden, einen Sinn. Zunehmende Transfer- und Akzeptanzprobleme der TeilnehmerInnen zeigten, daß sie sich mit ihren "neuen" Verhaltensweisen in ihrer "alten" Umgebung nicht durchsetzen konnten. Damit wurden die Grenzen solcher Interventionen klar. Ein anderer Umgangsstil mit Autoritäten, der darauf gründet, die eigene Abhängigkeit und Unabhängigkeit erlebt und reflektiert zu haben, ändert zwar das individuelle Verhalten, aber nicht automatisch die hierarchischen und autoritären Strukturen und Verfahrensweisen in den umgebenden sozialen Kontexten.

Schnell wurde deutlich, daß die Entwicklung der jeweiligen Normen, Regeln, Strukturen ebenso notwendig sind, um dem einzelnen überhaupt eine Veränderung zu ermöglichen[4]. Mehr auf diesen praktischen Erfahrungen als auf theoretischen Überlegungen aufbauend, hat sich die angewandte Gruppendynamik eine systemische Sicht des Sozialen angeeignet, die im Sinne des Systemverständnisses, das ich im vorhergehenden Abschnitt kurz beschrieben habe, davon ausgeht, daß

> "es auch jenseits der Person weitere Ebenen systemischer, "emergenter" Wirkungszusammenhänge gibt, welche sich in einem Prozeß der Emergenz von den individuellen Ausgangspunkten unabhängig machen und Systemeigenschaften produzieren, welche aus den Eigenschaften der Elemente (Personen, Handlungen) nicht mehr erklärbar sind." (Willke, 1994, I, S. 55)

So hat sich innerhalb der angewandten Gruppendynamik - mit fließenden Grenzen zu Supervision und Organisationsberatung - ein differenziertes methodisches Instrumentarium und ein praktisches Verständnis dafür entwickelt, Gruppen und Organisationen selbst als "lernende" Systeme zu verstehen. Die Bedeutung der Trainingsgruppe über die individuellen Veränderungsprozesse hinaus wird erst mit der Zeit entdeckt:

> "Gruppendynamik läßt sich in ihrer Anwendung als Möglichkeit begreifen, soziale Systeme über diejenigen, die an ihnen teilhaben und von ihnen betroffen sind, zu einem höheren Bewußtsein ihrer selbst zu bringen und damit ihre bewußte Handlungsfähigkeit zu erhöhen." (Krainz, 1990)

Hier treffen sich die theoretischen Modelle der Selbstorganisation und die angewandte Gruppendynamik, für die sich auch gemeinsame Wurzeln ausmachen lassen: Über den gemeinsamen Hintergrund der Gestalttheorie hinaus soll Kurt Lewin den Ausdruck feed back von dem Kybernetiker Norbert Wiener übernommen haben (vgl. dazu Metzger, 1979). Rückmeldungsschleifen werden als das zentrale Element der Verhaltenssteuerung und der Steuerung des Kontextes, in diesem Fall der Gruppe, angesehen.

Die klassischen Themen der "Praxis der Gruppendynamik" haben diesen Blickwinkel immer schon nahegelegt: Es geht um Kooperation, Kommunikation und Konflikte in Gruppen, um die Entwicklung von reflexiven Normen und Regeln, die für die einzelnen Mitglieder und das Ziel der Gruppe förderlich sind (vgl. dazu Antons, 1992), um die Einübung partnerschaftlicher Kommunikation bei gleichzeitiger Aufrechterhaltung der Unterschiede (vgl. dazu Nellessen, 1995). GruppendynamikerInnen haben viele praktische Ideen und Methoden dazu entwikkelt, wie man die Selbstreferenz eines sozialen Systems erweitern und organisieren

---

[4] Otto Hürter (1977, S. 151 ff.) hat sich sehr bald schon über seine gruppendynamische Praxis diesen Fragen der Organisationsentwicklung zugewandt und dazu einen grundlegenden Beitrag verfaßt.

kann. Ihr Interventionsverständnis kommt dem der Selbststeuerung nahe, ohne es selbst theoretisch so zu formulieren[5]. Mit den elaborierten Modellvorstellungen von sozialen Systemen unter dem interdisziplinären Sammelbegriff "Selbstorganisation und Selbststeuerung" gewinnt die gruppendynamische Praxis einen passenden theoretischen Hintergrund, an dem sie sich orientieren und messen kann.

Viele Interventionsformen, die im Rahmen der systemischen Therapie und Organisationsberatung entwickelt wurden, haben gruppendynamische Vorläufer. So kann man die Arbeitsweise des "reflecting team" (Andresen, 1990) im sogenannten "open staff" wiederfinden, in dem die Trainer einer Gruppe den Prozeß in Anwesenheit der Gruppenmitglieder reflektieren. Diese Struktur findet sich auch in der Urszene der gruppendynamischen Trainingsgruppe wieder (s. 3.3.). Das Systemspiel von G. Schiepeck (1995) ist sehr gut als Variante des Planspiels (z.B. Antons, 1992) zu verstehen, das Gruppendynamiker immer schon zum Erleben und Verstehen komplexer Prozesse zwischen Gruppen und in Organisationen eingesetzt haben.

3.3. Die T-Gruppe als Prototyp eines selbststeuernden Sozialsystems

Eine enge Beziehung ist zwischen den systemtheoretischen Konzepten und der (Forschungs-)Praxis mit der gruppendynamischen Trainingsgruppe (T-Gruppe) erkennbar[6]. Wie in jeder Gruppe müssen in einer T-Gruppe folgende grundlegende Widersprüche balanciert werden (nach Heintel, 1996, S. 162):

[5] Die Gruppendynamik hat aber kein theoretisches Modell entwickelt, das über die eher einfachen Vorstellungen und Definitionen von kleinen Gruppen hinausgeht (im Überblick: Fengler, 1986). Es gibt keine eigene gruppendynamische Theorie von Veränderungs- und Entwicklungsprozessen in Gruppen und anderen sozialen Systemen (vgl. dazu Schmidt, 1989a,b). Dieses Theoriedefizit wurde immer beklagt.

[6] Zum Vergleich von Gruppendynamik und Systemansatz s. Königswieser, Pelikan (1990). Heintel (1996, S. 149) stellt die Frage, ob sich die klassische Gruppendynamik systemisch aufarbeiten läßt und: *„Bedeutet die Einbeziehung systemtheoretischer Themenstellungen und Aufmerksamkeitserweiterungen eine mögliche Veränderung des klassischen T-Modells?“* Beide Fragen beantwortet er mit ja.

„Wir-Gefühl“ von Personen	versus	Akzeptanz der Unterschiedlichkeit
Gleichberechtigung	versus	Ungleichheit
Autoritätszuspruch nach Funktionszuteilung	versus	Wechsel der Autorität nach erwünschter Funktion
Einschränkung des Individuums	versus	Förderung der Entfaltung individueller Möglichkeiten
Selbstbestätigung	versus	Selbstkritik
Kontinuität	versus	Veränderung
Geschlossenheit	versus	Offenheit
Emotionale Dichte	versus	Emotionalitätsverzicht
Traditionsfixiertheit	versus	Zukunftsoffenheit
Aktion	versus	Selbstreflexion
Selbststeuerung	versus	Außengeleitetheit
Aufgabenorientierung	versus	Beziehungsorientierung

Der Selbststeuerungsprozeß einer Gruppe läßt sich als Gestaltung dieser und für die jeweilige Gruppe zusätzlicher typischer Gegensätzlichkeiten beschreiben. Immer wenn der Konflikt, der der Spannung zugrundeliegt, in eine Richtung aufgelöst wird, geht der Zusammenhalt der Gruppe verloren, oder sie erstarrt. Man kann die T-Gruppe als Übungs- und v. a. als Erfahrungsfeld verstehen, in der hautnah erfahrbar wird, wie in sozialen Systemen mit direkter Kommunikation diese Balanceakte gesteuert werden können.

Um der Frage näherzukommen, wie die theoretische Vorstellung von Selbststeuerung - des Weges jenseits von Hierarchisierung und Konformität - in die Praxis umzusetzen ist, kann die T-Gruppe auch als Prototyp einer selbststeuernden Gruppe angesehen werden, nach dem Motto:

> Bedeutende Innovationen sind nicht möglich, wenn man über neue Ideen redet; man muß Prototypen bauen und testen. (Senge, 1996, S. 331)

Die Auseinandersetzung mit einem Prototypen soll Antworten auf die Frage ermöglichen: Wie müssen soziale Systeme wie Gruppen beschaffen sein, die von den Beteiligten selbst gesteuert werden können? Die anstehenden Steuerungsaufgaben kann man sich an den oben zitierten Balancenotwendigkeiten verdeutlichen.

Die T-Gruppe wurde vor ziemlich genau 51 Jahren erfunden, und ihre Erfindungsgeschichte sagt viel über den Charakter dieser Gruppe aus:

> Es geschah auf einem Seminar der Forschergruppe um Kurt Lewin in den USA. Das Seminar fand im Auftrag des Staates Connecticut statt. Es nahmen Lehrer, Erzieher, Mitarbeiter in sozialen Institutionen teil, die Hälfte der 41 TeilnehmerInnen waren Juden und Schwarzamerikaner. Sie

sollten in dem zweiwöchigen Seminar lernen, mit Menschen umzugehen, Einstellungen gegenüber Minderheiten zu verändern, Gruppen zu führen etc.. Das 14-tägige Seminar wurde im herkömmlichen Stil mit Vorlesungen, Übungen und Rollenspielen durchgeführt und war insoweit eine "normale, fremdgesteuerte" Lehrveranstaltung.
Abends traf sich regelmäßig der Forschungsstab, um die beobachteten Daten aus den drei Gruppen auszuwerten. Eines Abends fragten einige Teilnehmer, die abends nicht nach Hause fahren konnten, vielleicht von Phantasien geplagt, was die Forscher wieder aushecken mochten oder über sie zu bereden hatten, ob sie dabei zuhören könnten. Zunächst hatten die Staffmitglieder Bedenken, "daß es für die Teilnehmer unangenehm sein könnte, wenn ihr Verhalten erörtert würde". Schließlich wurden sie zugelassen und saßen zunächst als Zuhörer dabei. Von Abend zu Abend kamen immer mehr Teilnehmer, denn es hatte sich herumgesprochen, daß hier sehr interessante Beobachtungen aus dem Seminar verhandelt wurden. Schließlich griffen sie mehr und mehr selbst in das Gespräch ein: Die Perspektive der Forscher wurde durch die Sichtweise der Teilnehmer ergänzt und relativiert.
Diese Sitzungen entwickelten sich zum spannendsten Teil des ganzen Seminars. Alle waren so interessiert, die Eindrücke der anderen zu Personen und Situationen in der Gruppe zu erfahren, daß sie zu einem festen Bestandteil des Seminars wurden. Die Rückmeldungen wirkten sich spürbar auf das Klima in der Gruppe und das Verhalten der einzelnen aus. (vgl. dazu Marrow, 1977, S. 228 ff.)

Aus dieser ersten Entdeckung der Wirksamkeit des feed back, der systematischen gemeinsamen Reflexion und Metakommunikation, entstand der Prototyp der T-Gruppe, mit dem in den letzten 50 Jahren in verschiedenen Zusammenhängen und Praxisfeldern gearbeitet wurde.

Trainingsgruppen haben in aller Regel zwei Ziele:
1. die Reflexion und Veränderung des individuellen Verhaltens,
2. die Reflexion und die Steuerung des Gruppenprozesses.
T-Gruppen sind somit Lerngruppen, die sich selbst zum Lerngegenstand machen, indem sie sich selbst untersuchen. Sie dauern in der Regel zwischen fünf und zehn Tagen. Innerhalb des festen Rahmens (Zeit, Ort, Rollen) bestimmen die Teilnehmer, was geschieht. Arbeitsprinzipien sind das feed back, das Hier und Jetzt und eine bestimmte Art der (Nicht-) Leitung (s.u.)[7].

[7] Zur T-Gruppe, ihrer Entwicklung, ihren Grenzen und Möglichkeiten s. z.B. König (1995), Schwarz et al. (1996). Zum T-Gruppen Modell unter systemtheoretischen Gesichtspunkten siehe Heintel (1996).

3.3.1. Formale Merkmale

Die formalen Merkmale, beziehen sich auf die Gestaltung, das Design und die Art der Zusammenarbeit in der T-Gruppe.

- *Der (schnelle, flüssige und geübte) Wechsel zwischen Aktion und Reflexion*: Eine TG ist für die TeilnehmerInnen zunächst sehr verwirrend, weil zwei Ebenen des Geschehens hier in engem Zusammenhang stehen, die sonst säuberlich getrennt werden: Die Aktions- oder Handlungsebene und die Reflexionsebene, auf der die Handlungen, ihre Wirkungen und Bedeutungen ausgewertet und rückgemeldet werden. Zur Reflexion zähle ich die verschiedenen Formen von Feedback und Auswertungen (individuell, Gruppen-, prozeßbezogen etc.), die das gruppendynamische Arbeiten auszeichnen (vgl. dazu Fengler, 1995). Die reflexive, rückmeldende Perspektive wird von den TrainerInnen zunächst modellhaft eingeführt, die TeilnehmerInnen eignen sie sich an. Im Verlauf der Gruppe wird der Wechsel zwischen Aktion und Reflexion immer flüssiger und schneller möglich. Ohne diesen systematischen Wechsel von Aktion und Reflexion ist Selbststeuerung in Gruppen nicht vorstellbar.
- *Reflexion und Steuerung der Gruppe als sozialem Kontext:* Jede Reflexion setzt ein Modell voraus, das als Vergleich oder Maßstab dienen kann. Ohne Bezugspunkt, ohne "lokale Theorie" (vgl. dazu Baitsch, 1993, S. 24 f.) kann man sich nur bestätigen, daß es so ist, wie es ist und keine weitergehenden Steuerungsideen und Ziele formulieren. In der Reflexion können entsprechend dem gruppeneigenen Modell unterschiedliche Aspekte des Geschehens betont und andere ausgeblendet werden, das Modell kann unterschiedlich komplex sein. T. Mills (1968, 1977, 1978) unterscheidet in seinem kybernetischen Gruppenmodell idealtypisch drei Stufen der Rückbezüglichkeit und des Selbststeuerungspotentials in Gruppen:

  1. Rückkoppelung über eine zielgerichtete Handlung und deren Korrektur (Beispiel: Torpedo der sein Ziel erreicht oder nicht).
  2. Rückkoppelung in Bezug auf die Gruppenstruktur und äußere Anforderungen: Entspricht das, was wir tun, den Zielen und Anforderungen?
  3. Gruppe als sich selbst beobachtendes und damit handlungsfähiges System, das eigene Ziele setzt und Rückschlüsse auf seinen Gesamtzustand ziehen kann. Z.B.: Entspricht unsere Gruppe (Zusammensetzung, Rollen, Normen, Werte..) den Zielen und Anforderungen? Entsprechen die Ziele der Gruppe, welche anderen Möglichkeiten gibt es? Welche Normen und Regeln gelten hier und wie wirken sie sich auf die Zusammenarbeit aus, welche anderen wären möglich?

Die Lern- und Entwicklungsfähigkeit steigt von Stufe zu Stufe. Dieses Modell hat Mills in der Auswertung und Untersuchung von Trainerrückmeldungen an einzelne Trainingsgruppen entwickelt. Jede Intervention zur Erweiterung der Selbststeuerungsmöglichkeiten wird versuchen, möglichst viele relevante Bereiche in die Reflexion miteinbeziehen. Wichtig ist, daß dieses "gruppeneigene Modell der Gruppe", selbst wiederum Gegenstand der Reflexion wird. Erst die letzte Stufe enthält den für die T-Gruppe typischen Bereich der Reflexion der Gruppe als gemeinsamen prägenden Kontext für das Verhalten, die Gefühle und Kognitionen der einzelnen Mitglieder. Hier werden auch Gruppenkulturen denkbar, die über die bestehende hinausgehen, denn Rückmeldungen werden nicht nur auf individuelles Verhalten gegeben, sondern der Kontext Gruppe wird systematisch mit untersucht. Solange die Gruppe nicht als etwas Gestaltbares angesehen wird, weil z.B. die einzelnen Mitglieder als davon völlig unabhängig gesehen werden, kann der Kontext Gruppe auch nicht gesteuert werden (vgl. dazu Schattenhofer, 1992, S. 173). Eng damit in Zusammenhang steht:

- *Die Aufhebung der strikten Trennung zwischen Vorder- und Hinterbühne*: Jedes soziale System bildet thematische Grenzen aus. Diese thematischen Grenzen regeln, was besprochen werden darf und was nicht, welche Themen tabuisiert und somit als nicht zugehörig definiert werden. Sie trennen die Vorder- und die Hinterbühne der Gruppe. Auf der Hinterbühne werden die Themen behandelt, die von der Vorderbühne ausgegrenzt werden: Die Bewertungen, die emotionale Bedeutung der Geschehnisse, die Einschätzungen der Personen, ihre Stellung und ihre Bedeutung für die Gruppe usw.. Hier findet - meist in gleichgesinnten Untergruppen - das eigentlich Spannende statt. In der T-Gruppe werden diese spannenden Themen mit auf die Vorderbühne geholt - anfangs durch Deutungen und Interpretationen der TrainerInnen, dann zunehmend durch alle Beteiligten.

- *Systematischer Vergleich der Selbst- und Fremdwahrnehmungen*: Die Begrenztheit der individuellen Perspektive wird in der T-Gruppe über den systematischen Vergleich erlebbar. Das Bild besteht nicht mehr aus einer, machtvollen, sondern setzt sich aus vielen sich ergänzenden Perspektiven zusammen. Eine Gruppe, die nur eine Perspektive zuläßt, beraubt sich jedes Vorteiles ihrer Gruppenexistenz. Auch in T-Gruppen ist es ein langer Prozeß, bis die Ja-abers abnehmen und die Sowohls-als-auchs zunehmen und die Unterschiede wirksam werden können.

- *(Erleben der) Interdependenz / wechselseitigen Abhängigkeit*: In T-Gruppen wird erlebbar, daß sich alles, was geschieht und nicht geschieht, auf die einzelnen und die Gruppe auswirkt. Es wird unmittelbar erfahrbar, daß z.B. auch Schweigen, Nichteinmischung, Zurückhaltung sehr wirksame Strategien der Einflußnahme sein können. Die klare und zu einfache Trennung in Opfer und Täter, Normierende und Normierte wird aufhebbar, systemische Sichtweisen und Interpretationen können Teil des gruppeneigenen Modells werden.

- *Prozeßhaftigkeit (Phasen etc.)*: Die genannten Merkmale entwickeln sich erst im Gruppenprozeß, sie sind nicht per Definitionem vorhanden, ebensowenig sind sie immer in gleichem Maße verfügbar. Je weiter eine T-Gruppe sich in Richtung dieser Merkmale bewegt hat, desto größer wird ihr Selbststeuerungspotential entwikkelt sein. Die Zeit spielt somit bei der Entwicklung von Selbststeuerungsfähigkeiten in T-Gruppen eine große Rolle, in der Regel sind sie erst am Ende arbeitsfähig.

In der Phasenhaftigkeit von Gruppenprozessen wird die systemische Eigengesetzlichkeit am deutlichsten: Die Entwicklung läßt sich nicht beliebig beschleunigen.

- *Paradoxe Leitung*: Die LeiterInnen, die sich TrainerInnen nennen, befinden sich *in* der Gruppe und zugleich *draußen*. Sie übernehmen keine klassische, auch keine demokratisch / partnerschaftliche Führungsrolle. Das Verhalten in der Rolle ist auf eine ganz spezifische Weise paradox: Die TrainerInnen sorgen für einen Freiraum, den die GruppenteilnehmerInnen ausfüllen sollen. "Tut innerhalb dieses Rahmens, was ihr wollt" heißt die paradoxe Aufforderung. Sie mischen sich nicht leitend, sondern beratend und begleitend ein, wenn es um die Gestaltung dieses Freiraums geht. Das Verhalten der TrainerInnen ist weitgehend dadurch gekennzeichnet, was sie im Sinne einer herkömmlichen Leitungsrolle alles *nicht* tun. Die grundlegende Paradoxie: Freiraum und fester Rahmen ist in der T-Gruppe das zentrale Element bei der Entwicklung des Selbststeuerungspotentials. Daran müssen sich die Einzelnen und die Gruppe - oft mühsam - abarbeiten. Die TrainerInnen üben damit eine spezielle Art von Macht aus, sie bestimmen mehr über die Verhältnisse und weniger in den Verhältnissen (vgl. dazu König, 1995, S. 150). Dies ist komplexer und zunächst für die TeilnehmerInnen in der Gruppe schwerer zu durchschauen, als gewohnte klare Leitung, die in den Verhältnissen herrscht.

3.3.2. Inhaltliche Merkmale der T-Gruppe

Damit fasse ich die Themen zusammen, die in der Gruppe bearbeitet werden müssen, um das Selbststeuerungspotential zu erweitern.

- *Thematisierung von Machtverteilung und Leitungsfunktionen*: Die Thematisierung des System- und individuumsspezifischen Umgangs mit Leitung, Macht und Autorität und die Frage nach der Differenzierung von Leitungsformen ist in selbstgesteuerten Gruppen nicht zu umgehen. Das Machttabu (vgl. dazu Schattenhofer, 1992, S. 152 ff.) oder die Machtvermeidungskultur muß in hierarchischen, wie in konformen Ordnungen aufgehoben werden, um Leitung sinnvoll gestalten zu können.

> "Die größte Leistungs- und Innovationsfähigkeit ist bei solchen Gruppen zu vermuten, die zwischen diesen beiden Umgehensweisen mit dem Machtproblem flexibel hin- und herwechseln können, d.h. die wissen, wann und wie sehr sie über Normen und Werte Gemeinsamkeiten herstellen müssen und wann und wie lange sie Führung delegieren müssen." (König, 1996, S. 60)

In T-Gruppen wird die Art der Leitung, die Machtverteilung, die gegenseitige Einflußnahme durch die TrainerInnen und die TeilnehmerInnen reflektiert. Nur so können Vereinbarungen getroffen werden und kann Leitung gestaltet werden. Ziel jeder TG ist die Selbstleitung der Gruppe. Das geschieht eben nicht über die - weit verbreitete - Tabuisierung des Themas Macht und Einfluß, sondern nur über die

Bearbeitung dieser Frage, denn auch hier gilt der Satz: Was man tabuisiert, kann man nicht gestalten.

- *Thematisierung der (Arbeits-)Beziehungen und Bewertungen*: Jede Rückmeldung hat neben einem beschreibenden immer auch einen wertenden Teil, mit dem die GeberInnen etwas über ihre Beziehung zu den EmpfängerInnen des Feebacks, ihre Bewertung der Beziehung und der Leistung dieser Person etc. aussagen. Bewertungen sind oft aus den thematischen Grenzen einer Gruppe ausgeschlossen oder auf die Hinterbühne verbannt. Ohne die - wenn auch notwendigerweise vorsichtige - Aufhebung des Bewertungstabus, kann keine Rückmeldekultur entstehen, die sich nicht nur auf Positives und Bestätigendes beschränkt. Diese bewertenden Einschätzungen, die in konformen Gruppen völlig tabuisiert sind, in hierarchischen Gruppen auf die Führungspersonen konzentriert werden, müssen in selbstgesteuerten Gruppen von den Mitgliedern selbst eingebracht werden.

Diese Merkmale können wir als Anhaltspunkte bei unserer Frage verwenden, wie Sozialsysteme beschaffen sein müssen, um Selbststeuerung - jenseits der individuellen Kompetenzen und der institutionellen Rahmenbedingungen - zu ermöglichen. Als Arbeitprinzipien haben sie sich weit über die T-Gruppe der angewandten Gruppendynamik hinaus verbreitet. Deutlich wird auch, daß hier die Praxis der Theorie voraus war. Eines ist klar: Eine sehr anspruchsvolle und komplexe Alternative zu einer, wie immer gestalteten, hierarchischen Fremdsteuerung.

3.4. Vom Prototypen zur Serienfertigung: Zur Verallgemeinbarkeit der Arbeitsprinzipien der T-Gruppe

Mit steigendem Bedarf und Interesse an Selbststeuerung werden Gruppen dieses Typs mit diesen Merkmalen zu einer Normalforderung. Es gab in den Anfangsjahren der angewandten Gruppendynamik viele "naive" Versuche, die T-Gruppe in Organisationen anzuwenden, z. B. bei unternehmensinternen Fortbildungsmaßnahmen. Verständlicherweise - aus heutiger Sicht - stieß man damit auf sehr viel Widerstand und Verärgerung. Vor allem die Zumutung, sich persönlich und nicht nur formell und sachbezogen miteinander zu beschäftigen, die Hinterbühnen, das Verborgene, Angstbesetzte in den Mittelpunkt zu rücken - und das mit sehr konfrontativen Methoden und Interventionen - führte zu vielen Abwehrreaktionen, deren Spuren man heute noch manchmal antreffen kann. Nach diesen Versuchen hat sich die hauptsächliche gruppendynamische Praxis mit der T-Gruppe außerhalb von Organisationen im Fortbildungsbereich abgespielt. Mittlerweile häufen sich die Anzeichen, daß der Prototyp in Serienproduktion gehen soll:

- Allerorten wird Teamarbeit proklamiert und der Leistungsvorsprung gut funktionierender Teams entdeckt. Auf Teams werden - mit der Abflachung von Hierarchien - Entscheidungs- und Leitungsaufgaben übertragen.

- Teams und Projektgruppen werden als zentrale Instrumente der Organisationsentwicklung eingesetzt.
- Gruppenarbeit wird in sehr vielen Bereichen eingeführt.
- Das Teamlernen, die Lernende Organisation werden zu Leitbegriffen. In diesem Zusammenhang werden sehr viele T-Gruppen-ähnliche Kommunikationsformen beschrieben: z.B. der Dialog in Gegenüberstellung zur Diskussion bei Senge (1996).
- Klassische T-Gruppen und gruppendynamische Ausbildungen werden in vielen Fortbildungsprogrammen vermehrt angeboten[8].

Es sieht fast so aus, als würde auf einmal - ohne daß die Träger dieser Ideen es natürlich so nennen - ein reflexives Sozialsystem wie die T-Gruppe überall in Organisationen Einzug halten. Um Mißverständnissen vorzubauen: Betriebliche Teams und Arbeits- und Projektgruppen, die sich selbst steuern sollen, unterscheiden sich in vielen Hinsichten von T-Gruppen: Sie haben andere Ziele, einen anderen zeitlichen Horizont und eine andere organisatorische Umwelt. Meine These ist aber, daß trotz der Unterschiede alle Gruppen, die selbst Steuerungsfunktionen übernehmen sollen, ähnliche Merkmale aufweisen müssen, wie ich sie für den Prototypen der T-Gruppe im Hinblick auf die Selbststeuerung beschrieben habe.

Die Frage ist, ob alle, die von der Selbststeuerung in Gruppen reden, sich einen ähnlich anspruchsvollen Systemtyp vorstellen, oder ob sie mehr an die Fortsetzung der linearen, hierarchischen Führung mit anderen Mitteln denken. Hinweise auf diesen "Kurzschluß" lassen sich an vielen Stellen in der Praxis finden: In der öffentlichen Verwaltung und den Wohlfahrtsverbänden, wo ich mich überwiegend als Trainer und Berater aufhalte, finde ich nur wenige Teams, die eine Selbststeuerungskultur tatsächlich entwickeln (können), während das entsprechende Vokabular längst in aller Munde ist. Und eigentlich haben die Führungskräfte recht, die (selbststeuernde) Gruppen für Teufelszeug halten: Damit holen sie sich tatsächlich ein möglicherweise dysfunktionales Element ins Haus, denn Gruppen und Teams mit ihrer Fähigkeit zur Autonomie, entwickeln sich innerhalb ihres Rahmens nicht planbar und steuerbar, manchmal auch über ihren Rahmen hinaus.

Die weitergehenden Folgen der Einführung selbststeuernder Gruppen oder von Netzwerken solcher Gruppen werden gerne übersehen. Daran denke ich, wenn ich Sätze lese wie:

> "*Für die folgenden zwei Tage des Workshops unseres Führungskreises, lassen sie bitte die Rangunterschiede vor der Tür. Wir wollen hier als Gleiche ganz gleichberechtigt miteinander umgehen, eine besondere Rolle hat nur der Moderator/Berater, der diesen Dialogprozeß leitet*" (vgl. dazu

[8] Die verschiedenen Ausbildungen im Leiten und Beraten von Gruppen, die verschiedene Zusammenschlüsse von TrainerInnen der Sektion Gruppendynamik anbieten, werden mehr nachgefragt und die Zahl der Ausbildungen ist in den letzten Jahren von acht auf zehn angestiegen.

Senge, 1990, S. 317). Daß das so einfach funktionieren soll, erinnert mich etwas an die naive oder bösartige Bemerkung des Schulrats, der den Unterricht eines seiner Lehrer besucht und sich mit den Worten, "lassen sie sich durch mich nicht stören, tun sie einfach so, als wäre ich nicht da" hinten in die Klasse setzt. Hier wie dort glaubt niemand daran, daß die Unterschiede keine Rolle mehr spielen, alle tun nur so, als würde es ihnen nichts ausmachen, so zu tun, als gäbe es keine Unterschiede.

Warum bestehen die Unterschiede an Einfluß, Prestige und v.a. Einkommen, wenn es (zumindest manchmal) so sinnvoll erscheint, sie außer Kraft zu setzen. Selbststeuerung in hierarchischen Systemen läuft leicht Gefahr, blinde Flecken gegenüber der formalen Machtverteilung und Positionsunterschieden zu entwickeln, übrigens ähnlich wie in streng gleichberechtigten Gruppen und Betrieben (vgl. dazu Schattenhofer, 1992).

Mit dem Übergang vom Prototypen zu selbststeuernden sozialen Systemen als Normalvariante der Zusammenarbeit in Organisationen wird die Chance verpflichtend. Das hat sehr einschneidende Konsequenzen für die beteiligten Personen. Wer möchte schon - statt einer zeitlich begrenzten freiwilligen Ausnahmeerfahrung - permanent und verpflichtend in einer Art Trainingsgruppe mitarbeiten? Als zentraler Satz zu den Auforderungen fällt mir ein: "Man muß sich einbringen und zwar persönlich, in jedem Falle persönlicher wie vorher". Es wird für den einzelnen intensiver aber auch anstrengender und riskanter, die Arbeit erfordert auf einmal ein ganzheitlicheres Engagement, jedes Mitglied einer selbststeuernden Gruppe ist persönlich gefragt, nicht nur in einer engen funktionalen Hinsicht.

Die oft als Sonderform beschriebene Intim-Kommunikation (vgl. dazu Wimmer, 1996, S. 137) in T-Gruppen wird alltäglich. Dabei geht es nicht um persönliche, beziehungsmäßig intime Themen (wer mag wen?), sondern um so intime Fragen wie: Was halte ich von deiner Leistung? Was könntest du, könnten wir verbessern? Wer fördert, wer behindert den Arbeitsprozeß in der Gruppe? Sich gegenseitig die diesbezüglichen Wahrnehmungen und Einschätzungen rückzumelden, sind aber ein zentrales Element der Selbststeuerung. Es bedeutet enorme Anforderungen an die sozialen Kompetenzen der beteiligten Personen, wenn diese Fragen in der persönlichen Auseinandersetzung zu regeln sind und nicht von oben und außen geregelt werden. Jeder und jede muß einbringen, wie er die anderen, die Gruppe, die Aufgabe, die Organisation sieht, was seine Ziele und Motivationen sind, nur so werden die verschiedenen Perspektiven wirksam. Es entsteht ein Zwang zur Nähe und zur persönlichen Auseinandersetzung, der nicht in Konformität und Homogenität aufgelöst werden darf. Selbst die Möglichkeiten, sich diesem Zwang zur Selbststeuerung zu entziehen, sind weniger eindeutig. Wie kann man sich dagegen wehren, das zu machen, was man will?

Daß dies zum Normalfall wird und mehr und mehr den Erwartungen aller Beteiligten entspricht, sehe ich an StudentInnen der Psychologie mit denen ich regelmäßig ein gruppendynamisches Training veranstalte, um sie auf Gruppenleiteraufgaben vorzubereiten. Die "neue" Leitungsrolle des Trainers, der einen Rahmen vorgibt, ihn aber nicht füllt, führt zu keinen besonderen Irritationen (mehr). Sie nehmen sie bereitwillig hin, so als hätten sie sich nichts anderes erwartet. Sie beginnen eigenständig zu arbeiten, sich auseinanderzusetzen und einzubringen. Das Frustierende an der Zurückhaltung des Trainers ist kaum noch spürbar, die Zumutung ist keine mehr und die Bereitschaft, die eigene Person mit ihren Gefühlen, Motiven, Ängsten in den Prozeß - zur Steuerung - mit einzubringen, ist groß, aber auch so routiniert, als gäbe es gar keine andere Möglichkeit.

4. Schlußbemerkung

Am Beispiel der T-Gruppe wollte ich zeigen, daß man die angewandte Gruppendynamik als Praxis zur Theorie der Selbststeuerung darstellen kann. Theorie und soziale Praxis lassen sich nicht einfach aufeinander zurückführen und gruppendynamische oder beraterische Interventionen und Handlungskonzepte können nicht direkt aus einem theoretischen Konzept der Selbststeuerung abgeleitet werden. Die grundlegenden Unterschiede zwischen Theorie und Praxis müssen anerkannt werden, nur die Differenz kann befruchtend wirken. Die T-Gruppe könnte dabei - jenseits ihres Stellenwertes in Fortbildung und Selbsterfahrung - einen interessanten Ausgangspunkt für die Erforschung von Selbststeuerungsprozessen in Arbeitsgruppen und Teams darstellen. Ursprünglich wurde sie als Instrument zur Erforschung der sozialen Prozesse in Gruppen durch die Beteiligten erfunden. Die Leitfragen für diese Erforschung lauten:

> Wie müssen selbststeuernde Systeme beschaffen sein, damit es sinnvoll ist von Selbststeuerung zu sprechen?
>
> Welche Kompetenzen brauchen die Beteiligten, um diese (neuen) Anforderungen zu bewältigen?
>
> Welche Rahmenbedingungen braucht es, damit die Selbststeuerung für die Beteiligten fruchtbar wird und persönlich erträglich bleibt?

Die beschriebenen Merkmale der T-Gruppe können dafür als Ausgangspunkt dienen.

PraktikerInnen wählen sich Theorien mit einem gewissen Appeal, mit einer gewissen Attraktivität und benutzen sie für ganz verschiedene Zwecke: Zur Anregung, zur Strukturierung der Kommunikation über das eigene Tun, zur Reduktion der Komplexität des eigenen Tuns etc. (vgl. dazu Schiepeck et al., 1995). Von daher erscheint mir die Fortsetzung der Auseinandersetzung zwischen Gruppendynamik und systemtheoretischen Konzepten wie Selbststeuerung in jedem Fall sinnvoll.

Das Interesse von Praktikern für bestimmte Theoriekonzepte ist in jedem Fall auch als eine Marktstrategie zu verstehen: Mit gut einem gut ausformulierten und verständlichen theoretischen Hintergrund lassen sich soziale Dienstleistungen besser verkaufen. Das interessante - und das macht wahrscheinlich ihren besonderen Appeal aus - an der Theorie der Selbststeuerung ist, daß sie etwas verspricht, was sie zugleich theoretisch begründet für unmöglich hält: Die Steuerung sozialer Systeme. Selbststeuerung kommt weniger als Eingeständnis der eigenen Einfluß- und Hilflosigkeit daher, sondern als komplexere und trickreichere Strategie zur Beeinflussung von Personen und sozialen Systemen. Es muß - in einem anderen Zusammenhang - der Frage nachgegangen werden, warum gerade professionelle Einflußnehmer und Veränderer wie Therapeuten, Supervisoren und Gruppendynamiker, sich davon so angezogen fühlen.

Feldtheorie und Systemtheorie

Marianne Hege

1. Einleitung

Beim Lesen von Darstellungen moderner Systemtheorien, insbesondere bei der Beschreibung von Theorien selbstreferentieller Systeme fielen mir immer wieder Begriffe und Leitideen der Feldtheorien Lewins ein. Diese Theorie beschäftigte mich in meiner Ausbildung zur Gruppendynamikerin in den 70er Jahren. Bei dieser Ausbildung faszinierte mich, daß es in der Gruppe möglich war, Bedürfnisse einzelner als Ausdruck des Gruppengeschehens zu sehen und das so, daß der einzelne sich zugleich in seinen individuellen Bedürfnissen verstanden und bestätigt sah. Es war für mich, die ich als Individualpsychologin und Sozialpädagogin geschult war, eine neue, heute würde man sagen systemische Sichtweise. Ich war geschult worden, die psychischen Eigenkräfte von den Umweltbedingungen, von dem Milieu säuberlich zu scheiden, um damit auch bei dem Verständnis menschlichen Verhaltens zu unterscheiden, was nun der individuellen Eigenart, dem Charakter, der Persönlichkeit zuzuschreiben war und was dem Milieu oder Umwelteinfluß. In dieser Zeit lehrte ich auch an der Fachhochschule für Sozialwesen. An einem meiner Lehrgebiete der Einzelhilfe entzündete sich die Kritik an der herkömmlichen Sozialarbeit. Ich suchte nach Modellen, die es ermöglichten, gesellschaftliche Bedingungsfaktoren konzeptionell in die Einzelhilfe einzubeziehen, und um die unfruchtbare Fragestellung nach Anlage und Umwelt eliminieren zu können. Das Modell des Lebensraums von Kurt Lewin schien mir zu der Zeit ein brauchbares Modell, um zumindest die Interdependenz zwischen Person und Umweltbeziehungen beschreiben zu können. Dem weitergehenden Anspruch, den Zusammenhang von ökonomischen Verhältnissen und Bewußtsein der Menschen generell zu klären, war freilich damit nicht genüge getan.

Die gesellschaftlichen Bedingungen wurden in dieser Zeit in der Sozialarbeit mit einem verflachten und vereinfachten linearen Ursachenverständnis und marxistischer Terminologie geführt. Diese Reduktion von der Komplexität eines dialektischen Verständnisses von Gesellschaft beförderte den Protest gegen den „schuldigen Staat, Behörde, Auftraggeber". Sie war wirksam im Sinne von Verunsicherung und führte zur Einleitung von Reformen. Sie behinderte jedoch eine geduldige und ernsthafte Auseinandersetzung mit diesem Gesellschaftsverständnis.

Ich habe bislang noch keine Abhandlung gefunden, die die Feldtheorie in die Entwicklung der Systemtheorie einbezogen hätte. Das gilt für die Zusammenstellung und Kommentierung der Werkausgabe von Kurt Lewin in den 80er Jahren ebenso wie für die neuere Darstellung der Feldtheorie Lewins durch Lück (1996). Da wir jedoch in der Gruppendynamik in Diagnostik und Intervention stark durch die Feldtheorie geprägt wurden, und andererseits jetzt mehr und mehr systemische Ansätze an deren Stelle rücken, scheint es mir sinnvoll, zu untersuchen, ob das Feld im Sinne Lewins ein System ist. Willke benennt vier wichtige Paradigmen der Systemtheorie (Willke, 1996):

1. Das Ganze und seine Teile. Eine Systemtheorie hat über den Zusammenhang von Teilen und dem Ganzen Auskunft zu geben.
2. System und Umwelt. Systeme bilden sich in Abgrenzung von der Umwelt. Eine Systemtheorie hat Auskunft zu geben, über die Fragen des Austauschprozesses zwischen System und Umwelt, über die Frage der Offenheit oder Geschlossenheit.
3. Selbstreferenz und Fremdreferenz. Unter diesen Gesichtspunkten wird in der Systemtheorie die Frage behandelt, inwieweit Systeme ihre eigenen Ordnungsprinzipien rekursiv oder selbstreferentiell schaffen und erhalten.
4. Konstruktivismus. Jede Wahrnehmung in oder von Systemen ist zugleich auch eine Deutung im Kontext von Systemen. Wir „erkennen“ die Wirklichkeit nicht, wir konstruieren sie.

2. Die Entwicklung der Feldtheorie

Im Folgenden beschreibe ich die Feldtheorie Lewins an dem von ihm entworfenen Modell des Lebensraums. Ich gehe dabei auf die Paradigmen der Systemtheorie ein, wenn es sich unmittelbar aus Formulierungen Lewins ergibt.

In der sprachlichen Beschreibung habe ich die gleichen Schwierigkeiten auf die Willke in der Einleitung zur Darstellung der Systemtheorie hinweist (Willke, 1996). In der Feldtheorie wie in der Systemtheorie sind alle Gesichtspunkte zu einer gleichen Zeit an einem gleichen Ort gegeben. *„Sie müßten eigentlich simultan dargestellt werden. Das ist aber in der Logik der geschriebenen Sprache nicht möglich.*" Dem methodischen Vorgehen Lewins folgend, möchte ich die Fragen und Probleme nicht isoliert, d.h. auch nicht abstrakt, vielmehr in der je konkreten Situation untersuchen.

Die Frage, wie kam Lewin zur Feldtheorie, führt in die Lebenssituation (Lebensraum) Lewins als Psychologe, nach Berlin, wo er in den 20er Jahren tätig war. In Berlin lehrten als Kollegen die Gestaltpsychologen Wertheimer, Köhler, und Kofka. Lück (1966) bezeichnet die Gestaltpsychologen als Kollegen Lewins. Die Gestaltpsychologen betonten im Widerspruch zu den Assoziationspsychologen die Ganzheit und die Gestalt in Wahrnehmung und psychischem Erleben. Die alte Aussage Heraklits: „*Die Summe ist mehr als ihre Teile*", wurde in den bekannten Gestaltgesetzen formuliert und in Experimenten nachgewiesen. Der geschichtliche und theoretische Zusammenhang von Gestaltpsychologie und Feldtheorie zeigt sich heute noch in der Praxis der gruppendynamischen Seminare. Die alten Darstellungen der sogenannten optischen Täuschungen werden gern herangezogen, um das oft noch verbreitete Verständnis der Teilnehmer, unsere Sinnesorgane bildeten die objektive Welt ab, in Frage zu stellen. Die TeilnehmerInnen lernen, systemisch gesprochen, daß wir die optischen Reize zu einer Wahrnehmung konstruieren.

In den 20er Jahren formulierte Einstein die Relativitätstheorie. Diese Aussagen faszinierten Lewin in besonderem Maße. Die Annahme der Gestaltpsychologen, daß nicht die Summierung von Eigenschaften, sondern die spezifische Zuordnung die Gestalt, Figur bestimmen, wurde von Lewin gleichsam dynamisiert. Er wollte auch in psychologischen und sozialen Feldern die Relationen zwischen den Teilen untersuchen. Er interessierte sich für die Interdependenz zwischen den Teilen und deren Dynamik. Die Wendung von der Frage nach den Ursachen zu der Frage nach den Relationen, den Beziehungen untersuchte er in dem bekannten Artikel „Der Übergang von der aristotelischen zur galileiischen Denkweise in Biologie und Psychologie" (Lewin, 1981, S. 233).

Unter aristotelischer Denkweise versteht Lewin zum einen die Frage nach dem warum, die mit unterschiedlichen Ursachenbegriffen, aber immer linear beantwortet wird; und zweitens den Versuch, Erkenntnisse nach Eigenschaften (Häufigkeit, Vorkommen u.a.) zu klassifizieren. Demgegenüber ist die galileiische Denkweise gekennzeichnet durch die Frage nach der Dynamik und der Struktur, wobei die Dynamik sich nur aus der Stellung eines Gebildes in einer bestimmt gearteten Umgebung erschließen läßt. So wird z.B. in der Gruppendynamik das Verhalten einer Person aus den dynamischen Prozessen in der jeweiligen Gruppensituation (Hier und Jetzt) erklärt oder bei der Betrachtung von Verhaltensschwierigkeiten: die Verweigerungshaltung eines Schülers in der Schulklasse wird analysiert in der Situation dieses Kindes in dieser Schulklasse und nicht zurückgeführt oder hinausverlagert auf dahinterliegende Ursachen. Auch in den, für das Gesamtverhalten der Lebewesen maßgebenden, Gebieten der Psychologie dürfte der Übergang zur galileiischen Grundauffassung der Dynamik unvermeidbar sein, die alle in der Dynamik auftretenden Vektoren nicht auf einzelne isolierte Gegenstände zurückführt, sondern auf das zueinander der Faktoren in der konkreten Gesamtsituation, hier also im wesentlichen auf den momentanen Zustand des Individuums und den Aufbau der psychischen Umwelt.

> „Die Dynamik des Geschehens ist allmal zurückzuführen auf die Beziehung des konkreten Individuums zur konkreten Umwelt und, soweit es sich um innere Kräfte handelt, auf das Zueinander der verschiedenen funktionellen Systeme, die das Individuum ausmachen." (Lewin, 1981, S. 270)

Lewin war Experimentalpsychologe. Er mußte seine Experimente an der Einzelsituation verteidigen gegen das klassische Experiment in der Psychologie, dessen Kennzeichen u.a. Vergleichbarkeit und Unabhängigkeit von Situationen waren und letztlich dem Ziel dienten, allgemeine Gesetzmäßigkeiten zu finden. Dagegen formuliert Lewin:

> „Es gilt zur Einsicht zu bringen, daß Allgemeingültigkeit des Gesetzes und Konkretheit des individuellen Falles keine Gegensätze sind und daß an die Stelle der Bezugnahme auf einen historisch möglichst ausgedehnten Bereich häufiger Wiederholungen die Bezugnahme auf die Totalität einer konkreten Gesamtsituation treten muß." (Lewin, 1981, S. 271)

1946 formuliert Lewin in seinem Aufsatz „Verhalten und Entwicklung als eine Funktion der Gesamtsituation":

> „Eine Gesamtheit gleichzeitig bestehender Tatsachen, die als gegenseitig voneinander abhängig begriffen werden, nennt man ein Feld. Die Psychologie muß den Lebensraum, der die Person und ihre Umwelt einschließt als Feld betrachten." (Lewin, 1963, S. 273)

3. Der Lebensraum ein Feld (System) von Person und Umwelt

Das Modell des Lebensraumes dient Lewin zunächst der Darstellung von Verhalten im Zusammenhang von Person und Umwelt.

Das Verhalten kann – nach Lewin – nicht wie bislang erklärt werden durch Einflüsse aus der Person plus Einflüsse der Umwelt. Verhalten ist eine Funktion von Person und Umfeld [V=F(PU)]. Das Verhalten ist in jedem Moment das Resultat einer spezifischen Verbindung von Person und Umwelt. Dabei sind Personen und Umwelt in einer wechselseitigen Abhängigkeit, einem funktionellen Zusammenhang zu sehen.

Beispiel:

Ein Kind hat im Selbstbedienungsladen Süßigkeiten mitgenommen. Die Süßigkeiten waren in Augenhöhe des Kindes gelagert. Es stand mit der Mutter in der Reihe der Wartenden bei der Kasse. Warum hat das Kind die Süßigkeiten genommen?

Argumentation 1:

Die Süßigkeiten sind in der Regel so gelagert, daß sie für wartende Kinder einen ausgesprochenen Aufforderungscharakter haben. Auch Kinder, die keinen Appetit haben, die genügend Süßigkeiten bekommen, werden dazu gedrängt, sie in die Hand zu nehmen und sie sich anzueignen. Folgt man dieser Argumentation, so liegen die Ursachen in der Umwelt.

Argumentation 2:

Stellt man fest, daß dieses Kind durch das Warten an der Kasse und die eilende, nervöse Mutter frustriert zu den Süßigkeiten greift, dann verlagert man die Ursachen in die Bedürfnisspannung des Kindes. Tatsächlich je-

> doch sind der Aufforderungscharakter der Süßigkeiten und die Bedürfnislage des Kindes in wechselseitiger Abhängigkeit. Die Größe des Bedürfnisses nach Süßigkeiten, das größer werden kann, wenn die Gesamtbedürfnisse dieses Kindes durch zusätzliche Einengung (Stehen in der Schlange) verändert werden.

Eine intensive Unterhaltung mit der Mutter beim Warten z.B. kann dazu führen, daß das Kind die Süßigkeiten nicht oder kaum wahrnimmt. Bedürfnislage und Valenz (= Aufforderungscharakter) der Objekte, die sich zur Bedürfnisbefriedigung anbieten, stehen in wechselseitiger Abhängigkeit. Das Verhalten des Kindes ist damit ein Resultat dieses Zusammenhangs, der ausgedrückt werden kann. Verhalten ist eine Funktion von Person und Umwelt: V = F(PU).

Fragt man bei diesem Beispiel weiter, welche Faktoren das Verhalten in dieser Situation beeinflußt haben, dann kommt man notwendig zu einer Vielfalt von Faktoren, die zusammen den „Lebensraum" des Kindes in dieser Situation ausmachen. Lewin überträgt die Raumvorstellung (aus der Topologie) in die psychische Dimension des Erlebnisses.

Der Lebensraum wird bestimmt durch die Umweltfaktoren, die Einfluß auf das Erlebnis haben. „*Danach wäre die physikalische und soziale Umwelt insoweit und in der Art als psychologische Umwelt anzusetzen, wie sie von dem betreffenden Individuum erlebt würde*" (Lewin, 1969, S. 41). Unabhängig von der zeitlichen und örtlichen Verankerung der Geschehnisse haben alle die Fakten Wirksamkeit, die wirken: „*Wirklich ist, was wirkt*" (Lewin, 1969, S. 41). Am besten läßt sich wohl der Begriff des Lebensraumes bestimmen, wenn man ihn vom Umweltbegriff abhebt. Zur Umwelt gehören u.a. physikalische, klimatische und soziale Faktoren. Im Lebensraum erscheinen sie als quasi-physikalische, quasi-soziale, quasi-begriffliche Fakten.

Bleiben wir bei dem oben zitierten Beispiel. Zur Umwelt des Kindes gehören:

a) physikalische Faktoren: z.B. Wärme in der Schlange, das Gezogenwerden durch die Hand der Mutter,
b) soziale Faktoren: Die Erwachsenen, die anstehen, andere Kinder, der Mann an der Kasse.

Das ist nur eine kurze, unvollständige Aufzählung. Was gehört jetzt von diesen Umweltfaktoren in den Lebensraum?

Die Faktoren, die „wirken": Lewin spricht in diesem Zusammenhang von „quasi -physikalischen", „quasi-sozialen Fakten". Die Wärme wird erlebt als Belästigung, die Fortbewegung beim Schlangestehen als Beklemmung, die Mutter als frustrierend, die Farbe der eingepackten Süßigkeiten als verlockend. Der Lebensraum ist damit ein subjektiver Ausschnitt, in dem die Umweltfaktoren eine je eigene Wertigkeit haben.

Zu quasi-physikalischen Fakten:

> Physikalisch betrachtet ist der Raum, in dem sich zwei Menschen befinden, selbstverständlich der gleiche. Vom Erlebnis her gesehen kann das so sein, es ist jedoch nicht die Regel. Beispiel: Ein junges Ehepaar hat einen

> „Konflikt" am Ende des Arbeitstages: Der Ehemann wollte ausgehen, die junge Frau daheim bleiben. Wie wird der Wohnraum am Ende des Arbeitstages von beiden erlebt: Für die junge Frau ist dieser von ihr möblierte Raum nach dem Arbeitstag „Ort der Sicherheit und Entspannung"; für den Ehemann erscheint er als „Kerker", der die Endgültigkeit seiner Entscheidung dokumentiert, mit der er sich in diesem Raum und in diese Beziehung gebunden hat. (Hege, 1979, S. 31ff.)

Soziale Beziehungen, Wahrnehmungen sind gebunden an „Begriffe", an Definitionen. Sie haben ihre Bedeutung in einem bestimmten System, dem sie zugehören, z.B. mathematische Begriffe, philosophische Begriffe, ideologische Begriffe. Bestandteil des Lebensraumes sind sie insofern, als sie einen Bezug zum Erlebnis haben. Als meine Meinung, meine Anschauung, meine Auffassung von, werden sie als solche gekennzeichnet. Der Lebensraum ist somit eine subjektive Deutung. Ist Lewin damit ein Konstruktivist? Bei der Begrenzung des Lebensraums spricht Lewin von *„der Hülle von Tatsachen"*. Lewin untersucht die Wirkung dieser Tatsachen. Im psychischen Feld sind sie notwendigerweise subjektiv gedeutet, d.h. in ihrer Einwirkung. Lewin spricht diesen Tatsachen aber keine eigene Qualität ab. Lewin war Philosoph und Psychologe. In seinen wissenschaftstheoretischen Schriften setzt er sich ausführlich mit anderen naturwissenschaftlichen Disziplinen auseinander, insbesondere mit Biologie und Physik. Wenn er deren Ergebnisse und Methoden darstellt, übernimmt er den zu der Zeit gültigen *„objektiven Blick"*, d.h. er respektiert die Annahme dieser Wissenschaften einer real vorfindlichen Welt. Seine Sichtweise sieht er als die, der Wissenschaft der Psychologie eigene und zugehörige. Gemeinsamkeiten mit anderen Wissenschaften sucht er auf einer abstrakteren Meta-Ebene, nicht in einer den Wissenschaften gemeinsamen Konstruktion von Wirklichkeit.

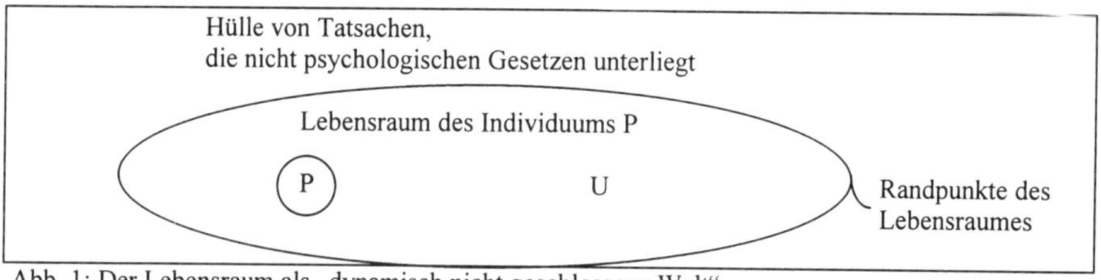

Abb. 1: Der Lebensraum als „dynamisch nicht geschlossene Welt".
P = Person, U = Umwelt (Hege, 1979, S. 47)

3.1. Die Erstreckung des Lebensraumes – Ebenen und Bereiche

Geht man bei der Bestimmung des Lebensraumes von dem aus, was wirkt, so gibt es eine große Vielfalt von Faktoren mit größerem und geringerem Grad an Bedeutung. In der Sprache der Systemtheorie gesprochen, ist der Lebensraum außerordentlich komplex. Lewin hält es deshalb für nützlich, verschiedene Grade der Ausdehnung des Lebensraums zu unterscheiden, und zwar vom Gesichtspunkt der Praktikabilität. In der Sprache der Systemtheorie reduziert er Komplexität, indem er unterscheidet z.B. zwischen Momentansituation und Lebenssituation.

> „Eine Arbeiterin steht am Webstuhl in der großen, lauten Weberei als vorletzte in der achten Reihe. Ein Faden ist gerissen. Sie ist im Begriff, die Maschine anzuhalten, um zu untersuchen, was los ist. Es ist kurz vor der Mittagspause. Die Arbeiterin hat am Vormittag wenig geschafft. Sie ist ärgerlich. Dies sind ein paar Daten über die ‚Momentansituation'. Über die ‚Lebenssituation' dieser Frau ist zu sagen: Sie ist seit drei Jahren verheiratet. Seit eineinhalb Jahren hat der Mann keine Arbeit mehr. Das zweijährige Kind ist ernsthaft krank gewesen, aber es scheint ihm heute etwas besser zu gehen. Mit dem Mann gibt es in der letzten Zeit häufig Krach, auch heute morgen. Die Eltern des Mannes haben ihr angeboten, das Kind zu sich aufs Land zu nehmen. Die Frau schwankt innerlich sehr zwischen ja und nein. Momentansituation und Lebenssituation stehen in wechselseitiger Beziehung." (Lewin, 1969, S. 44)

Der „Raum" der Ausdehnung umfaßt nicht nur die „räumlich physikalischen Fakten" in ihrer je subjektiven Auswirkung, sondern auch die zeitliche Erstreckung.

> „Es ist wichtig, sich zu vergegenwärtigen, daß die psychologische Vergangenheit und Zukunft gleichzeitig Teile des psychologischen Feldes sind, das zu einer bestimmten Zeit existiert." (Lewin, 1969, S. 16)

Darunter versteht Lewin nicht nur das subjektiv erfahrene Zeiterleben, z.B. Stunden können im Fluge vergehen oder können sich zäh wie Tage dahinziehen, vielmehr sind dies Ereignisse und Erfahrungen aus der Vergangenheit, die in der Gegenwart in der Momentansituation Einfluß haben. Beispiel: Fügt ein Gesprächspartner in die Diskussion ein, „dasselbe hast du vor drei Jahren gesagt und ich habe darauf gesagt, daß ...", dann ist die Vergangenheit zugleich Gegenwart. Die Barrieren, die die Verständigung in der Momentansituation offenbar erschweren, werden verstärkt durch das Heranziehen von Erlebnissen aus der Vergangenheit, wo schon damals eine Verständigung nicht möglich war.

Das Vergangene erhält seine Bedeutung nicht im Sinne einer Historie, sondern im Bezug und in der Dynamik der Gegenwart.

> „Diese Wirkung der Vorgeschichte ist aber unter dynamischen Gesichtspunkten als indirekt zu bezeichnen: Ein Ereignis der Vergangenheit kann auf gegenwärtiges Geschehen nicht Wirkungen im Sinne der Systematik ausüben, sondern es kann nur eine Stelle in der historischen Kausalkette einnehmen, deren Verschlingungen die gegenwärtige Situation geschaffen haben. Dieser Sachverhalt ist, wie erwähnt, in der Psychologie häufig nicht genügend berücksichtigt worden." (Lewin, 1969, S. 56)

Auch hier gilt der Grundsatz: Wirklich ist, was wirkt. Das Vergangene kann, aber muß nicht wirksam sein. Dasselbe gilt in Bezug auf die Zukunft. Sie kann sich als Hoffnung, freudige Erwartung, aber auch als planende Vorausschau oder Befürchtung und Zukunftsangst in der Momentansituation auswirken. Sie ist, wie die Vergangenheit, in dem Maße Gegenstand des Lebensraums, soweit sie die Gegenwart mitbestimmt. So formuliert Lewin im Bezug auf Planung und Zielvorstellung:

> „das Ziel als psychologisches Faktum ist zweifellos ein gegenwärtiges Faktum, eine konkrete, in dem fraglichen Moment wirklich ‚existierende' psychologische Tatsache, die einen wesentlichen Bestandteil des gegenwärtigen Lebensraumes ausmacht. Dagegen ist der ‚Inhalt' des Zieles ... als ‚objektives' soziales oder physikalisches Geschehen ein zukünftiges Ereignis." (Lewin, 1969, S. 57)

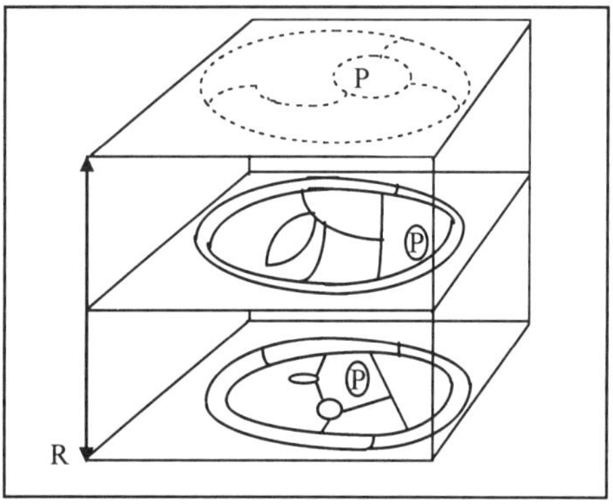

Abb. 2: Darstellung der verschiedenen Realitätsgrade mit Hilfe einer zusätzlichen Dimension des Lebensraumes. R = realere Ebene, I = irrealere Ebene, P = Person. Auf der Ebene größerer Realität sind die Barrieren stärker und die Person P ist von ihrer Umwelt deutlicher getrennt. (Hege, 1979, S. 45)

Die oben gezeigte Abbildung zeigt die unterschiedlichen Ebenen des Lebensraums. In diesen unterschiedlichen Ebenen des Lebensraumes lassen sich unterschiedliche Differenzierungsgrade des Erlebens auch in zeitlicher Hinsicht darstellen. In der Zukunftsplanung auf der sogenannten Irrealitätsebene sind die Grenzen passierbar und die Bereiche vereinfacht. Beispiel: Ein Jugendlicher überwindet in der Zukunftsphantasie „wenn ich erst mal Erwachsen bin" alle derzeitigen realen Beschränkungen, z.B. Abiturnote „ungenügend". In der Realitätsebene stellt dieses Ungenügend eine Barriere dar. In seinen Phantasien kann er sich darüber hinwegsetzen, was seine aktuelle psychologische Situation erheblich entlasten kann. Notwendig wäre in diesem Fall das Einziehen einer Zwischenebene zwischen den Phantasien, was er möchte, und dem, was er auf Grund der realen Ereignisse (Durchfallen im Abitur) erreichen kann, um zu einer adäquaten Lebensplanung zu kommen.

3.2. Bereiche des Lebensraums

Der Lebensraum ist untergliedert in verschiedene Bereiche. Die Weite oder Enge des Lebensraums wird durch die Anzahl der Differenzierungen der Bereiche bestimmt. Bereiche sind z.B. Arbeit, Freizeit.

> „Bereichsbestimmung: Ein psychischer Bereich kann durch seine qualitativen Eigenschaften und durch die topologischen Beziehungen des Bereiches oder seiner Grenze zu anderen Bereichen oder deren Grenzen bestimmt werden; die Bestimmung ist ferner durch psychische Vorgänge möglich, insbesondere durch Lokomotionen und Kommunikationen, die verschiedene Punkte verbinden." (Lewin, 1969, S. 222)

Der „Bewegungsspielraum" einer Person ist abhängig von der Passierbarkeit der Grenzen der Bereiche im Lebensraum. Sie können durchlässig sein oder als Barrieren erscheinen. Das gilt wiederum für konkrete oder sozial induzierte Begrenzungen, die gegeben sind, z.B. bei spielenden Kindern in einer Wohnung: gehört zu ihrem Spielraum die gesamte Wohnung oder sind sie beschränkt auf das Kinderzimmer. Die Beschränkung kann durch ein Gebot oder Verbot erfolgen oder beim Kleinstkind durch einc konkrete Barriere, nämlich das Gitter.

> „Grenzen (Grenzzonen), die psychologischer Lokomotion Widerstand leisten, nennen wir ‚Barrieren'. Entsprechend dem Grad ihres Widerstandes sprechen wir von Barrieren verschiedener Stärke." (Lewin, 1969, S. 139)

Als Beispiel möchte ich die Lebenssituation von Kurt Lewin im Jahre 1933, eine Momentansituation, herausgreifen. Lewin erfuhr von der Machtergreifung durch die Nationalsozialisten auf einer Reise von den USA über Japan nach Moskau. Er entschied auf dieser Reise, nicht mehr nach Deutschland, an seinen Arbeitsplatz in Berlin zurückzukehren. Dieses Ereignis und die daraus folgende Entscheidung grenzte Lewins Lebensraum entscheidend ein. Das Ereignis, die Machtergreifung, tausende Kilometer weit entfernt, gehörte in dieser Momentansituation zu seinem Lebensraum. Mit seiner Entscheidung wurde die reale Grenze des Deutschen Reiches für ihn zu einer Barriere, die er nur noch überschritt, um seinen Umzug nach USA zu bewerkstelligen. Die Barriere überwand er auch nach 1945 nicht mehr.

3.3. Lebensraum als Spannungsfeld

Ich habe schon einige Male den Begriff der Dynamik gebraucht. Das Feld ist nicht nur durch die wechselseitige Abhängigkeit der Bereiche gekennzeichnet, in Analogie zum Magnetfeld beschreibt Lewin das Feld als Spannungsfeld von Kräften, die sich durch negative und positive Valenzen unterscheiden. Der Begriff der Valenz wird gleichbedeutend verwendet mit dem Begriff des Aufforderungscharakters:

> „Die Valenz entspricht einem Kraftfeld, das nach Art eines Zentralfeldes strukturiert ist. Man kann positiven und negativen Aufforderungscharakter unterscheiden." (Lewin, 1969, S. 226)

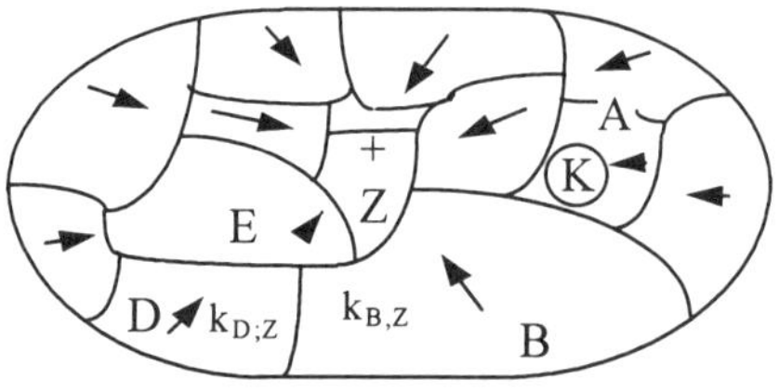

Abb.3: Positives zentrales Kraftfeld, das einer positiven Valenz entspricht (Hege, 1979, S. 38)

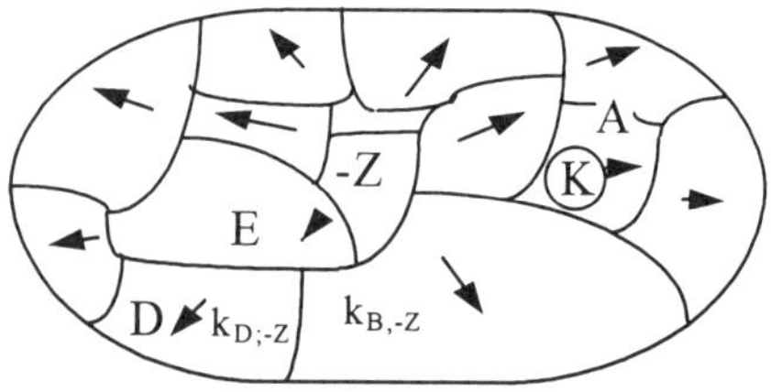

Abb.4: Negatives zentrales Kraftfeld, das einer negativen zentralen Kraft entspricht (Hege, 1979, S. 38)

Dynamisch betrachtet kann das Verhalten bestimmt werden als Lokomotion in Richtung der Kraft. Lewin unterscheidet treibende und hemmende Kräfte. Unter treibenden Kräften versteht er solche, die von negativen Valenzen auf positive Valenzen gerichtet sind. Die daraus resultierende Lokomotion kann durch Widerstände aufgehalten werden. Barrieren sind hemmende Kräfte. Spannung ist also eine Kennzeichnung von Dynamik. Der Ausgleich von Kräften im Feld führt zur Equilibrierung (Fließgleichgewicht). Mit der Bezeichnung des Lebensraumes als Spannungsfeld wird die Dynamik zu einem wesentlichen Merkmal. Zugleich wird die Aussage der Feldtheorie, daß die Veränderung eincs Bereiches die anderen Bereiche des Lebensraumes beeinflußt, veranschaulicht.

Zum Konflikt werden treibende und hemmende Kräfte erst dann, wenn beide Kräfte gleich stark sind. Auf die Konfliktdarstellung Lewins gehe ich hier nicht näher ein, weil sie den Lesern dieses Artikels ja hinreichend bekannt ist. Wichtig in diesem Zusammenhang ist, daß der Konflikt zu Veränderungsprozessen im System gehört (Lewin, 1953).

An der Beschreibung des Lebensraumes kann verdeutlicht werden, daß die Feldtheorie sich ausführlich beschäftigt mit dem Verhältnis von den Teilen zum Ganzen, und damit dem ersten Paradigma entspricht. Hier noch einmal ein Zitat von Lewin:

> 1. Die Feldtheorie geht von der Annahme aus, daß das Verhalten, welches jede Art von Handeln, von Affekt oder Denken umfaßt, von einer Vielzahl gleichzeitig vorliegender Faktoren abhängt, die das psychologische ‚Feld' ausmachen. Dieses Feld enthält solche Tatsachen, wie etwa die Bedürfnisse der handelnden Person, die Ziele und Wünsche des Individuums; die Art und Weise, wie das Individuum Vergangenheit und Zukunft sieht; die

Art und die Lage von Schwierigkeiten; ferner die Gruppen, zu denen das Individuum gehört; seine Freunde und seine eigene Position unter ihnen. Das Feld ist demnach kein ‚abstraktes' Bezugssystem, wie etwa die graphische Darstellung der Relation von Eigenschaften (z.B. von Gewicht und Alter); hierbei steht jede Koordinate für ein Kontinuum von Ähnlichkeiten. Vielmehr repräsentiert es eine Vielzahl von Bereichen, die alle zur gleichen Zeit existieren und die untereinander in Wechselwirkung stehen. Die graphische Darstellung eines Feldes bringt die ‚räumlichen' Beziehungen (also die relativen Positionen) dieser Bereiche, wie sie zu einem bestimmten Zeitpunkt bestehen, zum Ausdruck. Eine solche Darstellung macht nicht notwendigerweise von Koordinaten Gebrauch.

2. Jedem Individuum entspricht zu einem bestimmten Zeitpunkt ein anderes psychologisches Feld, das wir den Lebensraum dieses Individuums nennen. Es schließe sowohl die Person wie die Umwelt ein; und zwar die Umwelt, wie sie das Individuum sieht.
3. Die Veränderung in einem Teil des Feldes beeinflußt bis zu einem gewissen Grade jeden anderen Teil des Feldes. Jede Veränderung innerhalb des Feldes hängt von der Konstellation dieses Gesamtfeldes ab.
4. Veränderungen in einem Feld können durch psychologische oder nichtpsychologische Einwirkungen hervorgerufen werden. Der Stein, der den Kopf einer Person trifft, oder der ‚Reiz' eines Lichtstrahles auf der Retina sind solche nicht-psychologischen, ‚fremden' Faktoren, welche das psychologische Feld beeinflussen, ohne selbst das Resultat psychologischer Vorgänge zu sein. Es handelt sich hierbei um die Determinanten, die wir als ‚Randbedingungen des Lebensraumes' bezeichnen können." (Lewin, 1982a, S. 25f.)

4. Die dynamischen Vorgänge an der Grenze von Feld- und Randbedingungen

Die Grenzen eines Systems, auch eines Feldes, bilden sich bei selbstreferentiellen Systemen in der fortschreitenden Verdichtung der Beziehungen der einzelnen Bereiche des Systems oder des Feldes.

In der Gruppendynamik kennen wir dieses Phänomen aus der Phase der Gruppenbildung. Für den Lebensraum erklärt Lewin dieses Phänomen an der Entwicklung des Kindes. Der Lebensraum des Kleinstkindes ist von den einzelnen Bereichen her wenig differenziert. Die Grenzen sind durchlässig. So reagiert ein vier Monate altes Kind beim Anblick der sehnsüchtig erwarteten Mutter mit dem ganzen Körper in freudiger Erregung. In den folgenden Monaten lernt es Teilhandlungen durchzuführen (Winken, Festhalten, Laut geben u.a.). Undifferenziert ist auch der Bereich der Gefühle und Antriebe. Die Entwicklung ist gekennzeichnet durch fortlaufende Differenzierung, aber auch durch Koordinierung (in der Sprache Lewins „Organisation der einzelnen Bereiche zueinander").

> „Das Kind lernt nur allmählich, willentlich bestimmte Teile seiner Umwelt abzutrennen, um sich auf sie zu konzentrieren.
> Analog zu dieser relativ schwachen Abgrenzung zwischen den verschiedenen inneren psychologischen Systemen ist auch die funktionelle Festigkeit der Grenze zwischen eigener Person und psychologischer Umwelt beim Kind im allgemeinen geringer als beim Erwachsenen. Dies wird zum Beispiel durch die Tatsache ausgedrückt, daß das ‚Ich' oder Selbst nur allmählich gebildet wird, vielleicht im zweiten oder dritten Lebensjahr. Erst dann erscheint der Eigentumsbegriff, der besagt, daß ein Ding zur eigenen Person gehört (Stern, 1930). Dieselbe relative Unklarheit der Grenzen des Selbst ist in der Tatsache augenscheinlich, daß äußere Eindrücke den zentralen Kern der kindlichen Persönlichkeit entscheidend schneller berühren als bei Erwachsenen. Umgekehrt äußern sich Bedürfnisse oder andere Spannungen der inneren psychologischen Systeme sehr viel leichter in Form impulsiven Verhaltens und unkontrollierter affektiver Äußerungen." (Lewin, 1982b, S. 205)

Das Kind wird sich erst ganz allmählich seiner Grenzen bewußt. Die Grenzen der einzelnen Bereiche wie auch die Strukturierung (Organisation der Innenwelt) bietet Schutz gegen die Fülle der Einflüsse von außen.

> „Es ist das gleiche Faktum der geringeren Abgegrenztheit und zugleich der größeren Einheitlichkeit des seelischen Gesamtsystems, das sowohl in der größeren Beeinflußbarkeit, Suggestibilität, in der größeren Offenheit gegenüber Erlebnissen zum Ausdruck kommt wie in der größeren Unbeherrschtheit und Triebhaftigkeit, mit der die inneren Spannungen sich in der Motorik nach außen entladen." (Lewin, 1982b, S. 109)

In der Feldtheorie wird die Dynamik an der Grenze beschrieben durch die Funktionen der Wahrnehmung einerseits und die der Einwirkungen der Randbedingungen oder an anderer Stelle Hülle der Tatsachen. Graumann (1981, S. 276) weist darauf hin, daß Lewin beeinflußt war von Jakob von Uexküll (1864 - 1944), der die Merkwelt von der Wirkwelt im Instinktverhalten bei Tieren unterschied und daraus einen Funktionskreis des Lebens ableitete. (Jedes instinktverhaftete Lebewesen hat seine eigene Welt.) Die Wahrnehmung, das „Merken" des Außen, steht in engem Zusammenhang mit der Innenstruktur des Lebensraumes. Es wird das in der Umwelt wahrgenommen, was der Bedürfnisspannung entspricht. Im Lebensraum entwickeln sich im Laufe der Differenzierung des Lebensraumes auch Funktionen, die die Einflüsse der Umwelt kanalisieren und Störungen zu verarbeiten vermögen. Lewin spricht in diesem Zusammenhang von einer zirkulären Rückkoppelung zwischen Selbst und Umwelt. In diesem Sinne ist der Lebensraum ein selbstreferentielles System, dessen Ausdifferenzierung durch Anstöße aus der Umwelt aus sich selbst geschieht.

Im Sinne der Systemtheorie ist der Lebensraum ein strukturdeterminiertes System. Auch die strukturdeterminierten Systeme sind abhängig von der Energiezufuhr von außen, z.B. der Lebensraum des Kindes von Nahrung, Pflege, menschlicher Zuwendung. Das Tempo und die Eigenart der Differenzierung folgt jedoch innerer Gesetzmäßigkeit. Wie die Systemtheoretiker bezieht sich auch Lewin an diesem Punkt auf die Forschungen Piagets. Mit der Ausdifferenzierung des Lebensraumes entwickeln sich auch Strukturen der Erkenntnis. Die Wahrnehmung wird geschärft, die Selektion der Struktur der Bedürfnisse angepaßt.

Den Zusammenhang von Struktur des Lebensraums bezogen auf die Struktur der Wahrnehmung möchte ich noch einmal an der Entscheidung Lewins von 1933 aufgreifen. Lewin entschied sich 1933 bei der Machtübernahme durch die Nationalsozialisten, in den Vereinigten Staaten zu bleiben. Zu gleicher Zeit gab es in Deutschland Psychologen, die im Intelligenzgrad und der Wahrnehmungsschärfe sicher Lewin entsprachen, die aber den Nationalsozialismus überhaupt nicht ernst nahmen, d.h. glaubten im Elfenbeinturm überleben zu können. Sie deuteten die faschistischen Umtriebe an den Universitäten nach ihren Bedürfnissen. So auch die Rassehygieniker. Sie begrüßten die politische Radikalisierung. Sie konnten jetzt auf die Durchsetzung ihrer biologischen Forschungsstrategien hoffen. Sie waren jetzt nicht weiter auf freiwillige Probanden angewiesen. Sie konnten jetzt auf breiter Ebene ihre rassistischen Auslesepraktiken rechtens praktizieren.

Lewin, als ein jüdischer Sozialwissenschaftler, hatte eine andere Wahrnehmung. Er war in hohem Maße sensibel, er deutete die Propaganda sowie die ersten Entscheidungen des Regimes 1933 als Auswirkung der Struktur einer radikalen Bewegung, so daß er schon 1933 sicher war, an einer deutschen Universität weder als Jude noch als Feldtheoretiker eine Zukunft zu haben. Als Sozialwissenschaftler und Forscher von sozialen Prozessen, mit den Erfahrungen an deutschen Universitäten in den 20er Jahren hat er 1933 präzis gesehen und eingeschätzt, was Nationalsozialismus zumindest für seine Personengruppe bedeutete. Im Gegensatz dazu gab es noch in den 50er und 60er Jahren Wissenschaftler, die meinten, man hätte es 1933 „nicht merken können".

Lewin hat die Feldtheorie auch an dem System „Gruppe" beschrieben und uns eine Fülle von Untersuchungsergebnissen zu Person und Gruppe hinterlassen. Es gibt eine Fülle von Beschreibungen der Kommunikation von Systemen, z.B. in seinen Analysen sozialer Konflikte. Lewin blieb jedoch in seinen Forschungen Psychologe, d.h. Sozialpsychologe und hat keine Aussagen gemacht über die Zusammenhänge der Randbedingungen oder der Hülle der Tatsachen in sich. Seine Ausführungen zur Wissenschaftstheorie zeigen, daß er sich viel mit anderen Wissenschaftsbereichen auseinandersetzte, sich aber selbst immer wieder als Sozialpsychologe definierte. Das scheint letztlich auch die Antwort auf die Frage, warum die Feldtheorie bei der Entwicklung der Systemtheorie nicht einbezogen wurde. So sind es nach Lück auch Psychologen wie Wolfgang Metzger, die auf den Zusammenhang von Feldtheorie und Systemtheorie hingewiesen haben (Metzger, 1975; Witte, 1989).

Als Psychologen sind wir letztlich interessiert an je konkreten lebenden Systemen, während die Soziologie über Systeme an sich Auskunft gibt, d.h. stets eine Meta-Perspektive einnimmt.

5. Zum Schluß zurück zu den Paradigmen

1. Das Ganze und seine Teile. Lewin hat mit der Theorie eine Antwort gegeben auf die Frage nach der Beziehung von den Teilen zum Ganzen.
2. System und Umwelt. Mit seinen Untersuchungen über den Zusammenhang von Bedürfnisspannung und Wahrnehmung, vor allem aber mit der Definition von Verhalten als Funktion von Person und Umwelt beschreibt er die Interdependenz von Lebensraum und Umwelt.
3. Selbstreferenz und Fremdreferenz. Der Lebensraum ist ein selbstreferentielles System dessen Ausdifferenzierung durch Anstöße aus der Umwelt und in Bezug auf sich selbst geschieht.
4. Konstruktivismus. Die Frage nach der Wirklichkeit des Draußen beantwortet Lewin mit dem Satz „wirklich ist was wirkt". Der Lebensraum ist der je subjektive Ausschnitt einer Welt, die selbst nicht psychologisch subjektiven Gesetzmäßigkeiten entsprechen muß.

Beobachten, Nichtverstehen und Intervenieren.[1]

Die besten Steuermänner stehen am Ufer - die besten Steuerfrauen auch.

Karlheinz A. Geißler / Frank-Michael Orthey

„Man geht zu Grunde,
wenn man immer zu den Gründen geht.“
(Nietzsche)

1. Das Problem der Steuerung - erste Beobachtungen aus pädagogischer Sicht

Anything goes - zu deutsch: Alles geht. Wenn aber alles geht, geht auch alles vorbei und irgendwie auch alles weiter. Und dieses ‘irgendwie’ ist nicht nur irgendwie beliebig oder - in der Sprache der Systemtheorie - kontingent, sondern wird beobachtet als zunehmende Beschleunigung und Differenzierung, erhöhte Komplexität, Paradoxierung, kurz gesagt: dynamisierte Unübersichtlichkeit im nicht enden wollenden Modernisierungsprozeß einer postmodern reflektierten fortgeschrittenen Moderne. Nun aber kann man sich nicht, will man handlungsfähig bleiben, mit dem Sachverhalt abfinden, daß man immer weniger durchblickt. Tut man was dagegen, tut man meistens auch etwas dafür. Was aber tut man dagegen - oder dafür? Man beobachtet und beobachtet sich beim Beobachten - immer dem ‘blinden Fleck’ auf den Fersen. Die Beziehung zwischen der Faktizität und der Reflexivität, zwischen (modernen) Erfahrungen und gelingenden (postmodern-reflexiven) Distanzierungen, Distanz also zwischen dem, was so unübersichtlich erscheint, und dem, was an Unübersichtlichkeit beobachtet, beschrieben und sinnbestimmt bearbeitet wird, erscheint in der Form eines oszillierenden ‘Vibrierens’: immer unterwegs zwischen Faktizität und Reflexivität, eine non-stop Bewegung zur immer neuen Wiederherstellung des Status-quo, kaum zu beobachten und doch zu spüren - und gleichermaßen selbst Bestandteil der Unübersichtlichkeit. Ein paradoxes ‘Veränderungsvibrieren’ quasi zwischen beobachteter Unübersichtlichkeit und ihrer gelingenden Rationalisierung, die aber im selben Moment zur neuen Unübersichtlichkeit wird. Eine ähnlich paradoxe Dynamik muß wohl Clausewitz bei sei-

[1] Wie immer im Leben gilt auch hier für Leserinnen und Leser: „Nichtzutreffendes bitte streichen!“ Die Autoren dieses Textes fühlen sich verantwortlich für das, was diese hier geschrieben haben, jedoch nicht für das, was Sie hier lesen.

nen Überlegungen „vom Kriege“ im Sinn gehabt haben: „*Die Kenntnis der Umstände hat sich in uns vermehrt, aber die Ungewißheit ist dadurch nicht verringert, sondern gesteigert* ...“ (Clausewitz, 1992, S. 34).

Wie aber handeln, wie intervenieren, wenn man verstanden hat, daß man nicht mehr so richtig verstehen kann? Wir fragen also, *wie* man diese ‘neue Unordentlichkeit’ rationalisieren kann. Und diese Fragen beziehen wir vor allem auf die pädagogischen Formen von Training und Beratung. Denn Beratung, Bildungsmaßnahmen, gruppendynamische Trainings usw. sind ja mit dem Anspruch steuernder Interventionen versehen. Sonst wäre ‘Bildung’ nicht das verbreitetste gesellschaftliche Steuerungsmodell und sonst würden pädagogische Interventionen und Konzepte auch nicht von Personen und Organisationen *vermehrt* nachgefragt. Es soll ja ‘was dabei herauskommen, so daß die Teilnehmenden nach der Maßnahme behaupten können, sie hätten etwas gelernt, könnten also *besser verstehen.* Denn auch sie arbeiten an der Rationalisierung ihrer unübersichtlichen Unsicherheiten - ob im Betrieb, im Haushalt, in der Familie oder im Schlafzimmer. Und die Steuermänner und Steuerfrauen pädagogischer Prozesse sollen dies organisieren. Ein unübersichtliches Unternehmen! Aber auch eines, das mit Traditionen und mit vielen Hoffnungen überanstrengt und belastet ist: Das traditionell aufklärerische Denken verspricht sich von solchen Interventionen eine bessere ‘Bildung des Menschengeschlechts’ und eine gerechtere gesellschaftliche Ordnung. Das ökonomische Denken verspricht sich die profitable Amortisation des eingesetzten Kapitals (return of investment) und auch die Individuen hoffen, beispielsweise, daß ihre Chancen auf dem Arbeitsmarkt oder ihre Fähigkeiten zur Balance gefährdeter familiärer Sozialdynamiken steigen. Darauf etwa - und auf vieles hier nicht Genannte - sind die Interventionshoffnungen und die Steuerungserwartungen landauf, landab ausgerichtet.

Aber was macht pädagogische Formen, die ja auf ‘Lernen’ als Veränderungsmodell setzen, unter den Bedingungen der neuen Unübersichtlichkeit und des Verlustes von Gewißheiten so attraktiv?

Pädagogische, beispielsweise beratende und/oder gruppendynamische Interventionen, funktionieren *nicht* nach dem Muster „trivialer Maschinen“ (vgl. dazu von Foerster, 1992), nach ‘wenn-dann-Kausalitäten’, die mit sozialtechnischen Verfahren zum Ziel gelangen. Es wird zwar zielorientiert interveniert, aber es kommt immer auch etwas *anderes* heraus, als das, auf was hin interveniert wird. Das (Selektions-) Ergebnis entspricht nicht notwendigerweise der (Selektions-) Absicht. Das ist nicht neu, der Altpostmoderne Lichtenberg wußte es bereits: „... *und was Erziehung im Menschen vermag, läßt sich nicht bestimmen*“. Und sogar der Mißerfolg ist noch Teil des Erfolges. Weil das Steuerungsproblem als nicht-trivial verstanden wird, wird auch die Nicht-Trivialität pädagogischer Formen attraktiv. ‘Lernen’ scheint als *nicht-triviales Veränderungsmodell* unter als nicht-trivial beobachteten Umweltbedingungen attraktiv und angemessen.

> „Das Wort 'Lernen' bezeichnet zweifellos eine *Veränderung* irgendeiner Art. Zu sagen, um *was für eine Art* der Veränderung es sich handelt, ist eine schwierige Angelegenheit." (Bateson, 1992, S. 366)

'Lernen' - und dies erscheint als die nicht-triviale Attraktivität - ist der mit der evolutionären Veränderung verknüpfte Begriff für Prozesse (-„*Veränderung bedeutet Prozeß*", so Bateson, 1992, S. 367 hilfreich), die bei Bewußtseinssystemen (und ihren Konstruktionen von Subjektivität) und in den Kommunikationen sozialer Systeme beobachtet werden können. Lernen ist damit ein *beobachterabhängiges Konstrukt* - und dies heißt auch, daß es jeweils mit den Beobachtungen der Lernenden *gekoppelt* werden kann, und zwar als ein „Erklärungsprinzip":

> „Die Funktion solcher Erklärungsprinzipien besteht - wie Gregory Bateson so schön dargestellt hat - in erster Linie darin, neugierige Fragen zu verhindern und den Beobachter zu beruhigen, indem sie die Illusion des Wissens vermitteln." (Simon, 1993, S. 49)

Und diese Illusion des Erklärungsprinzips 'Lernen' stellt sicher, daß auch die nicht-beabsichtigte Wirkung, der Mißerfolg, weiterbearbeitet werden kann. Denn das Ziel des Lernens als *Steigerungsformel* (immer mehr und immer anders!) ist die *Ermöglichung des Anschlußlernens*. Die favorisierten gesellschaftlichen Einredungen sind daher heute solche, die mit pädagogischen Semantiken operieren - die Proklamationen und Prophezeiungen der 'Lerngesellschaft' und der 'Wissensgesellschaft' belegen dies. Das heißt: unter den Bedingungen der eingangs festgestellten dynamisierten Unübersichtlichkeit wird das Steuerungsproblem *pädagogisiert* - das ist an den Euphorien um lernende Unternehmen und Organisationen ebenso zu erkennen wie an den hilflosen Appellen der Politiker, den 'Rohstoff Geist' zur Standortsicherung zu nutzen oder an den ungezählten Sprachspielen um's 'lebenslange Lernen', den 'Schlüsselqualifikationen' oder dem jüngst ausgerufenen 'qualification highway', auf dem wir notwendigerweise immer schneller unterwegs sind. Es ist die Steuerungshoffnung derer, die uns steuern wollen (und zu denen wir - aufgeklärt und selbstbewußt - selbst gehören), daß wir unseren Selektionsweg auf der Autobahn ins Nirgendwo dann schon selbst steuern werden. Durch Lernen - sofern wir, was auf dem 'highway' gelegentlich vorkommt, nicht in den Stau geraten. Dann müssen wir warten. Aber dann lernen wir das auch 'mal!

Dieses Lernen kennt (nur) Spezialfälle - mit zweien davon beschäftigen wir uns hier: mit Interventionen in (gruppendynamischen) Trainings und besonders mit dem Anwendungsfall der Beratung. Diese werden in einem zirkulären Vorgehen unter Steuerungsaspekten angeleuchtet. So - oder auch anders. Dies immerhin hätte man bis hierher lernen können.

Beratende und gruppendynamische Interventionen erzeugen Wirkungen bei psychischen und sozialen Systemen - hierauf sind sie als Ereignisse zielgerichteter pädagogischer Kommunikationen konzipiert. Sonst könnte man sie sein lassen. Es wird von den Klienten bzw. Teilnehmern und Teilnehmerinnen etwas gelernt und dieses Gelernte wird in den Sinnbeständen des Bewußtseins und in Kommunikationen präsent und wirksam. Die Interventionslogik von Trainings und Beratungen ist insofern eine *Steuerungslogik*: Wenn die TeilnehmerInnen eine Bildungsmaßnahme mitmachen (und dort 'lernen'), dann können sie etwas Bestimmtes (vom Auftraggeber oder von ihnen selbst Präferiertes, Gewolltes) verändern. Die pädagogisch 'rationalisierte' nicht-triviale Interventionslogik nutzt dabei die Eigenlogiken der TeilnehmerInnen, also der 'Subjektkonstruktionen' ihrer Bewußtseinssysteme, indem sie diese mit der zu verändernden Situation konfrontiert. Diese Interventionslogik schaltet die durch einen Bildungsprozeß veränderte 'Subjektivität' (über den Faktor der Kompetenz) zwischen die wenn-dann-Formel einer 'trivialen' Steuerungslogik. 'Differenzerzeugung zur Ermöglichung der Verringerung des Differenzvorscheins zwischen Situation und Person bzw. System' - so lautet die Formel der pädagogischen Interventionslogik von Training und Beratung.

Dies ist fortschrittlich gedacht und geht womöglich zurück auf die radikale Umstellung der Interventionslogik durch einen „frühen Interventionsexperten", nämlich Odysseus, den Listenreichen, sein Trojanisches Pferd oder auch auf dessen paradoxen Befehl, ihn fest an den Mast des Schiffes zu binden, falls er den Befehl geben sollte, ihn angesichts der betörenden Gesänge der Sirenen loszubinden (vgl. dazu Willke, 1994, S. 7/8). Im Falle Trojas schleusen die Trojaner selbst das Fremde, zugegebenermaßen attraktiv verpackt als Zeichen des Sieges, in das Innere des Systems ein und *„setzen so die Bedingungen (hier allerdings ziemlich dramatischer) Transformation"* (ebd., S. 8). Im Falle der Sirenen greift Odysseus zum Mittel der „gesteigerten Selbstbindung", um sich gegen Eingriffe in seine Selbststeuerungsfähigkeiten zu immunisieren (ebd., S. 8/9). Daher kann er nicht mehr am Singen scheitern, *jedoch könnte er sehr wohl am 'Schweigen' der Sirenen scheitern.* (Dazu hat Kafka das Nötige geschrieben).

Zur Illustration dieses Sachverhaltes werfen wir einen kurzen pädagogischen Blick auf die Betriebe. Aus der Übertragung des Odysseus-Beispiels auf die Situation von Bildungs-, Trainings- und Beratungsprozessen könnte man *schnell* lernen, daß diese als Interventionsinstrument diesbezüglich 'nicht-trivial' verstanden werden, vielmehr, daß versucht wird, die unterschiedlichen Logiken der beteiligten Systeme 'kompatibel' zu machen, also die Sache des einen zur Sache des anderen zu machen, d.h. heute oft, die Sache des Betriebes zur Sache der MitarbeiterInnen, oder attraktiver und flotter formuliert, wie dies heute üblich ist: *die Beteiligten zu Betroffenen zu machen* (so unsere Version der gerne genommenen Floskel 'Betroffene zu Beteiligten machen!'). Die als MitarbeiterInnen am 'laufenden Betrieb' Beteiligten werden zu Betroffenen umgedeutet. Ihre Subjektivität und Individualität, ihre Lernfähigkeit und Veränderungsbereitschaft wird zur zentralen Substanz des Betriebs geredet. Die betriebswirtschaftlichen Einredungen vom 'Humankapital' oder die Formen, die der Betrieb in Gruppen-, Projekt- und Teamarbeit annimmt, sind auf die Steigerung der Betroffenheit der Beteiligten hin konzipiert. Die neue Form ihrer beteiligten Anteilnahme am Betrieb ist *gesteigerte Betroffenheit durch den Betrieb.* Dies bedeutet - abstrakt gesehen - die Koppelung von 'Subjekten' und Systemen und wird in den posttayloristischen Arbeitsformen in den Betrieben als „reflexive Rationalisierung“ konkret verwirklicht. Das Konzept der ‘reflexiven Rationalisierung’ läßt dabei offen,

> „um welche Sachverhalte und Fragen es eigentlich geht, die qua Reflexion in das Unternehmen hineingespiegelt werden sollen und können. (...) Klar ist nur, daß, worauf auch immer eine Unternehmensorganisation reflektiert, sie in dem Moment, in dem sie reflektiert, gleichsam den Boden unter den Füßen verliert und sich am Leitfaden der Reflexion als Substitut ihrer selbst zu behandeln beginnt“ (Baecker, 1993, S. 18/19).

Das bedeutet als eine immer auch *selbstbezügliche Reflexion* die Gleichzeitigkeit von Rationalisierung und Unbestimmtheit. Und es bedeutet - ideologisierend eingefärbt - auch die Totalrationalisierung und Verbetrieblichung der Subjektivität der MitarbeiterInnen bzw. die reflexive *Landnahme des Mitarbeiter-Selbsts* - oder plakativ: die Verbetrieblichung des Selbst-Kultes, bzw. die Unternehmenskultivierung der Subjektivitäts-Kulturen. Denn die MitarbeiterInnen rücken in den selbstbezüglich reflexiven Rationalisierungsbemühungen immer stärker in den Blick. Instrument dafür sind pädagogische Formen, z.B. Beratung und Trainings (als „Trojanisches Pferd“).

Dieses ‘schnelle Lernen’ übersähe aber den möglichen Sirenen-Effekt, nämlich den des *optionalen Schweigens*: Denn der Effekt ist womöglich, daß die Eigenlogiken so vorausgedacht, bzw. reflektiert wurden, daß zwar ‘singende’ Sirenen zu ertragen wären (womit sinnvollerweise gerechnet werden konnte), was aber nichts hilft, wenn tatsächlich *nicht* gesungen, sondern ‘geschwiegen’ wird. ‘Schweigen’ als Reaktion auf die Steuerungsabsichten und die sie pädagogisch inszenierenden Interventionen kann Widerstand, Abwehr, angstvoll inspiriertes Mitmachen oder strategisch eingefärbtes Agieren sein. Die Verbetrieblichung der Subjektivitätspotentiale der MitarbeiterInnen mittels pädagogisch orientierter Interventionen *kann* auch zur Infragestellung und Störung des ‘laufenden Betriebs’ führen. D.h. also, daß auch steuernde pädagogische Interventionen *nicht* zwangsläufig davon ausgehen können, daß über die ‘Einschaltung’ der Subjektivität in eine triviale Rationalisierungsmaschine eine ‘dann-Wirkung’ im Sinne der intendierten ‘wenn-Absicht’ entsteht (dies wäre ihre nachträgliche Trivialisierung). Zuviele Möglichkeiten (des Schweigens) liegen dazwischen: Vielleicht wird *nicht* gelernt, vielleicht wird *etwas anderes* gelernt, vielleicht gelingt der Transfer nicht usw. - Kontingenz! Die Eigenlogiken können nicht in allen Optionen reflektiert werden und diese Reflexionen können nicht in allen Optionen in die Steuerung eingehen. Ein unsicheres ‘Geschäft’.

Wenn also nicht davon ausgegangen werden kann, daß die Sirenen singen, aber auch nicht sicher ist, daß sie schweigen, bedeutet das, daß auf diesen Sachverhalt, also auf die Kontingenz und die Optionen möglicher Eigenlogiken und ihrer Nicht-Prognostizierbarkeit, reflektiert werden müßte. Es kann nur davon ausgegangen werden, *daß* eine Wirkung entsteht (wenn Anschlußfähigkeit vorausgesetzt wird). Deshalb ist das Steuerungsproblem *nicht-trivial* zu formulieren. Das gilt insbesondere auch für eine - nicht-trivial angelegte - pädagogisch inspirierte Beobachtung.

Worum es insofern beim Steuerungsproblem geht, bezeichnet Willke (1994, S. 4) als „*Unwahrscheinlichkeit gelingender Intervention*". Eine konstruktivistisch und systemtheoretisch inspirierte Sichtweise kann nur auf dieser Prämisse der *Unwahrscheinlichkeit des Gelingens von Intervention* bezüglich des Steuerungsproblems aufbauen. Das bedeutet auch, daß trotzdem immer etwas geschieht, das intervenierenden Charakter hat, bzw. als sinnbestimmte Intervention beobachtet werden kann. Dieses ‘etwas’ als unwahrscheinlich intendiertes Geschehen zu problematisieren, ist die Perspektive der Steuerung. Es stellt sich damit die Frage anders, wenn nicht Gelingen, sondern Nicht-Gelingen vorausgesetzt wird. Neben der Frage, was getan werden kann, ist zu fragen, *wie es gelingt, wenn es gelingt. Konkret: Wie ist Gelingen überhaupt möglich?* Und weiterfragend: *Was ist ‘Gelingen’? Woran ist die Deutung von ‘Gelingen’ orientiert?* Also: *Wodurch wird Gelingen zum ‘Gelingen’?*

Das so formulierte Problem der Steuerung und seine Reflexion in der Steuerungsabsicht (und in der Rezeption der Steuerung) bedeutet die Lösung des Problems der Steuerung. Aber was ist diese ‘Lösung’ wert?

Ein Gedicht

Die Postmoderne

reflexiv
refelxiv
relefxiv
relexfiv
riflexev
rixlefev
.
.
.
fix und rev.

2. Zirkulierende Weiter-Beobachtung: Was ist Steuerung? Und: Wie intervenieren? Und: Wie verstehen?

Antworten: Resonanz erzeugen. Paradox. Nichtverstehend.

Der Ordnung halber aber der Reihe nach! Steuerung bedeutet in unserer Deutung, im System Resonanz erzeugen, d.h. also, das Veränderungsvibrieren zwischen Faktizitäten (dem was ist) und Reflexivitäten (dem, was der Sinn sein könnte) in der Frequenz und Qualität seiner Schwingungen zu beeinflußen. Ansatzpunkte von Trainings und Beratungen als pädagogische Interventionsformen mit Steuerungsabsichten und -ansprüchen sind dabei meist die *Beobachtungen von Faktizitäten*, z.B. von individuellen Problemlagen, Qualifikationsdefiziten, schwierigen Situationen in beruflichen Kontexten oder von betrieblichen Störungen oder von Veränderungsabsichten. Pädagogische Interventionsformen versuchen diese Faktizitäten im Hinblick auf Optionen ihrer Erschließung und Veränderung in *zielgerichteten Kommunikationen mit Reflexivität zu konfrontieren.* Der Steuerungsimpuls, der als Lernimpuls gedacht ist, zielt also auf eine Veränderung der Resonanz im Verhältnis von Faktizität und Reflexivität. Das ist die 'Steuerung' - so wie sie auch Kafka (1983, S. 36) versteht: *„Verkehr mit Menschen verführt zur Selbstbeobachtung."*

Dieser Steuerungsbegriff ist allerdings *paradox* konstituiert: Er geht von der Annahme aus, daß die erzeugte Resonanz der zielgerichteten Kommunikation im System *nicht* die beabsichtigte Resonanz ist (s.o.). Dennoch *muß und kann* gesteuert werden. Steuern ähnelt damit dem Surfen auf nicht kontrollierbarem und letztlich auch nicht beherrschbarem Untergrund. Sie ist ein kontingentes Unternehmen: Kontingenz einerseits bei der Selektion der steuernden Interventionen und Kontingenz auch bezüglich ihrer Wirkung im System. Das erfuhr schon Robinson (vgl. dazu Willke, 1993, S. 32) in seiner hochkontingenten Anfangssituation mit 'Freitag', den er ja auch 'langer Donnerstag' hätte nennen können. Trotzdem hat er interveniert („Ich Robinson, Du Freitag!"). Daß also unter diesen Bedingungen dennoch gesteuert werden *muß*, begründet sich damit, daß psychische und soziale Systeme im Sinne ihrer Differenzierungsdynamik Impulse benötigen, die sie als steuernde Interventionen, also als absichtsvolle Eingriffe, als (funktionale) Störungen und *Irritationen* des internen Systemgeschehens rezipieren können. Es muß also Steuerung von außen, von innen beobachtet werden können, damit auf Steuerung (als Störung und Irritation) reagiert werden kann. Und das heißt vor allem und nur: 'Reagiert', und nicht: 'In einer bestimmten Weise reagiert', d.h. also im Falle von Robinson und Freitag, daß offen ist, ob mit 'Auffressen' oder mit 'Freundschaft' reagiert wird. Nicht festgelegt bleibt damit also, ob die steuernde Intervention von innen im Sinne der Steuerungsabsicht von außen rezipiert wird oder ob sie als Steuerungsintervention nur deshalb rezipiert werden muß, um sich gegen diese Steuerungsabsicht abzugrenzen und Aktivitäten der Selbststeuerung (vgl. dazu Schattenhofer, 1995) zu entfalten, die sonst nicht hätten entfaltet werden können. Steuerung ist damit nur ein *Umweltereignis, auf das ein System als Irritation* reagiert - und das es für seine interne Veränderung brauchbar machen kann. Die Richtung der Veränderung hängt dabei vom inneren Zustand des Systems, also seiner Autonomie und Autopoiesis und der Rezeption des Steuerungsimpulses ab, *nicht* von der Steuerungsabsicht. Das autopoietisch selbstgesteuerte System ist autonom, seine Abhängigkeiten - also auch die von Steuerungsabsichten - zu wählen (vgl. dazu Schumacher, 1995). Es geht nur um die Verfügbarkeit einer Möglichkeit der Verarbeitung einer bestimmten Qualität von Umwelteinfluß ('Steuerung'), die zur internen Systemdifferenzierung brauchbar, d.h. zum *Lernanlaß* wird und auf die dahingehend reflektiert wird. Das eröffnet Möglichkeiten zur Veränderung der aktualisierbaren Sinnbestände, Verstehensmöglichkeiten und Möglichkeiten und Notwendigkeiten der selbstbezüglichen Reflexion. Damit kann etwas geschehen, was ohne den störenden und irritierenden Steuerungsimpuls nicht hätte geschehen können. Steuernde Intervention in ein autonomes System - so kann mit Willke (1987, S. 356) kommentiert werden -

> „läuft auf die Aktivierung von Reflexionspotential hinaus mit der Folge, daß eine Realität in die Sichtweise des Systems rückt, die (noch) nicht die Realität des Systems ist, sie aber sein könnte. (...) Die Wirkung der Intervention kann nur ausschließlich vom intervenierten System in Form der Einwirkung auf sich selbst realisiert werden. Wenngleich also Intervention eine zielgerichtete Kommunikation ist, so kann die Wirkung doch nur vom intervenierten System selbst realisiert werden. Die Intervention bleibt auf Anregung beschränkt, und die Kunst der Intervention ist es, angesichts von Interdeterminiertheit brauchbare Verknüpfungen von Interventionen und Systemreaktionen zu finden."

Als sich die Beratung einmal in Supervision begab: Interventions-Auszüge aus einer Supervisionssitzung mit der Beratung:

Beratung:	(fordernd) Ich möchte jetzt endlich mit Ihnen meinen Fall besprechen.
Supervision:	(denkt: In diese Falle tappe ich nicht !) Sehen Sie, das ist der Modernisierungsreflex. Verflixt reflexiv! Es geht immer irgendwie weiter - nur anders!
Beratung:	(depressiv murmelnd) Solange wir beraten, braucht es keine Taten.
Supervision:	Ein hohes Reflexionsniveau! Machen Sie doch einfach so weiter wie bisher, nur anders.
Beratung:	Dazu komm' ich aber so selten.
Supervision:	Sie regredieren ...
Beratung:	Sie projezieren Ihr Problem in mich ...
Supervision:	(Denkt: der trickst mich nicht aus, der Schweinehund!) Tricki! Anerkennung! Anything goes - reflexiv natürlich. Weiter so, nur weiter so ... (Schweigt, sammelt sich innerlich - blickt dann die Beratung eindringlich an.) Sind Sie ein Schwein?
Beratung:	(Schlägt reflexartig die Supervision nieder. Empört:) Nein!
Supervision:	(Rappelt sich angeschlagen aber professionell hoch. Tastet sein Gesicht ab. Leise) Ich blute ... haben Sie 'mal ein Taschentuch.
Beratung:	(Kramt eine Tempo-Packung hervor und nimmt die Erst-Versorgung der Supervision vor.) Anerkennung - eine besonders diskrete, subtil codierte Belehrung ... (stockt, nachdenklich) Ich glaube, das hat mich jetzt weitergebracht!
Supervision:	(Pflegt die Wunden.) Wohin?
Beratung:	In die Unterwelt meiner Berater-Identität - nehm' ich an.
Supervision:	Soso ...

Insofern ist Steuerung als absichtsvolle und richtungsweisende, auf Resonanzerzeugung angelegte Intervention die Kunst, das intervenierte System mit der Kontingenz seiner normalen Selbstbeschreibung und Weltsicht zu konfrontieren. Brauchbare steuernde Interventionen bedeuten also die *Ausstattung des Systems* von außen mit einer für seine Verstehensmöglichkeiten sinnvollen Beschreibung seiner Beobachtung (also seiner 'Realität' oder 'Faktizität') zur wirkungsvollen systeminternen Verarbeitung in Form der Aktivierung von Reflexionsmöglichkeiten. Dies wird am Beispiel der Beratungssitzung mit dem Dorfvorstand eines kleinen gallischen Dorfes deutlich. Anwesend sind neben den Beratern der Häuptling, die bekannten Dorfhelden Asterix und Obelix sowie der Druide. Beratungsanlaß ist der Eindruck des Häuptlings, daß sein Dorf nicht mehr so hochmotiviert und schlagkräftig ist wie in der Vergangenheit. Am Ende der ersten Beratungssitzung, bei der unter anderem die wichtige Rolle der Römer als notwendiges Feindbild zur Erhaltung des Heldenstatus' von Asterix und Obelix herausgearbeitet wird, fragen die Berater Asterix nach einer Einschätzung der Beratungssituation bezüglich der Entwicklung des Interesses der Beteiligten an der beraterischen Begleitung:

> „Er schätzt, daß beim Druiden und beim Häuptling das Interessc eher zugenommen habe, bei ihm selbst seien eine Menge neuer Fragen entstanden, über die er erst nachdenken müsse; Obelix würde die ganze Sache vielleicht als nicht genügend handfest betrachten, und er würde eher damit rechnen, daß dieser auf dem Nachhauseweg mehrfach laut vor sich hin murmeln würde: 'Die spinnen, die systemischen Berater'." (Schmid, 1996, S. 186)

'Brauchbare' Steuerung setzt damit ein *Veränderungsvibrieren zwischen verfügbar gemachter Faktizität und daran anschlußfähiger Reflexivität in Gang.* Im Sinne einer angenommenen Steuerungsabsicht ist Steuerung nur dann 'brauchbar', wenn die Intervention als Irritation sinnvoll anschlußfähig an die vom System sich selbst zugeschriebene Faktizität ist (dies scheint im zitierten Beispiel bei Obelix nicht der Fall zu sein). Brauchbare Steuerung bedeutet also, daß *Differenz verfügbar gemacht wird,* aber in einem Differenzvorschein, der verarbeitbar ist und der nicht so rezipiert wird, daß er den autopoietischen Charakter des Systems stört und dadurch die Identität und Autonomie des Systems zerstört. In der Sprache der Versicherungswirtschaft - eine typisch moderne Dienstleistung - heißt so etwas 'Beitragsanpassung'. Der Begriff beschreibt treffend die Steuerungsleistung, die zu erbringen wäre.

Das bedeutet für steuernde Interventionen *erstens*, daß Systeme, auf die sich die Intervention bezieht, als nicht-trivial anzusehen sind, und es bedeutet *zweitens*, daß auch die Intervention selbst als nicht-trivial verstanden werden muß. Das ist die Absage an ein 'triviales', also eindimensionales Ursache-Wirkung-Denken. Nicht mehr: Wenn-dann! Sondern: Wenn, und dann? Interventionen können damit

> „immer nur hypothetisch in's relative System-Dunkel erfolgen und müssen aufgrund ihrer - auch nur begrenzt erfaßbaren - Folgen für das System Schritt für Schritt überprüft und modifiziert werden. Das heißt natürlich

auch: Einfach-universelle Erfolgsrezepte für Veränderungen sind für komplexe Systeme nicht möglich, sondern nur iterative, maßgeschneiderte - und dennoch riskante - theoriegeleitete Interventionen." (Königswieser, Exner, Pelikan, 1995, S. 55).

Die Komplexität des inneren Zustandes des intervenierten Systems kann nur als 'Komplexität' *angenommen* werden und nicht genau und gleichzeitig unter Berücksichtigung der Vergangenheitsreferenzen beobachtet und beschrieben werden und dann in die Steuerungsstrategie und das Layout der Intervention einfließen. Selbst nützliche, aber notwendigerweise reduzierende Situationsanalysen können nur ein *unvollständiges Bild* der Komplexität rekonstruieren, jedoch nie die Komplexität im Original. Es gibt nur mehr oder weniger gelungene Reproduktionen vom Original. Das Original verschwindet mit seiner Aktualisierung in der Erfahrung - schon die Beobachtung und die sprachliche Beschreibung ist etwas anderes! So wie die Landkarte auch etwas anderes ist als die Landschaft, die sie abbildet. Jede Reproduktion von Komplexität ist damit notwendigerweise deren Verstümmelung, oder weniger drastisch: eben nur der *Schein von Komplexität.* Also müssen auch steuernde Interventionen, die aufgrund solider wissenschaftlicher Analysen geschehen (z.B. ins Wirtschafts- oder Politiksystem oder auch in Unternehmenssysteme) notwendigerweise unter dem Vorbehalt der Unvollständigkeit der Komplexitätsverarbeitung und -rekonstruktion konzipiert werden, auch wenn die Möglichkeiten der Informationsspeicherung und -verarbeitung zunehmend anderes suggerieren. Die beobachtbaren unwahrscheinlichen Interventionsfolgen in (Welt-) Politik und Wirtschaft sind diesbezüglich gute Beispiele. Der Mißerfolg liegt dabei in der Nicht-Trivialität des Steuerungsgeschehens und seiner Folgen begründet, die jedoch *trivial* beobachtet und bearbeitet wird.

Nicht-Trivialität im Hinblick auf steuernde Intervention nicht-trivial zu beobachten und zu verarbeiten, heißt zunächst einmal auf diesen Sachverhalt, also die Annahme der „*Unwahrscheinlichkeit gelingender Intervention*" (Willke) als Interventionsgrundlage zu reflektieren, und vor diesem Hintergrund Steuerungsabsichten und Interventionen zu konzipieren. Man kann die ausgelösten Effekte weder überblicken noch kontrollieren. Das macht die Unterscheidung von linearer und paradoxer Intervention notwendig.

> „Lineare Intervention arbeitet gegen das System, um es zu seinem Glück zu zwingen, während paradoxe Intervention mit Hilfe des Systems eine neue Identität des Systems generiert." (Willke, 1994, S.189)

Lineare Interventionen, das sind Konzepte mit einem Überhang an Machbarkeitsideen und Ordnungsillusionen, wie sie in der Beratungs-/Bildungsarbeit häufig beobachtet werden können. Sie kommen didaktisch meist sehr ernst und schwergewichtig daher und enden manchmal in der Katastrophe: „*Irgendwie geht Ordnung in das Bedürfnis nach Totschlag über*" (Musil).

Eine Idee *paradoxer* Intervention müßte den Paradoxie-Begriff auf zwei Ebenen besetzen. *Einsereits* wäre paradoxe Intervention diejenige Intervention, die unter

Reflexion auf das Wissen um ihre Paradoxie, also ihrer Notwendigkeit und auch ihrer identitätsverändernden Wirkung für das System bei *gleichzeitiger* Unwahrscheinlichkeit ihres Gelingens konzipiert würde. Oder: es muß etwas getan werden, damit etwas geschieht, aber es muß davon ausgegangen werden, daß etwas anderes geschieht als beabsichtigt - und genau deshalb muß etwas getan werden. *Andererseits* wäre in einem solchen Modell die Interventionsqualität selbst paradox zu denken. Also: es wird etwas getan, indem 'nichts' getan wird.

Diese Überlegung geht von der Annahme aus, daß der Anlaß zur steuernden Intervention die Reaktion auf eine Defizit-Beobachtung des zu intervenierenden Systems bedeutet, die für das System selbst u.U. funktional wichtig ist. Das bedeutet, daß der *Interventionsanlaß die Beobachtung eines Defizites von außen ist, nicht das Defizit selbst.* Die Steuerung wird also initiiert, weil *die Beobachtung* sie erfordert und nicht der innere Zustand des Systems - ein wichtiger feiner Unterschied. Die Steuerung muß also demzufolge auf die Einführung dieser Beobachtung als mögliche Realität in das intervenierte System aufgebaut werden, die eine Differenz der sich vom System selbst zugeschriebenen 'Realität' (besser: Faktizität) darstellt. Damit ist Steuerung die *Erzeugung von Differenz und die Einführung von Differenzverarbeitungsnotwendigkeit in das System.* Das System muß sich mit ihm bisher unbekannten Unterscheidungen auseinandersetzen - ganz im Sinne von Batesons bekannter Definition, daß Unterscheidungen Unterschiede sind, die einen Unterschied machen. Paradoxe Interventionen müßten sich insofern *selbst thematisieren und diese Thematisierung wäre originärer Bestandteil der steuernden Intervention.* Am schon zitierten Beispiel des gallischen Dorfes Klein Bonum ist die diesbezügliche Abschlußintervention der mit zirkulären Fragen operierenden Berater eine Frage an den Druiden: *„Angenommen, es gäbe keine externen Berater, wie würdest Du vermuten, wie die Situation im Dorf in einem Jahr sich darstellen würde?"* (Schmid, 1996, S. 187). Die Beratung bzw. die Berater werden zum Thema der Beratungskommunikation. Und diese Thematisierung *ist* die Intervention, die, in das System eingeführt, Differenz und damit Verarbeitungsbedarf erzeugt. Paradox daran erscheint, daß Steuerung zwar einen Eingriff in das System bedeutet, daß aber dieser Eingriff nicht das System steuern soll, sondern das System dazu anregen soll, *sich selbst anders zu steuern als bisher.* Also z.B.: Ich kann nichts für Dich tun, weil ich Dich so beobachte ... wie ich Dich beobachte (d.h. unpädagogisch: Dir ist nicht zu helfen!). Paradoxe Intervention bedeutet: *Intervention als Einführung einer Nicht-Intervention.* Sie nimmt keine Position ein, die auf Veränderung drängt, sondern überläßt es dem System, dazu die Gegenposition selbst auszutragen. Der Abschlußkommentar der Berater aus dem uns schon bekannten Beratungsfall des kleinen gallischen Dorfes Klein Bonum ist diesbezüglich zu deuten:

> „Da auf diese Weise im Dorf eine ganze Serie von untergründigen Klärungs- und Abstimmungsprozessen ... bereits im Gange sei und noch anstünde, scheine es uns nicht sinnvoll, nun diesen Prozeß durch eine zu frühe Vergabe eines weiteren Konsultationstermins zu stören." (Schmid, 1996, S. 189)

Man muß also daran denken, etwas zu tun, aber man muß nicht unbedingt etwas tun. Solche Intervention ist keinesfalls beliebig, sie ist hoffentlich professionell, und sie ist nicht so arrogant anzunehmen, 'verstanden zu haben'. Sie weiß um ihr *Nichtverstehen*, reflektiert dies als Verstehensform, und arbeitet damit dann so, daß neue Verstehensmöglichkeiten entstehen können.

Paradoxe Interventionen, das sind Eingriffe, die auf Irritation und auf die selbstorganisiert produktive Reaktion des Systems auf die Irritation hin konzipiert sind. Es sind Eingriffe, die 'spielerisch' mit dem systemischen Spiel umgehen. Dabei geht es um die Spiegelung der

> „äußeren Distanz (Spekulation, Reflexion) in eine *innere Distanz der Systeme zu sich selbst,* die ihnen die reflektierte Position eines Spielens mit ihren Kontingenzen erlaubt." (Willke, 1992, S. 40)

Intervention bedeutet also eine auf autonome Veränderung im Inneren des Systems angelegte Differenzerzeugung - und zwar unter Reflexion auf die Differenz der Differenzbeobachtung von außen und des Differenzvorscheins von innen. Insofern ist das, was als Intervention beobachtet wird, nicht berechenbar, aber - und das ist ein Trost - man kann sich auch nicht 'ver-intervenieren'. Aber es kommt irgendwie alles zurück auf die Steuermänner und die Steuerfrauen - weil die Erde eben eine Kugel und keine Scheibe ist, an deren Ende man umkehren könnte. Die Kugelförmigkeit der Interventionswelt zwingt uns dazu, uns selbst ins Gesicht zu sehen. Das macht das Leben spannender, aber nicht einfacher.

Wenn also Interventionen als Ausstattung des Systems mit differentiell zu verarbeitender Irritation verstanden werden können, bedeutet dies Komplexitätsreduzierung und Komplexitätserzeugung gleichzeitig. Es wird ein bestimmter vergangener (Sinn-) Zustand mit dem Interventionsereignis konfrontiert und durch einen neuen, veränderten ersetzt. Das bedeutet eine neue (wiewohl veränderte) gegenwärtige Klarheit - Komplexität erscheint reduziert. Dies heißt aber auch, daß Interventionen gleichzeitig Komplexitätserzeugung bedeuten, weil der neue (Sinn-) Zustand im Verhältnis zum Vergangenen verarbeitet werden muß. Seine Beziehungen im komplexen Gefüge der vergangenen Systemereignisse und zukünftiger möglicher Systementwicklungen muß geklärt werden, es wird also eine Klärung über die Intervention notwendig - und diese Klärung wird durch die Intervention, die eine Klärung überhaupt aber erst erforderlich macht, schwieriger, weil mit dem Zustand nach dem Interventionsereignis die zu verarbeitende Komplexität zugenommen hat. Das bedeutet, daß Interventionen (z.B. durch Beratung) als angenommene und beabsichtigte Selektion bzw. Reduzierung von Komplexität immer auch gleichzeitig die Expansion von Komplexität bedeuten. Es werden Möglichkeiten eröffnet, die es vorher nicht gab, mit der Option, daß einige dabei sind, die die erzeugte Komplexität auch wieder zu reduzieren vermögen. Die ableitbare imperativische Formel dieser Paradoxie lautet: Steuere Deine Interventionen stets so, daß Du die Anzahl der Möglichkeiten erweiterst, damit sie sich reduzieren. Das ist Intervention - paradox, und nicht-trivial. Komplexität ist für sie nicht das Problem, sondern die Lösung.

Dabei bleibt unklar, wie die Realität *wirklich* ist. Auf jeden Fall ist sie „Chaos und Ordnung, Vernunft und Irrsinn, Schönheit und Mißgestalt, Ruhe und Bewegung" in einem - dies ist eine Klarheit aus dem 15. Jahrhundert von Nicolaus Cusanus (De ludo globi). Klar ist, daß sie nur in einer bestimmten Art und Weise mit einer bestimmten Beobachterlogik beobachtet und beschrieben, also *konstruiert* wird - vor diesem Hintergrund wird aber trotzdem 'was getan. Aber ist dies 'wirklich'?

Wer jetzt irritiert ist, der erfährt etwas über die paradoxe Interventionsqualität, die hier gemeint ist. 'Verstehen'- das ist nur „Mißverstehen ohne Miß-", so Luhmann, der höchstwahrscheinlich vorher Nietzsche gelesen hatte:

> „Nur durch Mißverständnisse befindet sich alle Welt im Einklang. Wenn man unglücklicherweise, sich begriffe, so würde man sich nie mit einander verstehen." (Nietzsche, 1994, S. 278)

'Nichtverstehen' und dessen verfeinerte Form des 'Mißverständnisses', das ist damit hier die sprachliche Verlegenheitsmetapher für die Paradoxie des Verstehens. Man kann verstehen nur um der Paradoxie willen, das eigene Verstehen - als blinden Fleck - nicht zu verstehen. Nur durch Verzeitlichung, also temporalisierte Distanzierung und Reflexion wird Verstehen des eigenen Verstehens möglich (KontrollsupervisorInnen leben davon) - aber auch das hat wieder einen blinden Fleck. D.h., daß die aktuell gegenwärtige Intervention in Steuerungsabsicht immer auch ihr eigenes aktuelles Nichtverstehen mit einrechnen müßte. Es gibt also nie das 'ganze Verstehen' - und auch soviel Klarheit hat ihren blinden Fleck. Oder sollte dies ein Mißverständnis sein? Und überhaupt: Hat nicht auch das Nicht-Verstehen Vorteile? Immerhin zeigt es Möglichkeiten, die das Verstehen nicht zeigt. Illustrieren kann man das hier zu beschreibende aus der Sicht der Lernenden: Das Verstehen der Lernenden wird durch das 'Nichtverstehen' überhaupt erst möglich. So wie die Kinder die ihnen vorgelesenen Märchen dadurch so gut verstehen, weil sie vieles nicht verstehen, so begreifen die Beratenden, daß sie sich selbst nicht zu helfen wissen und wissen sich gerade eben dadurch zu helfen. Macht kann nur aus der Erfahrung der Ohnmacht erwachsen, Verstehen nur durch's Nichtverstehen. „Der Name der Rose" - wer hat den Titel je verstanden, wer hat das Buch nicht gelesen? Wer die Bibel versteht, glaubt nicht mehr an sie und deshalb scheitern (glücklicherweise) alle jene, die die Bibel volkstümelnd verständlich machen und auch alle Eltern, die den Märchen ihren Nichtverstehensanteil rauben. Wer was vom produktiven Verstehen durch Nichtverstehen verstehen will, der lese Alice im Wunderland:

> „Wer bist denn *du*?" sagte die Raupe.
> „Ich weiß es selbst kaum", sagte Alice, „ich muß seit dem Aufstehen heute früh wohl mehrere Male vertauscht worden sein."
> „Wie meinst du das?" fragte die Raupe streng. „Erkläre dich!"

> „Ich fürchte, ich kann mich nicht erklären“, sagte Alice, „denn ich bin gar nicht ich, sehen sie.“
> „Ich sehe es nicht.“ sagte die Raupe.

Wer's verstanden hat, hat nichts verstanden. Wer immer alles versteht - das gilt für Berater ebenso wie für zu Beratende - versteht nichts vom Verstehen und bleibt letztlich unter seinen Möglichkeiten. Ganz im Vertrauen - wer kann das verstehen? Und wer jetzt die Differenz von Verstehen und Nichtverstehen nicht mehr versteht, der fängt an zu verstehen. Und zugleich erscheint ein blinder Fleck.

kein fehler im system
kein efhler im system
kein ehfler im system
kein ehlfer im system
kein ehlefr im system
kein ehlerf im system
kein ehleri fm system
kein ehleri mf system
kein ehleri ms fystem
kein ehleri ms yfstem
kein ehleri ms ystfem
kein ehleri ms ystefm
kein ehleri ms ystemf
fkei nehler im system
kfei nehler im system
kefi nehler im system
keif nehler im system
kein fehler im system
(Gomringer, 1992, S. 63)

3. „Solange wir beraten, braucht es keine Taten“: Der Anwendungsfall Beratung - eine zirkulierende Konkretisierung

Wenn es um Handeln und um dessen Optimierung geht, repräsentiert die Beratungsperspektive die konkreteste Ebene, an der das Problem der steuernden Interventionen verdeutlicht werden kann. Diese Perspektive ist auch deshalb reizvoll, weil sich vieles auf Formen übertragen läßt, die - nicht als ‘Beratung‘ ausgewiesen - Beratungselemente und -interventionen nutzen.

Es ist kein Zufall, daß man schon im Alten Testament das Leistungspotential der Beratung mit einer Steuerungsperspektive längst erkannt hatte:

„Wo es an Beratung fehlt,
da scheitern die Pläne,
wo viele Ratgeber sind,
gibt es Erfolg."
(Altes Testament, Sprichwörter 15, 22)

Beratung ist die pädagogische Interventionsform, die am dichtesten die systemische Perspektive impliziert, weil im Beratungsprozeß, der sich auf ein soziales System bezieht, Beobachtungen des Systems problemorientiert reflexiv bearbeitet werden. Insofern stellt sie eine höchst anschlußfähige Form dar, wenn Steuerung in der hier skizzierten Perspektive als differentielle Austattung *von Systemen* mit Selbststeuerungsanreizen gedacht wird. Denn ein systemisches Beratungsverständnis zielt nicht auf das Bewußtseinssystem und seine Veränderung ab, sondern vielmehr auf das Kontinuieren und die Spielregeln des kommunikativen Beratungssystems. Die Veränderung der beteiligten (strukturell mit den Kommunikationen der Beratung gekoppelten) Personen und ihrer Wirklichkeitskonstruktionen bleibt deren Selbsteinredungen überlassen (vgl. dazu Kersting, 1996, S. 24/25). Die zielgerichteten Kommunikationen der Beratung wirken nur als Umweltreize oder Irritationen zur systeminternen autonomen Verarbeitung (s.o.).

Grundsätzlich macht Beratung dabei *Wissen und Sinnzuschreibungsmöglichkeiten zugänglich*, die ohne Beratung nicht zugänglich geworden wären. Sie hat somit eine (pädagogische) Rationalisierungsfunktion. Der Bedarf nach der Zugänglichkeit von Wissen und der Zuschreibung von Sinn steigt vor dem Hintergrund der systemischen Rationalisierungsfunktion von Wissen insbesondere in Betrieben und Administrationen - Indizien dieser Rationalisierungsabsichten sind die vielen aktuellen Lern-Sprachspiele in Organisationen und Unternehmen. Im Kielwasser dieser 'guten Absichten' und der Verunsicherungen, die sie erzeugen und hinterlassen, steigt auch der Beratungsbedarf. Konkret wird der steigende Beratungsbedarf in Organisationen z.B. mit veränderten Marktbedingungen, neuen Strukturen der Organisation, neuen (posttayloristischen) Arbeitsformen, Reibungsverlusten in internen Abläufen und Prozessen, Imageproblemen, dem Bedarf zur Optimierung der Arbeitsfähigkeit, Versagen der Steuerungs- und Leitungsinstanzen und -instrumente, notwendigen Kompetenzerweiterung der MitarbeiterInnen, Innovationsdefiziten o.ä. begründet. Oft wird der Bedarf jedoch artikuliert, weil mehrdimensionale Probleme vorliegen bzw. weil das Problem noch unklar ist, es aber schon klar ist, daß eines da ist, das durch Beratung bearbeitet werden kann.

Beratung wird insofern unter Modernisierungsbedingungen - und das sind Bedingungen des 'anything goes' und des damit einhergehenden Verlustes wärmender Gewißheiten - extensiv nachgefragt. Das liegt nicht nur an der *Außenwirkung* des zu beratenden Systems, aber daran liegt es auch. Denn es spricht heute bereits für ein attraktives Image, wenn man sich beraten läßt. Beratung ist als eine *postmoderne* pädagogische Form zu deuten, denn sie ist auf *gelingende reflexive Distanzierung* der Faktizitäten, die das System erzeugt, angelegt. Das, was dabei dann herauskommt, ist 'Modernisierung' bzw. wird so definiert: immer anders als zuvor!

Die starke Nachfrage nach unterschiedlichen Formen der Beratung (insbesondere durch die Unternehmen) kann grundsätzlich auf die beschleunigte Zunahme von Komplexität, Differenziertheit und das hohe Niveau an Kontigenz - wir nannten das eingangs 'dynamisierte Unübersichtlichkeit' - zurückgeführt werden, also auf Folgen von Modernisierung, die zur Überforderung des zu beratenden Systems führt. Beratung ist dafür das favourisierte *Kompensationsmodell zur Komplexitätsreduzierung und Kontingenzkontrolle* und insofern auch mit überanstrengten Zuschreibungen bezüglich ihrer Leistungen, die ja Steuerungsleistungen gleichkommen, belastet. Beratung ist dabei quasi der 'Reflex' auf die durch die dynamisierte Unübersichtlichkeit anstehenden Selektionsprobleme. Sie ist ein - bereits häufig fest etabliertes bzw. institutionalisiertes - Modell, das in Anbetracht problematischer Faktizitäten, Reflexivität zugänglich macht und damit selektive Bewältigung verheißt. Der Mechanismus der Beratungsnachfrage ist allerdings einer des „Nicht-Wissens", also als 'Reflex' zu deuten. Beratung als pädagogische, also auf Lernen angelegte Form einer zielgerichteten Kommunikation, *integriert insofern Nicht-Wissen und Wissen* oder: 'Reflex' und Reflexivität - auf diese ambivalenten Merkmale modernisierter Modernen hat Beck immer wieder hingewiesen (vgl. dazu Beck, Giddens, Lash, 1996). Damit ist Beratung eine geradezu typische Interventionsform einer modernisierten Moderne, die sich - postmodern verfaßt - permanent reflexartig reflexiv von sich selbst verabschiedet. Beratung, das ist - zugespitzt - damit auch eine *Form der Ästhetisierung der Rationaliät* im Hinblick auf ihre subjektive und soziale Verträglichkeit.

Beratung kann als eine Form zur *wirkungsvollen Reduzierung von Komplexität* beschrieben werden, die jedoch *gleichzeitig wirkungsvoll Komplexität erzeugt*. Beratung wirkt selektiv und entlastet vom Druck der Selektionsnotwendigkeit, weil dic Beratung diesen Druck nach außen verlagert und die Auswahl der Selektion über einen Expertenstatus des Beraters/der Beraterin gleichzeitig legitimiert. Beratung nutzt bzw. spielt mit der Unterscheidung 'innen/außen' und man verspricht sich dadurch eine erfolgreichere Jagd nach den blinden Flecken des Verstehens. Und man verspricht sich Selektionserfolge. Wir stellen uns als integrierendes Bild der Innen/Außen-Differenz und der Selektionserfolge einen Mülleimer vor: Beratung organisierte die Mülltrennung - das beratene System trennt den Abfall selbst. So wie die Marx Brothers: *Chico: „Der Müllmann ist da." Groucho: „Sag' ihm, wir brauchen nichts."*

Über ihre Selektionsleistungen macht Beratung damit aber auch neuen Komplexitätsaufbau anschlußfähig, der sonst nicht möglich gewesen wäre. Das schätzt man an ihr: Sie *entlastet (entsorgt) und versorgt mit neuen legitimierten Belastungen*. Es geht *anders* weiter als vorher, weil ein anderes Wissen zugänglich geworden ist und transferfähig im Hinblick auf 'sinnvolle' Handlungen bearbeitet wurde. Beratung als pädagogische Form ist eine *Prozeßstruktur*, also ein prozeßorientiertes Bearbeitungsmuster, das selbst strukturelle Merkmale aufweist. Diese Prozeßstruktur ist zeitlich längerfristig stabil und 'kann' eine Menge: Attraktivitäten identifizieren, selektieren, produzieren und legitimieren und damit Anschlußfähigkeiten im Veränderungsvibrieren zwischen Strukturen und Prozessen zugänglich machen und organisieren. Systematisch können wir der Beschreibung Baeckers folgen, der die Beratung als

> „ein extrem plastisches, wechselnden Anforderungen genügendes Reaktionsvermögen" sieht, das „um die Wahrnehmung von Irritationschancen kreist". Durch Beratung können im Falle des Unternehmens „die Entwicklungsmöglichkeiten in Produktion, Organisation und Kommunikation, die der Berater zu erkennen glaubt, nur mit Hilfe von Interventionen in Gang gesetzt werden, die das Unternehmen dazu bringen, das eigene Spiel zu erkennen und anders damit umzugehen als bisher." (Baecker, 1993, S. 225)

Beratung stattet das System mit der Möglichkeit aus, zu sich selbst, d.h. zu seinen (Sinn-) Zuständen in Distanz zu gehen und darauf zu reflektieren, also die Unterscheidungen zu beobachten, auf deren Grundlage die (Sinn-) Zustände (auf die sich die Beratung bezieht) zustandegekommen sind. Das ermöglicht Klarheiten und andere Unterscheidungen, bedeutet aber immer auch *Irritation* - eine wesentliche Beratungsleistung zur Distanzierungsfähigkeit des Systems. Denn beratende Intervention kann eine Irritation erzeugen, die das beratene System *in Distanz zu seiner eigenen Selbstbeschreibung* zwingt und dadurch optionale Verstehensmöglichkeiten, also Veränderungsmöglichkeiten zugänglich macht (vgl. dazu Willke, 1992, S. 37). Das Unternehmen wird also über pädagogische Beratungsprozesse mit sich selbst und seiner praktizierten Rationalisierung konfrontiert - und das ist die erwünschte Rationalisierung der Rationalisierung: *Verstehen* (und manchmal auch gute Unterhaltung und diskrete Belehrung) - und dann: *das eigene Verstehen zu verstehen* oder: *Nichtverstehen und das eigene Nichtverstehen verstehen.* Nur darin liegt die Freiheit von Beratern und Beraterinnen. Und das bedeutet die beratungsgestützte Jagd nach den 'blinden Flecken' - ohne die Spur einer Chance, sie jemals einholen zu können. Denn das Einholen hätte selbst schon wieder einen blinden Fleck. Also: mehr Verstehen zu verstehen. Mehr Beratung! Das ist der Preis dafür, daß Beratung *reflexives Lernen auf Dauer stellt und damit (reflexartig!) Reflexionsbedarf anschlußfähig hält,* der wieder über Beratung zu decken ist. Durch Beratung, die ein reflexives Lernen bezüglich des Lernens, also bezüglich der Veränderung der personalen 'subjektiven' und des systemischen kollektiven Wissens und seiner Organisation, Verteilung und Zugänglichkeit ermöglicht, lernt der Klient oder der Betrieb, daß er lernen muß - und dieses Lernen beinhaltet, daß auf dieses Lernen selbst reflektiert wird. Pädagogisierung total - und ein günstiger Beratungsmarkt dazu! Immer (wie in den zirkulierenden Bewegungen dieses Beitrags auch): mehr desselben! Über die Aussichtslosigkeit dieses Beratungs-Unternehmens klärt uns Nabokov auf:

> „Man kann der Wirklichkeit, wenn ich so sagen darf, immer näher kommen; aber man kommt ihr niemals nahe genug, denn die Wirklichkeit ist eine endlose Folge von Stufen, Wahrnehmungsebenen, Doppelbödigkeiten und infolgedessen unermeßlich, ungreifbar. Man kann sein Wissen über

> eine Sache erweitern und immer mehr erweitern, aber man kann über eine Sache niemals alles wissen: Das ist aussichtslos.“ (Nabokov, 1993, S. 29)

Und diese Aussichtslosigkeit ist ein günstiger Beratungsanlaß. BeraterInnen fischen bei diesen zahlreichen Anlässen im ‘Drüben’ - und deshalb notwendigerweise auch: im ‘Trüben’. Daher darf Beratung auch nichts versprechen. Oder - wie in den meisten Fällen - muß sie alles versprechen, weil sie eben nicht halten kann, was sie zu versprechen vorgibt. Ihre Macht und ihr Einfluß entwickelt sich aus ihrer Ohnmacht, die (wie Marx bereits bemerkte) deshalb so schwer zu begreifen ist, weil sie als Macht erscheint.

Beratung kann also als eine immer wieder neu aktualisierbare *Form der Ausstattung des Systems mit verarbeitbarer differentieller Irritation* gedeutet werden. Sie thematisiert die Beobachtung des eigenen Zustandes und regt durch Kommunikationen das System dazu an, *sich davon zu unterscheiden*. ‘Setzen und Ent-Setzen’ ist das diesbezügliche Motto. Diese Kommunikationen werden zu Vergangenheiten des eigenen Zustandes in darauf folgenden Kommunikationen.

> „Beratung ist - legt man die Theorie selbstreferentieller Systeme zugrunde - nur als Eigenleistung des zu beratenden Systems möglich. Sie ist andererseits ohne Berater unmöglich. Der Anstoß der organisationalen Veränderung muß deshalb gesucht werden in der Erfahrung von Differenzen und differenzierenden Optionen der Selbstbeschreibung, die sich aus dem Wechselspiel zwischen erfahrenen Zumutungen aus dem Beraterhandeln und eigenen Erwartungen des zu beratenden Systems ergeben.“ (Willke, 1992, S. 37)

Die Ausstattung des Systems mit solchem Beratungswissen ist insofern eine *steuernde Intervention als Irritation,* die das System dazu zwingt, seine *eigene Realitätsbeobachtung in Frage zu stellen und diese Infragestellung zu verarbeiten.* Damit entwickeln sich neue Fragehorizonte aber auch neue Mißverständnisse. Denn bei allem, was man als Berater sagt, könnte man auch etwas anderes sagen - ohne daß das, was man sagt, beliebig wäre. Beratung ist insofern auch Verursachung von Störung - und die Beteiligten können dabei lernen, wie mit Störungen umgegangen wird oder wie mit Störungen nicht umgegangen wird.

Die Beratung selbst kann dabei bezüglich ihrer Steuerungswirkung umso wirkungsvoller sein, je *geringer die Differenz von erzeugter Differenz und der Verarbeitungsmöglichkeiten des Systems für Differenzen ausfällt,* d.h. also positiv, je mehr die *Funktionslogik und die Eigendynamik des Systems selbst in der Intervention vorkommt.* Denn das System *„spielt nur seine eigene Melodie und kann nur seine eigene Musik hören“* (Königswieser et al., 1995, S. 55). Und die wird es besser hören können, wenn die

> „Berater sich ihrer paradoxen Situation bewußt sind und ihre Reflexion darauf Bestandteil ihres Interventionsrepertoires werden.“ „Verändere, indem du nicht veränderst“. Und: „Wenn du veränderst, verändert sich gar nichts. Denn jede Veränderung muß Selbstveränderung sein.“ (Willke, 1992, S. 38)

So ist die paradoxe Beratersituation zu beschreiben. D.h., daß das Steuerungspotential der Beratungsperspektive damit steht und fällt, inwiefern sich die Berater ihrer paradoxen Situation - also: zu verändern, indem sie nichts verändern, dafür aber unverzichtbar zu sein - bewußt sind und bewußt bleiben und darauf reflektierend ihre Interventionen systemisch konzipieren. D.h., daß sie ihre Interventionsabsichten in die Funktionslogik und Eigendynamik des zu beratenden Systems selbst *zurückübersetzen können müssen.* Sonst bleibt nur Beratschlagung und Immunreaktion bzw. Abwehr.

> „Entsprechend muß man auf 'Besserwissen', auf Gesten der Überlegenheit, auf Führungsansprüche, auf eine Hierarchisierung der Ebenendifferenz verzichten. Statt dessen gewinnt man die Chance, die Differenz als Differenz irritierend, anregend, eventuell fruchtbar werden zu lassen. Und das würde auch dann gelten, wenn der Berater das Unternehmen überreden könnte, eine solche Differenz von erster und zweiter Ordnung im Unternehmen selbst als Differenz von Ebenen der Kommunikation über Kommunikation einzurichten." (Luhmann, Fuchs, 1989, S. 226/227)

Dies würde bedeuteten, die Kommunikation über die Beratung und die Kommunikation über die Kommunikation der Beratung als Thema der Beratung zu etablieren, also Beratung auf dem Niveau der Beobachtung beobachtenden Beobachter fortzusetzen und damit eine Struktur zu etablieren, die darauf angelegt ist, die jeweiligen 'blinden Flecke' zu identifizieren und mit ihnen in der Beratung weiterzuarbeiten. Dazu helfen dann auch Supervisoren, die als Lehrsupervisoren ihre Irritationen anbieten und jene, denen das zu direktiv ist, die flüchten in die Selbsthilfegruppe der Anonymen Didaktiker.

Kurz gesagt heißt dies auch: Erst wenn die Beratung besser ist als der Berater, ist der Berater gut. So wie dies Fellini dokumentiert:

> „Es gibt Dirigenten, ohne die man ganz ausgezeichnet auskäme. Einmal als wir in der Provinz eine Oper aufführten, ging plötzlich das Licht aus, aber alle Instrumente spielten ihren Part tadellos weiter, und die Sänger sangen im Dunkeln weiter. Der einzige, der nichts zu tun hatte, der einzige Überflüssige war er - der Dirigent." (Geißler, 1995, S. 181)

Um überflüssig zu sein, muß man ja anwesend sein. Und das genügt häufig, damit andere etwas lernen. Ratsuchende und Ratlose finden an dieser Stelle in den Tagebüchern bei Kafka

Rat!

„A. Ich will dich um Rat bitten.
B. Warum gerade mich?
A. Ich habe Vertrauen zu dir.
B. Warum?
A. Ich habe dich schon öfters in Gesellschaft gesehn. Und in unsern Gesellschaften kommt es zuletzt immer auf Rat an. Darüber sind wir doch einig. Was für eine Gesellschaft es auch sei, ob man zusammen Theater spielt oder Tee trinkt oder Geister zitiert oder den Armen helfen will, immer kommt es doch auf Rat an. So viel unberatenes Volk! Und mehr noch, als

es scheint, denn die, welche bei solchen Zusammenkünften Rat geben, geben ihn nur mit der Stimme, mit dem Herzen wollen sie ihn selbst. Immer haben sie ihren Doppelgänger unter den Ratsuchenden, und auf ihn haben sie es besonders abgesehn. Aber er vor allem geht unbefriedigt, angewidert weg und zieht den Ratgeber hinter sich her, zu anderen Zusammenkünften und zu gleichem Spiel.

B. So ist es?

A. Gewiß, du erkennst es doch auch. Es ist auch kein Verdienst, die ganze Welt erkennt es, und ihre Bitte ist umso dringender."(Kafka, 1978, S. 326)

4. Beobachten, Nichtverstehen und Intervenieren - ein zirkulierendes Ende oder: ein Zirkel ohne Ende

Die skizzierten Steuerungs- und Beratungsperspektiven zielen auf eine *qualitative* Veränderung der Modernisierungsdynamik von Systemen, indem auf die Veränderung des Systems selbst, seine Vergangenheiten, die Unterscheidungen seiner Operationen und seine möglichen Zukünfte reflektiert wird. Der entscheidende Faktor, der dazu führt, besteht in der *Einführung von Reflexivität* in die intervenierten Systeme bezüglich ihres eigenen strukturellen Zustandes und ihres Veränderungsprozessierens. Beratung/Training können (in ihren unterschiedlichen Formen) als Interventionschance gesehen werden, das Veränderungsvibrieren in seiner Resonanz zu beeinflussen.

> „Es gibt damit keine 'richtigen' Entscheidungen, sondern nur Möglichkeiten des differenzmachenden Eintritts in die zirkuläre Bestimmung von Entscheidung und Zukunft, Möglichkeiten des „Symmetriebruchs" und der Einrichtung von Irreversibilität (...) Und deshalb mag es sich empfehlen, Entscheidungen im Probierstil zu entwerfen, sie unter Revisionsvorbehalt zu stellen, sie an Lernmöglichkeiten auszurichten oder sie so zu wählen, daß sie mehr Wahlmöglichkeiten erzeugen als vernichten." (Luhmann, 1991, N 3)

Was kann man also tun?

- Beobachten. Und dies sorgfältig. Sich selbst beobachten, und sich seiner Unterscheidungen vergewissern. Sich selbst beobachten lassen, um die eigenen blinden Flecke zu entlarven - und zu wissen, daß die Entlarvung des blinden Flecks schon wieder einen neuen hat.
- Nichtverstehen als Verstehensform entdecken und daraus Verstehensmöglichkeiten entwickeln. In Paradoxien denken.
- Intervenieren! Paradox, vorsichtig, spielerisch - und auf Überraschungen gefaßt! Und dies wieder beobachten usw.

Alle steuernden Interventionen bleiben insofern ein *höchst fragwürdiges und unsicheres Geschäft* - auch unter der Voraussetzung, daß sie mit eben dieser Einsicht konzipiert werden. Aber es könnte auch anders sein. Entgegen allen Versprechungen!

Steuern auf hoher See

"Vor gut zwanzig Jahren mußten die Hochseefischer einen vollständigen Satz Seekarten und funktionsfähige Navigationsinstrumente vorlegen können, wenn sie dazu aufgefordert wurden. Ist diese Vorschrift, die etwas mit der Versicherung und der Sicherheit zu tun hatte, immer noch in Kraft? Oder gehört sie inzwischen zu den zahlreichen Schikanen der Behörden, nun, da die parasitäre Verwaltung sich wie eine Pest ausgebreitet hat?

Damals geschah es einmal, daß diese Hilfsmittel dem Kontrolleur in einem allzu guten Zustand zu sein schienen. Die neuen, jungfräulichen, sauberen Karten lagen allzu ordentlich und ohne einen einzigen Knick in der Schublade eines großen bemalten Schrankes, deren Schlüssel sich nur mit Mühe im Schloß drehen ließ, so viel Rost hatte er angesetzt. Die ganze pflichtgemäß vorhandene Technik verschwand unter der Farbe. Es hatte einiges von einer Vorführung. Die ganze Mannschaft hatte diese Launen des Gesetzes gescheuert und blank geputzt, etwa so, wie man die Fahne bügelt, bevor man sie herzeigt. Fahnen sind zu nichts anderem da. Aber Sie haben die Sachen noch nie benutzt, empörte sich der Kontrolleur. Der Seemann verlor seine gespielte Selbstsicherheit und begann von einem Bein auf das andere zu treten. Der Kontrolleur lächelte, er hatte kein Interesse an einer Bestrafung, wollte nur wissen. Und wie finden Sie nach Murmansk oder Neufundland, wenn Sie auf Kabeljaufang fahren? Die Antwort brauchte ihre Zeit: Zuerst mußte man sich hinsetzen, eine Flasche alten Weins öffnen, die Gläser füllen, sich ausführlich über die Kinder unterhalten, Hochseefischer ergeben sich nicht sofort. Es bedarf einiger Verhandlungen, bevor man sich ans Reden macht. Also, wie finden Sie dahin?

Man stelle sich eine Gegend vor, in der es keine Schilder gibt. Welcher Bauer würde sich wohl verlaufen, wenn er den Nachbarhof besuchen möchte? Hinter dem Wäldchen biegt er links ab, geht geradeaus bis zum Nußbaum, dann an der Steinmauer entlang, und dort sieht er unten im Tal das rote Dach des Nachbarn, das unter den Zedern fast verschwindet. Solche Fragen stellen sich gar nicht. Man lernt die Antworten, während man Laufen, Sprechen und Sehen lernt.

So fährt man nach Saint-Pierre: fahre so lange Richtung untergehender Sonne, 0wie du im Wasser eine bestimmte kleine Alge treiben siehst; wenn dann das Meer sehr, sehr blau wird, halte dich etwas links, da kannst du gar nicht irregehen; das ist die Gegend, wo die kleinen Tümmler sich mit Vorliebe aufhalten, wo es eine starke Nordströmung gibt, wo der vorherrschende Wind nur schwach, in leichten Böen bläst und die Dünung stets kurz ist, dann kommt das große graue Rechteck und dann die Gegend, in der man den Kurs der großen Eisberge kreuzt; wenn man sie sieht, liegt da die erste Bank, unter dem Wind.

Der Kapitän wurde gesprächig, bis zum Abend hatte er alles erzählt. Und was er da bschrieb, was er seit seiner Kindheit vor Augen hatte, was er sich während der Fahrt verändern sah, was er niemals wirklich aus dem Munde eines Menschen erfahren hatte, denn den beiden Kapitänen, auf deren Schiffen er gefahren war, kam den lieben langen Tag kein Wort über die Lippen, sie zeigten höchstens einmal kurz hinaus oder änderten ein wenig die Stellung, bevor sie den Kurs wechselten, alles, was er da mit einem Schlage ausbreitete, an dem Tisch mit der rumbefleckten

Spitzendecke; diese moirierte Wasserfläche, diese zusammengesetzte Oberfläche, die ebenso differenziert ist wie unsere alten Landschaften mit ihren Kleefeldern, Wäldchen, Tümpeln, Weinbergen und Birnbäumen, alles, was der da in allen Einzelheiten beschriebe, die Farben, die Fische, der Wind, der Himmel, das Schlagen der Dünung, all das rekonstruierte nichts anderes als das antike Dokument, eine verlorengegangene Enzyklopädie, ganz wie die großen Kathedralen. An diesem Tage starb ein Wissen, der Empirismus hauchte seine Seele aus." (aus: Serres, 1993, S. 336/337)

Was frag-würdig ist und ambivalent macht

Annäherung eines Gruppendynamikers an das Konzept der Selbststeuerung

Wolfgang Weigand

1. Die Absicht

Diesen Text schreibe ich als jener Gruppe zugehörig, die sich mit systemtheoretischen Konzepten, näherhin der Selbststeuerung, zu befassen beginnt und nicht für sich in Anspruch nehmen kann, die Komplexität dieser Theorie in ihrer Abstraktheit adäquat auf das gruppendynamische Feld adaptieren zu können. Gleichwohl entwickeln sich bei diesem Versuch Fragestellungen, die den Anwendungsbezug des Selbststeuerungskonzeptes problematisieren, den praktischen Beitrag der angewandten Gruppendynamik für dieses Konzept fokussieren und aus denen sich Kritik an jenen Rezipienten formulieren läßt, die in der euphorischen Übernahme dieses neuen Paradigmas ohne dieselbe auszukommen glauben. Dennoch versteht sich die Kritik nicht als abschließende Bewertung, sondern als Formulierung von Standpunkten im Prozeß der Auseinandersetzung. In der Tradition der kritischen Theorie hätte man dies einen Diskurs genannt mit dem Ziel, die erkenntnis- und handlungsleitenden Interessen einer Theorie im Prozeß von Arbeit, Herrschaft und Kommunikation zu verifizieren.

2. Annäherung der Gruppendynamik an die Systemtheorie

Die Rezeption systemtheoretischen Denkens in der gruppendynamischen Theorie und Praxis nimmt Gestalt an. Zwar hat J. Schmidt schon Ende der achtziger Jahre zum Paradigmenwechsel aufgerufen (Schmidt, 1989 a, 1993), aber die gruppendynamischen Praktiker waren mehr damit beschäftigt, der Verwertbarkeit und Ökonomisierung ihres Wissens und ihrer Kompetenz nachzugehen als der theoretischen Grundlagenarbeit. Zwar war den Gruppendynamikern schon klar (z.B. Heigl-Evers, 1979), daß sie ohne wissenschaftstheoretische Fundierung ihres Tuns nicht auskommen werden, aber der Rückbezug auf Lewin in Verbindung mit der Gruppensoziologie (z.B. Mills), der Psychoanalyse, der humanistischen Psychologie oder anderer sozialwissenschaftlicher Theorien (z.B. Kritische Theorie) schien zunächst einmal zu genügen, um das eigene Tun theoretisch zu legitimieren.

Beim Praktiker entsteht kein Theoriebedarf - es sei denn aus Legitimationsinteressen gegenüber dem Auftraggeber - wenn nicht die Praxis selbst an die Grenzen stößt. So tauchte das Transferproblem auf: das, was in den Klein- und Großgruppen des Trainings gelernt wurde, sollte adäquat im beruflichen Alltag einer Organisation oder einer dem sozialen Lernen wenig verpflichteten Kultur umgesetzt werden.

Gruppen werden zunehmend als Subsysteme größerer sozialer Gebilde oder Bewegungen begriffen, die dann als Arbeitsgruppen oder Teams, Abteilungen, Leitungskonferenzen oder auch Protestgruppen zum Gegenstand angewandter Gruppendynamik werden; das Handeln des Einzelnen und der Gruppe gewinnen in diesem Systemkontext natürlich eine andere Bedeutung und Perspektive.

Schließlich waren es gesellschaftliche Entwicklungen und Veränderungen, durch die die Gruppendynamiker und Berater als externe Experten für Personal- und Organisationsentwicklung mit völlig neuen Fragestellungen konfrontiert wurden: Organisationswandel durch Ziel- und Aufgabenveränderungen, wirtschaftliche Probleme aufgrund von Finanzknappheit, hohe Anforderungen an Flexibilität und Lernfähigkeit der einzelnen Rollenträger, Fluktuation von Mitarbeitern bis hin zur Personalreduzierung als Folge von Rationalisierungsprozessen und des damit verbundenen Problems der Arbeitslosigkeit.

Die Komplexität der zu bearbeitenden Problemstellungen nimmt rasant zu, die Beobachtungsperspektiven beginnen sich zu verändern, das methodische Handlungsrepertoire muß ausgeweitet, differenziert und präzisiert werden. Verfahren wie Supervision und Organisationsentwicklung, um nur zwei typische zu nennen, wurden zu Zusatzqualifikationen des Gruppendynamikers. Nicht mehr die Gruppe, sondern das Arbeitsfeld mit seinen Organisationsstrukturen rückte in den Mittelpunkt der Qualifizierungs-, Trainings- und Beratungsarbeit. Neue Anforderungen benötigen nicht nur neue Kompetenzen und Qualifikationen, sondern auch neue Perspektiven, rationale Begründungszusammenhänge, neue Verstehens- und Erklärungsmodelle, andere Problemlösungskapazitäten.

Die Systemtheorie mit ihrem hohen Abstraktionsgrad und Generalisierungsniveau rückt ins Blickfeld; sie bietet

a) einen neuen theoretischen Bezugsrahmen, der für
b) einfache wie komplexe soziale Systeme brauchbar scheint und
c) deren Anwendung durch Nachbardisziplinen wie beispielsweise die Familientherapie bereits Erfolg verspricht.

Schließlich dürfte ein wesentliches Motiv sein, daß die Gruppendynamiker *„sehr viel praktische Ideen und Methoden dazu entwickelt haben, wie man die Selbstreflexivität eines sozialen Systems erweitern kann“* (Schattenhofer, 1992). Selbstorganisation und Selbststeuerung als zentrale Axiome der Steuerungstheorie sozialer Systeme haben in Konzept und Praxis angewandter Gruppendynamik ihren Ausdruck gefunden. Reflexion und Metakommunikation der Gruppe werden mit dem

Ziel betrieben., sich selbst als Individuum in Korrespondenz mit der Gruppe und ihrem Kontext zu verstehen.

Die wissenschaftliche Theorie traf auf praktische Fragen, die Praxis entwickelte Bedarf nach wissenschaftlicher Durchleuchtung und Modellierung. Sehr theoretisch angelegt haben jüngst Langthaler und Schiepeck (1995) ihre diesbezüglichen Versuche dargestellt; Schattenhofer (1992) hat in seiner Arbeit „Selbstorganisation und Gruppe" das Selbstorganisationskonzept auf konkrete gruppendynamische Praxis angewendet und ähnlich wie Königswieser (1995) für den Bereich der Organisationsentwicklung den theoretischen Blick aus der Praxis auf die Praxis gerichtet.

3. Ein Versuch, zwischen Gruppendynamik und Systemansatz zu unterscheiden

Mit den Unterschieden und Gemeinsamkeiten von Gruppendynamik und Systemansatz haben sich Königswieser/Pelikan in einem 1990 erschienen Aufsatz mit dem Titel „Anders - gleich - beides zugleich" beschäftigt. Sie beginnen ihre Abhandlung mit dem Satz „*Da es weder 'die Gruppendynamik' noch den 'Systemansatz' gibt...*" werden wir die Abgrenzung beider aus unserer eigenen Geschichte mit beidem erklären und erläutern. Sie kommen dann zu einer sehr differenzierten und anregenden Gegenüberstellung, die allerdings konzeptionell nur bedingt ergiebig ist, da eben nicht geklärt wurde, welches gruppendynamische Konzept mit welchem Systemansatz verglichen wird. Die Autoren vergleichen das, was sie persönlich unter den beiden Konzepten verstehen; je nach Standort und Position des gruppendynamischen und systemtheoretischen Lesers werden sie für jeden der angeführten Gemeinsamkeiten und Unterschiede vom einen oder dem anderen oder von beiden oder von keinem Zustimmung oder Widerspruch ernten. Am Beispiel der Intervention, des größten Unterschieds zwischen beiden Konzepten, wie sie schreiben, kann dies deutlich werden. Gruppendynamische Interventionen könnten aufdeckend sein, systemische nicht; da verwende man nicht aufdeckende Interventionen, z.B. paradoxe Formulierungen, positive Konnotation etc. Die „Betonung der funktionalen Seite einer Situation lasse keine „defensive Grundhaltung" entstehen, sondern mobilisiere Veränderungswünsche.

Die Auseinandersetzung mit diesen Feststellungen könnte Gegenstand eines eigenen Aufsatzes sein, der die Fragen klärt: Was ist eine aufdeckende Intervention? Was nicht? Was ist ein Widerstand - oder meinen sie mit „defensiver Grundhaltung" etwas anderes? Wie begründet sich der Optimismus, daß die Betonung der Funktionalität keinen Widerstand wecke, sondern das Gegenteil? Lassen sich gruppendynamische Interventionen per se als „aufdeckend" generalisieren wie umgekehrt systemische als „nicht-aufdeckend", zumal es ja, wie sie selbst sagen, „die Gruppendynamik" und „den Systemansatz" nicht gibt? In Wirklichkeit sprechen sie

- das zeigen auch ihre Unterscheidungen zum Machtumgang, zum Verständnis von Beziehung, zum Veränderungskonzept oder zur Arbeit mit dem Widerstand - von einer bestimmten Grund-, Wert- und Professionshaltung, die allerdings weder als typisch gruppendynamisch noch typisch systemisch charakterisiert werden kann, eben „beides zugleich"; dann kommt natürlich die Differenz zu kurz. Denn „Bescheidenheit, Genauigkeit und Kontrolliertheit" sind ja doch wohl nicht als typisch und charakteristisch für das eine oder andere Konzept in Anspruch zu nehmen. Als persönliche Beschreibung des professionellen Standortes der Autoren und damit als Anregung für die Kolleginnen und Kollegen, sich nach den verwendeten Differenzkriterien selbst zu orten und Position zu beziehen, ist der Beitrag außerordentlich nützlich; als theoretische und konzeptionelle Differenzierungsleistung ist er jedoch nur bedingt brauchbar, weil eben die Praxis von Personen als Basis für die theoretischen Unterscheidungen von Konzepten gebraucht wird. Aber es könnte ja vielleicht weiterführen, wenn die den Gruppendynamikern und Systemikern unterstellten Zuschreibungen zu den genannten Differenzen in einem Konzeptionsvergleich überprüft würden. Aber es gibt sie ja nicht: die Gruppendynamiker und die Systemiker; also bleiben wir dabei, von den Bedenken, Fragwürdigkeiten, Ambivalenzen und Widerständen zu reden, die unsere eigene Annäherung als Gruppendynamiker an das systemische Denken hervorgebracht haben.

Aus der bisher beschriebenen Entwicklung ist noch wenig von dem fragenden und kritischen Ton zu hören, der im Titel dieses Aufsatzes anklingt. Wo also sind die Haken und Ösen, Fragen und Widerstände, Affekte, Ambivalenzen und Zweifel, die mit der Rezeption von Systemtheorie, Selbststeuerungskonzept und veränderter gruppendynamischer Praxis offensichtlich verbunden sind und die Kommunikation und den Diskurs darüber untergründig, verhalten oder offen, beeinflussen?

4. Schwierigkeiten in der Rezeption systemtheoretischen Denkens

4.1. Verschiedene Systemtheorien

Will man sich nicht mit der inflationären Verwendung des Begriffs "systemtheoretisch" oder konkret "wir arbeiten nach einem systemtheoretischen Konzept" begnügen, dann muß man sich den Anstrengungen theoretischen Arbeitens unterziehen und zu verstehen versuchen, was das Konzept beinhaltet, meint und beabsichtigt. Der gute Vorsatz erleichtert aber die Arbeit keinesfalls. Beschäftigen wir uns mit der älteren oder neueren Systemtheorie, mit Ansätzen biologischer (Varela, Maturana), ökologischer (Capra), kybernetischer (Bertalanffy) Provenienz oder mit uns näherliegenden soziologischen Ansätzen wie denen von Parsons und Luhmann? Oder fühlen wir uns eher heimisch, wenn wir die Kommunikationstheorie von Bateson und Watzlawick oder die systemische Familientherapie von Selvini-Palazzoli und Stierlin studieren? Wir haben uns hier entschieden, aus neuester Zeit die drei Bände von Helmut Willke (alle 1994) über die Grundlagen sozialer Systeme (I), Interventionstheorien (II) und Steuerungstheorien (III) als systemtheoretischen Hintergrund zu benutzen. Willke geht mit seinem "funktional-genetischen" Konzept über den funktional-strukturellen Ansatz Luhmanns hinaus. Denn

> "eine Systemtheorie, die in der Frage von Macht und Herrschaft keinen blinden Fleck aufweisen will, muß daher einen genetischen Aspekt der Existenz und Evolution sozialer Systeme berücksichtigen." (Willke I, S. 10)

Hier deutet sich bereits eine kritische Fragestellung an die Systemtheorie aus der Sicht der kritischen Theorie an, die Anfang der siebziger Jahre im Diskurs zwischen Habermas und Luhmann über "*Systemtheorie als Sozialtechnologie oder als Theorie der Gesellschaft*" einen ersten Höhepunkt fand (Habermas, 1971).

Doch bevor wir uns mit wichtigen Detailfragen beschäftigen, soll die differenzierte Verwendung des Systembegriffs der Klarheit wegen nochmals rekapituliert werden. Aus der Erfahrung, daß das Maschinen- und Eigenschaftsmodell ebenso wie das Handlungsmodell zur Erklärung komplexer sozialer Situationen nicht ausreichen, entwickelte sich das Systemmodell. Ludwig von Bertalanffy, obwohl Biologe von Haus aus, konstituierte einen allgemeinen Systembegriff, weil

> "uns auf allen Gebieten, von subatomaren zu organischen und soziologischen, das Problem der organisierten Kompliziertheit gegenübertritt, das anscheinend neue Denkmittel erfordert - anders ausgedrückt - verglichen mit linearen Kausalketten von Ursache und Wirkung, das Problem der Wechselwirkungen in Systemen, Damit gelangen wir aber zur Systemtheorie." (Bertalanffy, 1972, S. 20)

Trotz dieser interdisziplinären Problemstellung entwickelte sich je nach Ursprungsfeld und Anwendungsgebiet ein technischer Systembegriff, der auch als soziotechnischer Ansatz in die Sozial- und Wirtschaftswissenschaften, z.B. der St. Gallener Schule eingegangen ist:

> "Wir begnügen uns mit dem, was wir von außen beobachten können: Inputs und Outputs. Das System selbst betrachten wir als etwas Unzulängliches, Dunkles, eben als schwarzen Kasten. Wir beobachten aber nicht nur die Ein- und Ausgänge, sondern wir manipulieren den Input und registrieren, was dabei als Output herauskommt." (Ulrich, 1970, S. 132)

Inzwischen hat sich auch der Ansatz dieser Schule „*zum ganzheitlichen Denken und Handeln*“ erweitert (Ulrich, Probst, 1990).

Den ökologischen Systembegriff haben vor allem Capra und Vester definiert, wobei die Entstehung, die Veränderung und der Zerfall von Organisationen sich nach den Gesetzen der Evolution vollzieht, d.h. sich aus eigener Kraft ihren jeweiligen Umweltbedingungen anpassen.

Für Luhmann schließlich unterscheiden sich technische und biologische von sozialen Systemen durch vier wesentliche Merkmale:

a) Differenz von System und Umwelt

b) Kommunikation als kleinste Einheit eines sozialen Systems
c) Soziale Systeme sind selbstreferentiell
d) Reduzierung von Komplexität

Schließlich soll abschließend auf das Systemmodell von Bateson hingewiesen werden, da bei ihm Systeme als Systeme handelnder Personen verstanden werden, was für die systemische Kommunikationstheorie und die systemische Familientherapie wie die Organisationsberatung Grundlage ihrer Entwicklungen wurde (vgl. dazu Watzlawick, Minuchin, Stierlin, Königswieser und Wimmer).

4.2. Das Abstraktionsniveau der Systemtheorie

Die Lektüre der Luhmannschen Systemtheorie setzt einen Einführungskurs in die Grundbegrifflichkeit und Denkweise der Systemtheorie mit ihren je spezifischen und unterschiedlichen Verständnissen voraus, damit das, was verstanden werden soll, auch verstehbar wird. Willke hat in seiner Einführung in die Grundlagen sozialer Systeme von den Verstehensschwierigkeiten seiner Studenten berichtet. Ohne die eigene Begrenztheit generalisieren zu wollen, muß der Kreis des Klientels, die die Denkoperationen des Systemtheoretikers nicht zur Geschlossenheit bringen, erweitert werden. Dies liegt jenseits der wissenschaftstheoretisch notwendigen Spezialsprache in einer von den Soziologen besonders geschätzten Ausdrucksweise, die sich an naturwissenschaftlichen Denkmodellen orientiert, aber vielleicht auch etwas mit den Professionalisierungsbestrebungen dieser Disziplin zu tun hat; andererseits entspringt sie sicher dem Objekt der Untersuchung und den mit ihr verbundenen Intentionen, womit wir wieder beim Thema wären.

Systeme sind nämlich nicht in anthropomorphen Denkmustern zu begreifen, da sie zunächst ohne den Menschen auskommen, der wiederum als eigenes System eine Umwelt des Systems darstellt. Um die innere Dynamik eines funktional differenzierten und spezialisierten Systems zu verstehen, muß vom konkreten Handeln abgesehen werden. Die Dynamik komplexer Sozialsysteme ist nicht mehr aus den Interessen und Motiven von Personen allein zu erklären. Es handelt sich also nicht nur um eine abstrakte Sprache, sondern um einen sinnlich nicht direkt erfahrbaren Gegenstand und eine ungewohnte Denkweise, die nicht personenbezogen ist, sondern beispielsweise von Kommunikation als Kern der Konstituierung sozialer Systeme ausgeht, was wiederum nicht primär als Art und Weise der Verständigung zwischen Menschen, sondern als Selektionsleistung im Umgang mit Komplexität und Kontingenz des Systems zu verstehen ist. Willke benennt die Luhmannschen Kommunikationsmedien wie Geld, Macht, Liebe, Wissen, Vertrauen deshalb auch Steuerungsmedien. Der oben angesprochenen Notwendigkeit eines Einführungskurses in die Systemtheorie kann hier nicht entsprochen, aber es soll deutlich werden, daß erst über das Verstehen des Gemeinten und die Verständigung des Verstandenen der Diskurs und die Auseinandersetzung beginnen kann. Eine Aufklärung über Ziele und Konsequenzen systemtheoretischer Handlungsmodelle ist damit eingeschlossen.

Nochmals: dies ist nicht ganz leicht, weil wir als Personen aus unserer Subjektivität heraus zu denken und verstehen gelernt haben und deswegen nicht leicht aus unserer Haut heraus können; wir müssen von unseren personalistisch geprägten Denkmustern abstrahieren, was ins Psychische gewendet, etwas Kränkendes hat; zu hören, daß das konkrete Individuum für das Funktionieren sozialer Systeme nur bedingt von Bedeutung ist, da z.B. jederzeit austausch- und ersetzbar oder eben nur Umwelt, zu der das System in Eigenentscheidung seine Prioritäten setzt, ist mit dem Prinzip personaler Verantwortung erst in Einklang zu bringen. Es erinnert - wenn auch nicht ganz vergleichbar - an die Auswirkungen der Freudschen Formel "wir sind nicht Herr im eigenen Haus", deren Gravidität wir in ihrer Gänze wohl nie nachvollziehen und erfassen werden.

4.3. Die Operationalisierbarkeit systemtheoretischen Denkens

Auf die Operationalisierbarkeit der Systemtheorie und die mit ihr verbundenen handlungsleitenden Interessen im Bereich von Arbeit, Herrschaft und Kommunikation muß im Sinne der Forderung von Habermas nach Offenlegung derselben noch eigens eingegangen werden. Zu überraschend sind manchmal die praktischen Schlußfolgerungen, die der Systemtheoretiker für Wirtschaft, Politik und Sozialstaat zieht; es bleibt schwer nachvollziehbar, mit welchem Transportmittel er auf welchen Bahnen und nach welchen Verkehrsregeln aus der Höhe seines Abstraktionshimmels in die Niederungen der Erde kommt. Die politisch-pragmatischen Schlußfolgerungen, die beispielsweise für die praktische Sozialpolitik in Richtung Relativierung oder gar Abschaffung des Wohlfahrtsstaates gezogen werden (Willke auf dem Kongreß der Gruppendynamiker im Juni 1997), erschrecken nicht nur den Sozialarbeiter; außerdem ist das, was theoretisch sinnvoll scheint, noch lange nicht praktisch und politisch machbar; dies muß sich der Wissenschaftler von der Politik sagen lassen. Die paternalistisch bevormundende Grundhaltung unserer Hilfssysteme kritisch in Frage zu stellen, ist aus theoretischen Einsichten durchaus angebracht. Wenn aber gleichzeitig solche fachspezifischen Anfragen politisch mißbraucht werden, verliert der Wissenschaftler nicht nur seine Unschuld, sondern muß nach seinen Erkenntnisinteressen befragt werden. Zusammenfassend heißt dies für den Gruppendynamiker, den Widerstand gegen das fremde Gedankengebäude für sich zu verstehen, um Verstehen des Fremden zu ermöglichen, allerdings mit der Option, nun nicht unkritisch und euphorisch das neue Konzept als Erklärung für alle bisher ungelösten Schwierigkeiten zu feiern; aber auch nicht umgekehrt in eine ignorante, trotzige oder arrogante Abwehr dessen zu verfallen, was den veränderten Blick oder gar Umdenken provoziert.

5. Die Anwendung des Konzeptes der Selbststeuerung auf Gruppen

Steuerung ist in sozialen Systemen überhaupt nur als Form der Selbststeuerung denkbar. Denn nur sie respektiert Autonomie, Eigendynamik und operative Geschlossenheit des Systems[1] und bezweifelt den Erfolg direkter externer Steuerung. Steuerung erwächst nicht aus einer Planungstheorie, aber auch nicht aus *„naturwüchsiger Evolution ...weil Steuerung weder auf externe Eingriffe noch auf interne Dynamik allein reduziert werden kann*" (vgl. dazu Willke III, S. 4). Wie können also operative Geschlossenheit, die sich aus der Selbstreferentialität Systems ergibt und externe Anregung miteinander verbunden werden? Um konkret zu werden: Weder die Frontstellung „Markt oder Plan" noch „Hierarchie oder Selbstorganisation" wird dem Steuerungsproblem gerecht. Steuerung ist nötig, weil komplexe Sozialsysteme nicht ihrer Eigendynamik überlassen werden können, aber auch nicht von außen mehr kontrollierbar sind. Eine Auflösung dieser Spannung von Eigendynamik und Kontrolle durch Verabsolutierung der einen oder der anderen Seite bringt nicht weiter, was übrigens auch eine Erfahrung gruppendynamischen Arbeitens ist. Statt dessen sollte die Situationsdynamik mit weiteren Alternativen angereichert werden (Re-Kontextualisierung), damit das betroffene System selbst die weiterführenden Optionen für sich erfinden muß, um sie wirksam in seine Operationsweise einzubauen (vgl. dazu Willke III, S. 14). Dabei können Unparteiische, Experten oder Gruppendynamiker helfen. *Partielle Autonomie*, also die Fähigkeit und Kompetenz, die Grundregeln des Handelns selbst zu bestimmen, *Kontextgebundenheit,* also die externe Beschränkung voller Autonomie durch die Umwelten, *Reflexionsfähigkeit* als interne Beschränkung der Kontingenz (zwischen einer Vielzahl von Möglichkeiten, entscheiden zu können) durch Selbstbindung und Herstellen des Gesamtzusammenhangs, *Steuerung* als Selbstorganisation sozialer Ordnung im beschriebenen Sinn sind die vier Merkmale des Selbststeuerungskonzeptes von Willke (vgl. dazu Willke III).

Und wo bleiben die Gruppendynamiker? Auf einer Fachtagung der Sektion Gruppendynamik im Juni 1997 mit dem Thema "Selbststeuerung in Gruppen und Organisationen - Aufbruch ins Ungewisse oder anspruchsvolle Alternative?" wurden erstmals im breiteren fachöffentlichen Rahmen Theorie und Praxis eines systemtheoretisch begründeten Selbststeuerungskonzeptes vorgestellt und diskutiert; das Ergebnis dieses Symposiums lag darin, die Problemhorizonte eines solchen Konzepts für die Gruppendynamik zu beschreiben, aber auch festzustellen, daß in der Praxis des gruppendynamischen Arbeitens viele Selbststeuerungsprinzipien seit Jahren Anwendung finden. Damit erklärt sich gleichzeitig das zögerliche Herange-

---

[1] Operative Geschlossenheit meint die Fähigkeit eines Systems, sich nach eigenen Regeln in seinen Prozessen und Strukturen zu reproduzieren. Sie gelingt, wenn ein System seine Elemente zirkulär untereinander vernetzt, wobei die Zielsetzung nicht von innen kommen muß. Das System wird nicht als ein Zusammenhang von Elementen gedacht, sondern als Selektivität eines bestimmten Zusammenhangs von Elementen.

hen der Gruppendynamiker an dieses Konzept. In pragmatischer Perspektive fragt der Anwender, was denn eine neue Theorie und ein neues Modell für seine praktische Arbeit bringe. Stellt er dann fest, daß er viel von dem, was daraus als praktisches Wahrnehmungs-, Diagnose- und Interventionsverhalten verwertbar ist, sich nicht grundlegend von dem unterscheidet, was er Ist das, was ein Selbststeuerungskonzept für die Gruppendynamik anbietet, wirklich ein "alter Hut"? Wird dies unterstellt, dann entwickelt sich schnell aus konservativer Position mit dem begeisterten Verfechter von Selbststeuerungsprogrammen ein ziemlich unfruchtbarer Streit, weil letzterer um so mehr gezwungen ist, zu betonen, was die neue Sicht der Welt oder zumindest der Gruppe ausmacht, bedeutet und verändert. Also bleibt uns nur die genaue und geduldige Überprüfung anhand von bereits tut, dann winkt er eher ab und überläßt die Theorie den Theoretikern. Aber stimmt dies so? ausgewählten Kriterien, an denen die gruppendynamische Trainerarbeit orientiert ist, wie beispielsweise in der Sektion Gruppendynamik des Deutschen Arbeitskreises für Gruppendynamik und Gruppenpsychotherapie (DAGG). Solche Kriterien sind: die Idee von Gruppe, die Definition der Trainerrolle, die Steuerung von Struktur und Prozeß, das Interventionskonzept.

Können sich die gruppendynamischen Trainer mit ihrem Steuerungskonzept im sytemischen Steuerungsmodell, z. B. von Willke wiederfinden? Wo grenzen sie sich ab? Was fehlt ihnen? Wie wird mit dem Gegensatz Hierarchie, Führung und Autorität versus Selbstorganisation, Gleichheit der Rollen und subjektive Autonomie umgegangen? Obwohl das Selbststeuerungskonzept weder die Realität der Macht noch die Notwendigkeit von Führung in Frage stellt, sondern sie als überindividuelle Steuerungsmedien sozialer Systeme betrachtet, werden in trivialisierender, mehr noch ideologisierender Betrachtungsweise Hierarchie und Macht als überflüßige Faktoren traditionellen Denkens apostrophiert. Macht ist keineswegs überflüssig geworden,

> "sondern in der Form machtbasierter Infrastruktur sozialer Systeme die Grundlage für die Durchführung kollektiv verbindlicher Entscheidungen. Je komplexer und intransparenter aber die Operationszusammenhänge werden, welche für die Reproduktion eines Systems notwendig sind, desto weniger läßt sich die Selbststeuerung eines Systems auf Macht allein gründen. Macht ist für das Grobe zuständig und ausreichend; ihre Kunst beschränkt sich auf negative Sanktion und Abschreckung. Für die filigrane Operationsweise hochkomplexer Systeme bedarf es differenzierter wirkender Steuerungsformen." (Willke III, S. 179)

Ob diese Machtdefinition allerdings für die Interaktion psychischer Systeme genügt, mag angezweifelt werden. Unabhängig, ob man die Definition der Macht nach Willke teilt oder ein umfassenderes, differenzierteres und daher weniger grobes Machtverständnis hat, gilt festzuhalten, daß die Probleme von Hierarchie, Macht und Abhängigkeit systemtheoretisch nicht aufgelöst werden sollen, sondern bestenfalls aus einer zusätzlichen Perspektive beschrieben werden; auch wenn sich manche da anderes erhoffen und wünschen. Die Schlußfolgerung, daß es zwischen

Aufgabenstruktur und Steuerungsstruktur eine "*Passung*" (Willke III, S. 70) geben muß, entspricht auch den Erfahrungen und Erkenntnissen gruppendynamischer Selbststeuerung. Ob die Attraktivität der Hierarchie aber allein in der "*Effektivität und Effizienz kooperativer Aufgabenbewältigung*" liegt, wie Willke dies meint, oder ob diese Phänomene nicht auf anthropologische und entwicklungsbedingte Konstanten rückführbar sind (vgl. beispielsweise Sennet, 1985; Schwarz, 1987), wäre Gegenstand einer anderen Diskussion und verweist auf ein mögliches Defizit systemtheoretischen Denkens, nämlich das Fehlen einer Theorie der Subjektivität. Doch dazu im nächsten Punkt.

6. Fehlt dem Selbststeuerungskonzept eine Theorie der Subjektivität?

Gruppendynamiker arbeiten wie Supervisoren und andere helfende und beratende Berufe mit Menschen in Systemen. Sie haben gelernt, daß die Definition von Klientenproblemen in ihren Feldern mehrdimensional und mehrperspektivisch erfolgen muß: von der Person, den Rollen, der Organisation, der Situation und dem Feld, dem Prozeß, den kulturellen und gesellschaftlichen Umwelten usw. Eindimensionalität wäre Wahrnehmungsverengung und damit Reduzierung der Problemkomplexität; damit wären auch die Feedbackmöglichkeiten und -qualitäten begrenzt. Im Rückblick kann man deshalb an die klassischen gruppendynamischen Trainings die kritische Frage stellen, inwieweit der strenge Bezug auf das "Hier und Jetzt" nicht nur der Sicherung eines überschaubaren und steuerbaren Lernsettings und damit auch der Begrenzung der Abwehrmöglichkeiten diente, sondern auch eine erhebliche Reduktion der Transfermöglichkeiten und damit des praxisverändernden Lernens nach sich zog.

Es stellt sich dem Gruppendynamiker die Frage, wie die Systemtheorie mit ihrem Selbststeuerungskonzept mit den subjektiven, psychischen und sozialen Faktizitäten des Individuums oder personaler Systeme umgeht? Wie sind sie theoretisch berücksichtigt? Wie werden sie verstanden und erklärt? Liegt implizit eine Theorie der Person zugrunde, die nicht reflektiert wird? In der Anwendung seiner Interventionstheorie auf den therapeutischen Bereich schränkt Willke seine Kompetenz auf das Einwirken in "komplexe, nicht-triviale Systeme" ein; in seinen therapeutischen Beispielen bevorzugt er aber die systemische Kommunikations- und Familientherapie, die eher einem systemisch-verhaltenstherapeutischen Konzept nahekommt. Wenn er in diesem Bereich Aussagen machen will, kann er sich eben auch als "Nicht-Therapeut" nicht aus der Affäre der Subjektivität ziehen. Er bewertet therapeutische Interventionen als erfolgreich, wobei der Maßstab des Erfolgs in einer äußerlichen und wahrscheinlich vorübergehenden Symptomauflösung liegen dürfte. Das dazu gehörende Menschenbild gleicht eher dem trivialen System des Maschinenmodells. Aber es geht hier nicht vorzugsweise um Therapie, sondern um die Frage , wie psychische und seelische Wirklichkeiten, wie die soziale Seite des

Ichs systemtheoretisch beschrieben und mit einer Theorie sozialer Systeme verknüpft werden; wie werden die sozialpsychologischen Qualitäten soziologischer Faktizitäten (Bedürfnis und Angst, Macht und Abhängigkeit, Rolle und Norm, Zusammenhalt und Konformität, Entscheidung und Konflikt, Abwehr und Widerstand etc.) in eine Theorie sozialer Systeme beschrieben, bewertet und integriert? Daß es sich bei der Person um ein eigenes System handelt, ist klar geworden, aber die Rolle und Räume der Subjektivität in systemischer Komplexität bedarf der Klärung. Die Frage liegt nicht darin, ob auf der Ebene von Sozialsystemen noch sinnvoll mit Individualkategorien gearbeitet werden kann oder ob soziale Beziehungen auf das Handeln von Individuen reduziert werden können, sondern welche Rolle die Subjektivität für Funktion, Struktur und Prozeß sozialer Systeme spielt. Wenn individuelle Bedingungen der Möglichkeit von Handeln allein nicht mehr genügen, um gesellschaftliche Prozesse zu erklären, dann müssen doch systemische Bedingungen des individuellen Handelns formuliert werden. Es genügt nicht, sich über ein "*Schisma von Glaubenssystemen zweier Kongregationen*", den "*Individualistikern*" und den "*Systemikern*" zu mokieren (vgl. dazu Willke II, S. 54) und zu betonen, daß es "*jenseits der Person eben weitere Ebenen systemisch emergenter Wirkungszusammenhänge gibt*" (Willke I, S. 55), aber nicht über die Beschreibung des Individuums als "*sinnbasiertes und sinnkonstituierendes System*", das zunächst in seiner eigenen Sinnwelt lebt (Willke II, S. 30), hinauszukommen. Man muß nicht mit der vom Philosophen Günter Schulte affektiv vorgetragenen Kritik des "blinden Flecks in Luhmanns Systemtheorie übereinstimmen, um zu sehen, daß das Problem der Subjektivität zum Problem der Luhmannschen Systemtheorie wird.

> "Selten hat das Subjekt, das nach Freud mit der kaum durchdringlichen Abdunklung seines Selbstsein zu leben hat, eine solche Bedeutung gewonnen wie in Luhmanns Systemtheorie: die Bedeutung eines latenten Apriori." (Schulte, 1993, S. 12)

Luhmann weigert sich, seine persönlichen Gründe in der Entwicklung seiner Theorie zu universalisieren, da es für ihn eigentlich nur eine Sachaufgabe gibt. Willke kommt zu dem Schluß, daß niemand in die Gedanken und Gefühle einer anderen Person hineinsehen und ohne eine Zerstörung der Autonomie der Person in deren mentales System von außen eingreifen kann (Willke II, S. 95). Klingt es nicht verdächtig nach einer moralisierenden Tabuisierung scheinbar zum Schutze der Autonomie des Individuums, die aus der Angst entstehen könnte, sich mit dem Seelenleben auseinandersetzen zu müssen? Wie werden also die persönlichen Motivationen, Ängste und Leidenschaften, insgesamt die Trieb- und Affektwelt, in personalen und sozialen Systemen verarbeitet? Werden sie durch die Vernunft kontrolliert? Wie verknüpfen sich personale, psychische und soziale Systeme? Wo liegt ihre Koordination? Ist die Rationalität Triebfeder persönlichen und kollektiven Handelns oder sind es nicht auch andere Quellen, aus denen sich unsere rationalen Begründungen speisen? Gibt es für die Systemtheorie ein individuelles oder kollektives Unbewußtes? Plädiert Luhmann an dieser Stelle wirklich dafür, "*den blinden Fleck an die Stelle der über sich selbst vergewissernden Vernunft*" treten zu lassen (Luhmann, 1990, S. 282, 543)? Wird die Vernunft weg vom Subjekt gänzlich ins System verlagert?

Es scheint aber auch für diejenigen, die sich professionell mit den blinden Flecken der Person auseinandersetzen, längst nicht mehr selbstverständlich, daß der subjektive Faktor über das System hinaus die Anstrengungen einer diagnostischen Suchbewegung verdient. Lohnen sich die Anstrengungen um die eigene Identität noch, wenn wir wissen, daß das verantwortliche Selbst ausweglos auf sich und seine Trostlosigkeit zurückgeworfen ist? D. Baecker, Systemiker der Luhmann-Schule, antwortet in einer Auseinandersetzung mit Reinhard Sprenger über das Prinzip Selbstverantwortung und Systemtheorie:

> "Nichts schützt das verantwortliche Selbst vor seinen eigenen Pathologien. Es hat nur sich selbst ... Und so monologisiert es vor sich hin, polemisiert und karikiert, im Innersten traurig, seit Pascal und Montaigne, ob der eigenen Leere." (Baecker, 1996, S. 43)

- das Menschenbild der Systemtheorie?

Wie sich die Erklärung sozialer Wirklichkeit nicht auf handelnde Individuen reduzieren läßt, so kann die Systemrealität nicht ohne ihre Umwelt "Mensch" auskommen. Wenn Selbststeuerung nichts mehr als die Fähigkeit und die Kompetenz erfordert, in einer bestimmten Hinsicht die Grundregeln des Handelns selbst zu bestimmen, dann mündet dies in der Frage:

> "Wie gelingt es, Personen und Gruppen mit der Fähigkeit zur Reflexion und Beobachtung zweiter Ordnung auszustatten, sie zu Supervisoren in eigener Sache zu machen?" (Willke, 1997, unver. Manuskript)

Die Frage ist treffend, die Antwort steht noch aus. Die klassische Trainingsgruppe bietet dazu ein hervorragendes Übungsfeld, wobei die Fähigkeit zur Selbstreflexion nicht eine passive Ausstattung ist, sondern ein nicht enden wollender anstrengender Akt eigener Aktivität.

7. Affinitäten und Unterschiede zwischen gruppendynamischer Praxis und systemtheoretischer Selbststeuerung

Unsere Abhandlung bezieht sich ja immer wieder auf die kognitiven und affektiven Ambivalenzen, die die Beschäftigung mit dem Selbststeuerungskonzept hervorruft. Es wurde oben schon angedeutet, daß es gerade die selbstverständlichen und professionellen Erfahrungen der gruppendynamischen Praxis sind, die in Übereinstimmung mit dem systemischen Ansatz den Gruppendynamiker fragen lassen: "Und was ist daran neu?" Daher ist es sinnvoll, die vermuteten, naheliegenden und tatsächlichen Affinitäten zwischen den beiden Disziplinen zu überprüfen, um die Emergenz, also die neue Qualität, die sich aus der Zusammenführung beider Disziplinen ergibt, zu finden. Betrachten wir also das, was gemeinsame Erfahrung und Erkenntnis zu sein scheint.

7.1. Die Gemeinsamkeiten

1. Die Teilchentheorie des Ganzen wird hier und dort in Frage gestellt; das Ganze, hier die Gruppe, ist eben mehr oder weniger oder anders als die Summe ihrer Mitglieder. Sie bringt emergente Qualitäten hervor, was übrigens auch Probleme und Konflikte sein können. Es ist also nötig, in Zusammenhängen zu denken, um nicht das Teil für das Ganze zu nehmen. Ein gutes Beispiel bietet dafür die analytische Gruppendynamik, in der jede Äußerung eines Gruppenmitglieds auf dem Hintergrund einer angenommenen Gruppenmatrix (in etwa dem Gruppen-Unbewußten gleichzusetzen) als Ausdruck der Gesamtgruppe, bzw. als eine Valenz der Gruppe verstanden wird.

2. Die Komplexität der Wirklichkeit einer Situation ist so hoch, daß sie durch die individuelle, aber auch kollektive Wahrnehmung nicht adäquat erfaßt werden kann. Deshalb sind Objektivität und Wahrheit relative Maßstäbe. Nicht das Entweder-Oder, sondern das Sowohl-Als-Auch und das Einerseits-Andererseits (also der Perspektivenwechsel) sind gefragt. Die dadurch entstehenden Ambivalenzen werden nicht vorschnell aufgelöst, sondern bedürfen der Toleranz und Tolerierung. Allerdings benötigt Handeln Entscheidungen. Spätestens dann kann sich der, der für eine Situation Verantwortung trägt und deshalb handeln will oder muß, nicht mehr nur auf die Relativitäten und Ambivalenzen berufen, sondern muß Position beziehen und sich entscheiden. Das vorherige bewußte Erleben der Ambivalenz kann jedoch die Entscheidung stabiler und reifer machen.

3. Die Linearität und der einfache Ursachen-Wirkungszusammenhang sind in Frage gestellt. Das Verstehen der Gruppensituation benötigt das Verstehen der Systemlogik oder das Erfassen der Gruppenthemen einschließlich seiner unbewußten Wirklichkeiten.

4. Gruppen entwickeln sich und handeln in partieller Autonomie; sie sind selbstreferentiell und reproduzieren in operativer Geschlossenheit sich selbst in ihren Prozessen und Strukturen nach eigenen Regeln.

5. Die Dialektik von Struktur und Prozeß prägt jede Gruppensituation. Struktur ermöglicht, begrenzt, steuert, verunmöglicht den Prozeß. Der Prozeß belebt, problematisiert, verändert und hebt Strukturen auf. Ein zu hohes Strukturniveau führt zur Rigidität und Erstarrung, ein zu niedriges Strukturniveau labilisiert und produziert Chaos. Eine zu hohe Prozessorientierung relativiert Intention und Zielsetzung, eine zu geringe Prozeßorientierung blendet Wirklichkeiten aus und wird der Situa-

tion nicht gerecht. Arbeiten in Gruppen kann deshalb als Steuerung und Balancierung des Wechselverhältnisses von Struktur und Prozeß betrachtet werden.

In der Frage von Steuerung und Koordination taucht die Polarität von Planung und Laissez-faire auch in den Selbststeuerungskonzepten immer wieder auf (vgl. Willke III). Denn Steuerung kann weder auf externe Eingriffe allein noch auf interne Dynamik reduziert werden. Die Frage nach geordneter Verschränkung von operativer Geschlossenheit und externer Anregung scheint auch systemtheoretisch eine permanente Aufgabe zu sein; sie entspricht der Dialektik von Struktur und Prozeß.

6. Reflexionsfähigkeit und Selbstthematisieurng im Gruppenprozeß und der Wechsel von Aktion und Reflexion ist charakteristisch für die Lewinsche Gruppendynamik. Handlungs- und Veränderungsfähigkeit in Gruppen hängen vom Gelingen dieses dialektischen Wechselspiels ab, wobei es immer an der Grenze oder beim Wechsel vom Einen zum Anderen brisant werden kann, weil auch die Übergänge prozeßabhängig sind.

7. Welche Steuerungsmedien finden wir im gruppendynamischen Laboratorium, das ja nicht feld- und organisationsgebunden ist? In der Bestimmung von Nähe und Distanz im Medium der *Beziehung*, des Oben und Unten im *Status* und des Drinnen und Draußen im Medium der *Integration* sind diejenigen Steuerungsgrößen gruppendynamischen Arbeitens vorhanden, die individuelle oder kollektive Identität als Sinnleistung der Gruppe produzieren. Für ein Selbststeuerungskonzept ist dabei die Frage nach der Rolle des Trainers von zentraler Bedeutung. Widerspricht die klassische Trainerrolle dem Selbststeuerungskonzept? Ist die Rolle des Trainers auf der Systemgrenze angesiedelt, von der aus er die Selbststeuerungsleistungen der Gruppe beobachtet und mit seinen Beobachtungen interveniert? Oder handelt es sich um eine paradoxe Rolle, in der Fremd- und Selbststeuerung aufeinander treffen? Ist er als eigenes System zu definieren wie Beobachter oder Berater von Organisationsprozessen? Letzteres möchte ich entschieden verneinen; aber darauf kommen wir noch in der Interventionsdebatte zurück.

8. Man kann lernen, in Gruppen wie in Systemen zu "denken".

> "Wir müssen es lernen, daß man in komplexen Systemen nicht nur eine Sache machen kann, sondern, ob man will oder nicht, immer mehrere macht. Wir müssen es lernen, mit Nebenwirkungen umzugehen. Wir müssen es lernen, einzusehen, daß die Nebeneffekte unserer Entscheidungen und Entschlüsse an Orten zum Vorschein kommen, an denen wir überhaupt nicht mit ihnen rechneten." (Dörner, 1989, S. 307)

Andererseits sind die Systeme selbst in der Lage, zu lernen und sich zu verändern, rigide oder offen zu sein, kurzum sich zu verhalten und zu handeln (vgl. dazu Sievers, Weigand, 1985).

Betrachtet man diese sicherlich nicht vollständige Übersicht über die Affinitäten zwischen den Erfahrungen des Gruppendynamikers und den Anforderungen der Selbststeuerung, dann liegen folgende Konsequenzen nahe:

a) Der Diskurs zwischen beiden Disziplinen scheint mehr als sinnvoll und sollte deshalb verstärkt werden, auch um festzustellen, ob man sich richtig verstanden hat und versteht und das, was der eine meint auch vom Anderen als das Gemeinte bestätigt werden kann. Und was wäre fruchtbarer als die Differenzen zu beschreiben, die es tatsächlich gibt.

b) Die blinden Flecken gruppendynamischer Praxis im Licht systemtheoretischer Selbststeuerung wie umgekehrt die Leerstellen des Selbststeuerungskonzeptes aus gruppendynamischer Perspektive zu benennen.

c) Idealisierungen und Euphorien, Arroganz und Abwertungen als mögliche Reaktionen zu kontrollieren und sie im Diskurs zu sublimieren.

7.2. Die Interventionstheorie - ein Prüfstein für das Selbststeuerungskonzept

Im folgenden beziehe ich mich auf die von Willke vorgelegte Interventionstheorie und beschränke mich bei den von ihm vorgelegten Studien zum Bereich der Politik, der Organisationsberatung und der Therapie auf die letztere. Willke will keine Aussage über die Richtigkeit eines therapeutischen Ansatzes machen, sondern die therapeutischen Erfahrungen im Umgang mit psychischen Störungen nutzen, um die Formen der Intervention in komplexe, lebende Systeme auszuwerten. Zusammenfassen möchte ich seine wesentlichen Aussagen referieren und - wenn aus meiner Sicht nötig - kommentieren:

1. Das System, das Veränderung will, hat einen bestimmten Leidensdruck.

2. Nur das System selbst ist in der Lage, sich zu verändern, ohne seine Identität aufzugeben und seine Autonomie zu verlieren. Während der erste Teil des Satzes unsere Zustimmung findet, wirft die Begründung der zweiten Satzhälfte einige Fragen auf: Wie kann eine Person ihre Identität behalten, wenn sie sich verändern will? Jede signifikante Veränderung ist gleichzeitig eine partielle Neugestaltung von Identitätsaspekten. Warum sollte eine Person gerade in der Phase des Leidensdrucks auf ihre Autonomie bedacht sein, wo sie sich doch gerade dazu durchgerungen hat, sich ihre Abhängigkeit (z.B. vom Therapeuten) einzugestehen? Da gibt es eben noch ein Drittes, nämlich das selbständige und freiwillige Sich-Einlassen auf die Abhängigkeit, also die bewußte Einschränkung eigener Autonomie zum Zwekke der Therapie.

3. Selbst pathologisch erscheinende Verhaltensweisen im Klientensystem sind für dieses in seiner gegebenen Situation funktional, notwendig und systemerhaltend. Psychoanalytisch ausgedrückt heißt dies, die Abwehrstruktur des Klienten als lebensnotwendige Konstruktion zu verstehen, die nicht einfach von außen aufgebrochen werden der Therapeut begleitet, beobachtet und bespricht mit dem Klienten seinen Veränderungsprozeß und respektiert die Ziele, Schritte und das Tempo

seiner Veränderung. Denn "*die Therapie ist nur als Eigenleistung des therapierten Systems möglich. Sie ist andererseits ohne Therapeuten ebenso unmöglich*" (Willke II, S. 117). Und beide stehen miteinander in Beziehung. Wie definiert der Systemtheoretiker diese Beziehung? Sie ist kaum zu vergleichen mit dem von Willke zitierten Verhältnis von "*Autorenschaft und Lesung*". Denn da gibt es nur eine virtuelle, aber keine reale Beziehung; da die Therapeut-Klient-Beziehung im Therapie-System bekannterweise hochkomplex ist, müssen systemtheoretische Kriterien gefunden werden, die die Differenzen, Funktionen und Steuerungsleistungen von Beziehung oder Intersubjektivität im Therapieprozeß beschreiben. Beim Lesen systemtheoretischer Literatur verstärkt sich der Eindruck, daß hier einer Realität ausgeblendet wird., obwohl sie systemtheoretisch relevant ist.

4. Der Therapeut muß die spezifischen Kommunikationsregeln und Operationsweisen seines Klientensystems genau kennen, verstehen lernen und ernstnehmen. Erst dann ist es ihm möglich, zu intervenieren, was systemtheoretisch heißt, "*einen bedeutsamen Unterschied in der Operationsweise eines Systems zu bewirken*" (Willke II, S. 128). Dies ist weder als ein einmaliger noch als ein einseitiger Vorgang zu verstehen; denn der Wechsel zwischen Diagnose und Intervention geschieht permanent von Anfang bis Ende dieses Prozesses und vollzieht sich nicht nur auf Seiten des intervenierenden Systems, sondern auch auf der Seite des intervenierten Systems. Für das Arbeiten in helfenden Systemen ist es unabdingbar, daß die Professionellen mit ihrem Klientel, in Kontakt, Kommunikation und Beziehung treten zum Zwecke der Verständigung, Problemlösung oder Heilung. Die Kommunikationstypen können nicht entpsychologisiert werden. Am Beispiel der Beratung wird dies deutlich. Wir gehen davon aus, daß Interventionen Anregungen zur Selbststeuerung sind und keine direkten Veränderungsziele implizieren; dennoch interveniert der Berater nicht ziellos; in jedem Fall will er einen Unterschied bewirken in der Operationsweise des intervenierten Systems; dazu benötigt er eine aus seiner inneren und äußeren Wahrnehmung, seinen Erfahrungen und seinem professionellen Wissen entstehende Diagnose oder Situationsdefinition; diese Definition ist trotz aller Regeln der Kunst subjektiv, selektiv und wertgeladen. Der Berater hat handlungsleitende Vorstellungen, wenn nicht Interessen. Psychoanalytisch könnte man von bewußten und unbewußten Intentionen oder von Übertragung sprechen. Die geforderte Fähigkeit zur Distanz gegenüber dem Klientensystem gelingt sicher nicht allein durch "theoriegeleitete Annahmen" (Willke), sondern durch ein hohes Maß an Selbstvergewißerung, die sich der Berater professionell erarbeitet hat. Die Relation zwischen Beratungs- und Klientensystem ist also nicht nur zeitlich, inhaltlich und sozial definiert, sondern von unbewußten Vorgängen bestimmt, die vom Klientensystem mit den dazugehörenden Personen ausgelöst und gespeist werden. Selbst wenn das Objekt der Beratung keine spezifischen Personen, sondern Rollenträger oder Systeme sind, halte ich es für einen unerfüllbaren Anspruch, den "subjektiven Faktor" (Horn) so zu relativieren und zu kontrollieren, daß er außen vor bleibt. Er ist nur dadurch zu kontrollieren, daß die sich entwik-

kelnde Beziehungs- und Kommunikationskultur einer permanenten Analyse unterzogen wird, was analytisch mit dem Begriff der Gegenübertragungsanalyse gemeint ist. Es bliebe sonst theoretisch nur die Möglichkeit in einer schizoiden Aufspaltung die soziale Faktizität von ihrer in sie eingebundenen Affektivität zu trennen. Auch Organisationssysteme entwickeln kulturelle Eigenschaften, die nicht personenunabhängig sind (vgl. dazu Kets de Vries, 1990) und deshalb die Erinnerung und den Affekt im Berater mobilisieren, was in der psychoanalytischen Organisationsberatung mit dem Begriff der "institutionellen Gegenübertragung" beschrieben wird. Die Differenzierung zwischen Beratungs- und Klientensystem erfordert die Bestimmung der Grenzlinie und die Beschreibung der Bewegungen auf dieser Grenzlinie, also den konkreten, wenn auch nicht immer beobachtbaren Interaktionen zwischen den Systemen und den möglichen Ergebnissen des Korrespondenzprozesses.

5. Zum hermeneutischen Prozeß in der Beratung zitiert Willke den theoretischen Mathematiker Georg Spencer Brown:

> "Beim Versuch, Beweise zu entwickeln, hat mich der offenkundige Gleichklang von Mathematik und psychoanalytischer Theorie oft tief beeindruckt. In jeder Disziplin versuchen wir mittels einer Mixtur aus Kontemplation, symbolischer Repräsentation, Kommunion und Kommunikation das herauszufinden, was wir bereits wissen." (Willke II, S. 110)

Dem ist nichts hinzuzufügen.

Was sieht man nun eigentlich Neues, wenn man aus der systemischen Perspektive auf Therapie, Beratung und gruppendynamisches Training blickt? "Nun - nichts", schreibt Willke und wir stimmen dem zu; denn auch die Interventionsstrategien, die angeboten werden (vgl. dazu Königswieser, Exner, Pelikan, 1995), also die positive Konnotation, die paradoxe Intervention, das zirkuläre Fragen, die analoge Intervention über Metaphern und Bilder, die Aktivierung von Systempotentialen oder die Krisenintervention sind aus unterschiedlichen pädagogischen, therapeutischen und vor allem sozialarbeiterischen Konzepten seit langem bekannt. Der Interventionsbaum (von Königswieser u.a.) ist also tief in der Tradition verwurzelt und treibt lediglich immer wieder neue Blüten. Es darf hier im Sinn der Sozialarbeitsdisziplin angemerkt werden, daß seit Jahrzehnten die "Hilfe zur Selbsthilfe", die Aktivierung der Klientenpotentiale und die Veränderung als Klientenleistung zur Philosophie der neueren Sozialarbeit gehört. Das ist keine Entdeckung von Gruppendynamikern oder Organisationsberatern (vgl. dazu Königswieser, 1995, S. 103), wenn gleich dies natürlich für die Sozialarbeitswissenschaften eine späte Bestätigung ist. Beim Lesen der Beratungsliteratur systemischer Provenienz bekommt man zunehmend den Eindruck, als ob der systemische Blick oder die systemische Intervention nun die Antwort für viele bisher offen gebliebenen Fragen und ein rasch wirkendes Heilmittel für viele bisher eher mühsam und unter großen Anstrengungen bearbeiteten Praxisprobleme wäre. Und dennoch hat Willke recht, wenn er es für hilfreich hält,

> "die theoretische Konstruktion des Systemcharakters sowohl des Beobachters wie auch des beobachteten Systems nachzuvollziehen." (Willke II, S.110)

Sie kann uns beispielsweise helfen, die Umwelt oder den Kontext nicht als Hinter-, sondern als Vordergrund des Problems zu betrachten; sie kann davor bewahren, daß vorschnell Ursache-Wirkungszusammenhänge konstruiert werden, die der Komplexität des Problems und der Situation nicht gerecht werden; sie kann dazu anregen, den Perspektivenwechsel mehr als bisher zum professionellen Habitus werden zu lassen, um sich nicht selbst entlastend auf "Eindeutigkeiten" festzulegen; sie kann das Wissen und die Gewißheit bestätigen und bestärken, daß die Klientensysteme - ob Einzelne oder Gruppen - in der Lage sind aufgrund der durch die Selbstreferentialität entwickelten Emergenz eine hohe Selbststeuerungs- und Problemlösungskapazität zu erbringen, die selbst den Professionellen immer wieder in Staunen versetzt. Auch dadurch können schließlich die professionellen Ansprüche an das Ausmaß eigener Veränderungs- und Heilkunst gemildert werden und dort Ambivalenzen entstehen, wo bisher eher Selbstsicherheit herrschte.

In diesem Sinne verstehen wir auch den Bericht oder die Anekdote der Süddt. Zeitung (Nr. 176 v. 3.8.97, S. VI) über die Benützung des Internets durch die Bielefelder Luhmann-Schule zum Zwecke der gegenseitigen Information und Kommunikation über Systemtheorie. Durch die mediatisierte Interaktion im Internet wurde von den Bielefelder Soziologen ein intransparentes Netz von Beobachtern aufgebaut, das ein Beobachten der Beobachter möglich machte; also jeder kann jeden beobachten, ohne zu wissen, wer mit welcher Intention wen beobachtet. Als dieses Interaktionsmodell nach Ansicht seiner Erfinder dadurch mißbraucht wurde, daß ein Netzteilnehmer die Regeln der geübten und gewünschten Kommunikation verletzte, wurde das Beobachten der Beobachter von Anonymität auf Transparenz umgestellt und gleichzeitig eine Qualitätskontrolle der Beiträge vor Einspeisung ins Netz angeordnet. Dies geschah u.a. in Berufung auf die professorale Verantwortung (!), ein Begriff, der in dieser individuellen Verwendung bisher systemtheoretisch keine große Rolle spielte. Die Formung sozialer Kommunikation geschieht eben nicht nur durch "außerkommunikative Ordnungsformen", sondern durch sehr banale, naheliegende und doch zugleich verständliche subjektive Verstimmungen, Angst und vielleicht sogar Eitelkeiten. Wenn diese jedoch in den Prozeß der Selbststeuerung, aus dem die neue Anordnung doch wohl hervorgegangen ist, eingegangen sind, dann hat sich zumindest die Polarität von Selbststeuerung und Verantwortung als lebbar erwiesen.

7.3. Was heißt eigentlich Prozeßorientierung ?

"Zu Fuß gehen, Schritt für Schritt - nicht fahren oder fliegen" könnte eine Metapher für das sein, was Prozeßorientierung und Prozeßsteuerung aus individueller Perspektive meinen.

Über die unterschiedliche, sprachliche Verwendung des Wortes "Prozeß" lohnt es, sich nochmals zu informieren: einmal ist Prozeß ein Begriff, der das Vor- und Fortschreiten und die Beförderung auf eine höhere Stelle und Ebene beschreibt; im juristischen Bereich als Vorgehen von seiten der Obrigkeit oder des Gerichts gegen einen, der das Recht verletzt hat; um dies jedoch festzustellen, braucht es einen "Prozeß" im obigen Sinne. Schließlich wird er verwendet für die Bezeichnung eines feierlichen und geordneten Aufzugs im liturgisch religiösen und kirchlichen Bereich der Prozession. Die etymologische Untersuchung ergänzt noch die Bedeutung des Begriffs als Aufeinanderwirken von verschiedenen chemischen Substanzen, die dann einen Prozeß bewirken oder auch die Prozesse des Gemüts, die dazu die psychische Entsprechung sein können.

Wenn ich richtig sehe, hat sich der Begriff der Prozeßorientierung innerhalb der Pädagogik und Beratung vor allem im Bereich des gruppendynamischen Arbeitens herausgebildet und etabliert, da dort der Entwicklungsstand der Gruppe im Mittelpunkt der Reflexion, der Diagnose und Intervention steht. Das deduktive Vorgehen, also die Ableitung von konkreten Handlungs- und Verhaltensschritten aus übergeordneten Zielwerten und Normen, weicht einem eher situativen Ansatz, der die Bestimmung und Entwicklung seiner Verfahren an den tatsächlichen Verhältnissen orientiert, um situationsangemessen zu intervenieren. Wie bei der Prozession gestalten den Prozeß nicht nur die Liturgen und Hohenpriester, sondern das Volk, also die Prozessierenden; sie bestimmen die Struktur und erfüllen sie gleichzeitig mit Leben. Durch den Prozeß entscheiden sich offene Fragen, Sichtweisen, Handlungs- und Verhaltensalternativen und neue Strukturbildungen. Der Prozeß bringt Entscheidungen, die aber im fortlaufenden Prozeß früher oder später wieder zur Disposition stehen. Schließlich treffen im Prozeßgeschehen "verschiedene, chemische Substanzen", also Personen und Gruppen aufeinander, die auf das Sach- und Beziehungsebene um Definition, Interessen und Ergebnisse ringen. Von daher stammt vielleicht die alltagssprachliche Formulierung bei Beziehungsstörungen: "die Chemie stimmt nicht". Prozesse sind also keine nüchternen, sachlich ablaufenden und rational zu steuernden Geschehnisse; die Ergebnisse sind nur in Grenzen vorhersehbar; trotz seiner Struktur entwickelt nämlich der "chemische" Prozeß immer wieder , je nach Umweltbedingungen eigene Verläufe und Resultate.

Gruppendynamiker denken prozeßorientiert, da sie wissen, daß eine Gruppe von ihrer Entstehung bis zu ihrer Auflösung Phasen durchläuft, die als typisch für die Gruppenentwicklung gelten können, sich aber in den verschiedenen Settings immer in modifizierter Form gestalten. Eine wirksame Intervention setzt eine adäquate Diagnose der Situation und des Prozesses voraus; je näher sich die Intervention am bewußten und vor allem unbewußten Thema der Gruppe einschließlich ihrer Abwehrstrukturen bewegt, desto wirksamer und entwicklungsfördernder wird dieses "Dazwischentreten" (= Intervention) ausfallen.

Prozeßorientierung ist eigentlich eine Philosophie, da sie global betrachtet besagt, daß sich das Eingreifen von außen, wenn es gelingen soll, dem Prozeß des Lebens, d.h. der Situation anpassen muß und nicht umgekehrt. Deswegen sind viele Beratungs- und Bildungsbemühungen zum Scheitern verurteilt oder in ihrem Ergebnis recht mager, da sie der sozialen und psychischen Dynamik der Situation, also der Komplexität aller situationsprägenden Faktoren, nicht gerecht werden, wenn sie von außen mitgebrachte Vorstellungen und Entwicklungsziele einer komplexen Wirklichkeit aufoktroyieren ohne sie in ihrer Differenziertheit, Ein- und Vieldeutigkeit zu verstehen. Damit werden die Selbststeuerungskräfte des (Gruppen-) Prozesses ignoriert.

Was heißt eigentlich, sich am Prozeß orientieren? Zunächst kann gesagt werden, daß derjenige, der interveniert, im Sinne des Wortes dazwischen kommt, damit einen sich entwickelnden Prozeß, neutral gesprochen, beeinflußt, d.h. aber gleichzeitig wertend: er stört , fördert oder neutralisiert ihn. Der Berater tritt also in ein Prozeßgeschehen ein, das es schon lange vor ihm gibt und Tradition und Geschichte hat. Der Prozeß der Beratung beginnt in der Regel schon vor dem ersten Zusammentreffen und konkretisiert sich in einer Vorgeschichte, die mit dem ersten "Augen-Blick" zwischen Berater und Klient oder der ersten "Berührung" von Klienten- und Beratungssystem einen gewissen Höhepunkt erfährt, um dann in irgendeiner Form der Institutionalisierung fortgeführt und perpetuiert zu werden. Es gab einen Anlaß, den die in einem Prozeß Befindlichen und vom Prozeß Betroffenen motivierte, jemanden von außen, einen Dritten zu holen, um die Steuerung des eigenen Prozesses bewußter vollziehen zu können. Genauso ist klar, daß der Prozeß, in den der Berater eintritt und den er phasenweise mitbestimmt, auch nach dem Verlassen dieser Situation weitergehen wird. Generell kann man sagen: Der Prozeß hat objektiv keinen Anfang und kein Ende; subjektiv können sich Individuen oder Gruppen aus einem Prozeß entfernen oder sich mehr oder weniger stark mit ihm identifizieren, sie können ihn unterbrechen oder vorantreiben, stören oder blockieren, aber nicht beenden. Der Prozeß endet nie, solange es Leben gibt. Auch Stagnation gehört zum Prozeß. Nur der Tod oder die Zerstörung können Prozesse beenden, die sich dann allerdings ebenfalls wieder auf anderer, vielleicht sogar höherer Ebene fortsetzen.

Eine Situation wird von vielen Faktoren und Kräften bestimmt. Die Feldtheorie von Kurt Lewin und die Sozialpsychologie von Sigmund Freud können uns bei der Beschreibung einer Situation helfen, um die Kräftefelder und Triebdynamiken zu bestimmen und zu verstehen. In der Situation wirken so viele Faktoren und Bestimmungsgrößen mit, daß sie generell als unendlich komplex definiert werden kann. Diese Komplexität muß reduziert werden und dazu bedarf es einer gründlichen Situationsdiagnose der für die Dynamik eines Prozesses verantwortlichen Feldkräfte. Für den Gruppendynamiker stellt sich ganz allgemein die Frage, was aus dieser Komplexität ist bedeutsam und als wesentlich für die Situation zu registrieren oder was kann als nebensächlich oder zweitrangig gelten. Damit steht er vor einer ersten großen Schwierigkeit, die es zu bewältigen gibt: die Selektionskriterien für seine Wahrnehmung und Diagnose zu finden; also zu fokussieren, was prozeßrelevant ist.

Die Schwierigkeiten verschärfen sich, da wir in vielen Prozeßsituationen die offiziellen Ziele, die meist sehr abstrakt und allgemein gehalten sind, kennen, aber nicht die unmittelbaren, prozeßimmanenten Absichten und Themen. Aber selbst dann, wenn wir diese als bekannt annehmen dürfen, bleibt unklar, auf welchen Wegen diese unter Beibehaltung des Paradigmas der Prozeßorientierung zu erreichen sind.

7.4. An welche Kriterien ist prozeßorientiertes Interventionsverhalten des Beraters gebunden?

1. Der Berater kann aufgrund geschulter Wahrnehmungsfähigkeit die Situation mit den in ihr handelnden Personen und Rollenträger umfassend wahrnehmen und sich in die Subjekte wie die Interaktionen einfühlen (Empathiefähigkeit). Dies gelingt am besten im Zustand der Entspannung. Entspannt im "Hier und Jetzt" zu sein, ermöglicht die Realität in ihrer Vielfältigkeit zu registrieren und auch noch das als bedeutsam anzusehen, was zunächst nebensächlich erscheint.

2. Die diagnostischen Eindrücke sind sowohl in ihrer kognitiven wie emotional-affektiven Form sehr vielfältig. Informationen und Eindrücke zu systematisieren und für eine Diagnose auszuwerten, in der Wesentliches vom Unwesentlichen unterschieden wird, ist Aufgabe des Beraters, die sich durch den gesamten Beratungsprozeß stellt.

3. Wie für jede "Beziehungsarbeit" gilt auch für das prozeßorientierte Arbeiten, daß die eigene Affektivität, die persönlichen Interessen und die subjektiven Motive zu kontrollieren sind, um nicht durch Gegenübertragungsreaktionen unnötige Konflikte zu produzieren, die zu Verwicklungen mit dem Klientel führen. Der Berater hat trotz seines Involviertseins in die Situation, seiner Identifikation mit den Beteiligten und seinem guten Einfühlungsvermögen genügend Distanz zum Geschehen, um reflektieren zu können, was der Prozeß in ihm selbst und in den Betroffenen auslöst

4. Die Prozeßinterventionen lassen sich gliedern in:
   a) beschreibende und reflektierende Interventionen
   b) erklärende und interpretierende Interventionen
   c) unterstützende und fördernde Interventionen, einschließlich der zugewandten Konfrontation

5. Der Trainer bemüht sich, die unbewußten Themen in der Interaktion von Einzelnen und der Gruppe insgesamt (Gruppenmatrix) zu verstehen. Die Inszenierungen einzelner Gruppenteilnehmer sind Ausdruck des gesamten Gruppenprozesses und werden nicht lediglich als Einzeläußerung verstanden. Hier besteht eine Affinität zum systemischen Beratungskonzept.

6. Beim prozeßorientierten Arbeiten muß der Berater aushalten, daß er zwar das Ziel kennt, aber nicht die Länge und Beschaffenheit des Weges; er weiß sich verschiedener Hilfsmittel zu bedienen, die ihm Sicherheit geben, den Weg zu finden. Um im Bilde zu bleiben: die Prozeß- und damit Beratungsstrecke legt er „Schritt für Schritt" in gemeinsamer Suchbewegung mit dem Klientel zurück.

7. Der prozeßorientierte Berater weicht Konflikten nicht aus, sondern nimmt die Hindernisse, die sich ihm in den Weg stellen, ernst; Widerstände sind für ihn diagnostisches Material, wenn er sie zu deuten versteht; das Gleiche gilt natürlich für die Analyse der eigenen Gegenübertragungen als Medium des Verstehens. Widerstände ernstnehmen, heißt auch Umwege gehen, Zeitverzögerungen akzeptieren, das Angebot oder die Verführung, „aufs Auto umzusteigen", auszuschlagen, weil zu Fuß gegangen werden muß.

8. Für den prozeßorientierten Berater ist es wichtig, vor allem auch jene Positionen zu registrieren, die in Gruppen und größeren Sozialsystemen als "Außenseiterposition" gekennzeichnet sind; gerade jene Positionen repräsentieren Wirklichkeiten des sozialen Systems, die nicht sofort und direkt zur Sprache gebracht werden, sondern eher versteckt und aus welchen Gründen auch immer tabuisiert werden. Das Verstehen dessen, was die sog. Außenseiterposition repräsentiert, eröffnet oft neue Wege zu den Kernproblemen.

9. Beim prozeßorientierten Arbeiten entstehen für den Berater Situationen, in denen er genauso wie sein Klientel nicht weiter weiß, obwohl diese von ihm erwarten, daß er den Weg kennt und Mittel zur Verfügung hat, solche unangenehmen Situationen zu überbrücken. Dennoch passiert es nicht selten, daß Berater wie Ratsuchende in der Situation nicht weiter wissen und der Berater, sich dies eingestehend, die Unsicherheit aushält, um die Spuren für neue Entwicklungswege zusammen mit dem Klientensystem zu finden.

10. Beim prozeßorientierten Arbeiten wird sich der schnelle und gewünschte Erfolg, der dringend erwartet wird, nicht problemlos einstellen; es ist bekannt, daß Erfolgsdruck Hektik erzeugt, die der Wahrnehmung wie der Diagnose und Intervention schaden. Damit ist auch gesagt, daß sich die zeitliche Strukturierung für diese Art des Arbeitens nicht nach einem vorgegebenen Zeitplan richtet, sondern die zu gehende Wegstrecke mit allen ihren Schwierigkeiten und Umwegen das Zeitmaß für die Beratung bestimmt.

11. Der Berater ist sich sicher, daß es mit allen vom Prozeß Betroffenen gemeinsam möglich ist, die Situation, die zunächst unlösbar erscheint, zu lösen. Er ver-

traut den Kräften der Gruppe, wohlwissend, daß sie sowohl in ihrem Entwicklungstempo wie in ihrem Tiefenniveau das Maß findet, das ihrer Belastungsfähigkeit, ihren Kapazitäten und Ressourcen entspricht.

12. Selbststeuerung und Selbstorganisation der Teilnehmer und der Gruppe insgesamt sind selbstverständliche Ausgangspunkte eines prozeßorientierten Interventionskonzeptes. Das prozeßhafte Arbeiten, das eine "Schritt-für-Schritt-Entwicklung" anstrebt, ist Leitlinie für die Intervention, nicht von außen gesetzte oder vom Trainer gewünschte Lernziele. Denn eine Gruppe ist in der Lage, über ihre Selbstthematisierung und Selbstreflexion zur Problemdiagnose, zum Ziel und zur Methodenfindung zu kommen und jene emergente Qualität zu entwickeln, die als das "Geheimnis" oder die Potenz von Gruppen gelten kann. Diese Energie oder Kreativität und Produktivität kann nicht über technische Verfahren hergestellt werden, sondern entsteht aus der Selbstreferentialität, wie die Systemiker sagen würden.

8. Was meinen wir nun, wenn wir von Selbststeuerung sprechen?

Die folgende Skizze macht die unterschiedliche Verwendung des Begriffs in den aktuellen Diskussionen deutlich:

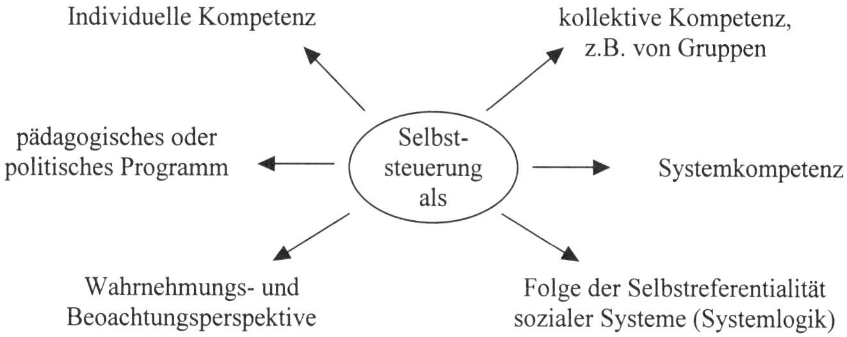

Was sind die Folgen, wenn so unterschiedliche Vorstellungen und Intentionen mit dem gleichen Begriff belegt und in Berufung auf ein postuliertes, aber tatsächlich nicht vorhandenes, einheitliches Konzept von Systemtheorie und Selbststeuerung vorgetragen werden? Begriffsverwirrungen, Mißverständnisse, kommunikative Störungen, Energieverlust, diskursives Elend? Wahrscheinlich noch mehr. Denn die Argumente des Für und Wider werden nicht interessenlos vorgetragen, zumal das Programm der Selbststeuerung auf großes wissenschaftliches und praktisches Echo stößt. Dieses Programm wird in pragmatischer Absicht von den verschiedensten Interessenträgern verwendet und deshalb auch in ganz unterschiedlicher Weise verstanden und gebraucht. Die Gefahr ist groß, daß persönliche, politische, ökonomische und ideologische Interessen unter dem Etikett dieses Konzeptes realisiert werden, ohne daß dies explizit gemacht und eingefordert wird; es zeigt sich, daß der Systemansatz angesichts seiner Proklamationen, möglicherweise Lösungen für gesellschaftliche Probleme zu finden, die bisher nur ansatzweise beschrieben werden konnten, unkritisch als Legitimationsbasis für Praxisallerlei und Theorieeinerlei gebraucht wird; sie wächst je mehr die Systemprobleme und die daran gekoppelten individuellen Identitätsbrüche zunehmen.

Wenn theoretisch gesehen Selbststeuerung „nur" eine Wahrnehmungs- und Beobachtungsperspektive sozialer Systeme wäre, d.h. die Beobachtung sozialer System hilft dazu, das Selbststeuerungspotential zu aktivieren, dann bleibt die Frage offen, ob und welche Wertprämissen mit dieser Beobachtung verbunden sind; geschieht sie wirklich wertneutral oder in „absichtslosem Engagement" und „Kontrolliertheit" (Königswieser, 1996, S. 106, Abbildung) nur mit der Absicht, die Selbststeuerungspotentiale zu aktivieren und keine anderen persönlichen, ökonomischen, politischen und ideologischen Interessen zu verfolgen? Das zu glauben, wäre ein Rückfall hinter die „Kritische Theorie", die nun wirklich mit dem Idealismen der Objektivität und Neutralität wissenschaftlicher und pädagogischer Konzeptionen aufgeräumt hat. Entstehen sie nun im neuen unschuldigen Gewande systemischen Denkens? Mit welchen Intentionen wird also Selbststeuerung initiiert? Bereits die Fremdsteuerung der Selbststeuerung wirft ja Probleme auf und dies nicht nur aus logischen Gründen. Wo beginnt Selbststeuerung? Welche Rahmenbedingungen braucht sie? Was fördert sie und wodurch wird sie gestört? Welche Prozesse verdienen diesen Namen?

Das Selbststeuerungskonzept als Gesetzmäßigkeit sozialer Systeme macht zunächst keine Aussage über die Relevanz von Hierarchien innerhalb sozialer Systeme: Selbststeuerung geht nicht von einem machtfreien Raum aus, wie das gelegentlich behauptet wird; dies wäre ein ideologisches Postulat, was empirisch keineswegs belegbar ist. Selbststeuerung sozialer Systeme besagt also nicht, daß es keine Steuermänner und -frauen mehr gibt, sondern lediglich, daß die Steuerung von anderen Gesetzmäßigkeiten und Einsichten ausgehen muß als es traditionell geschieht, z.B. im Management von Unternehmen oder von Organisationen des Gesundheits- und Bildungswesens. Die Gewißheit und Sicherheit, daß soziale Systeme als selbstreferentielle Systeme emergente Eigenleistungen erbringen, ist also kein Gegensatz zur Fremdsteuerung in sozialen Beziehungen; denn Selbststeuerung als Systemleistung kann nicht gleichgesetzt werden mit individueller Selbst- und Fremdsteuerung. Damit wird natürlich nicht für einen Erhalt von Abhängigkeiten in sozialen Beziehungen und gegen das emanzipatorische Postulat plädiert, sondern lediglich darauf geachtet, daß Abhängigkeit als reale Größe nicht der Verdrängung anheim fällt, daß sie als situativ und phasenweise notwendige Beziehungsdefinition gelten muß und gerade in ihrer Anerkennung der erste Impuls zur Emanzipation liegt. Für die Verfechter eines systemisch orientierten Selbststeuerungskonzepts lohnt sich deshalb ein Blick auf die Erfahrungen des Gruppendynamikers mit den Phänomenen von Macht, Abhängigkeit und Gegenabhängigkeit in Gruppen.

Ist das Selbststeuerungskonzept eine Zeitgeisttheorie? Unabhängig von der Einschränkung, daß jede gesellschaftliche Theorie natürlich von den gegenwärtigen gesellschaftlichen Verhältnissen, also vom Zeitgeist abhängig ist, fällt auf, daß hier soziologisch, nicht mehr psychologisch wie noch vor einem Jahrzehnt gedacht wird; daß die gegenwärtige Unfähigkeit von Politik und Wirtschaft, aber auch anderer gesellschaftlicher Bereiche, die zunehmende Komplexität gesellschaftlicher Verhältnisse zu steuern und in ganz konkreten Handlungsfragen (z.B. der Ökologie oder des sozialen Wohlfahrtsstaates) zu entscheiden, zu einer Theorie führt, die die Relativität nicht nur von Steuerungen, sondern auch von Wahrnehmungen, Wissen und Verstehen zu ihrem obersten Prinzip macht, ist zumindest bemerkenswert. „Und es gibt eine soziologische Systemtheorie, die schon lange den Verdacht hat, daß 'die' Systemtheorie eine Antwort der Gesellschaft auf eine soziale Situation ist, in der nur noch die Rückwendung auf die Beobachtungskapazitäten der Gesellschaft jene blinden Flecken bestimmen zu können scheint, die die Gesellschaft in ihre eigene evolutionäre Unhaltbarkeit driften lassen." (Baecker, 1996, S. 44) Das sokratische „Ich weiß, daß ich nichts weiß" oder die Wittgensteinsche Unterscheidung von dem, was ich wahrnehme und dem, was wirklich ist (Erscheinungsbild und Realität) sind ja nicht gerade neu. Die Überforderung des Individuums durch das Anwachsen der Information und Komplexität in Entscheidungssituationen bei gleichzeitigem Orientierungsverlust traditioneller sinngebender Institutionen verbunden mit der Notwendigkeit, den eigenen Lebensentwurf zu finden (vgl. U. Beck, Die Risikogesellschaft), kann dadurch relativiert werden, daß man die „Not zur Tugend" macht: dies wäre zwar eine Entlastung, aber keine Lösung, eher eine Verdrängung.

Was ist das Selbststeuerungskonzept also: eine neue Philosophie, ein Handlungsmodell oder eine Theorie sozialer Systeme, ein Strukturmodell für Familientherapie und Organisationsentwicklung oder eine wissenschaftliche Revolution? Ist sie von alle dem etwas und verfolgt damit absichtlich oder unabsichtlich einen Anspruch auf Universalität des Verstehen, Wissens und Erkennens? Die Anwort wird nicht leicht fallen; gründliche Überprüfung ist nötig.

Die Idee der Selbststeuerung ist angelegt in der Psychoanalyse, in der gruppendynamischen Feldtheorie von Lewin, in agogischen Handlungslehren, z.B. der Sozialpädagogik und Sozialarbeit, in Supervision und Organisationsentwicklung. Willke meint ja auch, daß der Systemansatz keine neue Theorie, sondern allenfalls eine Integration bereits bestehender Theoriebestandteile wäre; es ist also nicht die Hypostasierung eines neuen großen Entwurfs gefragt - das Ende von großen Entwürfen wurde ja bereits verkündet (vgl. Beck) -, sondern die Koordination der vorhandenen Wissensbestände ohne vorschnelle Ein- und An- „Passungen" mit dem Ziel über eine Erhöhung der Komplexität des Wissens die Komplexität anstehender gesellschaftlicher Problemlagen zu reduzieren - so wie es sich die Systemtheoretiker wünschen.

Teil II

Lernprozesse

Lern-Prozesse

oder: Wie man als TeilnehmerIn eines Gruppenprozesses lernen kann, als LeiterIn Gruppenprozesse zu steuern

Klaus Antons-Volmerg

> Ich war viel zu sehr mit mir beschäftigt und mit anderen Leuten beschäftigt; ich habe eigentlich erst nach dem Kurs, in der Zeit, wo ich dann selber mit Gruppen gearbeitet habe, und wo ich dann vor Gruppen gestanden habe, plötzlich angefangen zu begreifen.[1]

1. Einleitung

Daß Lernen von TeilnehmerInnen an gruppendynamischen Trainings möglicherweise vorwiegend in den Köpfen der TrainerInnen stattfindet - dieser Selbstzweifel ist wohl so alt wie die Gruppendynamik selbst. Sinngemäß ähnlich drückte das bereits ein Teilnehmer an einem Training in den frühen siebziger Jahren aus: „Den Lernzielen des Staff entgeht keiner." - Das obige Motto, Zitat einer nach ihren Lern- und Verwertungserfahrungen befragten Teilnehmerin einer Gruppenleiterfortbildung, könnte auch vermuten lassen, daß man solange nichts versteht - oder nicht versteht, was man verstanden hat - wie man selbst als TeilnehmerIn in einem Gruppenprozeß drinsteckt und dazugehört. Möglicherweise können die Kompetenzen erst manifest werden, wenn man selbst in der Leitungsrolle ist und das Gelernte weiter tragen will.

Die diesen Artikel leitende Frage nach dem *Wie* des Lernens in gruppendynamischen Prozessen entstand anläßlich der Sitzung einer Forschungsgruppe, über die ich weiter unten noch berichte. In dieser Sitzung hatten wir, nach langer Vorbereitungszeit, das erste Transkript der Befragung einer Kursgruppe zum Ende des ersten Trainings vorliegen. Die anfängliche Freude und Spannung, nach dem langen Vorlauf erstmals „Ergebnisse" sichten zu können, kippte auf einmal. Es machte sich eine Stimmung von Unzufriedenheit, Ärger und Enttäuschung breit und zwar anscheinend darüber, daß die TeilnehmerInnen des Kurses noch *so* sehr in ihrem Prozeß „hingen", daß sie fast nur über ihre Erlebnisse erzählten und gar

---

[1] Aussage einer Teilnehmerin aus dem Protokoll GL 3, S. 6 (zu den Protokollen vgl. Abschnitt 2).

nicht die Distanz aufbringen konnten, unsere klugen Fragen so zu beantworten, wie wir es gerne gehabt hätten.

In der nachgehenden Reflexion der Forschungsgruppe konnte derjenige Teil wahrgenommen werden, der Untersuchungsartefakt war; aber auch unser Enttäuschungsaffekt wurde entlarvt als der eigene Anspruch an die Art und Weise, wie die TeilnehmerInnen hätten lernen *sollen.* Anderen Mitgliedern der Forschungsgruppe ist anderes an dieser Szene wichtig geworden, mich hat nachhaltig beschäftigt und zu diesem Gedankengang veranlaßt, ob denn unsere Vorstellungen als Trainerinnen und Trainer kongruent sind mit dem, was sich an Lernen *tatsächlich* ereignet. Und zwar soll es überwiegend um das *Wie* individueller Lernprozesse gehen, weniger um das *Was* und um das Lernen des Gesamtsystems Gruppe[2].

2. Zum Gegenstand und Vorgehen der Untersuchung

Das „Objekt", um das sich eine private Forschungsinitiative gebildet hat, sind die seit fünfzehn Jahre in der Sektion Gruppendynamik des DAGG veranstalteten Gruppenleiterfortbildungen. Sie werden von etwa zehn verschiedenen Trägern angeboten und durchgeführt; die Sektion Gruppendynamik übt eine fachliche Kontrolle aus über Rahmenrichtlinien und deren Überprüfung. Bei aller Unterschiedlichkeit im Einzelnen gleichen sich die Gruppenleiterfortbildungen darin, daß sie etwa anderthalbjährige, geschlossene Curricula sind, in denen über etwa fünfundzwanzig Trainings- und Workshop-Tage sowie sechzig Stunden Gruppensupervision den Teilnehmerinnen und Teilnehmern vermittelt wird, mit Gruppen in ihrem Praxisfeld kompetenter umzugehen. Das Versprechen, daß in diesem Curriculum gelernt werden kann, Gruppen im eigenen Praxisfeld gekonnter und prozeßorientierter leiten, moderieren oder sonstwie steuern zu können sowie Gruppen zur Selbstorganisation zu verhelfen, scheint durch den quantitativen Erfolg, den diese Fortbildungen aufweisen, auch eingelöst zu werden.

Vor etwa drei Jahren hat sich um eine Kerngruppe, bestehend aus Oliver König, Karl Schattenhofer und dem Autor, ein lockerer Forschungsverbund gebildet, dem noch ein gutes halbes Dutzend assoziierter Sektions- und Nichtmitglieder angehören. Das erkenntnisleitende Interesse der Gruppe ist, aus dem Praxisfundus dieser Gruppenleiterfortbildungen Fragen nachzuspüren, die die experimentelle Kleingruppenforschung nicht beantworten kann (vgl. dazu Sader, 1991a, 1991b, 1996):

2. Das „tatsächlich" sei zu verstehen im Sinne einer kooperativen Informationsverarbeitung (Gehm, 1996), nicht als objektive Realität. Möglicherweise steckt in solchen Definitionen bereits der Ansatz für Engführungen und nötige Korrekturen. — *Was* in den Gruppenleiterfortbildungen zu lernen ist, wird in späteren Veröffentlichungen ausgeführt.

- Wie entwickeln sich Gruppen über einen längeren Prozeß? Welches sind in Zeiträumen von anderthalb Jahren die Phasen, Krisen, Höhe- und Wendepunkte eines Lerngruppenprozeßes?
- Wie wird von den TeilnehmerInnen und den TrainerInnen Arbeits- und Lernfähigkeit definiert und verstanden? Wie wird diese hergestellt, aufrechterhalten und wiederhergestellt?

Die hier aufzugreifende Frage nach dem *Wie* des Lernens war in der ursprünglichen Forschungskonzeption nicht vorgesehen. Da wir uns aber einem Aktionsforschungsansatz verpflichtet fühlen, ist es möglich, im Forschungsverlauf entstehende Fragestellungen einzubeziehen (vgl. dazu Fatzer, Jansen, 1980, Haag et al., 1972, Moser, 1975). Die im folgenden mitzuteilenden Gedanken sind also mitten aus dem Lernprozeß der ForscherInnengruppe gegriffen, markieren nur einen vorläufigen Haltepunkt der Überlegungen, erheben noch keinen Anspruch auf letzte Durchgereiftheit und enthalten damit wahrscheinlich mehr offene Fragen als Antworten. Die Forschungsgruppe versteht sich als selbststeuernde Gruppe, die keiner Institution und keinem Geldgeber verpflichtet ist, in ihrem Ansatz sich selbst als Teil des Prozesses begreift und damit den Anspruch erhebt, selber auch lernen zu dürfen. In diesem Ansatz ist weiterhin impliziert, die Beteiligten zu Mitforschenden zu machen; und das heißt, Daten und Ergebnisse in die beforschten Kurse zurückzuspielen.

Die Befragung von laufenden und abgeschlossenen Kursen erfolgt mit der Methode des Gruppeninterviews (vgl. dazu Dorst, 1983, Schattenhofer, 1992, S. 68 ff.); die hermeneutische Arbeit mit diesem Material ist uns wichtiger als eine quantitative Evaluation. Die klassischen Kriterien empirischer Forschung wie Objektivität, Validität und Reliabiltät greifen hierbei nicht.

Die im weiteren mit Abkürzungen bezeichneten Quellen entstammen folgenden bisher vorliegenden Befragungen:

- LB 1 - Verbatim-Protokoll einer Befragung am Ende des ersten Trainings (Sensitivity Training) einer Gruppenleiterfortbildung des Bundesverbandes der Arbeiterwohlfahrt unter dem Titel „Leiten und Beraten in Gruppen“; TrainerInnen sind H. Gephart, O. König und AusbildungstrainerInnen M. Eidtmann und A. Schneider. Das Interview führte G. Clausen. - Dieses Transkript gab den oben erwähnten Anstoß.
- LB 4 - Verbatim-Protokoll der Befragung am Ende des vierten Trainings derselben Reihe mit dem Titel „Diagnose und Intervention“: TrainerInnen waren H. Gephart, O. König und G. Schüning.
- GL3 - Verbatim-Protokoll der Nachbefragung eines vor dreieinhalb Jahren abgeschlossenen Kurses der SAAP mit dem Titel „Gruppendynamische Fortbildung in der Leitung von Gruppen“. Sieben TeilnehmerInnen und drei Staffmitglieder wurden von B. Dorst interviewt.
- GL4 - Verbatim-Protokoll der Nachbefragung des Nachfolgekurses, der eineinhalb Jahre vor der Befragung zu Ende ging. 11 TeilnehmerInnen und zwei Staffmitglieder wurden von O. König interviewt. In einem sehr

weiten Sinne könnte man bei GL3 und GL4 von gegenseitigen „Kontrollgruppen" sprechen.

Während die ersten Protokolle aus einem noch laufenden Prozeß berichten, geben die beiden letzten Aussagen von Personen wieder, die diese eineinhalbjährige Gruppenleiterfortbildung mitgemacht haben, meist schon vorher als Berufspersonen mit Gruppen zu tun hatten und dreieinhalb bzw. eineinhalb Jahre als GruppenleiterInnen in verschiedenen Praxisfeldern tätig sind. - Wenn auch diese Gruppenleiterreihen das Wort Selbststeuerung nicht explizit im Titel haben, so wird faktisch und undramatisch stets auf die Selbststeuerungsfähigkeit der Kursgruppe hingearbeitet, dieses Ziel also mit anderen Mitteln als einem direkten Selbststeuerungsansatz verfolgt. Diese pädagogisch geplanten und inszenierten Kurse können natürlich nur einen beschränkten Raum für Selbststeuerungsprozesse öffnen; diese sind immer partiell determiniert.

Die Fortbildung der Arbeiterwohlfahrt faßt ihre Zielsetzung dessen, was mit Leitungs- und Prozeßkompetenz gemeint ist, in folgenden Worten zusammen:

> „Diese Kursreihe stellt LeiterInnen und BeraterInnen als Person in den Mittelpunkt der Arbeit, macht Prozesse und Strukturen in Gruppen und Organisationen erlebbar und verstehbar, vermittelt Methodenkenntnisse und trainiert Fähigkeiten, um sie in den jeweiligen Gruppen des eigenen Praxisfeldes anwenden und ihre Effektivität überprüfen zu können."

In ähnlicher Weise ist die Zielsetzung der SAAP formuliert:

> „Ziel des Lehrgangs ist die effektive Nutzung des Mediums Gruppe. Die Teilnehmerinnen und Teilnehmer sollen befähigt werden, das spezifische Potential der Gruppen, die sie leiten, für die jeweiligen Ziele produktiv zu machen. In diesem Lehrgang wird es also darum gehen
> - gruppendynamische Phänomene, Strukturen und Prozesse nicht als Störung, sondern als Chance zu begreifen und diese mit sozialpsychologischen Mitteln zu diagnostizieren und situationsbezogen handhaben zu können und
> - entsprechend geeignete Interventionsformen zu planen, sie in den jeweiligen Gruppen des eigenen Praxisfeldes anzuwenden und ihre Effektivität zu überprüfen."[3]

Zu der hier zu untersuchenden Frage, *wie* die Prozeßkompetenz zum Leiten von Gruppen gelernt wird, sind noch zwei Anmerkungen erforderlich.

1. Die Fähigkeit, den Prozeß einer Gruppe aus der Leitungsfunktion heraus zu steuern, wird nicht verstanden als das rationale Lernen von Moderations- und anderen Methoden. Ein gruppendynamisches Konzept geht vielmehr davon aus, daß der Leiter oder die Leiterin als Person situationsangemessene Interventionen findet oder erfindet, die aus der aktuellen Diagnose der Gruppensituation heraus einen nächsten Schritt stimulieren. Daß

[3] Ausschreibungen der Arbeiterwohlfahrt, zentraler Fortbildungsbereich: Leiten und Beraten von Gruppen, 1994 - 1996, S. 3; SAAP Gruppendynamische Fortbildung in der Leitung von Gruppen im Bereich Erwachsenenbildung, Pädagogik, Beratung. Integriertes Curriculum, 1994 - 1996 (V).

der Prozeß einer Gruppe als autonomes Geschehen verstanden wird und daß es nur einen „schmalen Grat der Interventionsmöglichkeiten" gibt, der zur Verfügung steht, hat Schattenhofer in seinem Beitrag in diesem Band ausgeführt.

2. Bei der Fortbildung der AWO geschieht dieses Lernen durchgängig aus einer TeilnehmerInnenrolle heraus. Bei der SAAP-Fortbildung ist das überwiegend auch so, allerdings übernehmen TeilnehmerInnen in den späteren Seminaren - vom zeitlichem Umfang und vom Anspruch her begrenzte - Leitungsfunktionen. Damit unterscheiden sich diese Curricula deutlich von der Ausbildung zum/r TrainerIn für Gruppendynamik. Der Erfolg belegt, daß man nicht unbedingt in einer expliziten Leitungsrolle handeln muß, um Kompetenz zum Steuern von Gruppenprozessen zu erwerben.

3. Zum Lernkonzept der Gruppendynamik

Hat die Gruppendynamik denn überhaupt ein Lernkonzept? So einfach und berechtigt die Frage klingt, so komplex ist der Versuch einer Antwort. Sie hat mit Sicherheit kein einfaches, klar umreißbares Konzept wie zum Beispiel die frühe Verhaltenstherapie. In ihr Verständnis von Lernen spielen vielmehr eine Reihe von Grundannahmen der Gruppendynamik hinein; und auch hier sieht es so aus wie Fengler es für andere Bereiche der gruppendynamischen Theoriebildung beschrieben hat: ein Flickerlteppich, ein „*Theorieteppich aus Versatzstücken*" (Fengler, 1981, S. 144 ff.).

Die Vorstellung, daß es um Lernen, genauer gesagt um Um- und Neulernen von Erwachsenen geht, stand bereits Pate bei der Entdeckung und Entwicklung der Gruppendynamik vor 50 Jahren. Eine Reihe von Lewins Projekten stand unter der Prämisse der „re-education", und eines der wesentlichen Stimulanzien für die Entwicklung der gruppendynamischen Methodik war die Entdeckung, daß Lernen im Sinne von Veränderung des Verhaltens besser durch Diskussionen in Gruppen gelingt als durch Vorträge.

In dem ersten umfassenden Werk über die gruppendynamische Methode, herausgegeben von den Lewin-Schülern Bradford, Gibb und Benne (1972, S. 42) wird das Trainingslaboratorium als „*institutionalisierter Ort des Lernens*" definiert, wobei eines seiner Hauptziele sei „*zu lernen, wie man lernt*". Dazu führen sie aus:

> „Die erste Aufgabe der T-Gruppe ist es, den einzelnen Mitgliedern lernen zu helfen, wie sie aus ihrer kontinuierlichen Erfahrung mit sich selbst, im Umgang mit Phänomenen interpersonalen Verhaltens und im Verstehen der Folgen eigenen und fremden Verhaltens lernen können." (Bradford et al., 1972, S. 208)

Dieses Lernen wird deutlich abgegrenzt vom Lernen in einer formellen Schulerziehung und auch von den klassischen Lerntheorien, die damals den Begriff des Lernens okkupiert hatten.

> „Die Laboratoriumsmethode geht von einer anderen Gesamtsicht aus. Darin stellt sich Lernen als eine Transaktion zwischen dem Lernenden und seiner Umwelt dar, bei der weder der Lernende noch die Umwelt als festgelegt angesehen und bei der beide modifiziert werden." (Bradford et al., 1972, S. 45)

Die Autoren betonen, daß es dabei kooperativer Transaktionen zwischen den Lernenden und ihrer Umwelt bedarf, wobei Reiz und Reaktionen wechselseitig einander angepaßt sein müssen. Als spezielle, auf Verstärkungsprinzipien aufbauende Lernmethoden werden dann die bekannten Prinzipien des Feedback[4] und des „Hier und Jetzt" eingeführt.

Das Moment der re-education oder Resozialisierung steht im Zusammenhang mit einem Theorieansatz der Lewin-Schule, der unter dem Begriff des Dependenz-Konzeptes bekannt geworden ist. Vereinfacht gesagt, nimmt es für das Individuum wie für die Gruppe die Notwendigkeit der Entwicklung aus Zuständen der Abhängigkeit („dependency") über einen Ablösungsschritt der Gegenabhängigkeit („counter-dependency") zur Autonomie an. Autonomie wird aber als Interdependenz verstanden, das heißt: Einem Bewußtsein dafür und einem bewußten Umgang damit, daß das „Tun des einen das Tun des anderen"[5] ist und es nur eine *relative* Autonomie geben kann[6]. Inwieweit die individuelle Sozialisation mit dem Laboratoriumslernen zusammenhängt, führen Bradford, Gibb und Benne wie folgt aus:

> „Erstens gibt es kritische Phasen in der Entwicklung jedes menschlichen Individuums von der Abhängigkeit zur Autonomie in der Interdependenz. Jede dieser kritischen Phasen kann von einem Menschen oder von denjenigen anderen, die dafür verantwortlich sind, ihm bei seiner Sozialisation zu helfen, unzureichend bewältigt worden sein ... Die Laboratoriumserfahrung bietet eine Möglichkeit, unzulängliche persönliche Entscheidungen zu überprüfen und erste Schritte zu neuen Entscheidungen zu tun ... Die Gruppenerfahrung fordert zu einer neuen Einschätzung persönlicher Strategien im Umgang mit anderen heraus und stellt für gewöhnlich frühere Entscheidungen in Frage, besonders solche, die in der Adoleszenzperiode getroffen wurden: Entscheidungen hinsichtlich der Identität, Weltanschauung, Berufswahl und der Selbsteinschätzung. Das Laboratorium ver-

---

4 „Feedback bezeichnet hier die von anderen auf eine Verhaltenseinheit abgegebenen verbalen und non-verbalen Reaktionen, die zeitlich so eng wie möglich an das Verhalten anschließen und die von dem Individuum, von dem das Verhalten ausging, wahrgenommen und genutzt werden können. Feedback kann im Hinblick auf das ursprüngliche Verhalten eine Validierungsfunktion erfüllen. Es kann zur Steuerung und Orientierung des anschließenden Verhaltens dienen. Ebenso kann es zu Veränderungen in Verhalten, Gefühlen, Einstellungen, Wahrnehmungen und Kenntnissen des Verhaltensinitiators stimulieren." (Bradford et al., 1972, S. 45)

5 So ein späterer Titel von Helm Stierlin.

6 Dieses sogenannte Dependenzkonzept ist von Svensson (1971/1973) ausführlich diskutiert worden.

> sucht den Teilnehmer dabei den emotionalen Rückhalt der Gruppenmitgliedschaft zu gewähren." (Bradford et al., 1972, S. 49 ff.)

Neben dem „*Lernen wie man lernt*" und „*Lernen wie man hilft*" (ein der heutigen Gruppendynamik etwas abhanden gekommenes Ziel) nennen Bradford et al. als drittes Lernziel des Trainings die „*Entwicklung wirksamen Mitgliedschaftsverhaltens*". Sie beschreiben das mit einem schönen Bild:

> „Die Mitglieder schreiben sozusagen ihr eigenes Lehrbuch, während sie es im gleichen Moment lesen. Dem Trainer stellt sich die Aufgabe, die Mitglieder zu ermutigen, daß sie genügend relevante Daten liefern und ihnen gelegentlich dabei zu helfen, zu lernen, *wie* sie das Buch, das sie schreiben, lesen und wie sie die Resultate ihrer Lektüre beim Experimentieren mit neuen Verhaltensweisen nutzen können." (Bradford et al., 1972, S. 211)

Um eine solche Erweiterung des Verhaltensrepertoires zu ermöglichen, verwenden wohl die meisten GruppendynamikerInnen - bewußt oder im Hinterkopf - ein weiteres Modell Lewins, das, wie die meisten späteren Phasenmodelle für Gruppenverläufe, eigentlich auch ein Lernkonzept ist. Vielleicht kann man es als ein Modell für das Gestalten von Lernprozessen bezeichnen. Es postuliert, daß es für soziale Veränderungsprozesse notwendig ist, starre unbefragte Verhaltensweisen aufzutauen (unfreezing), um Veränderung (change) zu ermöglichen. Wenn veränderte Verhaltensweisen erprobt werden konnten, müssen sie auch stabilisiert (refreezing) werden, damit das neue Verhalten in das Repertoire aufgenommen werden kann[7].

Neben diesen gibt es eine Reihe anderer Modelle und Konzepte interaktionellen Lernens, die an verschiedenen Orten diskutiert sind[8]. Sie sind zum Teil aus der Lerntheorie entlehnt, zum Teil aber auch originäre Schöpfungen von gruppendynamischen Autoren. Und wenn man es so betrachtet, könnte man die oben gestellte Frage vielleicht etwas überspitzt beantworten mit: Die Gruppendynamik *hat* nicht ein oder mehrere Lernkonzepte, sie *ist* vielmehr selbst ein Konzept darüber, wie Menschen miteinander und voneinander lernen können.

Der für Lernen in Gruppen vielleicht wichtigste Impuls aus den neueren Lerntheorien, nämlich die Theorie von Albert Bandura, ist interessanterweise von der Gruppendynamik lange nicht rezipiert worden. Da sie für die weitere Diskussion wichtig ist, möchte ich sie im Abschnitt 4.2 darstellen.

Was von dem hier kurz Skizzierten ist aber nun im Bewußtsein von Trainerinnen und Trainern, wenn sie ihre Arbeit tun? Meine These ist: Sie blenden wichtige Aspekte des Lerngeschehens - gerade in solchen längerfristigen Gruppenprozessen wie bei den Gruppenleiterfortbildungen - notorisch aus und operieren mit einem reduzierten Verständnis von Lernen, das dem Geschehen auf der Seite der lernenden Subjekte nicht gerecht wird. Ich will es an meinem eigenen Alltags- und

---

[7] Dieses Konzept von Lewin (1947) ist von Schein (1964, deutsch 1975) in: Bennis, Benne & Chin S. 128 f. dargestellt. Vgl. die ausführliche Diskussion bei Däumling et al. (1974), S. 43 f. u. 97 ff..

[8] Däumling et al. (1974), S. 39 ff.: unter anderem die Konzepte von Mouton & Blake, Miles und Lippitt. Vgl. auch Wellhöfer (1993) Kap. 5.

Durchschnittsverständnis als Trainer verdeutlichen; ich vermute aber, daß es nicht nur mir so geht. - Dieses Alltags-Lernverständnis, das ich vermutlich mit den meisten meiner Kolleginnen und Kollegen teile, sieht kurzgefaßt so aus: Im Training geht es primär um Erfahrungslernen, das heißt Lernen durch Versuch und Irrtum. Hilfen dazu sind Hier-und-Jetzt-Prinzip und Feedback. Die gemachten Erfahrungen werden reflektiert, von den Affekten dissoziiert und auf der Metaebene betrachtet. Mit entsprechender Theorie und Empirie aus der experimentellen Kleingruppenforschung wird das Ganze dann kognitiv verankert. Und damit sollte es anwendbar sein in der eigenen Praxis.

Auf eine konkrete Gruppenleiterfortbildung bezogen, sieht ein typischer Lernprozeß in einer Trainingsgruppe in meinem Trainerhirn etwa so aus:

> In der zweiten Sitzung einer Trainingsgruppe (im ersten Seminar dieser Reihe, am Morgen des zweiten Tages) setzt nach einem freundlichen, zugewandten und unaggressiven Beginn ein für alle Teilnehmerinnen und Teilnehmer selbst befremdliches Ringen um Dominanz ein. Ein Vorschlag jagt den anderen, eine Strukturidee nach der anderen wird durch vermeintlich „noch bessere und noch konstruktivere“ Vorschläge totgeschlagen. Nach einer dreiviertel Stunde dieses Spiels, in dem meine Kollegin und ich uns weitgehend zurückhalten, sitzt die Gruppe wie gelähmt da. Ich frage einen stillen, aber sehr wach das Geschehen verfolgenden Teilnehmer, der vor etwa einer Viertelstunde einen Versuch gemacht hatte, dieses Muster zu stoppen, damit aber nicht durchgekommen war, was er wahrgenommen habe. Er teilt mit, wie das Tempo sich gesteigert hätte, wie der Ton immer gespannter und aggressiver geworden sei und daß er es so verstehe, daß jeder und jede der Kämpfenden offenbar unbedingt drankommen und vorkommen müsse. Er selbst habe Angst dabei bekommen und sich weitgehend herausgehalten, besonders, nachdem sein Vorschlag übergebügelt worden sei. - Die Lähmung der anderen weicht einem selbstkritischen Nachfragen und Reflektieren der eigenen noch ach so unsicheren Positionen, dem gegenseitigen Eingeständnis, ziemlichen „Schiß“ voreinander zu haben und der Einsicht, daß die Flucht nach vorne etwas mit dem von uns produzierten Führungsvakuum zu tun habe. Kurzum, der Gruppe gelingt eine zunehmende Distanzierung aus der affektiv verspannten Situation und ein gutes Verständnis des eigenen und fremden Verhaltens.- Meine Kollegin und ich sind erfreut über diesen Prozeß, schildern das Ganze noch als eine unumgängliche, aber als Lernmöglichkeit wertvolle Anfangsphase einer Gruppe. In der nachfolgenden Reflektionseinheit über Anfangssituationen in Gruppen gibt es noch einen sehr schönen, aus der Situation schöpfenden Input meiner Kollegin mit einem entsprechenden Papier, mit vielen Aha-Erlebnissen und Einsichten, die freimütig geäußert werden.

Ein solcher - günstiger - Verlauf läßt in meinem Hirn die Idee entstehen: *Aha, das haben sie kapiert!* Ich nehme an, daß zumindest ein Großteil der TeilnehmerInnen erlebt, reflektiert und verstanden hat, wie Konkurrenz in einer unvertrauten Situation funktioniert, und daß sie in einer nächsten (wenn auch nicht mehr ganz so neuen) Anfangssituation ein anderes Verhalten erproben können - zum Beispiel beim Beginn des Sensitivity Trainings, in den neuen Supervisionsgruppen etc.. Und wahrscheinlich wird ihnen das auch in Erinnerung kommen, wenn sie vor ähnlichen Situationen als LeiterIn stehen. Anfangssituation abgehakt - auf zur nächsten Prozeßthematik!

Soweit das Alltagshandeln. Durch unsere Arbeit in dem Forschungsprojekt wurde mir deutlich, wie fixiert unser Lernverständnis auch nach 25 Jahren Praxis noch ist, und ich bekomme zunehmend Zweifel daran, daß das Lernen so schön linear verläuft. Es gilt einiges zu revidieren, es gilt genauer hinzuschauen. Das sei im Folgenden versucht an vier thematischen Komplexen, die durchaus zusammenhängen. Es gilt, Engführungen zu korrigieren, das eigene Verständnis zu erweitern bzw. etwas, das an sich schon bewußt ist, auch ernster zu nehmen.

4. Vier Korrekturbewegungen des Lernverständnisses von TrainerInnen

4.1. Eine Erfahrung reicht noch nicht
oder: die falsche Vorstellung vom one-trial-learning

Die erste Korrekturbewegung schließt direkt an das obige Beispiel an. In Staffgesprächen fallen immer wieder Sätze wie „das haben die doch schon gehabt, das müßten die doch jetzt können". In solchen Sätzen wird etwas von der Ungeduld deutlich, die sich in der anfänglich geschilderten Sitzung der Forschungsgruppe spiegelt.

Ich kenne es von mir selber: Ich bin immer wieder geneigt zu vergessen, wie mein eigenes Lernen als Gruppendynamiker stattgefunden hat. Ich habe mein heutiges Wissen und Können, meine Erfahrung im Umgang mit Gruppenprozessen auch nicht beim ersten Mal erworben. Daß ich mir jetzt einen gewissen Durchblick und Handlungskompetenz zuschreibe - dahinter stehen 25 Jahre Erfahrungen: 25 Jahre Bauchlandungen, Mißerfolge und schmerzliche Einsichten. Als ich selbst meine ersten Trainings besuchte, habe ich eigentlich herzlich wenig verstanden und noch weniger umsetzen können. Daß ich bei der Gruppendynamik geblieben bin, beruhte eher auf meiner Neugier, Gruppenprozesse besser durchschauen, verstehen und handhaben zu wollen. Ich habe dann von Mal zu Mal Details verstanden, ausprobiert und Erfahrungen damit gemacht - und das war alles andere als ein systematisches Lernen, eher sprunghaft-chaotisch. Und ich spüre entgegen aller gruppendynamischen Einsicht immer wieder auch den Impuls, meinen Teilnehmerinnen und Teilnehmern diesen mühsamen Weg ersparen zu wollen, und den Wunsch, deren Erfahrungen so gut steuern zu können, daß sie es möglichst nach einem ersten Durchlauf bereits verinnerlicht haben.

Wenn ich diese persönliche Sicht einmal vorsichtig generalisiere, dann hieße die These: Gruppendynamisch Tätige tendieren dazu, von ihren TeilnehmerInnen zu viel - und zu schnell - integrierte Erfahrungen zu erwarten. Sicher sind unsere Gruppenleiterprojekte heute systematischer und methodischer aufgebaut als die

Trainerausbildung der siebziger Jahre. Die Rückmeldungen aus den Befragungen sprechen durchaus dafür. Dennoch ist der pädagogische Impetus, daß durch sorgfältige Bemühungen des Staff die TeilnehmerInnen ihre Erfahrungen beim ersten Mal gleich integrieren und auch möglichst noch verwerten sollten, schlichtweg unrealistisch. Hier scheint mir aber der in der „Auslösesituation" beschriebene Affekt der Forschungsgruppe seine Wurzeln zu haben.

Demgegenüber dürfte die subjektive Realität der TeilnehmerInnen die sein, die im Motto prägnant formuliert ist. Welche Situationen es sind, die das „viel zu sehr mit mir beschäftigt und mit anderen Leuten beschäftigt" sein ausmachen, sei im Abschnitt 4.3. thematisiert. Jedenfalls kann man davon ausgehen, daß für Seminarthemen wie „Strukturen und Prozesse in Gruppen" nur relativ wenig Kapazität bleibt. Das machen einige Zitate aus der Nachbefragung deutlich:

> „Also diese Intensität vom Sensitivity Training, so mit all den Belastungen und der Überforderung, das war ja auch das andere: Das wirklich ganz intensiv Drinsein. Und dagegen war die Sachebene - fade ist vielleicht nicht ganz richtig. Also, es hat was gebracht, also ich arbeite heute noch mit einigen Sachen, mit den Papieren usw.. Aber es hat natürlich nicht das *Leben,* und wie könnte es anders sein: das Leben ist eigentlich in den Prozessen gelaufen. Das habe ich eigentlich durchs Ganze durch, nachher durch alle weiteren Seminare so empfunden wie in einer TG: einerseits froh zu sein, nicht drangekommen zu sein, und auf der anderen Seite das Bedauern, etwas verpaßt zu haben." (GL 3, S. 13)

> „Also für mich habe ich festgestellt, daß es ganz wichtig ist, in jeder Facette meiner Persönlichkeit akzeptiert zu werden und daß ich Nähe in einer Gruppe suche, aber den Preis dafür auf jeden Fall nicht zahle: dann so zu sein, wie mich die Mehrzahl oder bestimmte Gruppenmitglieder sehen wollen. Und in dem Moment, wo ich merke, ich werde akzeptiert für die verschiedenen Verhaltensmuster, die ich habe, darüber kriege ich Nähe." (LB 1, S. 3)

Gerade diese letzte Antwort auf die erste Bitte der Interviewerin, einmal über den Prozeß der Woche zu erzählen, zeigt, in welchem Ausmaß narzißtische Bedürfnisse - hier im Sinne des auf jeden Fall Akzeptiertwerdens - im Vordergrund des Erlebens stehen und unter Umständen die ganze Energie beanspruchen.

Die erste Korrekturbewegung hieße also: Bewußtsein entwickeln für die eigene Langsamkeit im Lernprozeß und nicht erwarten, daß das Erfahrungslernen von TeilnehmerInnen gleich beim ersten Male die Ergebnisse zeigt, die wir gerne hätten. Vielleicht brauchen auch sie zehn oder mehr Durchgänge oder etliche Jahre, um Prozeßerfahrungen wirklich zu verinnerlichen.[9]

Im übrigen sei daran erinnert, was den Tenor dieses ganzen Buches prägt: Selbstorganisationsprozesse sind in ihrer Richtung und Entwicklung per se nicht zu

[9] Als meine Frau dieses Manuskript las, erzählte sie mir, wie ihr in einem kürzlich als Teilnehmerin besuchten Seminar wieder ihr Verhalten bei der ersten Bildung von Gruppen im Jahre 1981 eingefallen sei — und daß sie sich erst jetzt, nach eineinhalb Jahrzehnten, wirklich in der Lage fühle, das Maß an aktiven und autonomen, nicht von Gruppennormen bestimmten Zugehen auf andere Menschen zu realisieren, das sie sich damals so sehr gewünscht hätte.

determinieren. In zwei Worten zusammengefaßt heißt die daraus erwachsende Forderung: Geduld und Neugier. Neugier sei hier gemeint im Sinne des genaueren Hinschauens, Nachfragens und Ernstnehmens dessen, was sich bei den Lernsubjekten ereignet.

Ein abschließendes Wort noch zum „one-trial-learning“: Dieses Wort aus der Lerntheorie bezeichnet etwas Ähnliches wie das, was in der Lorenz'schen Terminologie als Prägungslernen bezeichnet wird. Gemeint ist damit, daß in besonders sensiblen Situationen - paradigmatisch das aus dem Ei schlüpfende Gänseküken - tatsächlich in *einem* Mal ein neues Verhaltensmuster erworben werden kann. Nur: das ist eher die große Ausnahme als die Regel. - Wie sehr nicht geplante Anfangs-Situationen den Prozeß von Gruppen prägen können, habe ich an anderer Stelle ausgeführt.[10]

4.2. Lernen durch Versuch und Irrtum versus Modell-Lernen

In diesem Abschnitt sei als erstes die zu diskutierende These genannt: Obwohl GruppendynamikerInnen eigentlich prinzipiell wissen sollten, daß sie mit ihrem Leitungsverhalten Lernmodelle sind (wenn das auch nicht zum „offiziellen“ Lernkonzept der Gruppendynamik gehört)[11] tendieren sie dazu, dem „Selberlernen“ einen höheren oder gar den entscheidenden Wert im Lernprozeß zuzuschreiben. Es wird offenbar nicht so gerne gesehen, daß ein beachtlicher Teil der Verhaltensveränderungen über Lernen am Modell geht. Die häufig verwendete Intervention, eine gestellte Frage zurückzugeben, mag diese Haltung repräsentieren.

Wissen tun wir's eigentlich schon, daß uns die TeilnehmerInnen auf die Finger schauen; spätestens dann, wenn in einer gespielten Prozeßauswertung TeilnehmerInnen einen „open staff“ persiflieren, kann deutlich werden, in welchem Maße sie uns sowohl imitieren als auch sich davon absetzen, nach dem Muster „so will ich es aber nicht machen“: Ob wir es wollen oder nicht, wir dienen als Rollenmodelle für den Umgang mit Gruppen und unterliegen damit allen möglichen Übertragungen mit ihren Idealisierungen und Entwertungen. Nur scheinen wir das als Bestandteil unserer impliziten Praxistheorie über das Lernen von TeilnehmerInnnen nicht so gerne zu sehen.[12]

---

[10] Antons-Volmerg: Nichts ist so praktisch wie eine gute Theorie. Zum Handwerkszeug des Gruppendynamikers. Vortrag am 22.01.1994 bei den 10. ÖAGG-Gruppendynamik-Tagen „Forschungswerkstatt für Gruppendynamik“, Salzburg.

[11] Während bei Bradford et al. Modell- und Interaktionslernen nicht auftaucht, wird es bei Däumling et al. (S. 39 - 48) zwar diskutiert, aber nicht explizit auf die Beziehung LeiterIn — TeilnehmerIn hin.

[12] Thiesmeier (unveröffentliches Manuskript, 1996) hat in einer Analyse den schwierigen Prozeß mit einer längerfristigen Gruppe beschrieben, in dem der staff projektiv für viele, aus dem Praxisfeld der TeilnehmerInnen stammende Gegenidentifikationen herhalten mußte.

In diesem Zusammenhang ist bemerkenswert, daß eine neuere Lerntheorie, in der *beide* Arten des Lernens berücksichtigt werden, von der Gruppendynamik lange nicht rezipiert wurde. Während der Arbeit an diesem Manuskript hat Sader (1996) die Thematik aufgegriffen und damit der Theorie Banduras des sozial-kognitiven Lernens (1979) eine späte Würdigung zukommen lassen. In ihr spielt das Beobachtungslernen eine entscheidende Rolle:

> „Lernen im Verlauf unserer Sozialisation ist zu einem großen Teil Lernen durch Beobachtung und nicht durch Versuch und Irrtum oder durch Verstärkung allein angemessen zu erklären ... Wir lernen durch Beobachtung auch dann, wenn wir gar nicht auf Lernen eingestellt sind." (Sader, 1996, S. 69)

Sader schreibt weiter:

> „Modell-Lernen geschieht nicht nur, wenn Modell-Lernen beabsichtigt ist ... die Bedingungen für erfolgreiches Modell-Lernen sind oft auch da verwirklicht, wo es nicht beabsichtigt und vielleicht gesellschaftlich unerwünscht ist. Das gilt auch für die Arbeit in Gruppen. Auch hier wird es, vom Leiter oder von Teilnehmern ausgehend, unbeabsichtigtes Modell-Lernen geben. Das ist unvermeidlich. Ungünstig und zu beanstanden ist es nur, wenn diese unbeabsichtigte Modellwirkung im Gegensatz steht zu den inhaltlichen Zielen der Veranstaltung ... Wenn der Veranstalter eines Interaktionstrainings seine Teilnehmer ständig unfair in der Diskussion abwürgt, dann sollte man über die Konsistenz von Inhalt und Darbietung nachdenken." (Sader, 96, S. 75)

Es sei vermerkt: Klar ist, daß auch TeilnehmerInnen *untereinander* als Modelle dienen; dieser Aspekt sei in unserem Zusammenhang zurückgestellt. Was postuliert nun Banduras Modell? Ich halte mich im folgenden an die Kurzfassung bei Wellhöfer.

> „In der ersten Phase (Aneignungsphase) werden die komplexen Verhaltensweisen des Modells mit der jeweiligen Situation vom Beobachter übernommen und abgespeichert. Damit dies geschehen kann, muß das Modell die Aufmerksamkeit des Lernenden auf sich ziehen und dessen Merkfähigkeit aktivieren („Lernen ohne Versuch").
> In der zweiten Phase (Ausführungsphase) wird das beobachtete Verhalten in einer ähnlichen Situation ausprobiert und, wenn es erfolgreich abläuft, verstärkt. Ob das gespeicherte Verhalten aber auch in konkreten, ähnlichen Situationen reproduziert wird, hängt davon ab, ob der Beobachter sich mit dem Modell identifizieren konnte, das Modell mit dem Verhalten erfolgreich war und welche Erfolgserwartungen der Beobachter selbst mit diesem Verhalten in der jeweiligen Situation verbindet. Demnach kann durch das Modell-Lernen ein neues Verhalten nicht nur gebahnt, sondern auch gehemmt werden, wenn die Erfolgserwartungen gering und die Straferwartungen hoch sind." (Wellhöfer, 1993, S. 98)

Wie sehen nun TeilnehmerInnen selbst einen solchen Lernprozeß?

> „Sie (eine Trainerin) hat das für mich am sichtbarsten gemacht, daß die Person das Instrument ist. In ihrer Auseinandersetzung mit Dir (an einen anwesenden Trainer adressiert) hatte ich das Gefühl: sich als Leiterin so jetzt reinzubegeben - muß denn das sein? Und ich weiß auch, daß wir in der Gruppe darüber diskutiert haben. Mir ist es da sehr deutlich geworden und auch, was das für Chancen da drin hat ... Für mich ist jetzt so die Erfahrung, daß eine ganz elementare Kompetenz im Gruppenleiten ist, daß ich mit meiner Person in einer Gruppe sein kann. Da habe ich viel mehr Sicherheit gewonnen im Verlauf von diesen anderthalb Jahren, wo diese persönlichen Prozesse passiert sind. Und ich habe das Gefühl, wenn das da ist, dann ist das andere, was durchaus auch gelaufen ist, wo ich auch viel an methodischem Wissen abziehe - das halte ich jetzt für sekundär. Anders gesagt, wenn das andere (die Auseinandersetzung um die Person) nicht passiert, dann nützt mir wahrscheinlich auch das methodische Wissen wenig. ... Von daher würde ich das für mich als eine Kompetenz betrachten, diese persönliche Auseinandersetzung mit mir und anderen. Zur Wirkung - auch wenn ich als Leiterin wieder mit meiner Wirkung konfrontiert werde, und das werde ich ja: das ist jetzt für mich nur möglich, weil ich vorher habe in einem geschützten Rahmen ausprobieren können - müssen." (GL3, S. 32)

Eine solche, fast bilderbuchartige Bestätigung ist natürlich nicht das Einzige; weitaus häufiger ist es, daß der Prozeß von Lernen am Modell und Ausprobieren über Schwierigkeiten und Konflikte läuft. Auf die Frage der Interviewerin, welche Bedeutung der Staff im Gesamtprozeß gehabt habe, wird der den Kurs begleitende Trainer zunächst als fachliche Autorität, unnahbar, cool, sich viel denkend und zuschauend geschildert; dann folgt diese Sequenz:

> A: „Und auch die Abhängigkeit so gefühlsmäßig zu erleben und darin akzeptiert zu werden, das war so im ersten Teil. Und dann mehr so das Hinwenden, im Informellen durchaus Interesse zeigen an uns. Auch an R denke ich noch dran: mit allen einmal ins Gespräch zu kommen. Und ich merke, in diesem Sinne seid ihr schon Vorbild: ich habe auch sehr das Verhalten abgeschaut, also beobachtet."
>
> B: „Und wir wären ja so gerne dabeigewesen bei den Staff-Sessions am Abend, wenn die dann um halb zwölf gekommen sind und eine Flasche aus dem Gestell genommen haben."
>
> C: „Das ist das Geheimnisvollste gewesen, das hat mich immer ungeheuer interessiert, *was* passiert in dem Zimmer, wo der Staff sich trifft? Und da haben wir auch ganz viele Phantasien gehabt (Gelächter), *was* die jetzt wieder besprechen! Und wir haben die auch ausgetauscht, die Phantasien, das ist ganz wichtig gewesen."
>
> A: „Und das war dann auch so, daß wir Punkte hatten, wo wir gerne gewußt hätten, was *die* denn miteinander austragen, also nicht so sehr, was die über uns reden, sondern - wie dieses Ungleichgewicht: die sehen alles, was in unserer Gruppe läuft, und wir kriegen eigentlich nichts durch die geschlossenen Türen mit und haben durchaus unsere Vermutungen gehabt, da *muß* jetzt eigentlich etwas laufen, sonst wären sie ein schlechter Staff."

> C: „Und dann hat es ab und zu einen open staff gegeben und das ist *immer* ganz spannend gewesen, da sind wir wirklich fast so *davorgehockt*, um uns das anzuschauen.“ (GL 3, S. 33)

Wie es gelingt, auch aus einer sehr konfliktreichen Situation übersetzbaren Gewinn zu ziehen, beschreibt eine Teilnehmerin eines anderen Kurses. Aus der Nachbefragung wurde deutlich, daß die Dynamik keineswegs aufgelöst war, sondern auch eineinhalb Jahre später noch ziemlich affektbeladen war. Das Integrationsseminar dieses Kurses war ziemlich mißlungen, und gerade vorher war das Verhalten des Trainerpaares heftig kritisiert worden als in klassischen Mann-Frau-Mustern fixiert. Da setzt eine Teilnehmerin zu einer Verteidigung der Trainerin und einer Beschreibung ihres Gewinns ein:

> „Ich habe die X ganz stark erlebt. Gerade weil sie immer darauf gepocht hat: was versteckt ihr, was hat die Großgruppe, was sie nicht sagen darf? Warum darf man hier drin nicht so sein, wie man ist? Und für mich hat das irgendwie zugetroffen, auch für mich ganz persönlich ... Für mich war das so typisch, daß sie eine Intervention gemacht hat in dem inneren Kreis zu Y, sie wollte bei ihm die Gefühle ansprechen und der Y hat zugemacht. Er ist erschrocken und konnte eigentlich gar nichts zu dem sagen. Und für mich, in diesem Moment wurde mir klar, das sind auch *wir*. *Wir* erschrekken, wenn etwas nah an uns herankommt und bringen es vor den anderen Leuten nicht ... Also das, was ich gelernt habe und was ich jetzt verwende, heute, hat etwas zu tun mit dieser Woche: wieviel gespiegelt wird von einem Leitungsteam zu einer Gruppe ... und heute schaffe ich irgendwie mehr mit Gefühlen und mit der Befindlichkeit von den Leuten als früher, viel mutiger. Und ich habe sehr gute Erfahrungen gemacht. Das kommt aus dieser Woche.“ (GL 4, S. 32)

Auch das sich Zurücknehmen der TrainerInnen wird häufig als modellbildend gesehen. Obwohl zunächst als frustrierend erlebt, kann im Rückblick geschätzt werden, daß die TrainerInnen dem Druck widerstehen, den TeilnehmerInnen zuviel Arbeit abzunehmen. Das kann als Haltung und Verhalten auch in die eigene Praxis übersetzt werden:

> „Weil es mir auch immer ganz wichtig ist, so Atmosphäre zu schaffen, was gestern so eine Tendenz hatte, daß es auch leicht ins zu Mütterliche gehen kann und ich so am Anfang darunter hier gelitten habe, daß eigentlich so wenig Atmosphäre für mich von der Leitung kam. Also was vorhin so angesprochen wurde, „graue Eminenzen“ da hatte ich immer so das Gefühl, da komme ich zu kurz. Das hat sich aber nachher verändert, da hatte ich das Gefühl einfach, indem ihr mir vertrauter geworden seid, und ich auch so gemerkt habe ... ja wie das vielleicht auch einmal gut ist, das so sparsam zu machen, weil sich dann was entwickelt, was sich sonst vielleicht gar nicht entwickelt hätte (nach Zwischenfrage der Interviewerin) ja, und damit auch die Leitung. Trotzdem finde ich es sehr sparsam. Also ich habe viel Erfahrungen mit Gruppen und kenne das eigentlich nur so aus Selbsterfahrungsgruppen ... daß so die Art, wie Lernen vermittelt wird, ich auch gut finde und auch so kenne. „Sparsam“ weiß ich nicht, ob das so das

richtige Wort ist. Also es ist ja auch ganz viel Bereicherndes passiert, also insofern paßt das Wort irgendwie nicht." (LB 4, S. 13f.)

Diese letzte Thematik schneidet einen anderen Problembereich an, ob und inwieweit Trainerinnen und Trainer überhaupt geeignete Modelle für Arbeit in strukturierteren Arbeitsgruppen sind. Die mit der gruppendynamischen Methode verbundenen Ziele sind ja weitgehend andere als die, die mit der Mehrzahl der Praxisgruppen von Teilnehmerinnen und Teilnehmern verfolgt werden. Um die von TrainerInnen abgeguckten Haltungen und Verhaltensweisen wirklich übersetzbar zu machen, scheint es einer weiteren, oft über das Ende des Kurses hinausgehenden Entwicklung zu benötigen. In kurzen Zügen sieht sie so aus: Zunächst wird versucht, jede Arbeitsgruppe in eine Trainingsgruppe umzufunktionieren, was natürlich nicht gelingt. Damit wird durchaus möglich, was Wellhöfer beschreibt, daß ein neues Verhalten nicht nur gebahnt, sondern auch gehemmt werden kann, wenn die Erfolgserwartungen gering und die Straferwartungen hoch sind. Hier braucht es zuerst eine Entidealisierung der GruppendynamikerInnen, die in gut laufenden Kursen auch meist gelingt. Damit ist der Weg frei zu einer Abtrennung von den Modellen, so daß sie nicht mehr imitiert werden müssen. Dann kann im Zuge einer Generalisicrung erprobt werden, welche Haltungen und Verhaltensweisen denn auf Gruppen mit anderen Zielsetzungen in welchem Masse übersetzbar sind.

Zusammenfassend möchte ich die hier nötige Korrekturbewegung wie folgt beschreiben: Sich zugestehen und bewußt machen, daß wir - mit unterschiedlicher Tönung in den unterschiedlichen Phasen des Entwicklungsprozesses einer Gruppe - als Modelle dienen, ob wir das wollen oder nicht. Und wir sind auch Modelle in gerade den Verhaltensbereichen, die wir an uns selber nicht besonders schätzen.

4.3. Lernen und affektive Erregung

Die hier zu diskutierende Korrekturbewegung mag zunächst befremden. Schließlich definiert sich gruppendynamisches Lernen als Lernen durch Erfahrung, und das heißt als Lernen über Affekte. Das wird keineswegs verleugnet, und es dürfte kaum jemanden geben, der dem nicht zustimmen würde. Dennoch, und das ist meine dritte These, vermute ich, daß GruppendynamikerInnen in ihren Alltagstheorien die genaue Bedeutung und Wirkung affektiven Lernens häufig falsch einschätzen.

Vermutlich ist den meisten TrainerInnen die bekannte lernpsychologische Kurve im Hinterkopf, daß Lernen im Sinne von Verhaltensänderung am wahrscheinlichsten ist auf einem mittleren affektiven Spannungs- und Erregungsniveau - wobei die Affekte zwischen Unlust und Lust variieren können. Das ist durchaus in Übereinstimmung mit dem „unfreezing" Lewins, daß es nämlich einer *gewissen* Verunsicherung bestehender Verhaltensweisen, aber auch Aktivierung und Wekkung von Neugier bedarf, um überhaupt die Bereitschaft zur Verhaltensveränderung zu stimulieren. Die Kurve besagt aber auch, daß bei einem zu *hohen* Ausmaß affektiver Erregung, das heißt bei Angst, Irritation und Frustration, die Lernfähigkeit drastisch sinkt.[13]

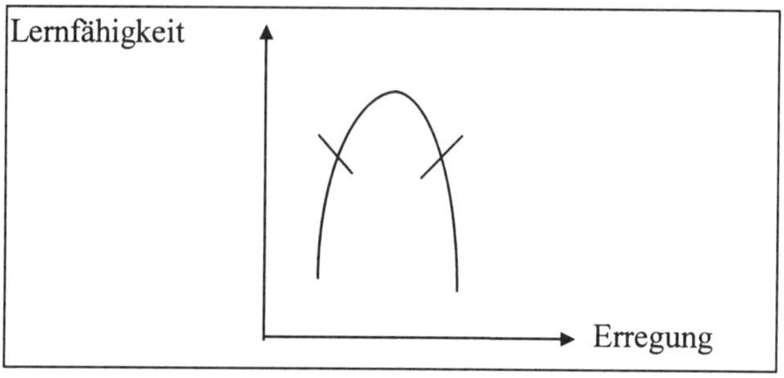

Hinzuzufügen ist, daß die gruppendynamische Methode auch und gerade unlustvolle Affekte wie Angst, Verunsicherung und Konflikterleben evoziert, das heißt, eher die Schwierigkeiten beim Entstehen von Gruppen als die kreativen Möglichkeiten. Vermutlich bewegt sich ein guter Teil von - zumindest anfänglicher - gruppendynamischer Lernarbeit in einem kritischen Bereich, der auf der Grafik ungefähr markiert ist: Nämlich dort, wo die affektive Spannung am Rande dessen ist, was Teilnehmerinnen und Teilnehmer ertragen und verkraften können und wo nicht abzuschätzen ist, ob Lernen im Sinne eines Transfergewinnes noch möglich ist — oder ob eine „aufregende Erfahrung" bleibt, die zwar immer wieder gerne erzählt wird, letztlich aber nicht übersetzbar ist auf die eigene Arbeit mit Gruppen.

Wie sehr die Erinnerung der Befragten determiniert ist durch ganz bestimmte, stark affektiv getönte bis belastende Situationen, machen die Transkripte überdeutlich. Mehr als dic Hälfte der Texte beschreibt relativ wenige, intensiv und massiv erlebte Situationen, die den Gruppenprozeß geprägt haben. Nach ihrer Häufigkeit geordnet sind es die folgenden umreißbaren und typischen Trainingssituationen, die am Ende der Woche, nach eineinhalb oder nach drei Jahren noch die Aufmerksamkeit und affektive Energie gebunden halten:

- die Bildung von Trainings- und Supervisionsgruppen,
- Konfrontationssituationen mit TrainerInnen oder untereinander,
- Konfrontationen mit eigenen Erlebens- und Verhaltensmustern, mit Hemmungen, Blockaden und anstehenden Entscheidungen,
- die Verunsicherungen der Anfangssituation (mit den Themen, die in allen einschlägigen Lehrbüchern zu finden sind),

[13] Die Kurve entspricht der in der Lernpsychologie seit Anfang dieses Jahrhunderts bekannten Yerkes-Dodson-Regel; vgl. Bischof (1985, S. 451 f.). Wie sehr der Bereich der Lernfähigkeit überstrapaziert werden kann, belegen die in den letzten Jahren in Trainings wieder auftauchenden sogenannten „Gruppendynamik-Geschädigten" aus frühen ungezielten Organisationslaboratorien und aus zwangsmäßig verordneten Trainings im Rahmen von Ausbildungen in Sozialarbeit und Sozialpädagogik.

- das Stellen von Soziogrammen in Hinblick auf die Machtverteilung in der Gruppe, meist in Form von Skulpturen — sowie die Aufdeckung von Gruppentabus.

Obwohl in den Nachbefragungen nicht mehr die ganze Gruppe, sondern nur einzelne Mitglieder anwesend sind, werden diese Situationen mit ihrer ganzen affektiven Beteiligung virulent und mit einer manchmal beklemmenden Dichte berichtet. Es sind fast ausschließlich reine Selbsterfahrungssituationen, in denen der Lern-Aspekt, das heißt der mögliche Transfer auf das Verhalten als GruppenleiterIn, kaum sichtbar ist. Geht es um Lernen *durch* Selbsterfahrung oder nur um das Lernen *von* Selbsterfahrung im Sinne eines Initiationsrituals? Es läßt sich durchaus die Frage stellen, ob da überhaupt etwas gelernt wird oder nicht vielmehr eine emotionale Fixierung - eventuell sogar eine traumatische Fixierung - stattfindet, die eher dazu beiträgt, den Mythos der Gruppe zu konstituieren und zu festigen. Von O. König einmal als „Stalingradgespräche“ bezeichnet, findet sich eine solche Art der Mythenbildung überall dort, wo TeilnehmerInnen aus solchen miteinander „durchgestandenen“ Situationen sich treffen. Es ist auch eine Frage, ob das in individuellen Interviews ebenfalls aufgetreten wäre. Vermutlich konstruiert die Situation des Gruppeninterviews das Auftreten dieses Phänomens: Beim Zusammenkommen lebt der gebildete Gruppenmythos narrativ auf.

Schaut man die Transkripte kritisch durch, dann zeigt sich, daß die Gruppen in unterschiedlichem Maße solche „Erzählungen“ für die Wiedergewinnung einer Gruppenidentität und die Reaktivierung der Gruppenkohäsion benötigen. Auch zeigt sich, daß die rituelle Beschwörung der hochbesetzten Situationen selektiv auftritt und nicht durchgängig ist. Sie tritt offenbar dann bevorzugt auf, wenn InterviewerInnen mit einer offenen Aufforderung „Erzählen Sie doch mal ...“ beginnen; sie reduziert sich, wenn präzisere Nachfragen kommen. Und da zeigt sich, daß affektiv hochbesetzte Situationen durchaus einen Lerntransfer ermöglichen. Das folgende Zitat bezieht sich auf die Situation einer theatermäßig gespielten Prozeßanalyse in einem Integrationsseminar, nach der das nicht Spielbare in einer sehr intensiven abendlichen Sitzung bearbeitet wurde; die Sprecherin spielte eine entscheidende Rolle dabei:

> „Für mich ist es ein highlight gewesen ... und ich denke, ich habe da etwas ganz Wichtiges begriffen. Bei mir hat das so „Klick“ gemacht, so daß ich begriffen habe: der Abend wäre nicht möglich gewesen, wenn nicht der ganze Tag so gewesen wäre ... und zu realisieren, all das, was gespielt werden kann, *ist* integriert und nachher kann man schauen: und was haben wir *nicht* gespielt? Das vergesse ich nie mehr, das ist so super gewesen.“ (GL 3, S. 18)

Diese emotional hoch besetzten Situationen der Selbsterfahrung scheinen eine Art Sogwirkung zu besitzen, wie auch in 4.1 anklingt: „Und dagegen war die Sachebene - fade ist vielleicht nicht ganz richtig“. - Auf die Frage der Interviewerin zum dritten Kursabschnitt, Konzept und Design, der nach dem Sensitivity Training den Akzent auf kognitives Lernen setzt, kommt folgende Antwortsequenz:

> A: „Ich habe das sehr gemütlich gefunden, nach dem Sensi, es war sehr viel sachliche Arbeit, und ich habe heute noch sehr viel davon, kann ich noch viel brauchen davon."
>
> B: „Da habe ich nur noch in Erinnerung, da ist nichts gelaufen (lacht)... und vor lauter Bedarf, daß wieder ein klein wenig läuft, haben wir uns dann ereifert, weil wir im Design-workshop das Konzept und Design gleich selber machen mußten für die drei Tage. Da haben wir uns ja furchtbar ereifert, so genüßlich ereifert, und da ist ja beim Mittagessen, da haben wir das Design gemacht und das ist ein Happening gewesen (allgemeines Gelächter)." (GL3, S. 13)

Ebenso wird aber deutlich, daß manche dieser affektiv besetzten Situationen sehr wohl Transferwert besitzen. Aussagen wie das Motto zu diesem Artikel finden sich in allen Protokollen. *Wie* das allerdings geschieht, vermögen die TeilnehmerInnen nicht zu artikulieren. Und es ist auch aus den Aussagen nicht zu erschließen. Hier liegt offenbar eine Art von Lernen vor, die nicht genau beschreibbar ist, eine Art black-box-Phänomen. Und das mahnt zur Bescheidenheit, denn die kognitive Sortierung und Übersetzung in Leiterhandeln scheint nicht *so* zu funktionieren, wie ich es in selbst-ironisierender Weise beschrieben habe. Es scheint eher so, daß das Erfahrene abrufbar gespeichert ist, mit aller affektiven Erregung, aber mit wenig Wissen um die Zusammenhänge. Wenn in der Rolle als LeiterIn dann eine analoge Prozeßsituation auftaucht, scheint die eigene Erfahrung in einer eher ganzheitlichen Weise zur Hand zu sein und zu ermöglichen, mit relativer Angstfreiheit und geringer Tendenz zur Verstrickung solche Situationen zu bewältigen. Dies ist eine Annahme; *wie* es denn nun *wirklich* geschieht, daß die Kompetenz da ist, wenn sie angefragt wird, muß vorläufig zumindest offen bleiben.

4.4. Persönliche Entwicklung versus Leitungskompetenz

Diese vierte Korrekturbewegung hängt eng mit der vorigen zusammen und beleuchtet lediglich die Trainerseite des nämlichen Geschehens. Die These dazu heißt: Für Trainerinnen und Trainer sind die „Nebenziele" des Curriculums mindestens so wichtig wie die offiziellen Ziele, nämlich den TeilnehmerInnen kompetentes Gruppenleiten beizubringen. Die „Nebenziele" bestehen darin, Begleiter und Förderer von persönlichen Entwicklungsprozessen zu sein.

Ich entdecke dies sowohl bei meinen eigenen Motiven für die Arbeit in Gruppenleiterprojekten, in Gesprächen mit KollegInnen, schließlich auch in der Befragung des Staff einer Gruppenleiterreihe. Auf die Frage der Interviewerin nach dem Sinn dieser Arbeit wird geantwortet:

> A: (Was mich treibt, ist) „der ganze Prozeß der Leute, der Entwicklungsprozeß der Leute, also die zu sehen am Anfang, und wie die wirklich Raum machen und sich entscheiden oder entwickeln und Veränderungen

sichtbar werden. Und das ist im Sensi natürlich auch noch einmal da. Das war diese Woche besonders stark da, weil gegen Ende viele intensive Einzelarbeiten da waren, was ich nicht immer unbedingt im Sensi mache, aber was ich dieses Mal auch angeboten hatte, und das finde ... ich an diesem Punkt dann immer, wenn ich sehe, das wird aufgenommen und da bewegt sich was ..."

B: „Dann denkst Du, da bricht etwas auf in verträglichem Maße, bei der K. waren wir ja auch schon mal zwischendurch ein bißchen besorgt, sage ich mal, oder haben schon hingeguckt; es war auch gut, daß sie jetzt zum Schlußplenum nochmal reinkam; also es fängt etwas an und das kannst Du bei vielen Leuten sehen. Das macht Spaß, vor allem unter dem Aspekt, daß Du die jetzt immer wieder (siehst). Also daß das ein Anfang ist und Du konntest ja sehen, daß hier so viel in Bewegung ist. Und Du kannst dann noch über eineinhalb Jahren mit den Leuten weiterarbeiten. Und die wollen was, also der allergrößte Teil der Gruppe, die will was für sich." (LB 1, S. 25)

C: „Also für mich hat das viel damit zu tun, daß etwas geweckt wird. Ich fand das auch in dieser Woche so, daß der Donnerstag so eine Art Belohnung (war) ... und ich erlebe das so, daß das sehr schön ist anzuschauen, daß was geweckt wird und dadurch - ich bin ja mit dabei - wird auch ganz viel in mir geweckt, also Wünsche, Sehnsüchte; das macht viel davon aus und ich erlebe .... so eine Gruppe auch immer als was sehr Heilsames." (LB 1, S. 30)

Nicht selten höre ich am Ende einer Trainingswoche im Staff Sätze wie: „Die Leute sind schöner geworden"; und ich möchte einmal vermuten, daß die Hälfte oder mehr der Zeit von Staffgesprächen nicht über Design- und Interventionsplanung oder über den Prozeß der Gesamtgruppe geht, sondern über die persönlichen - und das heißt sozialen - Lernschritte der einzelnen Individuen; über Entwicklungen, Blockaden und Krisen, aber auch über Aha-Erlebnisse und Schritte der Öffnung.

Als uns das vor einigen Jahren selbst bewußt geworden ist, haben wir in unsere Gruppenleiterausschreibung den Aspekt der Persönlichkeitsentwicklung deutlicher formuliert; dennoch stimmt das quantitative Verhältnis von ausgeschriebenen Sach- und Kompetenzzielen mit den Entwicklungszielen nicht überein.

Wenn auch das Schwergewicht der *Ausschreibungen* auf diesen letzteren liegen, möchte ich vermuten, daß die meisten VeranstalterInnen als *Personen* und in ihrer Haltung die Gewichtigkeit der personnahen Lernziele offen deklarieren. Die Anlage der Gruppenleitercurricula ist auch durchweg so, daß in den ersten zwei Veranstaltungen der Personaspekt des Lernens - oft gegen initiale Widerstände - in den Vordergrund gerückt wird. Und wenn die TeilnehmerInnen dann richtig „heiß" auf Selbsterfahrung geworden sind, folgen die eher nüchternen methodisch-technischen Seminare und Workshops, in denen - oft wieder gegen Widerstände, wie aus einem obigen Zitat deutlich wird - nahegelegt wird, daß Lernen von Techniken zwar notwendig ist, aber nur über die Person geht.

Die hiermit intendierte Korrekturbewegung heißt nicht, das verändern zu wollen. Ich möchte nur für mehr Bewußtheit plädieren, daß aus einer gruppendynamischen Perspektive die personnahen Ziele einen gewichtigen Stellenwert haben und daß TrainerInnen sich darüber klar sein sollten, in wie starkem Maße sie als leitende Personen die Ziele und Prozesse der TeilnehmerInnen modellieren.

5. Schluß

Dieser Beitrag wendet sich an Kolleginnen und Kollegen, die unter einer gruppendynamischen Perspektive arbeiten - aber auch an solche, die längerfristige Lernprozesse in Gruppen unter einem anderen Konzept leiten. Ich möchte mit meinen Ausführungen dafür plädieren, praxisbedingte enge Sichtweisen - die Alltagstheorie gruppendynamischen Handelns - darüber, *wie* in Gruppen gelernt wird - zu erweitern. *Daß* in solchen Kursen etwas in die Praxis Übersetzbares gelernt wird, wird vorausgesetzt und ist nicht Thema dieser Überlegungen. Die Ergebnisse der Befragungen belegen, daß der Prozeß des individuellen Kompetenzgewinns nicht einem reduzierten Lernverständnis folgt, sondern eigene Wege geht.

Es mag auch sein, daß die Spannung zwischen der Alltagstheorie von TrainerInnen und den Befunden daher rührt, daß die angewandte Gruppendynamik - zumindest im deutschsprachigen Raum - in den letzten fünfzehn Jahren ihre Ziele und damit ihr Klientel geändert hat: die zitierten älteren Lernkonzepte waren noch orientiert an „Endabnehmern", das heißt solchen Menschen, die etwas über ihr Sein in Gruppen lernen wollten (und sollten). Gerade aber durch die Gruppenleiterfortbildungen hat sich der Zielbereich angewandter Gruppendynamik erweitert auf die Vermittlung von Kompetenzen in der Leitung, Moderation und Begleitung von Gruppen. Es könnte sein, daß darin *ein* Grund für das „Nachhinken" der Praxistheorie des Lernens liegt. Von theoretischer Seite scheint mir die sozial-kognitive Theorie Banduras am geeignetsten, den realen Lernprozeß, der sich in den Beteiligten abspielt, abzubilden.

Mein Plädoyer zielt auf eine Tugend, die am explizitesten von systemischer Seite her formuliert worden ist: auf Neugier. In dem Sinne, wie Cecchin (1988) seine Einladung zur Neugier formuliert, ist sie durchaus mit einem gruppendynamischen Prozeßdenken vereinbar. Neugier heißt, sich auf einen Prozeß einlassen zu können und nicht schon im voraus zu wissen, wo er endet; sie bedeutet auch, nicht prognostizieren zu können, was wir als LeiterInnen mit unseren Impulsen und Interventionen letztlich bewirken. Eine solche Haltung verbindet sich mit einer Bescheidenheit spezieller Art: Die spezifische Wirklichkeitskonstruktion, die wir Gruppendynamik nennen, evoziert nicht unbedingt nur Lernerfahrungen der angenehmen und leichten Art, sie lockt zunächst nicht Kreativität hervor, sondern konfrontiert mit unerfreulichen Lebensmustern, mit rigiden Normen, inneren und äußeren Konflikten. Nimmt man an, daß ein System das ist, was es ist, und daß es stets in einer *adäquaten* Weise auf Umweltreize reagiert[14], dann dürfen wir die Lernprozesse, über die die befragten TeilnehmerInnen berichten, als adäquate Reaktionen auf die von Gruppendynamikerinnen und Gruppendynamikern gesetzten Lernreize betrachten.

[14] So die Postulate von Dell (1986); vgl. auch das Konzept der strukturellen Kopplung von Maturana & Varela (1990)

Gefühlsarbeit in Dienstleistungsberufen

Selbststeuerung oder Kommerzialisierung von Gefühlen

Lothar Nellessen

1. Zur Ausgangslage

Die Professionalisierung von Berufen und Tätigkeiten stellt bei immer mehr Menschen höhere Anforderungen an ihre soziale Kompetenz. Training, Supervision, Beratung vor Ort sind die Mittel der Wahl, diesen Ansprüchen zu genügen. Von den Protagonisten solcher Methoden und Verfahren werden dabei die positiven Effekte für eine autonome, bewußte, private wie berufliche Lebensplanung und -gestaltung hervorgehoben. Beobachter der Szene, die nicht gleichzeitig als Therapeuten der von ihnen festgestellten Defizite auftreten, betonen, daß diese Beeinflussungsversuche mitnichten mit gelungener Emanzipation gleichzusetzen seien, sondern ihrerseits erneute Standardisierung durch Professionelle und Sozialisationsagenturen nach sich ziehen. Zwischen diesen Polen ist mithin ein spannungsvolles Verhältnis zu erwarten.

In diesem Beitrag möchte ich der Frage nachgehen, wie sich dieses Spannungsverhältnis in Dienstleistungsberufen darstellt, Tätigkeiten in denen nicht die Reflexion und Analyse von Interaktionsprozessen Arbeitsinhalte sind, sondern der Arbeitsablauf eine gekonnte Inszenierung von Interaktionen voraussetzt.

Zu diesem Zweck werde ich die Grundzüge der Publikation von Hochschild „*Das verkaufte Herz. Zur Kommerzialisierung der Gefühle*“ vorstellen, Untersuchungsergebnisse für andere Tätigkeitsfelder beisteuern und zum Schluß eine kritische Einschätzung der vorgestellten Strategien zur Befähigung zur Gefühlsarbeit vornehmen und abwägen, ob sie zur Selbststeuerung und Selbstorganisation beitragen oder zur Kommerzialisierung des Empfindens und Fühlens.

2. Gefühlsarbeit

2.1. Zur theoretischen Verortung von Gefühlsarbeit

Für ihre Untersuchung hat Hochschild sich auf zwei Dienstleistungsgruppen bezogen: Stewardessen/Stewards und Mitarbeiter eines Inkassobüros. Delta-Airlines schien ihr für ihre Untersuchung geeignet, weil sie im Süden der USA liegt - also von Berkeley gut erreichbar ist -; keine gewerkschaftliche Vertretung der Arbeitnehmer hat - die Firmenpolitik die Mitarbeiter „ungestört“ erreicht - und es sich um eine Serviceunternehmen handelt, in einem Markt, in dem die Ware „Lächeln“ in die Konkurrenz um Marktanteile eingespannt wird. Das Inkassobüro hat sie aus Kontrastgründen hinzugenommen: Die Gefühlsarbeit der Stewardessen zielt auf Wohlbefinden und Statussicherung der Passagiere ab, die Strategie der Inkassomitarbeiter bei den Schuldnern auf Schuld- und Minderwertigkeitsgefühle.

Es sollten also Tätigkeiten untersucht werden, in denen Professionelle Gefühlsarbeit leisten. Für diese Berufe ist nach Hochschild kennzeichnend, daß sie

1. „Kundenkontakt von Angesichts zu Angesicht oder von Stimme zu Stimme“ erfordern,
2. verlangen, daß „die Angestellten bei ihren Kunden einen bestimmten Gefühlszustand hervorrufen, wie etwa Dankbarkeit oder Angst“ und
3. es „dem Arbeitgeber mit Hilfe von Ausbildung und Überwachung (ermöglichen) ein bestimmtes Maß an Kontrolle über das Gefühlsverhalten ihrer Angestellten“ auszuüben. (Hochschild, 1990, S. 120)

Eine Beschreibung, die auf viele Berufe und Tätigkeiten zutrifft: die Verkäuferin, den Sozialarbeiter, die Sekretärin, das Pflegepersonal, Ärzte, zunehmend auch Manager, Leiter von Projektgruppen. Und - so stellt sie fest - obwohl der Anteil der Gefühlsarbeit beruflichen Handelns kontinuierlich zunimmt, taucht sie fast nirgendwo in Stellenbeschreibungen als zu entlohnender Tätigkeitsinhalt auf, so daß es nur logisch ist, daß sie nicht extra honoriert wird.

Eher treffe sogar das Gegenteil zu: Gefühlsarbeit wird als vom Mitarbeiter freiwillig zu erbringende Disposition, Haltung, Verhaltensdispositiv erwartet. Zwei Faktoren begünstigen diese Entwicklung:

- die unisono vorherrschende Meinung und Strategie, z. Zt. alle Arbeitsmarktprobleme durch solche Strategien beheben zu können, die vom einzelnen mehr verlangen und
- die Nähe von Beziehungsarbeit zu den Tätigkeitsinhalten von Frauenberufen, in denen eben dieser Arbeitsanteil, das Zeigen von Surplusgefühlen traditionell dominiert. (ebd., 1990, S. 137)

Bemühungen um Statuserhöhungen und die Sorge um das Wohlergehen der anderen, ist nach - Illich - eine Form der Schattenarbeit. Sie bleibt ähnlich unsichtbar, wie Hausarbeit und wird nicht als wirkliche Arbeit angesehen. Der Clou liegt - wie bei gut erledigter Hausarbeit - darin, „*daß sämtliche Spuren der Anstrengung getilgt und nur das blitzsaubere Heim und das einladende Lächeln präsentiert werden*“ (Hochschild, 1990, S. 13).

Doch kommen wir zurück zu den drei Kriterien, die Gefühlsarbeit ausmachen: *Interaktionsbezug, Stimmungsinduktion, Kontrollierbarkeit des Gefühlsverhaltens.* Die erste Bedingung umschreibt - noch relativ neutral - die formale Realisationsbedingung. Die zweite, Stimmungsinduktion beim Kunden/Klienten durch Gefühlsmanagement des Professionellen, macht das zentrale Unterscheidungskriterium zur herkömmlichen Arbeit aus. Diese ist natürlich auch von Emotionen getragen und begleitet. Bei querstehenden unfunktionalen Gefühlen genügt es aber, diese zu unterdrücken bzw. in beliebige vorwärtsgewandte Energie umzuwandeln. Bei diesen Tätigkeiten wird - im Unterschied zur Gefühlsarbeit - nicht die willentliche und bewußte Umwandlung und Produktion neuer Gefühle gefordert und gefördert.

2.2. Berufstypen und ihr Bezug zur Gefühlsarbeit

Gerhards (1988, S. 48) unterscheidet drei Berufstypen:

a) nicht-personenorientierte (also sachorientierte; z.B. Sachbearbeiter, Fachspezialisten),

b) personen- als auch sachorientierte (Verkäufer, Stewards),

c) personenorientierte (Personenberater; Therapeuten, Trainer).

In den beiden letzten nehmen einerseits die quantitative Bedeutung der Gefühlsarbeit immer mehr zu; andererseits werden die angewandten Techniken und Verfahren immer elaborierter.

Für Situationen mit zeitlich und inhaltlich begrenztem Kundenkontakt (Stewards, Verkäuferinnen) lassen sich leicht eng umschriebene Verhaltensstrategien beschreiben, eintrainieren und kontrollieren. Langandauernde, viele bzw. alle Lebensbereiche umfassende Beratungssettings setzen relativ autonome Berufstätige voraus, die weitgehend professionalisierte Berufsarbeit leisten, die in einem profiliert beruflichen Selbstkonzept gründen. Mit anderen Worten: es handelt sich um Dienstleistungsberufe mit wenig formalisierbaren und technisierbaren Arbeitsanteilen, die in einer langandauernden Berufssozialisation (z.B. gruppendynamisches Verhaltenstraining) eingeübt und durch Supervision, Erfahrungsaustausch, ständige Weiterbildung immer wieder bestätigt werden müssen.

Bei zeitlich und/oder inhaltlich begrenztem Kundenkontakt erfordert das Emotionsmanagement zwar auch Formen und Techniken des Umgangs mit eigenen und fremden Emotionen und Befindlichkeiten. Diese beziehen sich aber auf enger umschreibbare Verhaltensweisen und Persönlichkeitsanteile. Von einem Verkäufer wird erwartet, daß er bei seinem Gegenüber Kaufsignale - also Interesse und Bereitschaft, das angebotene Produkt zu erwerben - erkennen und zu einem Verkaufsabschluß führen kann. Hier gibt es natürlich große Unterschiede: ein auf Provision arbeitender Strukturverkäufer ist an einem möglichst hohen Abschluß interessiert, unabhängig davon, ob der Kunde das Produkt tatsächlich braucht und bezahlen kann, während Firmen, die längere Kundenbeziehungen anstreben, hier sehrwohl den Beratungs- und Versorgungsbedarf abklären und (tendenziell) nur letzteren abdecken. Die anzubietende Beratung beschränkt sich aber auf den fachlich-sachlichen Teil und blendet biographische Aspekte aus.

Emotions- und Gefühlsarbeit werden auch bei Verkäufern durch die Berufsrolle erwartet und fixiert. Die Arbeitgeber verwenden unterschiedlich viel Zeit auf die Instruktion ihrer Mitarbeiter. Beim Inkassoangestellten schien eine einstündige Lektüre der Muster von Mahnschreiben und -anrufen, der Erklärung der formalen Arbeitsabläufe zu genügen, die Tätigkeit aufzunehmen. Die hohe Fluktuation überdauerten dabei nur jene Mitarbeiter, die aufgrund ihrer bisherigen Erfahrung wenig Mühe hatten, der allgemeinen Weisung zu folgen, säumige Zahler zu entwerten, von ihnen nur Schlechtes zu erwarten, sie aus dem Konzept zu bringen und so unter Druck zu setzen, daß sie doch zahlten (Hochschild, 1990, S. 112 ff.).

Delta-Airlines bietet immerhin ein zwei- bis fünfwöchiges intensives Training an, in dem die Stewards einen mühefrei wirkenden, die Fluggäste aufwertenden Umgang erlernen sollen.

2.3. Beeinflussungsstrategien

Wie sehen die konkreten und zentralen Beeinflussungsstrategien aus? Dazu einige Aspekte:

2.3.1. Tiefenhandeln

Delta-Airlines operiert mit einer Reihe harter Anforderungen an ein geändertes Gefühlsmanagement. Die Ausbildungskandidatinnen sollen *„sich so verhalten, als wäre die Kabine (ihr Arbeitsplatz) ihr Zuhause (wo sie keine Berufsarbeit verrichten)"*. Der Fluggast ist wie ein *„persönlich eingeladener Gast in den eigenen vier Wänden"* vorzustellen (ebd., S. 100).

Durch diese Metapher wird, wie der Regisseur Stanislawski es beschreibt, das Gefühlsgedächtnis der Flugbegleiterinnen aktiviert, in dem z.B. festgehalten wird, was man für Gäste empfindet. Diese Metapher ist der direkte Schlüssel für eine reichhaltige Palette prosozialer Verhaltensstrategien.

Der Einsatz solcher emotionsgeladener Metaphern ist eine wirkmächtige Form des Tiefenhandelns (deep acting), um bei sich selbst gewünschte Gefühle hervorzurufen, unerwünschte zu unterdrücken. Es geschieht durch *kognitive Neudefinitionen von Situationen* (der Flugraum als Wohnzimmer), situationsgemäße Orientierung *des Selbstkonzepts* (die bemühte, versorgende, betreuende Gastgeberin) und die *Beeinflussung körperlicher Parameter* (tief durchatmen, die Nackenmuskeln entspannen, um locker und leicht den Servicetätigkeiten nachgehen zu können). Entscheidend ist, daß durch deep acting eine kognitiv - emotionale Neudefinition der Gesamtsituation erfolgt und - wie dies nun einmal für emotionale Situationsbewertungen charakteristisch ist - eine simultane, ganzheitliche, unwillkürliche Konnotation des in Frage stehenden Transaktionsprozesses stattfindet, wenn die Metapher, das Leitbild denn greift.

Tiefenhandeln wird auch effektiv beim Theaterspiel eingesetzt. Soll ein Schauspieler bestimmte Gefühlszustände darstellen, dann sollten seine Handlungen nicht von unmittelbaren Gefühlsregungen geleitet werden, die um ihrer selbstwillen dargestellt würden. Haß, Wut, Verzweiflung, Trauer bringt man nicht dadurch nachvollziehbar auf die Bühne, daß man sie sich vorstellt, sondern dadurch, daß man sie als Ergebnis vorangehender Ereignisse Wirklichkeit werden läßt. Wenn man sich dieses voll und ganz vorstellt, dann ergeben sich die passenden Gefühle von ganz allein. Der Körper, das unmittelbar zugängliche Gefühl, die gesamte Vorstellungswelt unbewußter und bewußter Erinnerungen werden so aktualisierbar, und zwar in einer für die Darsteller wie die Zuschauer stimmigen Weise (Hochschild, 1990, S. 57 ff.). Eben dies versucht man im Training der Stewardessen zu erreichen, wenn sie sich vorstellen sollen, die Fluggäste wie zu Hause zu empfangen, zu bewirten und zu umsorgen.

2.3.2. Oberflächenhandeln (sur-face-acting)

Dieses setzt dagegen früher und oberflächlicher an. Hier ist der Körper das entscheidende Werkzeug, nicht die Seele - so wie beim Restaurantbesitzer, der sich von Tisch zu Tisch gehend, nach der Zufriedenheit der Gäste erkundigt und dabei sein aufgesetztes Lächeln nicht loswird. Das Seelenlose und nicht Geerdete solcher Aktionen springt uns unmittelbar ins Auge und dennoch muß es seine Wirkung nicht verfehlen. Im Oberflächenhandeln wird ein Interaktionsritual inszeniert, das eine intensive persönliche Beziehung zwischen Gast und Ober für Minuten vortäuscht, und zwar nachhaltig genug, daß die so Angesprochenen ebenso floskelhaft mitspielen und die Frage, „ob denn alles recht gewesen sei“, rituell und nicht differenziert und wahrheitsgemäß beantworten.

2.3.3. Stützanalogien

Was tun mit pöbelnden, arroganten, unverschämten, angetrunkenen Fluggästen? Man kann sie schlecht vor die Tür setzen und Zureden nutzt genausowenig wie im eigenen Wohnzimmer. Im Übungsmanual lesen die Auszubildenden: „*Passagiere sind wie Kinder. Sie brauchen Zuwendung. Das gilt insbesondere für Unruhestif-*

ter“ (ebd., S. 105). Das Konzept „Kinder“ soll die Toleranz der FlugbegleiterInnen für sie erhöhen. Ekelhafte Passagiere gelten als unkontrolliert: D.h. sie „haben“ nicht diese unangenehme Eigenschaft, sondern die fehlende Kontrolle überkommt sie. Darüber hinaus befreit eine unpersönliche Sprache von der Gefahr der Schuldzuweisung; Neurahmungen und Umdefinitionen kritischer Ereignisse vernebeln zudem das Gefühl für Ursache und Wirkung. Für die Situationsbewältigung sind sie dennoch - bzw. gerade deswegen - produktiv, weil die positive Konnotation und Umdefinition sonst versperrte Handlungsalternativen erschließt.

2.3.4. Individuelle Dispositionen

Vor jedem Training steht im Rahmen von Einstellungsuntersuchungen die Überprüfung nach physischen Kriterien: Körpergröße, Gewicht, Erscheinungsbild, Hautfarbe und nach psychischen, die Disposition für interpersonelle Arbeit als Hausfrau und Mutter. Überprüft wird, ob die BewerberInnen erwarten lassen, daß sie die geforderte Gefühlsarbeit leisten wollen und werden, und ob dieser Eindruck durch ihre Erscheinung unterstützt wird.

2.3.5. Das Mischungsverhältnis von Stewards und Stewardessen

Männer fliegen mehr als Frauen und sie werden überwiegend von Stewardessen betreut. Damit erfolgt die Betreuung wie von zuhause gewöhnt, inklusive typischer Implikationen: männlichen Flugbegleitern wird mehr Autorität zugeschrieben und sie verhalten sich auch selbstbewußter gegenüber den Fluggästen. Bei Stewards vermutet man, daß die jetzige Tätigkeit nur eine Statuspassage ist; sie diese Tätigkeit nur einmal kennenlernen wollen, um sie bei anderen, höheren Funktionen zu berücksichtigen. Frauen bleibt die Kehrseite der Medaille: Man unterstellt ihnen höhere Toleranz gegenüber Angriffen und Verletzungen, mit der doppelten Konsequenz, öfter angegriffen zu werden und weniger effektive Mittel zur Gegenwehr zu haben. Ihren Gefühlen wird weniger Gewicht beigemessen. Um die Anerkennung der Reisenden zu gewinnen, sollten sie zudem das Kunststück fertig kriegen, zwei Rollenmerkmale des Weiblichen zu integrieren, nämlich die liebende Ehefrau und Mutter einerseits und die glorreiche Karrierefrau andererseits, der der Durchbruch in die Männerwelt gelungen ist.

Ich habe nicht vor, in diesem Beitrag auf prinzipielle Aspekte von Gefühlsarbeit im professionellen Kontext einzugehen, zumal das gründlich und umfassend im Rahmen der Bearbeitung professioneller Paradoxien geschehen ist (vgl. dazu Schütze, 1992). Dennoch seien ihnen einige bewertende Kommentare von Frau Hochschild nicht vorenthalten.

2.4. *Eine Zwischenbilanz*

Aus der Kunden- und Klientenperspektive wüßten wir wohl alle die Vorzüge einer Dienstleistungserbringung zu schätzen, in der eine, wenn auch indizierte, positive Befindlichkeit angezielt wird, wir nicht zum Störfaktor erklärt würden - selbst wenn uns dabei bewußt bliebe, daß diese Formen von Gefühlsarbeit, die sie regulierende Gefühlsnormen und der Gefühlsausdruck kein Merkmal personaler Wertschätzung seien, sondern dem dahinterstehenden Profitinteresse dienen. Für den Gefühlsarbeitleistenden sieht sie auf drei Ebenen Schwierigkeiten und Probleme:

1. Gefühlsarbeit ist nicht länger Privatsache, sie wird als Ware angeboten und gekauft. Der Einzelne verliert dabei einen Teil seiner Autonomie über sein Empfinden und Fühlen, weil andere Professionelle (z.B. Mitarbeiter des Marketing, der Fort- und Weiterbildung) durch die von ihnen entworfenen Curricula über die rechte Art seines Fühlens entscheiden.
2. Gefühlsnormen verbleiben nicht im privaten Bereich, sondern werden veröffentlicht. Öffentlichkeit und Berufswelt legen fest, was und wie wir empfinden sollen. Die Unterschiede zwischen der Empathie für Freunde und derjenigen für Fremde verwischen sich und nivellieren die Differenzen zwischen privat und öffentlich.
3. Der soziale Austausch wird enger kanalisiert. Der Raum für individuelle Ausgestaltung des eigenen Gefühlslebens verengt sich. (Hochschild, 1990, S. 110)

2.5. *Gefühlsarbeit in Sozialer Arbeit*

Im Rahmen der Sozialtherapie in Strafvollzugsanstalten war und ist es ein Dauerphänomen, daß die Angehörigen des allgemeinen Vollzugsdienstes - ihnen obliegen Sicherheit und Ordnung - nach und nach aus Gruppen- und Teamsupervisionen aussteigen und nur die Angehörigen der Sonderdienste - die als Pädagogen, Psychologen, Sozialarbeiter, Soziologen die Resozialisierung, Beratung, Therapie betreiben - zurückbleiben. Diese Entwicklung wird mit der mangelnden Motivation ersterer erklärt, ihren Persönlichkeitsstrukturen, der speziellen Berufssozialisation (sei kein Weichei), ihrer Behandlungsferne. Über die Aussage hinaus, daß ihnen die Supervision zu wenig bringe und sie keine Lust hätten, Bühne für die Konkurrenzspiele der Sonderdienstler zu sein, erfährt man von den Aussteigern wenig über ihre spezifische Erwartungen an Supervision. So beläßt man es bei dieser Einschätzung und gegenseitigem halbherzigen Inruhelassen.

Mir erschienen diese Erklärungen ebenfalls plausibel und meine Überlegungen gingen häufig in die Richtung, was man denn tun könne, auch diese Berufsgruppe für die bestens ausgewiesenen Standardangebote von Reflexion und Beratung zu interessieren.

Nach der Publikation von Hochschild und einem ähnlichen Artikel von W. Dunkel (1988): „Wenn Gefühle zum Arbeitsgegenstand werden - Gefühlsarbeit im Rahmen personenenbezogener Dienstleistungen“, besteht Anlaß zum Umdenken. Dunkel hat Gefühlsarbeit in der Altenpflege in situ untersucht und für dieses Tätigkeitsfeld sechs Elemente von Arbeitssequenzen identifiziert:

a) Verschränkung sachlicher und emotionaler Arbeitsanteile,
b) Gleichzeitigkeit von Manipulation und Kooperation,
c) Asymmetrie der Beziehung Gefühlsarbeiter-Klient,
d) Emotional relevante Selbstdarstellung der Alterpflegerin,
e) List und Improvisation als Arbeitstechniken,
f) Empathie als Orientierungsmodus.

Was sich dahinter verbirgt, kann man einer kommentierten Pflegepassage entnehmen (Dunkel, 1988, S. 74/75).

> „Wir befinden uns auf einer Pflegestation in einem Münchner Altenheim. Die Altenpflegerin C. schiebt einen Wagen auf dem sich diverse Pflegemittel befinden in das Zimmer von Frau M.. Frau M. ist bettlägerig und weitgehend desorientiert: man weiß nicht genau was sie noch versteht und was nicht. Ihre verbalen Äußerungen beschränken sich auf „ja“ und „nein“. Jeden Morgen wird Frau M. im Bett gewaschen.
> Die Pflegerin tritt an ihr Bett: „Frau M., ich tu sie jetzt waschen!“ Sie streichelt die Frau. Frau M. wacht dabei langsam auf und ist offensichtlich ungehalten über die Störung, sie schlägt um sich. „Ich mag koa Schlägerei am Morgen, ich mag sie bloß a bisserl frisch machen!“ Frau M. bekommt ein Kuß und wird ausgezogen. Die Altenpflegerin kündigt jede ihrer Tätigkeiten an und betont ihr Mitgefühl: „Ich weiß, das ist nicht schön.“ Frau M. krallt sich wiederholt fest und versucht sich zu wehren - sie muß immer wieder beruhigt werden. C. wäscht Frau M. das Gesicht, den Rücken, die Arme. Körperteile, die gerade nicht gewaschen werden, werden zugedeckt. Frau M. wird eingecremt: „Die is ein bißchen kühl, tuns nicht erschrecken!“ Das Nachthemd wird wieder angezogen. Aber das ist nicht so einfach: „Frau M., wenn sie mich boxen, tu ich sie kitzeln!“ C. wird etwas ungehalten, als Frau M. sie am Finger zieht: „Des hat ganz schön weh getan!“ (....)
> C. fragt Frau M., ob sie ihr die Bettjacke anziehen soll. Sie bekommt keine Antwort. Schließlich gibt sie sich selbst eine positive Antwort und zieht Frau M. die Bettjacke an. Auffallend ist, daß C. vollkommen vernünftig mit Frau M. redet, obwohl sie glaubt, daß Frau M. kaum etwas versteht. Sicher ist sie sich mit dieser Einschätzung allerding nicht. C. versucht Frau M. Kaffee einzuflößen. Auf ihre Frage, ob sie, Frau M., noch einen Schluck Kaffee möchte, bekommt sie zum ersten Mal eine klare Antwort: „Ja!“ Dabei bleibt es allerdings. Auf die Frage, ob es denn nun genug sei mit dem Kaffee, bekommt C. keine Antwort. „Sie müssen ‘Nein’ sagen, wenn sie nix mehr wollen, sonst weiß ich des ja nicht - oder muß ich mir des denken?“ Sie muß.
> Nach ein paar Aufräumarbeiten verabschiedet sich C. mit einen „Auf Wiedersehen“ von Frau M.“

Das Zitat läßt gut nachempfinden, daß und wie die Handlungen auf der Gefühlsebene und diejenigen der praktisch-pflegerischen Aktivitäten synchron verlaufen.

Für die oben genannten Arbeitssequenzen läßt sich im Fall - teils mit Dunkel - folgenes Entnehmen:

zu a) Erklärung, Besänftigung und Aufmuterung sind Teil der Gefühlsarbeit, die gleichermaßen um ihrer selbst willen erfolgen, wie als unterstützende Maßnahmen, um den Pflegeauftrag erfüllen zu können.

zu b) Der Fall spiegelt die delikate Balance von manipulativen und kooperativen Strategien wider. Die Pflegerin versucht die Bedürfnisse der bettlägerigen Frau zu erraten, mit einzubeziehen, zu stimulieren, um deren Eigenständigkeit zu respektieren und zu wahren. Bei der Lektüre des Falles beschleicht einen zuweilen der Verdacht, daß die Klientin diese Doppelbotschaft durchschaut und deshalb blockt, das Tempo verlangsamt, aus dem Spiel aussteigt.

zu c) Beide Beteiligte sind in einer asymmetrischen Beziehung gefangen, in der sich von Szene zu Szene die Rangverhältnisse ändern. Die Klientin ist von der Pflegerin abhängig, hat aber dennoch einen großen Freiheitsbedarf in ihren Reaktionen. Die Pflegerin muß den Standard des Heims, der KollegInnen genügen und kann deshalb Angriffe nicht mit Gegenangriffen parieren, sondern muß mit Zärtlichkeit kontern.

zu d) Zur Stabilisierung dieser prekären Interaktionssituation, die jederzeit eskalieren kann, greift die Pflegerin auf emotionale Selbstdarstellung und -stilisierung zurück. Sie unterstreicht ihr verbales und nonverbales Verhalten, indem sie ihre Motive und Empfindung kommentiert und die der Klientin empathisch zu antizipieren versucht. Durch die Gefühlsetikettierung will sie sowohl ihr Verhalten und Erleben wie dasjenige der Klientin aufeinander beziehen und koordinieren. Ähnlich wie in der Kindererziehung wendet sie dabei intuitiv ein breites Spektrum von Strategien an: Übertreiben, Verlangsamen, Pointieren von Mimik und Stimme, Modellernen, Instruktionen und Modellieren (Ulich, Mayring, 1992, S. 110 ff.).

Der Fallbeschreibung ist nicht zu entnehmen, was die Klientin versteht und was nicht, ob das auf den Altersabbau zurückzuführen ist oder als Versuch zu werten, einen Rest Eigenständigkeit im Eigensinn zu behaupten. In der aktuellen Pflegesituation ist das kaum abzuklären. Insofern hat die Pflegerin eine Situation zu gestalten, die sich ihren Interpretationsmöglichkeiten partiell entzieht. Die Selbstdarstellung und -etikettierung mag deshalb ebenso der eigenen Orientierung und Stabilisierung dienen, wie derjenigen der Klientin.

zu e) Der routinierte Arbeitsablauf des Waschens verlangt immer wieder listige Improvisationen, in denen der Widerstand, die Unkooperativität der Klientin angesprochen, übersprungen bzw. ausgehebelt werden. List und Improvisation sind die Mittel der Wahl, um den Einsatz reziproker Gegengewalt zu verhindern.

zu f) Die Pflegerin ist in der Gestaltung des Arbeitsvollzugs häufiger auf ihre Empathie angewiesen, da die Klientin wenig hilft. Allerdings erfährt die Sympathie bzw. responsiveness eine durch den Handlungsdruck verursachte Verschiebung. Die Signale der Klientin mögen zwar richtig wahrgenommen und interpretiert werden, ihre prompte Beantwortung steht aber ganz im Zeichen der Arbeitsbewältigung und nicht der Bedürfniserkundung.

2.6. Typen der Organisation professioneller Gefühlsarbeit

Dunkel (1989, S. 81 ff.) unterscheidet drei Typen von Arbeitsorganisation, die den professionellen Einsatz von Gefühlsarbeit regulieren. Differenzierungskriterien sind die betrieblichen Kontrollebenen, Dauer und Intensität des Klientenbezugs sowie Grad der Autonomie der Arbeitsgestaltung.

Der Typ I „Standardisierung" umfaßt relativ unpersönliche Klientenkontakte, hohe Standardisierung der Arbeitsvollzüge und diesen entsprechende Fremdbestimmung, betrieblichen Interessen folgende Gefühlsregeln und Kontrolle ihrer Einhaltung durch die Organisationshierarchie. Stewardessen und Verkäuferinnen sind in diese Kategorie einzuordnen, wenn die Qualität des Kundenbezuges keine besonderen Anstrengungen erfordert.

Beim Typ II der „teamartigen Kooperationen" erfolgt die Gefühlsarbeit in relativ autonomen Gruppen. Mitarbeiterideologie, gruppeninterne Verständigung und Festlegungen des Stils des Hauses durch die Hierarchie, sind die Einflußgrößen, zwischen denen die Qualität der Dienstleistung und damit Tiefe und Umfang der Gefühlsarbeit lokalisiert werden müssen.

Unter dem Typ III „berufliches Selbstkonzept" werden jene Berufstätigen zusammengefaßt, die in ihrem Handeln autonom professionelle Standards erfüllen wollen. Hohe situative Flexibilität und Orientierung an abstrakt formulierten Kriterien sind die Regel und externe Verhaltensregulierung soll durch internalisierte Normen professionellen Handelns ersetzt werden.

Wir haben es also mit einem breiten Spektrum von Gefühlsarbeit in Dienstleistungsberufen zu tun, deren Grenzen fließend sind. Je anspruchsvoller die Tätigkeiten werden, um so größer wird der Anteil der Interaktionsverläufe und der Gefühlsarbeit, die nicht durch Professionelle (Planer und Designer der Aus- und Fortbildung) im vorhinein standardisiert, sondern von Berufstätigen in situ intuitiv, passend für sie und ihr Gegenüber zu kreieren, zu modifizieren und zu gestalten sind. Beim ersten Typ ist die Fremdsteuerungsmöglichkeit am größten. Das erwünschte, geforderte Gefühlshandeln kann bis in Einzelheiten vorgeschrieben, eingeübt und im konkreten Interaktionsverlauf überprüft werden. Fluggesellschaften definieren Situations- und Emotionserwartungen der Klienten durch die Werbung vorab und versuchen sich dadurch ein unverwechselbares Profil zu geben, das die Mitarbeiter einlösen sollen (Gerhards, 1988, S. 54).

Der zweite Typ enthält deshalb ein hohes Belastungspotential, weil Betriebsinteressen einerseits, Individual-, Gruppenmotive und -prozesse andererseits immer wieder neu ausbalanciert werden müssen, ohne daß dafür regelmäßig die sachlichen und fachlichen Kompetenzen bereitgestellt werden.

Die interaktionelle Kompetenz von angestellten Psychotherapeuten, Psychologen, Kundenberatern von Banken und Versicherungen unmittelbar überprüfen zu wollen, würde wenig Sinn machen, weil damit die psychophysische Produktivkraft beeinträchtigt würde, die sich bei der Gefühlsarbeit nur individuell optimal entfalten kann. Die Kontrolle durch den Betrieb, die soziale Einrichtung verschiebt sich deshalb zunehmend zu den meßbaren harten und weichen Faktoren des Arbeitserfolges hin: Pflegeintensität, Behandlungsgüte bzw. Verkaufserfolg und Kundenzufriedenheit. Diesem Leistungsdruck steht auf der Habenseite für die Professionellen die Chance gegenüber, berufliche Tätigkeit und Gefühlsarbeit selbst und autonom zu gestalten.

Die drei Arbeitsbereiche konfrontieren mit je unterschiedlichen Belastungen, gegen die aber je spezifische Kompensationsmöglichkeiten aufzurechnen sind.

2.7. Belastung und Entlastung

Verkäuferinnen, Stewardessen laufen Gefahr, übertölpelt, ausgebeutet zu werden, weil die Unternehmen mühelos jene Gefühlsqualitäten nutzen und ausnutzen können, die in der halbierten Moderne Frauen angesonnen wird (Beck, 1986). Die Gefahr der Selbstentfremdung, die dadurch entsteht, hat Hochschild mit vielen Beispielen belegt. Andererseits bieten die situationsgenau konzipierten Schulungsprogramme der Fluggesellschaften Schutz. Ist erst einmal die kognitive und emotionale metaphernunterstützte positive Neudefiniton und Konnotation gelungen, so profitiert auch die Stewardess davon: Sie kann Situationen entdramatisieren, sich einen Schutzschild von immunisierender Freundlichkeit zulegen. Vor allem entlastet sie die Firmenphilosophie, wie Kunden zu begegnen ist, von der Arbeit, sich je individuell und authentisch auf die rasch wechselnden, hochgradig ritualisierten und fragmentierten Interventionsepisoden einzustellen. Das ginge nur um den Preis von Selbstausbeutung.

Nach den Schilderungen von Hochschild habe ich ohnehin den Eindruck, daß manche der zitierten Belastungen nicht auf den Faktor „Gefühlsarbeit", sondern „Arbeit" zurückzuführen ist. Darüber hinaus scheinen die Stewardessen sich ihrer Berufssituation nicht tatenlos ausgeliefert zu fühlen. Das lassen zumindestens die Strategien erahnen, mit denen sie - gekonnt ihre Möglichkeiten ausspielend - sich der Passagiere erwehren und ihre Haut in Sicherheit bringen.

Von den spezifischen Belastungen des Pflegepersonals - dem mühsamen Balancierungsprozeß - war schon oben die Rede. Das Personal versucht diese aus der Gleichzeitigkeit von Gefühlsarbeit und Nichtgefühlsarbeit, d.h. körperlicher Pflege entstehende Überlagerung und Vermischung unterschiedlicher Funktionen durch nach außen gerichtete Strategien (Meidung des Kontakts zu schwierigen Klienten;

Spezialisierung) und solchen nach innen (das Gleichgewicht von Empathie und Distanz; kollegiale Unterstützung) zu reduzieren. Auf die Dauer sind diese naturwüchsigen Strategien aber durch weitere flankierende Maßnahmen zu ergänzen, will man sonst unweigerlich ins Haus stehenden burn out verhindern: nämlich Fertigkeitstrainings, um das Zusammenspiel von Gefühlsarbeit und Pflege zu koordinieren und, danach bzw. flankierend dazu, Angebote zur Reflexion des eigenen und fremden Erlebens.

So macht es wenig Sinn, mit Pflegekräften in der Supervision frei flottierende Fallarbeit zu betreiben. Im Pflegeberuf finden wir viele Frauen über 50 mit folgender Konstellation: Die Familienphase ist nach Auszug der Kinder beendet, der Zugang zum ehedem erlernten qualifizierten Beruf ist versperrt oder hat nie existiert; das Einkommen des Ehemanns ist kündigungs- bzw. krankheitsbedingt zu gering; evtl. hat eine Scheidung die eigene Berufstätigkeit erzwungen. Was diese Frauen dann am wenigsten gebrauchen können, ist eine Supervision, deren biographie- und erlebensbezogene Orientierung mehr be- als entlastet. Sie brauchen statt dessen Unterstützung. Die ist dadurch möglich, daß man sich auf der Erfahrungsaustauschebene darüber verständigt, mit welchen Tricks und Kniffs man die zu leistende Pflegetätigkeit schaffen und sich zu erleichtern vermag. Es handelt sich also partiell um die Formalisierung des kollegialen Austausches, der ohne diese strukturelle Klammer eines Beratungsangebotes dem Zufall informeller Kontakte überlassen bleibt. Erst dann, wenn die Pflegekräfte hier spürbare Entlastung und Routine hinzugewonnen haben, können sie von einem Reflexionsangebot Gebrauch machen, das sich auf das Erleben der Pflegearbeit bezieht. Viele Supervisoren und Gruppendynamiker, die das nicht berücksichtigen und die Vollform von Fall- und Teamsupervision anbieten, überfordern damit die Supervisandinnen und sich gleichermaßen, was oft das Versanden der Gruppe nach sich zieht.

Die Problematik stellt sich ähnlich für den Typ „berufliches Selbstkonzept“. Die autonome Berufstätigkeit, die erforderlich ist, um die anspruchsvolle Beratungsarbeit in Profit- wie im Nonprofitbereich zu leisten, stellt sich nicht von alleine ein, sondern bedarf intensiver Aus- und kontinuierlicher Fortbildung, soll der Berater sich nicht in professionellen Paradoxien verstricken. Zu diesem zählt auch die Tendenz, automatisch zu unterstellen, daß Klienten und Berater von gleichen Vorstellungen ausgehen, dieselben Ziele und Werte teilen. Es handelt sich um eine Fehlertendenz, die um so mehr zunimmt, je mehr Anteile eine Dienstleistung am Typ III hat. Personenintensive, biograpische Beratungsinhalte stehen für Interpretationen offener als die von harten Fakten bestimmte Entscheidung, welches Produkt man kaufen will.

3. Gefühlsarbeit und Selbststeuerung

Der Fehler der automatischen Sinnübereinstimmung könnte auch dem Leser dieses Artikels unterlaufen, wenn über Aus- und Fortbildung von Verkäuferinnen, Pflegepersonal, Beratern zu entscheiden ist.

Es gibt zwar ehrenwerte Motive, allen Beteiligten die maximale Ausbildung zukommen zu lassen, d.h. jenes Angebot, das Trainern, Therapeuten, Supervisoren offensteht. Allerdings könnte die vorliegende Situation eine solche sein, in der das Bessere nicht der Feind des Guten ist. Aus zwei Gründen:

Am Beispiel des Strafvollzugs hatten wir schon gesehen, daß die Bediensteten des allgemeinen Vollzugsdienstes nicht für die Vollform der supervisorischen Selbstkontrolle des beruflichen Handelns zu gewinnen sind. Der Artikel macht plausibel, daß dafür gute und nicht etwa nur schlechte Gründe sprechen können. Um viele Arbeitsvollzüge im Gefängnis realisieren zu können, braucht man keinen Zugang zu den hochdifferenzierten Sinnwelten und -quellen etablierter Professionen - es genügt, wenn das Verhaltensrepertoire ausreicht, mit den relevanten Bezugsgruppen relativ problemfrei und entspannt interagieren zu können.

Ein solcher Ansatz muß weder an den Interessen der Betroffenen vorbeizielen, noch diesen zuwiderlaufen. Eine Mikroanalyse der geforderten praktischen Tätigkeiten sowie der synchron verlaufenden Gefühlsarbeit, könnte genau jene kritischen Arbeitsabläufe identifizieren helfen, auf deren Beherrschung es in diesem Arbeitsfeld primär ankommt. Und die, wenn sie einmal eingeübt sind, zur Bewältigung des alltäglichen Handelns ausreichen.

Das ist eine Aufgabe, die man nicht an die Angehörigen des allgemeinen Vollzugsdienstes delegieren kann, sondern die von Kommunikationsforschern bzw. -praktikern zu leisten wären. Wie Knoll (1997) gezeigt hat, sind Paraprofessionelle, die ihr berufliches Handeln in Abgrenzung zu etablierten Professionellen in Organisationen be- und festschreiben wollen, damit überfordert. Sie haben dazu weder die Zeit noch die erforderlichen interaktionellen Fähigkeiten, gleichzeitig den internen Abstimmungsprozeß und den externen Ausgrenzungsprozeß zu leisten.

Gerade angesichts knapper werdender Ressourcen lohnt es sich auch im Feld sozialer Arbeit, den teuren Anzug von der Stange - das „erwiesenermaßen gute Standardangebot“ - gegen den maßgeschneiderten, preisgünstigeren, weil bedarfsgerechteren Anzug auszutauschen.

Der andere Grund hat mit Geld zu tun. Dienstleistungstheoretiker hatten angenommen, daß die Zunahme der Arbeit am Menschen naturwüchsig bzw. automatisch zu humaneren Formen der Arbeit führen würde. Statt dessen sehen wir, daß sie uns neue spezifische Belastungen und Anforderungen einträgt, in denen darüber hinaus die gesellschaftliche ungleiche Chancenverteilung durchschlägt. In einer Konkurrenzgesellschaft von Dienstleistungsunternehmen zu erwarten, daß sie diese Defizite durch Training und Weiterbildung ihres Personals ausgleichen, ist ähnlich blauäugig, wie die oben zitierte Erwartung einer allgemeinen Verbesserung der

Arbeitssituation. Die Maßnahmen müssen sich rechnen, Investition und Ertrag müssen in einem ausgewogenen Verhältnis stehen.

In dieser Publikation wird gruppendynamische Theorie und Praxis zur Selbststeuerung und Selbstorganisation in Beziehung gesetzt. Die vorgestellten Beobachtungen und Überlegungen sollten deutlich machen, daß die drei Arbeitsfelder unterschiedlich viel Raum zur Selbststeuerung und -organisation bieten. Beim Typ „Standardisierung“ finden wir in der Regel ein vorgefertigtes Curriculum vor, das nur wenig Spielraum enthält. Die Selbstorganisation der Berufstätigen beschränkt sich auf die informelle gegenseitige Unterstützung und Absprache bei konkreten Arbeitsvollzügen. Systematischer Erfahrungsaustausch zentriert sich ebenfalls um die Gestaltungsvarianten der unpersönlichen Klienten- und Kundenkontakte.

Um Professionelle beim Typ „teamartige Kooperation“ unterstützen zu können, müssen Trainer und Berater einen gekonnten Wechsel von stellvertretender Unterstützung, Entfaltung des konkreten Selbsthilfepotentials und reflexiver Anteile beherrschen. Beim beruflichen Selbstkonzept finden wir am ehesten eine Aus- und Weiterbildungssituation, die das Selbststeuerungspotential der Beteiligten optimal zu entfalten vermag.

Der Autor hat diese Überlegungen mehrfach Gruppendynamikern und Supervisoren präsentiert. Die Diskussion entzündete sich regelmäßig an der Ausbildung von Stewards und insbesondere von Stewardessen. Die Empörung galt der Tatsache, daß die Unternehmen die gesellschaftlich geprägte Disposition von Frauen zu Gefühls- und Beziehungsarbeit ausnutzen und das ungleiche Machtverhältnis perpetuieren. Nur allzu gern hätte man die Gesellschaften in die Pflicht genommen, dies prinzipiell und gesellschaftsrelevant zu ändern. Nun ist es jedem anheimgestellt, für welche Berufsgruppe und Ziele er sich einsetzen und arbeiten will. In der Diskussion fiel es aber schwer, diese Wertentscheidung von der professionellen Beurteilung der vorgestellten Beratungs- und Trainingsansätze zu trennen. Fragen der Finanzierbarkeit von Aus- und Fortbildung fanden ebenso wenig Gehör, wie Überlegungen, welcher Umfang von Selbstthematisierung bei welcher Tätigkeit unerläßlich bzw. kontraproduktiv und/oder von den Beteiligten erwünscht ist.

Gegen diese Tendenz ist darauf zu insistieren, daß Professionelle überprüfen müssen, mit welchem Funktionstyp von Gefühlsarbeitern sie es zu tun haben und welches Beratungsangebot mit welchem Tiefgang bereitzustellen ist. Im Rahmen von Selbststeuerung und Selbstorganisation ist nicht selten davon die Rede, daß die Klienten sich ganzheitlich und authentisch, gefühlsmäßig einbringen und entfalten sollen können. Ganz abgesehen davon, daß in einer arbeitsteiligen Welt der Begriff der Ganzheitlichkeit sehr nach Präzision verlangt, möchte der Autor hier dafür plädieren, sich stärker auf das konkret Machbare und Unabdingbare zu beschränken.

Teil III

Die Rolle des Trainers und Beraters

Wandel in der Trainerrolle

Elisabeth Hürter

1. Einleitung

In einer Zeit rasanter Entwicklungen auf allen Gebieten verändert sich auch die Rolle gruppendynamischer Trainer erheblich. Das ist eine Selbstverständlichkeit. Weniger selbstverständlich ist es in einer Zeit wachsender Komplexität, auf welche Weise sie sich ändert. Einerseits gibt es die großen Trends in der Veränderung, andererseits gibt es so viele Trainerstile wie es Trainerpersönlichkeiten gibt. Diese Stile zu beschreiben ist deshalb besonders schwer, weil sie zudem auch von Situation, Interventionskunst und Setting geprägt sind. Aber vielleicht liegt auch gerade darin der Reiz, sie immer wieder unter verschiedenen Aspekten zu diskutieren. Ein Teil dieser Diskussion findet innerhalb der Sektion Gruppendynamik im DAGG statt. Hier nur ein kleiner Ausschnitt:

> O. König (1996, S. 149 ff.) untersuchte insbesondere die Machtprozesse in Gruppen und schildert den veränderten Umgang der Trainer mit Macht und Intimität. Er unterscheidet vor allem zwischen der Macht der Trainer in den Verhältnissen und über die Verhältnisse.
> M. Schimkus (1996) zeigt, wieviel differenzierter die Trainerrolle geworden ist, nachdem an die Stelle der zentralen "Autoritätsabhängigkeit" eine wesentlich komplexere Beziehungsgestaltung getreten ist.
> Die Konsolidierung der Gruppendynamik ist ein Problem der achtziger Jahre. Ihren Vorteil und ihren Preis durch übersichtliche Strukturierung in der innerbetrieblichen Fortbildung beschreibt L. Nellessen (1995). C. Edding (1985) sieht darin die Gefahr einer Domestizierung der Gruppendynamik und vermißt dabei die Erforschung des Unbekannten, Lewins "spirit of inquiry".
> Entscheidendes konnte ich von J. Schmidt (1993) in der praktischen Zusammenarbeit lernen. In Trainings mit dem Schwerpunkt auf Selbstorganisation[1] experimentierte er immer wieder erfolgreich mit Trainerinterventionen, die mit relativ geringem Aufwand einen relativ hohen Effekt auf das Selbststeuerungspotential der Gruppenteilnehmer hatten.

---

[1] Die Begriffe Selbstorganisation und Selbststeuerung verwendeten wir zu Beginn synonym. Heute tendiere ich eher dazu, in sozialen Systemen von Selbststeuerung zu reden, weil der Begriff der Selbstorganisation Autopoiese impliziert und damit meist zu umfassend ist.

Allen Darstellungen gemeinsam ist es -und das wäre jetzt der große Trend- daß deutlich Abstand genommen wird vom Leitbild des abstinenten Analytikers, des eindrucksvollen Gurus oder der machtvollen Autorität. Immer mehr scheint das Interesse dahin zu gehen, wie denn die Teilnehmer ihre eigene Autorität erleben und stärken können.

Ich möchte hier von dieser speziellen Veränderung in der Ausübung der Trainerrolle sprechen, wie ich sie selbst im Laufe der letzten zwanzig Jahre bei einigen meiner Trainerkollegen und auch bei mir erleben konnte, einerseits als Ergebnis gemeinsamer Entwicklungen, andererseits als Veränderung in meinem persönlichen Stil.

Da Trainer per definitionem Veränderungsprozesse begleiten, ist der "Wandel in der Trainerrolle“ ein gruppendynamisches Grundgesetz und insofern nicht eigentlich besonders nennenswert. Aber was ich hier meine, hat die Besonderheit, daß mir theoretisch und methodisch ein grundlegender Perspektivenwechsel möglich war, von dem eher klassisch gruppenanalytisch orientierten Stil hin zum gezielten und geübten Umgang mit dem Selbststeuerungspotential von Teilnehmern und Trainern.

2. Trainerstile im Vergleich

Die unterschiedlichen Trainerstile möchte ich am Beispiel einer Anfangsintervention deutlich machen, weil sich gerade dort die dahinterliegende Haltung zu den Teilnehmern gut zeigt.

In gruppendynamischen Laboratorien der frühen siebziger Jahre war eine Anfangsintervention der klassischen Art (nach längerem Schweigen der Trainer und nach längerem mehr oder weniger gekonnten Herumsuchen der Teilnehmer) z.B.:

"Wie geht es Ihnen hier eigentlich?" - das zielte auf die individuelle emotionale Befindlichkeit, und die Antwort war klassischerweise der Ausdruck von Angst und Unsicherheit. Das ergab eine Art Gemeinschaftsgefühl in der schwierigen Anfangssituation. Offen blieb, ob auch der Trainer ähnlich fühlte. Eine weitere Möglichkeit der Intervention war:

"Wie geht es Ihnen hier eigentlich miteinander?" - das schloß bereits die Interaktionen der Teilnehmer mit ein, die Trainer waren weniger berücksichtigt. In der Antwort wurde häufig beklagt, daß keiner auf den anderen Bezug nimmt (Methode "Spargelstechen" d.h.: wer den Kopf rausstreckt, wird abgestochen) und trotz heftigster Bemühungen gemeinsame Entscheidungen nicht zustande kommen. Ergebnis war im besten Fall eine größere Aufmerksamkeit auf "Interaktionsfehler". Eine nächste Möglichkeit war dann, in den späten siebziger und frühen achtziger Jahren:

"Was möchten Sie hier lernen?" - das implizierte eine lernzielorientierte, eher kognitive Haltung. Die Antworten waren zwar meist klug, nur leider häufig dem Text der Ausschreibung der Veranstaltung sehr ähnlich. Nach der Abfrage der

Lernziele (oft mit Metaplan) stellte man häufig fest, daß diese Frage sehr früh kam und man nach der pflichtbewußten, oft nicht sehr ergiebigen Antwort sozusagen wieder am Anfang stand.

"Welche Erwartungen und Befürchtungen haben Sie bezüglich dieser Veranstaltung?" - diese Frage zielt auf Ansprüche und Ängste. Meiner Erfahrung nach ist sie nur indiziert, wenn es einen besonderen Anlaß dazu gibt, Erwartungen zu bündeln oder Ängste abzufragen.

Demgegenüber habe ich in Trainings mit dem Schwerpunkt auf Selbststeuerung gute Erfahrungen gemacht mit der Frage: *"Was brauchen Sie hier, um zu lernen?- Und wer hat dazu eine Idee ?"* Das vermindert allzu kopfige Antworten und lenkt den Blick auf die aktuellen Notwendigkeiten und Möglichkeiten. Das Interessante daran ist, daß Teilnehmer frühzeitig Leitungsfunktion übernehmen können. Denn anfängliche Bedürfnisse, die das gemeinsame Lernen vorbereiten, wie z.B. ein ausführliches Vorstellen unter bestimmten Kriterien oder andere Anwärmungen können auch die Teilnehmer selber in die Hand nehmen. Auf diese Weise fangen sie an, ihr Lernen und ihren Gruppenprozeß selber zu organisieren und zu verantworten. Der Trainer geht davon aus, daß in der gesamten Gruppe bereits ein erheblicher Erfahrungsschatz für die Gestaltung von Anfangssituationen vorhanden ist und daß Gruppenmitglieder besser wissen als er, was sie in dieser Situation am besten brauchen können. Er sieht seine Aufgabe darin, die Gruppe darin zu beraten und zu begleiten, wie die vorhandenen Ressourcen optimal aktiviert werden können. So können die Teilnehmer gleich zu Beginn erleben, daß sie nicht unwissend, abhängig und hilflos sind, sondern aktiv die Situation gestalten können. Die Rolle und Person des Trainers ist dabei wesentlich, aber nicht zentral. Übertragungsphantasien von Größe, Allmacht und Allwissenheit auf den Trainer können sich nicht ungehindert breit machen. Weder explizit noch implizit stellt der Trainer Unterwerfungsforderungen.

3. Merkmale selbststeuernder Systeme

Um als Trainer Selbstorganisationsprozesse zu begleiten, bedarf es - außer einiger praktischer und methodischer Erfahrung - auch eines Wissens über wesentliche Merkmale von selbststeuernden Systemen im sozialen Bereich. Sie sind im einzelnen weder neu, noch im Zusammenhang vollständig, aber sie kennzeichnen in der Zusammenschau die gewandelte Grundhaltung im Trainerstil. Im folgenden sind auch wesentliche Gedanken von Probst (1987, S. 76 ff.) enthalten.

3.1. Komplexität

Komplexität meint die Vielfältigkeit der Komponenten und der Dynamik eines Systems (in unserem Fall sind Gruppen gemeint). Wegen dieser Vielfalt ist es auch nur unvollständig beschreibbar und auch die Voraussagbarkeit ist ebenfalls unvollständig. Komplexität ist somit die Folge von Kompliziertheit, Dynamik und Vielschichtigkeit. Aus dieser analytischen Unbestimmbarkeit ergeben sich notwendigerweise Unvollständigkeit, Unsicherheit und Unbestimmtheit. Das ist unübersichtlich und deswegen unbequem und eine der Ursachen für Angst in Gruppen. Deshalb ist es nicht verwunderlich, wenn Teilnehmer und Trainer immer wieder in die "Falle der Trivialisierung" geraten, um die Komplexität zu reduzieren (z.B. indem die Situation scheinbar eindeutig interpretiert wird: Das ist jetzt *nichts als* Rivalität, Abhängigkeit usw.). Triviale Systeme sind analytisch *eindeutig* bestimmbar und im Verhalten vorhersagbar; sie sind einfach zu handhaben, zu verändern bzw. auch zu manipulieren. In diesem System folgt eindeutig der Output dem Input, die Reaktion dem Reiz, die Antwort der Frage.

Diese Aussagen erscheinen zunächst banal, wenn sie im Zusammenhang mit der Dynamik von Individuen und Gruppen gesehen werden. Genaugenommen mangelt aber diese Sicht vielen "Machern" im sozialen Feld. Heilslehren (z.B. Heil *nur* durch Autonomie, durch Spezialisierung, durch Umstrukturierung etc.) basieren häufig auf der Annahme von trivialen Systemen. "Alles ist machbar" ist die entsprechende Devise. Bemerkenswert in diesem Zusammenhang ist der zunehmende Gebrauch des Wortes "einfach": "Das ist mir *einfach* zu schwierig!" "Wir nehmen *einfach* das Design vom vorletzten Jahr wieder her, das hat sich bewährt", höre ich gelegentlich von Trainerkollegen.

Sicherlich befinden sich alle Trainer und Teilnehmer in der Not, die stets wachsende Komplexität zu reduzieren. Im Einzelfall wird es darauf ankommen, auf welche Weise und von wem zu welchem Preis Komplexität reduziert wird. Wird Komplexität in Gruppen ernstgenommen, hat das Folgen im Verhalten:

- Gemeinsamkeiten und Unterschiede werden wahrgenommen und geachtet. Es wird notwendig, sich in die jeweils andere Position einzudenken und einzufühlen (Im Psychodrama geschieht dies durch die Methode des Rollentausches).
- Sich als Teil eines Ganzen zu verhalten heißt auch, daß gemeinsame Werte, Interessen und ebenso das Trennende in die eigene Aktion einbezogen werden.
- Es kann keinen dauerhaften Platz im Mittelpunkt der Gruppe geben. Weder für Trainer, noch für Teilnehmer.

3.2. Selbstreferenz

Die einfache Übersetzung "Selbstbezüglichkeit" oder "Rückbezüglichkeit" ist etwas zu kurz gegriffen. Gemeint ist genauer das wirkungsvolle Zusammenspiel von Wahrnehmung, Feedback, Lernfähigkeit und Steuerung in einem System. Das Gesamtsystem kann sich über Teilsysteme mit sich selbst in Beziehung setzen. Damit wirkt jedes Verhalten auf sich selbst zurück und wird Ausgangspunkt für weiteres Verhalten, d.h. das System ist in sich geschlossen. Die inneren Kohärenzen entscheiden auch darüber, welche Konstanten und Regeln es gibt. Dies wird nicht von Instanzen der Umwelt bestimmt. Damit ist die Voraussetzung gegeben für das Durchlaufen von Entwicklungsprozessen, Lernprozessen und Selbstkorrektur.

Die sozialpsychologische Folge ist die Umverteilung von Verantwortung. Es gibt nicht mehr nur "Verantwortliche" und "Nicht-Verantwortliche", so wie es auch nicht mehr nur Organisatoren und Organisierte gibt. Das System ist in der Lage, sich durch Austausch selbst zu organisieren.

Das hat Folgen für die Gestaltung von Designs gruppendynamischer Veranstaltungen. Häufig gibt es Diskussionen über die Zweckmäßigkeit von offenen und geschlossenen Designs. Unter geschlossenem Design verstehe ich hier einen vorher fest geplanten Arbeitsablauf, ein sogenanntes Versorgungsdesign.

Meiner Erfahrung nach wurden, seitdem die Gruppendynamiker innerbetriebliche Fortbildungen leiten, die Teilnehmer tendenziell unterfordert mit allzu dichter, vorausgeplanter Struktur. Die Produktivität und Kreativität der Teilnehmer und auch der Trainer kam damit oft zu kurz. Andererseits ist es eine Frage der sorgfältigen Diagnose (Organisationsziele, Klientel, verfügbare Zeit, Anzahl der Teilnehmer, etc.), wann und wie ich ein Design öffnen kann.

3.3. Redundanz

Redundanz kommt dem soziologischen Kontingenzbegriff nahe und könnte gruppendynamisch mit Rollenflexibilität übersetzt werden, d.h. die Fähigkeit, flexibel unterschiedliche Aufgaben und Funktionen wahrzunehmen. Zum Beispiel kann ein und dieselbe Person einmal Lehrer sein und dann wieder Schüler. Systemisch gesehen heißt es aber wesentlich mehr: es gibt prinzipiell keine Trennung mehr zwischen dem organisierenden, gestaltenden und lenkenden Teil und dem organisierten, gestalteten und gelenkten. Die grundsätzliche Orientierung am Hierarchieprinzip entfällt damit. Über- und Unterordnungen sind dabei nicht ausgeschlossen, oft sind sie sogar notwendig, sie werden aber lediglich funktional eingesetzt und nicht prinzipiell institutionalisiert. Jene Elemente des Systems übernehmen beispielsweise die Gestaltung und Lenkung, die dafür die meisten Informationen oder Kompetenzen haben.

Psychologisch heißt dies oft das Aufgeben der verinnerlichten Strukturen von "oben" und "unten". "Oben" ist allein die Verantwortung, die Entscheidungsbefugnis und das "bessere" Wissen, wie z.B. in der Schule.

Die Stärke der Redundanz kennzeichnet auch die Robustheit eines Systems. Geringe Redundanz heißt auch einen geringen Vorrat an Ressourcen. Je mehr Ressourcen vorhanden und genutzt werden, umso produktiver kann gearbeitet werden und umso größer ist die Zufriedenheit aller Beteiligten.

In allen Krankenhäusern gibt es z.B. ein Notstromaggregat, damit bei Ausfall der öffentlichen Stromversorgung alle lebenswichtigen Geräte weiterfunktionieren. In Gruppen gilt dies auch für die Tätigkeit des Leiters. Zunächst wird er die wichtigen Funktionen ausüben, bis die Gruppe in der Lage ist, dies selber zu tun, z.B. Feedback geben, Risiko eingehen, Rollenflexibilität, soziale Kreativität, Perspektivenwechsel zeigen etc.. In vielen Punkten wird andererseits der Leiter von den Teilnehmern lernen können.

Auf diese Weise werden Wissen und Fähigkeiten der Teilnehmer am besten wirksam. Erfreulicher Effekt sind höhere Motivation und Zufriedenheit, weil die Teilnehmer mehr "ownership" (d.h. : hier läuft *meine* Sache !) entwickeln können.

3.4. Autonomie

Absolute Autonomie gibt es nirgends, d. h. wir können allenfalls fragen, *in Bezug auf wen oder was* ein System autonom ist. Deshalb können wir auch bei Gruppen immer nur von *relativer* Autonomie sprechen. Autonomie liegt dann vor, wenn die Beziehungen und Interaktionen, durch die das System definiert ist, nur dieses System ausmachen und kein anderes. Nach Probst (1987) gelten folgende Kriterien für die Bestimmung der Autonomie eines Systems:

Abgrenzung: Der Prozeß der Gruppe und ihre Selbstorganisation kann nicht im freien, d.h. grenzenlosen Raum stattfinden. Der "Gartenzaun" muß klar definiert sein durch die Festlegung von Zeit, Raum, Teilnehmerzahl, Aufgabenstellung, Werte, Mittel etc. Diese Beschränkung und Abgrenzung der Rahmenbedingungen nach außen garantiert die Möglichkeit der Identität nach innen.

Unabhängigkeit: Unabhängigkeit meint nicht, ohne Interaktion oder Kontakt mit anderen Systemen zu sein. Wie z.B. bei der Gründung einer Tochtergesellschaft einer größeren Firma bleibt diese auch weiterhin beeinflußt, jedoch mehr oder auch weniger unabhängig. Deswegen ist Unabhängigkeit immer nur eine graduelle Frage. Ausschlaggebend ist, daß das Verhalten nach innen und die Entscheidungen eines Systems vor allem von ihm selbst, von seinen Interaktionsmustern, seinen eigenen Werten und seiner Geschichte abhängen.

Selbstregulierung: Die Umwelt komplexer Systeme wandelt sich ständig in nicht vorhersehbarer Weise. Also bedarf ein sich selbst organisierendes System ständiger und vielfältiger Anpassungen und *Flexibilität.* Um das zu erreichen, braucht es eine gesicherte und möglichst auch wachsende *Stabilität.* Diese kann aber nur durch erhöhte Flexibilität gewonnen werden. Deswegen pendeln sich diese Systeme stets im Wechsel von Flexibilität und Stabilität ein. Dabei bilden die sozialen Normen, die bewußt oder auch unbewußt entstanden sind, die Grundlage, um ein System lebensfähig zu halten. So passen sich z. B. Strukturen bei Störungen selbständig an, um das Gleichgewicht wieder herzustellen. Durch Flexibilität erreicht es immer wieder einen stabilen Zustand, und aufgrund der Stabilität kann es wiederum genügend flexibel sein. Auf diese Weise ist es lernfähig, so kann es z.B. die selbstgesetzten Regeln bei Bedarf verändern, anpassen oder auch verwerfen[2].

Diese Art, auch das Lernen zu lernen, ist vor allem im selbstorganisierten Modell möglich.

Wir haben hier vier unterschiedliche Aspekte des Ansatzes von Selbstorganisation. Bei genauer Betrachtungsweise läßt sich dazu sagen, daß die vier Merkmale innerlich jedoch untrennbar zusammengehören. Z.B. läßt sich Redundanz nicht ohne Komplexität, Autonomie nicht ohne Selbstreferenz vorstellen usw.

4. Besondere Aufgaben in der gewandelten Trainerrolle

Aus den genannten vier Kriterien ergeben sich ganz folgerichtig wesentliche Ansätze zum Wandel in der Trainerrolle.

Der entscheidende Unterschied zu Trainern im herkömmlichen Verständnis ist der, daß der Trainer in selbststeuernden Gruppen die prinzipielle Trennung "Da ist die Gruppe - und hier bin ich" für den gemeinsamen Lernprozeß nicht braucht.

Als "Teil des Systems" ist der Trainer selbst einem Entwicklungs- und Lernprozeß in der Gruppe ausgesetzt und kann das auch zugeben. Das unterscheidet ihn deutlich von der streng abstinenten Grundhaltung analytischer Prägung. Es liegt eine große Entlastung darin, in einen offenen Lernprozeß einzutreten und nicht die Phantasien der Teilnehmer zu füttern, als Trainer allwissend, angstarm und fast vollkommen zu sein. Andererseits gehört es auch zu seiner Rolle, sich selbst nicht zu sehr in den Mittelpunkt des Geschehens zu rücken. Seine wesentliche Aufgabe ist es, die Selbstregulationskräfte der Gruppe anzuregen. Daß jede Gruppe -etwa am dritten Tag!?- die sogenannte Autoritätsproblematik durcharbeiten muß, halte ich für einen verflossenen Mythos. Im Wesentlichen hat der Trainer in selbstorganisierten Gruppen folgende Aufgaben:

- er klärt, diskutiert und markiert den Rahmen, innerhalb dessen die Selbstorganisations- bzw. Selbststeuerungsprozesse stattfinden können,

[2] Kaufman (1995, S. 133) bringt die sehr interessante Hypothese, daß zelluläre Netzwerke Stabilität und Flexibilität zugleich dadurch erhalten, daß sie es ihnen gelingt, eine Art Gleichgewichtszustand am Rand des Chaos aufrechtzuerhalten. Die höchste Stabilität und Produktivität wäre demnach gegeben, wenn sich ein System genau in der Mitte zwischen Struktur und Chaos befindet.

- er markiert die für den Gesamtprozeß entscheidenden "Gelenkstellen", insbesondere, wenn der Entscheidungsprozeß unklar war,
- er fördert die prozeßrelevante Kommunikation, insbesondere das Feedback zum Gruppenprozeß,
- er versteht sich nicht selbst als geheime -oder bessere- Hierarchie; die eigentliche Autorität hat die Gruppe als Ganzes,
- er unterstützt die gesamte Gruppe und auch die einzelnen Mitglieder aktiv im Aufbau ihrer Selbstorganisation,
- insbesondere achtet er auf die Aktivierung der in der Gruppe vorhandenen Ressourcen zur Steuerung der Prozesse, z.B. auf wechselnde Leitung,
- er unterstützt die gleitende Planung der Prozesse und verzichtet auf ein geschlossenes Design,
- er kann es hinnehmen, wenn er über längere Phasen als Trainer nicht aktiv gebraucht wird. (Dies ist eine ganz besondere Erfahrung, wenn die Gruppe oder auch Untergruppen für eine Zeit lang sagen : "Das machen wir jetzt lieber alleine!" Dies steuert auf eine gute Weise gegen das Unentbehrlichkeitssyndrom oder auch gegen narzißtische Tendenzen des Trainers.),
- er kann Fehler, Unwissen, unerwünschte Gefühle oder Irrtümer zugeben. Sie sind Teil des Prozesses,
- das innere Suchbild für seine Rolle ist eher "Gärtner", weniger "Klempner",
- er braucht nicht viele Übertragungsphantasien aufkommen zu lassen, z.B. die Illusion von Allwissen und Allmacht,
- er relativiert die Intensität der beteiligten Pole, um Integration anstelle von Spaltung zu fördern.

Die Folgen für den Trainer sind:

- er hat größeren Spaß am und im Prozeß, weil er nicht alleine die Verantwortung trägt und dadurch auch entlastet ist,
- er fühlt sich auch im informellen Bereich freier, weil er weniger Übertragungen bekommt,
- die Gruppe ist bald auch ohne ihn arbeitsfähig.

Gruppenleiter beklagen sich manchmal, daß sie sich in ihren Gruppen ausgesaugt und überlastet fühlen. Hier entsteht im Gegenteil das Phänomen, daß selbststeuernde Gruppen auch auf die Trainer ausgesprochen animierend wirken. Der Grund ist, daß üblicherweise die Verantwortung für Inhalte, Lernerfolg, Atmosphäre und Zufriedenheit der Teilnehmer der Leitung zugeschrieben wird. Das ist fast immer eine Überforderung der Leitung und eine Unterforderung der Teilnehmer, die im Gruppenverlauf dann Tendenzen zu Konsumismus und Selbstentmündigung entwickeln können.

5. Abschluß: Kritische Fragen

- Wie steht es mit der Verschleierung der Machtverhältnisse?
- Drücken sich etwa die Trainer elegant vor ihrer notwendigen Verantwortung?
- Werden die Trainer auf diese Weise unangreifbar?
- Stellt sich der Trainer für Selbststeuerung als der " bessere Trainer " dar?
- Wird Selbststeuerung idealisiert oder ideologisiert?
- Werden die Teilnehmer überfordert?
- Nimmt man den Teilnehmern Entwicklungschancen, indem die Autorität des Trainers als "Gegenüber" geringer wird?

Dies alles kann eintreten, genau wie in allen anderen Designs und Ansätzen. Denn diese Schattenseiten sind nicht nur mit einem bestimmten Ansatz, sondern auch mit der Kompetenz und der Grundhaltung von Trainerpersönlichkeiten verbunden. Für den Erfolg von Veränderung und Lernen wird schließlich der fachkompetente, wertschätzende und engagierte Trainer den Ausschlag geben. Diese Werte sind dem Wandel nicht unterworfen.

Leitung und Prozeß: Vom Bestimmen zum Verhandeln

Gerhard Leuschner

1. Einleitung

Leitung und Prozeß heißen die Stichworte, die mir als Gruppendynamiker und Supervisor für diesen Beitrag gegeben wurden. In meinem Beruf geht es um Lernprozesse in ihrer Geschichtlichkeit, in ihrer gesellschaftlichen und psychologischen Bedeutung, die ich entwickeln oder steuern oder begleiten oder fördern möchte. Leitung und Prozeß sind keine sich ausschließenden Alternativen, wie ich in diesem Artikel an eigenen Erfahrungen und professionstheoretischen Überlegungen verdeutlichen möchte. Aber in welchem Verhältnis stehen Leitung und Prozeß zueinander, was bedeutet das eine, was das andere?

2. Die Begriffe Führung und Leitung

Auffallend ist, daß es eine Psychologie der Führung gibt, während seltener von einer Psychologie der Leitung (vgl. dazu Mills, 1969, S. 134 ff.) die Rede ist. Weiter gibt es das Phänomen, daß mancherorts von Führungsrollen gesprochen wird, während andernorts Leitungsrollen genannt werden. Man spricht von Führungskräften in der Wirtschaft, von politischen, verbandlichen oder gewerkschaftlichen Führern. Dagegen gibt es im Krankenhaus eine Betriebsleitung, es gibt Schulleitungen, es gibt die Leitung von Behörden. In der Supervision sprechen wir von Leitungssupervision, aber es heißt Coaching für Führungskräfte.

Max Weber benutzt die Begriffe Führung und Leitung scheinbar beliebig austauschbar, wobei er aber nur in Zusammenhang mit dem Begriff Führung den Begriff Gefolgschaft gebraucht. So sagt er in Bezug auf politische Parteien, daß diese „Führer“ brauchen, die unbeschränkte Vollmacht für wichtige Entschließungen haben oder kurzfristig einholen können. Parteien seien nach Art von „*Gefolgschaften*“ organisiert. Weber spricht von Führern, die das Vertrauen der Massen haben (Weber, 1972, S. 856 ff.).

Man spricht von Führungsqualitäten; unterscheidet sich das von Leitungsqualitäten? Ist der Begriff Führungseigenschaft durch den der Leitungseigenschaft ersetzbar? Oder gibt es den letztgenannten Begriff gar nicht? In der Bildungsarbeit gibt es den Seminar- oder Kursleiter; niemand würde hier den Begriff Führer verwenden.

Schattenhofer bezeichnet als Leitung in seinem Selbstorganisationsmodell *„solche Handlungen aller Teilnehmer einer Gruppe, mit denen der Verlauf, Ziele, Organisation, Struktur der ganzen Gruppe absichtsvoll beeinflußt werden*“ (Schattenhofer, 1992, S. 57). Er meint, eine Gruppe könne vielleicht ohne Leiter, aber nicht ohne Leitung auskommen. Ein Leiter sei der, der in der Hierarchie höher stehe und dauernd für diese Aufgabe verantwortlich sei. Er betont, unter Führung werde Menschenführung verstanden, während Leitung mehr den sach- und kontextbezogenen Teil von Lenkung in einem Systems meine.

Wenn Führung ohne Gefolgschaft nicht möglich ist, dann gibt es eine personenbezogene Bindung zwischen dem Führer und seinem Gefolge. Freud hat hier den Vorgang der Identifizierung als *„früheste und ursprünglichste Form der Gefühlsbindung*“ (Freud, 1974, S. 99) analysiert und beschrieben. Die Identifizierung will das Ich ähnlich wie das Vorbild gestalten, so daß das Ich im Führer, also vergrößert, leben kann. Freud hat 1921, also lange vor der „Führerzeit“ des Nationalsozialismus, am Beispiel des Heeres und am Beispiel der Kath. Kirche beschrieben, wie die psychologische Bindung zwischen Gruppen (der Masse) und Führern ist und was sie bewirkt. Der Nationalsozialismus hat in seiner Herrschaftszeit erschreckend gezeigt, wozu Führerschaft und Massengefolgschaft fähig sind, wenn reflektierende Machtkontrolle und Institutionskritik ausgeschaltet sind. Goldhagen hält uns Deutschen konfrontativ einen schmerzhaften Spiegel vor. - Nein, wir wollen als Gruppendynamiker und Supervisoren diesen Führerbegriff nicht mehr. Und gleichzeitig erleben wir, daß er nicht zu verabschieden ist. Die Faszination der Macht in Parteien, Verbänden und Konzernen, Massen als Gefolgschaft zu führen und damit ohne den aufreibenden, lästigen Verhandlungsdiskurs Ziele auf schnellstem Wege zu erreichen, ist menschlich, entspricht der menschlichen Triebhaftigkeit und wird deshalb natürlich gelebt, wenn dies auch ebenso ständiger fachlich begründeter Rationalisierungen bedarf, weil Freuds Massenpsychologie in der Problematik der Bemächtigung von Massen geschichtlich beweisbar ist.

Wenn wir Leitung statt Führung sagen, dann sind wir in der Assoziation von dem Führungs-Gefolgschaftsdual schon begrifflich distanziert. Wenn wir personengebundene Leitung von funktionaler Leitung unterscheiden, dann entfernen wir uns noch weiter von dem genannten Dual. Funktionale Leitung oder Leitung als Funktion kündigt prinzipiell die Verbindung oder gar Verschmelzung zwischen Person und Leitungsrolle auf zugunsten einer inhaltlich und zeitlich begrenzten Aufgabenstellung. Dies ist ein struktureller Versuch der Differenzierung, um mehr Individualisierung und Entwicklungs- oder Emanzipationsmöglichkeit des Einzelnen in Gruppen und Institutionen zu ermöglichen.

Personengebundene Leitung ist inzwischen vielerorts begrenzt durch Zeit (Leitung auf Zeit) und begrenzt durch Auftrag, Funktionen oder Ziele. Je klarer Auftrag, Funktion und Ziel im Detail formuliert sind, umso leichter läßt sich das Leitungsverhalten von oben und von unten kontrollieren.

3. Das Begriffsdual Leitung und Kontrolle

Leitung oder Führung, ob sie vergeben oder genommen wird, stimuliert Größengefühle, mögen diese als Lust oder Last wahrgenommen werden. Wer Leitungspositionen oder Leitungsfunktionen bekommt, der bekommt einen Gestaltungsauftrag und nimmt diesen an. Damit ist Einfluß und oftmals auch Macht verbunden. Mills macht darauf aufmerksam, daß sich „Inhaber leitender Rollen" in einem Erwartungsdilemma befinden: Sie sollen eigentlich wissen, was für die Gruppe gut ist und sollen schnellstens auf die Ziele zusteuern, die Gruppe dahin führen (Größenzuweisung). Andererseits sind ihre Kenntnisse, ihr Wissen über das, was in der Gruppe lebt, immer begrenzt, es ist ein Teilwissen. Die Fülle der Informationen ist zu groß, die für den einzelnen und die Gesamtgruppe verdeckten oder unbewußten Teile überwiegen, so daß der Leiter in der Identifikation mit dem Größenanspruch, der ihm zugetragen wird, zu einem Gruppenverführer werden muß, wenn er nicht *„eine Haltung der Bescheidenheit"* (Mills, 1969, S. 148) entwickelt. Diese Haltung der Bescheidenheit kann man als Selbstkontrolle gegenüber zugesprochenen oder selbstentwickelten Allmachtswünschen verstehen. Das Erlernen dieser Haltung ist fraglos für das Erlernen von Leitungsverhalten ebenso wichtig wie die Fähigkeiten der Konzept- und Zielentwicklung (des Vordenkens) oder der Gestaltung von Arbeitsabläufen und Strukturen. Gleichzeitig reicht aber das Erlernen dieser Haltung nicht aus. Leitung und Führung bedürfen der Kontrolle, und diese Kontrolle ist nicht allein im Menschen zu entwickeln, sondern bedarf der institutionellen Struktur. Denn Menschen sind aufgrund ihrer Triebstruktur anfällig und verführbar und bleiben ihrem Unbewußten ausgeliefert, wieviel sie auch immer an ihrer Bewußtseinsentwicklung arbeiten. Leitung und Kontrolle sind somit untrennbare Pole eines Ganzen. Die Gewaltenteilung in demokratischen Systemen - die Institutionalisierung von Regierung (Leitung) und Opposition (Kontrolle) - ist ein Beispiel dafür. Kontrolle ist nicht nur gegenüber positioneller Leitung notwendig, sondern mindestens ebenso bei funktioneller Leitung, was oft übersehen wird.

Was folgt daraus für die Arbeit als Trainer oder als Supervisor?

Entsprechend meinem Demokratieverständnis bedarf es in Gruppen der Entwicklung von Leitung und Kontrolle durch öffentliches Ausdifferenzieren und Vergabe zielfunktionaler Rollen. Es ist also erwünscht, daß jeweils zur Sache funktional Leitung entwickelt wird, auch, daß Rollen vergeben werden und man das aus diesen Rollen sich entwickelnde Verhalten jeweils kontrolliert.

Das Leitungsverhalten des Supervisors im Supervisionssetting ist ein *Initiativverhalten*. Sobald andere Gruppen- oder Teammitglieder Initiativen starten, werden diese gemeinsam reflektiert und begründen Gruppeninitiativen, die durch einzelne Leitungsrepräsentanten übernommen werden. Das heißt also, die Leitungsaufgaben in einem Team sind möglichst immer besetzt. Sie wechseln je nach Argumentationsstärke und Anklang in der Gruppe, und insofern wechseln die Leitungs- und die

Kontrollrollen; aber möglichst immer sind beide Rollentypen besetzt, um Chaos zu verhindern. In diesem Prozeß zeigt sich, ob und wie Positionsinhaber ihre Leitungs- oder Kontrollrollen wahrnehmen. Und wenn es keine entsprechenden Positionen gibt, dann werden sie funktional oder positionell entwickelt. Der Supervisor modelliert also ein Leitungs- und Kontrollmodell in der Hoffnung, daß sich damit dieses Modell im Team oder in der Gruppe auch kultiviert und entwickelt für die Zeit nach der Supervision. Supervision in Organisationen wird dann verstanden als Entwicklung einer Arbeitskultur, die sowohl die Bedürfnisse der arbeitenden Menschen wie auch die Arbeitsziele der Organisation in den Blick nimmt. Die Berufsrollen und die Funktionsrollen stehen im Blickpunkt des Interesses.

4. Vom Bestimmen zum Verhandeln

In der Supervisionsszene gibt es die Auseinandersetzung um die Frage, ob man kundenorientiert oder diagnoseorientiert arbeitet. Wer leitet den Prozeß, der Kunde bzw. der Supervisand oder der Supervisor? Bestimmt die auftraggebende Einrichtung durch einseitige Setzungen oder gibt es einen Bezug zur professionellen Expertise? Schon der Begriff der Leitung ist hier besetzt, weil damit häufig assoziiert wird: wer leitet, der entscheidet und wer nicht leitet, der hat zu folgen.

Ich habe den Begriff *„Supervisor als Leiter des Setting"* geprägt. Damit meine ich bei einer Kontraktentwicklung zunächst, daß es für mich und meine Arbeit Settingsbedingungen gibt, ohne die ich nicht gut arbeiten kann oder möchte. Der Begriff Leitung ist hier mit Verantwortung gekoppelt. Dazu ein Beispiel:

> Eine große Bildungsinstitution, die Weiterbildung und projektorientierte Organisationsberatung in verschiedenen Bereichen durchführt, möchte aufgrund interner Leitungs- und Kooperationsschwierigkeiten Beratung. Sie laden mehrere externe Berater zu zweistündigen Interviews ein, wo die Berater jeweils ihr Beratungskonzept vortragen sollen. Das Team der Bildungsinstitution will dann entscheiden, wer den Auftrag bekommt. Ich mache dem Team - entsprechend meiner üblichen Arbeitsweise - den Alternativvorschlag, einen Tag mit ihnen zu arbeiten, um genau zu erfahren, welche Leitungs- und Kooperationsschwierigkeiten bestehen, mir ein Bild von der Situation zu machen und ihnen dann schriftlich oder mündlich einen begründeten Vorschlag für ein Beratungssetting zu machen. Mein Beratungskonzept werde durch die Art meines Arbeitens an dem Tag und durch meinen Settingsvorschlag mit den entsprechenden Begründungen deutlich.

Mit diesem Vorschlag will ich verdeutlichen, daß ich eine abstrakte Konzept- oder Methodendiskussion nicht führen möchte. Gleichzeitig will ich vermitteln, daß ich das Anliegen des Teams für eine Probesitzung, um die Kooperationsmöglichkeit zu überprüfen, durchaus verstehe und akzeptiere. Als Leiter des Setting bin ich dafür verantwortlich, daß eine Kontraktsituation zustande kommt, die meinen Arbeitsmöglichkeiten entspricht. Dabei möchte ich soweit wie möglich die begründeten und für mich plausiblen Wünsche der potentiellen Supervisanden berücksichtigen. Das Argument des Teams, die anderen angefragten Berater hätten das zweistündige Vorstellungstreffen akzeptiert, sind für mich nicht plausibel, zumal ich deren Arbeitsweise und deren Begründungen dazu nicht kenne und deshalb auch nicht nachvollziehen kann. Solange es keine professionell verbindlichen Bedingungen für Kontraktverhandlungen gibt, sind die reflektierten Erfahrungen meiner Praxis im kollegialen Diskurs für mich institutionell handlungsleitend.

Nun scheint sich hier leicht ein Mißverständnis einzuschleichen, das ich reflektieren möchte. Der Supervisor kann seine Settingsbedingungen als nicht diskutierbar setzen, und dann kann die andere Seite diese Bedingungen annehmen oder ablehnen. Diese Entscheidung des Annehmens oder Ablehnens kann dann erfolgen, weil die Begründung des Supervisors plausibel ist (oder nicht) oder weil man „unbedingt“ diesen Supervisor haben (oder nicht haben) möchte. Immer wird bei einer Setzung des Settings ein *Autoritätsprozeß* inszeniert, der Unterwerfungs- und Widerstandserfahrungen mobilisiert. Auf eine Setzung kann man nur reagieren, eine Setzung ist immer autoritär.

Aufgrund dieser Erkenntnis und der Erfahrung, daß potentielle Supervisanden - insbesondere wenn es sich um Institutionen handelt - sich nicht oder nicht mehr Expertensetzungen unterwerfen wollen, ergibt sich häufig die Situation, daß potentielle Supervisanden die Verhandlungsszene ihrerseits mit einer Setzung eröffnen. Dabei werden häufig Formen aus Bewerberverfahren oder aus dem Umgang mit freischaffenden Architekten usw. gewählt; Erfahrungen also, die Institutionen mit der Mitarbeitergewinnung in ihrem Bereich haben. Dies sind keineswegs immer Erfahrungen, die den Settingsgewohnheiten von Supervisoren entsprechen. Auffallend ist nach meiner Erfahrung hierbei, daß die Eröffnung des Kontaktes von Institutionen zum Supervisor umso forscher geschieht, je bedeutsamer der Supervisionsauftrag von dort her eingeschätzt wird. Dies zeigt sich auch dann, wenn der Leiter der Institution selber Supervisor ist, also die Kontraktgewohnheiten von Supervisoren kennt.

So verlangte der Leiter einer Organisation im Gesundheitsbereich von mir für die Genehmigung einer bereits zwischen einer Teileinrichtung und mir vorkontraktierten Supervision, ich möge schriftlich mein Supervisionskonzept einreichen, damit er entscheiden könne, ob er die Supervision genehmigen könne. Seine Begründung: Es gebe immer wieder Supervisoren, die konzeptlos oder kontraindiziert in Institutionen beraten. Das wolle er natürlich verhindern. Hier gibt es häufig zwei reaktive Verhaltensweisen von Supervisoren, die beide keine *Verhandlung im Sinne eines Kontraktprozesses* eröffnen.

1. Folge ich meinem ersten Kränkungsgefühl, das sagt: Wie kann dieser Leiter meinen Bekanntheitsgrad und meine vielfältigen Konzeptpublikationen so ignorieren, zumal er selbst Supervisor ist? Wie kann er mich wider besseren Wissens verdächtigen, konzeptlos oder kontraindiziert zu arbeiten, wo ich doch seit Jahren in diesem Bereich arbeite? Folge ich die-

sem Kränkungsgefühl, dann werde ich empört mit reaktivem Affekt darauf antworten und eine Kampfszene eröffnen, deren Ausgang ungewiß ist, die aber Energien bindet und eine Kontraktverhandlung erschwert oder verunmöglicht.

2. Bekommt ein noch unbekannter Supervisor die gleiche Anfrage mit dem gleichen Ansinnen des Leiters, dann wird er in der Reaktionsbildung sich in eine Schülerrolle versetzt fühlen, der noch einmal die Abschlußprüfung der Supervisionsausbildung zu machen hat, der sich mit einer Konzeptarbeit erweisen, beweisen muß. Er wird dann dazu neigen, wenn er seinem Affekt folgt, entweder die „Prüfung" anzunehmen oder sich von der Anfrage zurückzuziehen.

Im ersten wie im zweiten Fall kommt es darauf an, nicht dem induziertem Affekt zu folgen, sondern eine Gestaltung der Szene zu überlegen, die eine Verhandlung ermöglicht, welche es bisher nicht gibt. Verstehbar ist, daß der besagte Leiter sich und seine Institution schützen will und muß vor schädlichen, inkompetenten Beratern. Insofern ist seine generelle Bedingung plausibel. Gleichzeitig fällt auf, daß der Leiter seine Bedingung ohne Ansehen der Person generalisiert. Er differenziert nicht; das heißt, er nimmt keine persönliche Beziehung auf. Bei Kontraktverhandlungen ist die persönliche Beziehungsaufnahme aber unverzichtbarer Bestandteil des Prozesses. Wie kann ich als Supervisor nun diese Beziehung entwickeln? Ich entwickele sie nicht durch generalisierte Supervisoren-Kontraktbedingungen, die ich entgegensetze. Ich entwickle sie nicht, indem ich mich innerlich schamerfüllt-wütend oder ängstlich-auftragsgierig unterwerfe. *Es geht vielmehr darum, wie aus einer Setzungssituation eine Verhandlungssituation entwickelt werden kann.*

5. Verhandlungsfähigkeit und die Entwicklung einer Verhandlungskultur

Verhandlungsfähigkeit beinhaltet, daß ich die Bedürfnisse und Interessen meines Gegenüber aufnehme und gleichzeitig meine Bedürfnisse und Interessen gleichgewichtig ernstnehme. Die Verhandlung beginnt in mir. Die soziale Szene der prinzipiellen Gleichgewichtigkeit der Bedürfnisse und Interessen wird zur verinnerlichten Haltung. Von da aus beginne ich für eine Verhandlung zu werben, wohl wissend, daß dieses Verhandlungsverständnis und die dazu trainierte Fähigkeit keineswegs bei meinem Gegenüber als vorhanden vorausgesetzt werden kann. In diesen *Verhandlungsprozessen* weiß ich, daß es keine Unterwerfung geben muß, man kann sich trennen, wenn keine Vereinbarung möglich ist. Ich weiß auch, daß ich allein aus Eigeninteresse keine Unterwerfung meines Gegenüber will, weil daraus Rachewünsche und Mißtrauen erwachsen, während ich für meine Supervisionspraxis Vertrauensentwicklung benötige, um mit meinem Tun wirksam zu sein. Könnte es sein, daß sich die Begriffe Kundenorientierung und Diagnoseorientierung hier als Gegenpole auflösen? Gibt es vielleicht keine Kundenorientierung ohne Diagnoseorientierung und umgekehrt? In diesem Verhandlungsverständnis kann Kundenorientierung nur heißen, daß ich als Supervisor die Wünsche und Interessen meines Gegenüber aufnehme und zu verstehen suche, wohl wissend, daß ich gegen diese Interessen nicht beraten kann. Andererseits heißt Diagnoseorientierung, daß ich mein Bild, meine Sichtweise von der zu beratenden Szene entwickle und in den Kontraktprozeß als Verhandlungsgegenstand einbringe. Das setzt in jedem Fall voraus, daß ich genügend Zeit benötige, um mir ein eigenes Bild von dem Beratungsauftrag zu machen. Ich kenne kaum Institutionen, die mir dies verweigern, wenn ich sage, daß ich mir ein eigenes Bild von dem Beratungsauftrag machen möchte, um zu entscheiden, ob ich so wie angefragt oder mit einem anderen Vorschlag die Supervision machen kann. Strittig ist hier häufig, auf wessen Kosten dieser „Vorlauf" geht. Ist das bereits Teil des Prozesses, weil ein Settingsvorschlag des Experten zu bezahlen ist? Oder will man keinen Settingsvorschlag des Experten, weil man als Institution oder Team vom eigenen Settingsvorschlag überzeugt ist?

Manche Kollegen folgen hier der klassischen Sozialarbeitsprämisse: „Anfangen, wo der Klient steht!" oder einer alten Gruppendynamikerprämisse: „To go with the flow of the group!" Das heißt, sie nehmen das Settingsangebot der Institution, sofern es nicht von vorneherein unsinnig erscheint, an und entwickeln in und mit der Gruppe bzw. der Institution schrittweise den Kontrakt im Prozeß.

Beide Verfahrensweisen können und wollen zu einer Verhandlungskultur führen, um die es geht. *Die Entwicklung einer Verhandlungskultur* als supervisorische Haltung ist ein schwieriger Lernprozeß, der keineswegs von allen Supervisoren geteilt wird.

Beim Begriff des *Verhandelns* fällt mir der Grundsatz freier hanseatischer Kaufleute ein, die keinen Wert darauf legten, ein schnelles Geschäft („die schnelle Mark") zu machen. Diese Kaufleute verhandelten Geschäfte und das Ergebnis war dann gut, wenn die Verhandlungsparteien zu Verhandlungspartnern wurden und beide mit dem Ergebnis einer Verhandlung zufrieden waren. Das Ergebnis war dann gut, wenn man sich später wieder in die Augen sehen konnte und daraus allmählich jahrelange oder gar lebenslange Geschäfts*beziehungen* entstanden. Ich möchte dieses Verhandlungsverständnis für die Kultur der Institution Supervision übernehmen. Dann ist Verhandlung kein „Leistungssport", bei dem es um Sieg und Niederlage geht. Dann ist Verhandlung vielmehr die Entwicklung einer Beziehungskultur zwischen Individuen, Gruppen oder Institutionen, die unterschiedliche oder gegensätzliche Interessen haben. Verhandlung ist dann kein Krieg, sondern das kreative Suchen von Lösungen, die mir ausreichen und mein Gegenüber nicht schädigen. Eine solche Haltung legt die Fähigkeit der Selbsteinfühlung und der Fremdeinfühlung zugrunde und bedeutet ein dauerndes Training, die Spannung auszuhalten, die Selbst- und Fremdwünsche in Gleichzeitigkeit verursachen. Dies ist nicht zu verwechseln mit Altruismus. Hier begegnet man in der Einstellung eher dem Toleranzbegriff von Rosa Luxenburg, der die Freiheit des Andersdenkenden meint. Oder wir finden die Einstellung bei Alexander Mitscherlich wieder, der die

Möglichkeit des Triebaufschubs, eigene Bedürfnisse nicht unmittelbar verwirklichen zu müssen, auch wenn es die eigene Macht ermöglicht, als Kultur bezeichnet. Überparteilichkeit des Supervisors bekommt hier einen Inhalt. *Überparteilichkeit* ist nicht nur die Distanz zu den Parteien. Überparteilichkeit ist die Fähigkeit, über einfühlendes Verstehen die Meinungen und Standpunkte der Parteien nachzuvollziehen, ohne sie zu teilen, und dann die jeweils gegenüberliegende Sichtweise wahrnehmenserweiternd zu verdeutlichen. Supervisoren sind bei diesem Verhandlungsverständnis Wahrnehmungserweiterer und konfrontieren Wahrnehmungsverengungen, Vorurteile, Verteufelungen, Bemächtigungen bzw. Machtmißbrauch, von wem auch immer dies ausgeht und benutzt wird. Supervisoren sind engagiert in der Konfrontation und geduldig im Verstehen, aber niemals identifiziert mit einer Partei oder nur distanzierte Beobachter. Da Supervisoren für andere keine Entscheidungen zu treffen haben, also keine Machthaber sind, ist ihre Einstellung zur geschilderten Verhandlungskultur gleichzeitig für sich und andere ein lebenslanges Einstellungstraining. Nicht nur Mächtige halten die Spannung zwischen Eigen- und Fremdinteressen nur schwer oder oft überhaupt nicht aus. Ohnmächtigen geht es genauso; sie versuchen dann ihre Ohnmacht oder Schwäche in Macht und Bemächtigung umzuwandeln. Dies kann man moralisch oder psychologisch verstehen; in der Supervision versuchen wir beide Verstehensformen ständig zu unterscheiden und nicht auszutauschen.

Die supervisorische Verhandlungskultur drückt sich auch in der Gestaltung von Geschäftsbeziehungen aus, wie sie gleich zu Beginn symbolisch sichtbar wird im sogenannten „Dreieckskontrakt". Alle SupervisorInnen wissen, daß heute die meisten Supervisionsprozesse als Teamsupervision, als Leitungssupervision oder als Organisationsentwicklung in Organisationen stattfinden. Die Zeit ist vorbei, daß SupervisorInnen ausschließlich oder überwiegend Einzel- und Gruppensupervision durchführten. Seitdem Supervision in Organisationen stattfindet, werden diese Organisationen zu Auftraggebern, weil sie die Geldmittel und damit die zentrale Marktressource zur Verfügung haben. Die Institution Supervision hat sich mit dem Konzept des Dreieckskontraktes darauf eingestellt.

Kontrakt beinhaltet bei SupervisorInnen die Annahme und die Einstellung, daß zwei- oder beim Dreieckskontrakt drei prinzipiell gleiche Kontraktpartner einen Vertrag aushandeln, der Form, Kosten und Inhalt eines Supervisionsprozesses regelt und die Rahmenbedingungen für ein Arbeitsbündnis schafft, das prozeßhaft zu kultivieren ist. Diese Grundeinstellung ist ein Orientierungswert und als solcher für SupervisorInnen unverzichtbar, weil damit ein zentraler supervisorischer Inhalt und eine Haltung ausgedrückt werden. In der Supervision geht es um das Verstehen und Handhaben von Konflikten am Arbeitsplatz. SupervisorInnen bemühen sich darum, daß solche Konflikte psychologisch, soziologisch und politisch verstanden werden und daß diese Konflikte durch Verhandlung bearbeitet werden. Und gleichzeitig gilt, daß dieser Wert ständig durch bestehende *innere und äußere Machtverhältnisse* infrage steht. Innere Bemächtigungsverhältnisse sind neurotische Formen der Konfliktbearbeitung, indem Individuen oder Kollektive, also auch Rollenträger oder Gremien in Institutionen, aufgrund eigener Ängste durch Setzungen Bemächtigung betreiben oder aufgrund von Rollen- und Normenzuschreibungen andere zu Bemächtigungen zwingen oder verführen. Die Unfähigkeit zum Verhandeln - bei wem auch immer - setzt zwar aktuell aber nicht prinzipiell den Grundwert des Verhandelns außer Kraft. Diese Aussage steht gegen eine pragmatische Marktorientierung, die von SupervisorInnen eine Anpassung an die gegebenen Verhältnisse verlangt, daß nämlich der den Kontrakt bestimmt, der die Supervision bezahlt. Dies wird dann mancherorts Kundenorientierung genannt und als Flexibilität und Partnerschaftlichkeit gegenüber den sog. Auftraggebern ideologisch verbrämt. Tatsächlich ist es nichts anderes als die Instrumentalisierung von Supervision und deren Einordnung in die Prinzipien der Marktwirtschaft. Die Institution Supervision gibt einen Grundwert auf und erhält dafür die Akzeptanz zahlungskräftiger Institutionen. Damit ist auf hohem finanziellen Niveau der Broterwerb grundsätzlich gesichert, und Supervision wird dafür zur Sozialtechnologie, die immer dann auf Institutionskritik verzichtet, wenn es dem Kunden oder Aufttaggeber wichtig ist. Dieser Verzicht muß letztlich nicht mehr vom Kunden eingefordert werden, weil sich in dieser Supervisionsauffassung die SupervisorInnen bekanntlich mit der auftraggebenden Institution identifizieren. Das heißt, sie verinnerlichen die Ziele und Wünsche des Auftraggebers und wissen, was diesem genehm ist und was dort nicht geht. In diesem Supervisionsverständnis verkauft man dem Kunden seine Professionalität und wird gleichzeitig Teil der Corporate Identity des Auftraggebers. Hier ist der Begriff von der „Patchwork-Identität" von SupervisorInnen passend. Der Supervisionsberuf gliedert sich in die bestehende marktorientierte Wirtschaftsstruktur ein und wird als Sozialtechnologie zur Personalentwicklung; das ist dann die eingebaute und genutzte Instrumentalisierung von Rollenträgern zugunsten vorgegebener Funktionen. Da die von Institutionen genannten oder politisch postulierten Organisationsziele auf entsprechender Abstraktionsebene meistens plausibel klingen, ist die Identifikation damit für den Supervisor nicht fraglich. Problematisch wird es, wenn damit die *„Haltung des oszillierenden Verstehens"* (Bartel, 1994, S. 9) verloren geht. Das ist die permanente Fähigkeit, sich einzufühlen und sich zu distanzieren. Distanzierung ist von Entscheidungsträgern in Institutionen fast immer nur systemimmanent erwünscht; deshalb neigen Großinstitutionen, wie Kirchen, Justiz und künftig sicher auch Wirtschaftskonzerne dazu, eigene SupervisorInnen auszubilden. Die Grenzen der Institutionsanalyse und -kritik sind für den Internen bestimmt durch die Norm, man müsse doch die eigene Institution (oder den Kunden) fördern und dürfe nicht das eigene Nest beschmutzen. Dies wiederum kann für SupervisorInnen nicht gelten, wenn das „eigene Nest der Supervisoren" die besagte oszillierende Haltung ist, die zur Konfrontation vorgegebener Ziele von Auftraggebern befähigt.

6. Ein exemplarischer Exkurs zum Verhandlungskonzept: Aspekte gesellschaftlichen Wandels im Leitungsverständnis der Kinder- und Jugendhilfe

Schrapper befaßt sich mit dem neuen Verständnis von sozialer Dienstleistung im KJHG und geht vom Begriff der Risikogesellschaft aus und der Frage, was diese Entwicklung für Kinder und Jugendliche bedeutet. Er skizziert die Lockerung oder Aufhebung von traditionellen Bindungen in der Nachkriegszeit durch erzwungene Bevölkerungswanderungen, die traditionelle regionale und soziale Bindungen zerstörten. Wenn es für die Großeltern noch orientierungsgebend beruflich und privat verbindlich war, ob man in Westfalen, Bayern, Ostpreußen oder an der Nordsee geprägt wurde, habe sich als Folge der Bevölkerungswanderung regionale Mobilität mit allen Risiken und Ambivalenzen als Selbstverständlichkeit entwickelt. Ein zweiter Schub der Relativierung traditioneller Bindungen wird der Bildungsoffensive der 70er Jahre zugeordnet, die eine Antwort auf den Mangel hochqualifizierter Arbeitskräfte suchte und das Verfassungsgebot der Chancengleichheit verwirklichen wollte. Im Gegensatz zu der Zeit davor geht heute jedes zweite Kind nach der Grundschule aufs Gymnasium und nur jedes vierte auf die Hauptschule.

Die Folge traditioneller Verluste oder Veränderungen ist die erhöhte Notwendigkeit zu individuellen Entscheidungen. Die Freiheit der Wahl zwischen mehreren Möglichkeiten erhöht für Eltern und Kinder die Notwendigkeit zu entscheiden, ohne auf bewährte Vorgaben oder Muster zurückgreifen zu können. Es gibt weniger Selbstverständlichkeiten, es gibt mehr zu verhandeln, sich zu verständigen, zu wählen. Schrapper folgert daraus:

> „Junge Menschen müssen vor allem in der Lage sein, zu verhandeln zwischen dem, was sie wünschen auf der einen, und dem, was sie können oder was ihnen zugestanden wird auf der anderen Seite." (Schrapper, 1996, S. 135)

Die Spannungen zu erkennen, auszuhalten und zu gestalten sei eine zentrale pädagogische Herausforderung in der Erziehungshilfe der Risikogesellschaft. Daraus folgert er, daß sozialpädagogische Fachkräfte *„Fachmenschen für Aushandlungsprozesse"* seien und darin ihr eigenständiges Profil gewinnen und sich gleichzeitig damit befreien aus der untergeordneten Stellung gegenüber „Ordnungsverwaltungsmenschen" (Juristen und Haushaltsexperten) und „Diagnose- und Behandlungsmenschen" (Psychologen, Mediziner/Psychiater). „Das Anamnese-Diagnose-Behandlungs-Modell (entlehnt aus Medizin und Psychologie) ist für die Bewertungs- und Entscheidungsaufgaben der Hilfen zur Erziehung nicht mehr tragfähig und zudem belastet mit der gut 70jährigen Tradition obrigkeitsstaatlich-autoritärer Besserwisserei. Gefragt ist demgegenüber vielmehr ein demokratisch-rechtsstaatliches Aushandlungsmodell prinzipiell gleichberechtigter Verhandlungsparteien.

Die Begründungen, daß mehr Entscheidungen getroffen werden müssen und damit die Fähigkeit zum Verhandeln zu bilden ist, sind plausibel und entsprechen den Ansprüchen, mehr Demokratie zu wagen und der Aufforderung Kants, sich durch eigenes Denken zu emanzipieren. Politisch entspricht das Verhandlungskonzept meinen Demokratievorstellungen. Unklar bleibt, ob der „Fachmensch für Verhandlungsprozesse" ausschließlich ein Moderator der ihm mitgeteilten Interessen, Bedürfnisse und Wahrnehmungen ist, oder ob dieser „Fachmensch" auch eigene fachliche, d.h. psychologische, pädagogische, gruppendynamische Sichtweisen hat und diese als eigenen Standpunkt mit in die Gesprächs- und Entscheidungsvorbereitungsszene bringt. Im Gespräch hat mir Schrapper verdeutlicht, daß seines Erachtens die Expertenmeinung des Sozialarbeiters durchaus Teil der Verhandlung ist. Der eigene fachliche Standpunkt wird konfrontiert, er ist aber nicht entscheidungsgebend, sondern bestenfalls entscheidungsbeeinflussend, wie grundsätzlich die Meinungen der anderen Beteiligten auch.

Ich bejahe natürlich die Veränderung beispielsweise zwischen Ärzten und Patienten, daß sich der Patient nicht mehr fraglos der Diagnose des Arztes unterwirft. Ich finde es auch nötig und begrüßenswert, ärztliche Diagnosen durch andere Ärzte unabhängig überprüfen zu können. Ich möchte auch, daß mir der Arzt plausibel seine Sichtweise (Diagnose) erklärt und schließlich will ich nach seinem Behandlungsvorschlag entscheiden, ob ich mich (so) behandeln lassen will oder nicht. Dagegen käme ich nicht auf die Idee, das Recht und die Pflicht der Diagnosestellung des Arztes infrage zu stellen, nur weil früher und oft auch noch heute Ärzte damit einen unhinterfragbaren Wahrheits- und Unterwerfungsanspruch verbunden haben oder dies gelegentlich immer noch tun.

Analog kann es m.E. nicht angehen, daß Sozialpädagogen ihre pädagogischen und beziehungs- und sozialdiagnostischen Fähigkeiten als Fachmeinung nicht mehr in den Entscheidungsprozeß bringen, weil man früher (oder auch heute noch) damit Entscheidungen und Unterwerfungen erzwungen hat. Die neue Philosophie kann somit m.E. nicht heißen, das fachliche Diagnosepotential nicht mehr zu benutzen oder gar methodisch oder ideologisch zu verbieten, weil damit Schindluder getrieben wurde. Wichtig ist, daß die Verhandlungsszene, die das KJHG fordert, nicht als Gegenthese zur „Diagnosemacht der Experten" zu verstehen ist, sondern das Expertenwissen und die gutachtlichen Bewertungen als ein Potential in die hier zu findenden Entscheidungen einbezieht.

Diagnosefähigkeit als Expertise

Die Diagnosefähigkeit von Sozialpädagogen, von Gruppendynamikern, von Supervisoren ist eine Expertise und damit auch ein Machtmittel in Entscheidungsprozessen, weil jede Diagnose einen Wahrheitsanspruch suggerieren will oder kann. Wie jede Macht bedarf auch die Diagnose als Expertise der Kontrolle. Und es ist nötig, dies im reflektierenden Bewußtsein der jeweils Beteiligten zu haben und dafür auch Strukturen zu entwickeln. Das Verbot einer Expertise zur Machtverhinderung ist dagegen selbst Bemächtigung und schüttet das Kind mit dem Bade aus. Ganz abgesehen davon halte ich es für fraglich, ob ein solches Expertisen-Verbot, auch wenn es als Expertisen-Verzicht zugunsten von Partnerschaftlichkeit deklariert würde, zu verwirklichen wäre. Jeder Experte, der seine Sache, sein Fachgebiet, liebt, wird in einen inneren Rollenkonflikt kommen, ein solches Verbot bewußt oder unbewußt zu unterlaufen und seine Fachmeinung sublim in die Szene bringen. Das bedeutet nicht, daß der Experte im Prozeß nicht auch wie die anderen Beteiligten neue Gesichtspunkte vermittelt bekommt, die seine Diagnose modifizieren. Ein Experte, der sein Fachwissen zugunsten der Reduktion auf die Rolle des Verhandlungsmoderators ignoriert, unterwirft sich einer Ideologie und entfremdet sich selbst, um Gleiches bei den anderen Beteiligten zu verhindern.

Die grundsätzliche Veränderung in der Kinder- und Jugendhilfe, die von Rechts wegen gewährt darin besteht, daß der staatliche Garant auf Hilfe keinen einseitigen Eingriff, keine einseitige Entscheidung mehr erlaubt, es sei denn, es bestehe objektiv nachweisbar Gefahr für Leib und Leben. Demnach können auch psychologische oder psychiatrische Gutachten hier keine Entscheidungsmacht mehr haben, sie sind Fachmeinungen, die herangezogen und gehört werden. Das Elternrecht wird dadurch nicht überstimmt, die Expertenmacht spricht nicht das letzte Wort. Das kann aber keineswegs heißen, daß diese keine Bedeutung mehr hat und zurückgehalten werden müßte. Aber Eltern oder Kinder müßten überzeugt und gewonnen werden, um Fachmeinungen und deren Lösungsvorstellungen zuzustimmen; per Anordnung gehe nichts mehr. Als Fazit daraus ist wichtig, daß Experten, also Psychologen, Psychiater, Sozialarbeiter, in der Kinder- und Jugendhilfe keine Entscheidungsmacht haben, aber sie behalten Einfluß als Berater durch ihre diagnostischen Fähigkeiten, durch ihre Interventionskompetenz und durch ihre Überparteilichkeit in Bezug zu den Beteiligten.

7. Prozeßbeobachtung - Prozeßbegleitung - Prozeßsteuerung

Der Begriff *Prozeß* meint den Fortgang, den Verlauf, den Weg sozialer Interaktionen. In der Kunst gibt es den Begriff Process-art (Prozeßkunst). Dies ist eine Kunstrichtung seit den 1960er Jahren, die nicht auf das endgültige Ergebnis künstlerischen Schaffens zielt, sondern die Handlung selbst als Kunst auffaßt. In der Rechtsprechung ist der Prozeß das Verfahren vor einem Rechtspflegeorgan, meist einem Gericht, der Weg zu einem Ergebnis (z.B. Urteil, Vergleich). Unter Prozeßhandlung versteht man hier alle Handlungen des Gerichts, der Parteien oder beteiligter Dritter, die auf das Verfahren gestaltend einwirken.

In der angewandten Gruppendynamik und in der Supervision unterscheide ich *Prozesse*, die auf ein konkretes Ziel hinsteuern und vergleichbar der Prozeßkunst solche, bei denen der Weg das Ziel ist. Oft gehen beide Verständnisse ineinander über. Die Entwicklung einer Verhandlungsfähigkeit, die Bemächtigungs- und Unterdrückungsstrategien selbstreflexiv in die Wahrnehmung nimmt, ist ein Lernprozeß und ein Lernziel. Nun kann man sagen, Verhandlungsfähigkeit zu lernen endet nie, läßt sich immer weiterentwickeln, verlernt man immer wieder, wenn man nicht ständig übt, ist somit ein dauernder Lernprozeß. Das Ergebnis, das Ziel ist ein Prozeß. Andere würden sagen, das Ziel ist eine Fähigkeit, die an der jeweiligen Aufgabe in einer bestimmten Situation zu messen ist. Wer gelernt hat, ergebnisorientiert zu denken, wird dazu neigen, die kürzesten Wege zu einem Ziel zu suchen; er wird differenzieren lernen müssen, wann „kurze Prozesse" etwas ermöglichen und wann sie etwas verhindern. Umgekehrt wird jemand, der gelernt hat, Prozesse zu beobachten, differenzieren, wann diese Haltung eine ruhige Entwicklung zuläßt und nicht stört und wann diese Haltung in sozialen Bezügen eine Veränderungsabwehr modellierend verstärkt. Ich unterscheide Prozeßsteuerung von Prozeßbegleitung und von Prozeßbeobachtung.

Prozeßbeobachtung in der Supervision ist immer teilnehmende Beobachtung und damit prozeßbeeinflussende Beobachtung, weil ich als teilnehmender Beobachter immer interveniere, auch wenn ich nichts sage, wenn ich mich nonverbal zurückhalte. Ich wecke mit meiner Zurückhaltung die Phantasien der Gruppenteilnehmer; es ist nicht möglich, sich kein Bild zu machen. Als teilnehmender Beobachter werde ich mit Phantasien „besetzt". Diese Besetzung geschieht projektiv. Wenn der Bekanntheitsgrad des teilnehmenden Beobachters groß ist, dann geschieht die Besetzung auch durch seinen Ruf, der ein Bild in der Gruppe schafft. Dennoch wird die Rolle des teilnehmenden Beobachters in einer Gruppe Experimentierräume schaffen, und sei es nur deshalb, weil die Gruppe allmählich ausprobieren will oder muß (um der eigenen Sicherheit willen), ob sich die eigenen Bilder, die Vorurteile, bestätigen oder nicht. Ebenso werden Beobachter in Gruppen zeitweise vergessen, was ich als Abwehr begreife. Dieses Vergessen bedeutet m.E. nicht, daß der Beobachter nicht mehr vorhanden und damit wirkungslos ist. Den Gruppendynamiker Don Nylen habe ich als wirksamen teilnehmenden Beobachter erlebt. Er löste aufgrund seiner Güte und Aggressionslosigkeit positive Übertragungen aus, was die Ängste der Teilnehmer und damit die Spannungen in der Gruppe deutlich reduzierte. Die Entwicklung positiver Übertragungen ermöglicht Vertrauensentwicklung und damit Wahrnehmungserweiterung, weil die Angstabwehr geringer wird, wie wir aus der Balintgruppenarbeit wissen. In der Balintgruppe ist der Leiter überwiegend ein teilnehmender Beobachter, der dann als Prozeßbegleiter die Spiegelungen zwischen Fall und Gruppe anbietet.

Prozeßbegleitung bezeichnet eine klassische Supervisorenrolle. In der Gruppen- und Teamsupervision haben sich Supervisoren über Jahre fast ausschließlich als Prozeßbegleiter verstanden. Die Gruppe geht ihren Weg wie eine Karawane in der Wüste, und der Supervisor als miterlebender empathischer und gleichzeitig distanzierter Begleiter bietet der Gruppe das an, was er sieht. Die Gruppendynamiker wissen, daß es in der Wahrnehmungserweiterung dabei um die „blinden Flekke" geht, die die Gruppenmitglieder selbst nicht sehen. Der Prozeßbegleiter macht mit seinen Sichtweisen ein Angebot. Zu der Rolle gehört die Akzeptanz, daß Angebote angenommen oder sanktionsfrei abgelehnt werden können. Die Kränkungen und Selbstwertbeeinträchtigungen, die aggressive oder ignorierende Ablehnungen im Berater bewirken, nimmt der Prozeßbegleiter aus der Szene und bearbeitet sie nicht in der Gruppe.

Prozeßsteuerung basiert auf der Wahrnehmung der Expertenautorität durch Einflußnahme, nicht durch Macht. Macht ist die Durchsetzung eigener Interessen gegen andere. Die Einflußnahme im hier beschriebenen Sinne wird oft fälschlicherweise als Macht mißverstanden und muß deshalb in der jeweiligen Szene sehr differenziert verdeutlicht und besprochen werden, weil diese Art, Autorität zu nehmen, Übertragungen mobilisieren kann und nicht selten Autoritätsängste weckt.

Prozeßsteuerung nimmt bewußt Einfluß auf den Verlauf und ggf. auch auf das Ziel. Dazu gehört auch, daß aggressive oder ignorierende Ablehnungen oder unkritische Unterwerfungen bezüglich der Beratermeinung als introspektive Wahrnehmung vom Berater diagnostiziert und ggf. in der Gruppe problematisiert werden. Die Bewußtmachung der Beziehungsdynamik, insbesondere der Gegenübertragungsgefühle, ist ein Schwerpunkt der Prozeßsteuerung.

Ein weiterer Schwerpunkt ist das probeweise Reflektieren der „sozialen Folgen“ von Planungen, von Zielen und von Verhaltensweisen. Die Frage lautet: „Wenn Sie das tun oder lassen, was wird dann? Was sind die Folgen?“ Die Wirkungen und die unbeabsichtigten „Nebenwirkungen“ sind hier Reflexionsgegenstand. Prozeßsteuerung ist hier der durch die Berater fokussierte verantwortliche Blick in die Zukunft. Im Nachhinein stellt sich bei allen überraschenden Ereignissen dann die Frage: Hätten wir das vorher bedenken können, wenn wir gründlich genug die Möglichkeiten der Zukunft reflektiert hätten oder war das nicht vorhersehbar, weil sich neue Ereignisse ergaben? Die *Ethik dieser Prozeßsteuerung* heißt: Planer und Berater sind mitverantwortlich für die Zukunft, deren Entwicklung sie beraten. Da die Berater in diesem Steuerungsverständnis gleichzeitig nicht die Macht haben, Entwicklungsprozesse zu entscheiden - dann wären sie Institutions- oder Gruppenleiter und nicht Berater -, bleibt ihnen im Konfliktfall lediglich die Möglichkeit der Kontraktauflösung und des Ausstiegs aus der Beratung. Berater in diesem Verständnis können und wollen keine Entscheidungsmacht haben, aber sie können und wollen sich auch nicht unterwerfen, wenn der Weg, den die Gruppe oder die Institution geht, für sie nicht mehr mitgehbar ist. Mitgehbar meint die emotionale Wertebeziehung ohne Verkrümmung des eigenen Rückgrads.

Ein dritter Aspekt der Prozeßsteuerung ist noch zu nennen. Die Kohäsion einer Gruppe, eines Teams, einer Institution (in Institutionen nennt man das heute auch corporate identity) bewirkt ein Verstehen nach innen durch eigene Sprache, durch eigene Normen und Werte, durch vertraute Kommunikationsformen usw. Das ist wichtig, weil mit der wachsenden gruppeneigenen Kultur die Kraft, die Energie, das Wir-Gefühl in der Gruppe steigen. Dies bedingt aber gleichzeitig eine Entwicklung von Abgrenzung nach außen. Vertrautes wird vertrauter und Fremdes bleibt fremd oder wird fremder. Je mehr sich somit eine eigene Gruppen- oder Institutionskultur entwickelt, umso mehr wird die Wahrnehmung nach außen begrenzt oder abgegrenzt. Wahrnehmungsbegrenzung fördert Vorurteile und Stigmatisierungen. Prozeßsteuerung bedeutet hier demnach, daß der Berater sehr wohl die Entwicklung der Binnenkultur fördert und unterstützt und gleichzeitig unerläßlich den Außenblick, den Blick auf das Abgegrenzte lenkt, benennt, verdeutlicht. Wenn die Gruppe oder die Institution die Auseinandersetzung mit dem Fremden ablehnt oder ignoriert, dann gibt sich der Supervisor nicht damit zufrieden, das Wahrnehmungsangebot gemacht zu haben, sondern er problematisiert das genannte Gruppenverhalten und beginnt die Analyse über die Gründe dieser Wahrnehmungsablehnung. Erst wenn er die Gründe versteht, kann er nämlich entscheiden, ob er eine Gruppe, die Fremdes fremd sein läßt, weiter beraten will oder nicht.

Prozeßorientierte Leitung in der Teamberatung

Prozeßorientierte Leitung steuert eine gemeinsame Zielentwicklung mit dem Team an. Damit eine solche Zielentwicklung gelingen kann, ist die Analyse und Reflexion vorhandener Interessen und Interessenskonflikte unerläßlich. Für die Berater kommt es zunächst darauf an, die verschiedenen Interessen der „Parteien" zu verstehen. Wenn man sich in die jeweilige Situation einfühlt, dann sind die Erlebnis- und Sichtweisen der Beteiligten aus ihrer jeweiligen Interessenslage heraus meist plausibel. In Interessenskonfliktsituationen haben die meisten Menschen in unserer Kultur bestimmte Vorgehensweisen und Lösungswege gelernt. In Parteien, in Gewerkschaften, in politischen Gremien von Vereinen, Schulen, Hochschulen und Betrieben wird das verinnerlichte Lösungsmodell gelebt, daß man mit Macht-Zwangs-Strategien „vernünftige" Lösungen herbeiführt. Es wird dabei die Macht der eigenen „Partei" im Vergleich zu der Macht der anderen „Parteien" ausgelotet und ggf. ausprobiert. Wer die größte Macht hat, der setzt sich durch. Daneben gilt die „demokratische Moral". Es ist für den Ruf als Verhandlungspartner in vielen Bereichen und Bezügen nicht von Nutzen, den Ruf eines skrupellosen, rücksichtslosen Tyrannen zu haben. Dagegen ist der durchsetzungsfähige, elegante, verbindliche, in der Sache harte, schnell entscheidungsfähige Verhandler eine geschätzte und hoch bewertete Alpha-Figur. Somit hat sich in der politischen Konfliktlösungskultur neben der Machtdurchsetzung die Fähigkeit zur Kompromißbildung, die Möglichkeit zum „Vergleich", als Strategie und Konfliktlösungsziel durchgesetzt. Dies entspricht dem Denken in unserem Geschäftsleben von Kaufen und Verkaufen, von Geben und Nehmen. Manche sagen, sie haben ein gutes Geschäft gemacht, wenn sie das Gefühl haben, etwas mehr zu bekommen als zu geben, aber nicht so, daß sich der andere düpiert fühlt. Andere sagen, man habe ein gutes Geschäft gemacht, wenn sich beide so fühlen, daß sie mit dem jeweils anderen gerne weitere Geschäfte machen wollen. Mit dieser Konfliktlösungskultur sind Berater meist konfrontiert. Hinzu kommt, daß Konfliktspannungen häufig schwer erträglich sind, was auf schnelle Lösungen hin drängt. In Supervisionen trifft das besonders deswegen zu, weil die Berater oft erst herangezogen werden, wenn man alleine die wiederholten Mißerfolge in der Lösungssuche nicht fortsetzen will und gleichzeitig die Spannung kaum noch aushält.

8. Leitungsstile im Gruppenprozeß

Ich gehe davon aus, daß Prozeßbegleitung und Prozeßsteuerung verschiedene Leitungsstile im Gruppenprozeß zur Folge haben. Prozeßbegleitung bewirkt einen moderierenden Stil, bei dem deren Vertreter davon ausgehen, daß die Neutralität der Beraterstandpunkte mehr Freiraum in der kreativen Suche eigener Gedanken, Gefühle und Lösungen ermöglicht. Natürlich wird auch hier die Anwesenheit professioneller Berater, die einen Namen und damit eine Autoritäts-Identität vermitteln, bei aller Zurückhaltung Beeinflussungsphantasien („Da hat er gelächelt", „da hat er abweisend geguckt", „da hat er sich gelangweilt") auslösen, die aber als projezierte Eigenphantasien deklariert sind und somit nicht besprechbar werden. Auch der neutrale Moderator nimmt Einfluß, und sei es nur durch die Art seiner Moderation, die natürlich nicht wertfrei verstanden wird.

Die Vertreter des prozeßsteuernden Leitungsstils konfrontieren die Gruppe bzw. das Team mit ihrer fachlichen Sicht und garantieren die Reflexion von Gruppen- und Institutionsinteressen einerseits und Individualinteressen andererseits. Sie nehmen mit ihrer Expertenmeinung Einfluß auf Entscheidungsprozesse. Den Vertretern dieses Leitungsstils wird kritisch gesagt, daß sie den Gruppenprozeß so steuern, daß die Gruppe sich mehr mit ihren Gedanken und Ideen auseinandersetzt als eigene zu kreieren. Dadurch werde eine Leitungsabhängigkeit, die ohnehin allerorten in unserem Bildungswesen und in der Erziehung gelernt wird, fortgesetzt und weiter verfestigt. Diese Sichtweise ist ernst zu nehmen und verlangt die dauernde Selbstreflexion für die Leiter solcher Prozesse.

Man kann nun weiter und verfeinernd argumentieren, welches Konzept welche Vor- und Nachteile bringt, welches Konzept somit aus Sachgründen vorzuziehen ist. Diese Diskussionen führen erfahrungsgemäß dazu, daß weder das eine noch das andere Konzept zu verwerfen ist und schließlich sucht jeder selektiv nach Argumenten, die die eigene Position festigen. Ohne die Konzeptentwicklungssuche vernachlässigen oder gar als überflüssig diffamieren zu wollen, kann ich nicht umhin mehr als früher anzunehmen, daß die Wirkung der Konzepte personenabhängig ist bis zu der These: Nur das Konzept ist glaubwürdig und erfolgreich, das mit den Werten und den Fähigkeiten der Person übereinstimmt, die es anwendet. Der berühmte Indendant Heinz Hilpert hat einmal einem lernbeflissenen Regieassistenten, der Hilperts Regie-Konzept erlernen wollte, nach einer schwierigen Regiesituation auf die Frage „mit welchem Konzept haben Sie das gemacht?", gesagt: „Das macht man nicht mit Konzept, das macht man mit Persönlichkeit." Gilt das nur fürs Theater, für die Kunst? Oder ist angewandte Gruppendynamik und Supervision Kunst und angewandte Wissenschaft in einem dialektischen Sinne? In meiner langjährigen Trainergeschichte ist mir aufgefallen, daß einige Trainer - im Vergleich zu vielen anderen - auffallend wenig aggressiv in der Arbeit mit Gruppen waren. Sie boten ihre Sichtweisen an, man hatte nie das Gefühl, sich damit auseinandersetzen zu müssen, wodurch man sich inhaltlich paradoxerweise damit auseinandersetzte. Don Nylen erzählte mir einmal von einem Auftrag einer Konfliktbearbeitung in einem zerstrittenen Team. Er habe dort einen Tag gesessen, sich alles angehört, außer zwei, drei Fragen nicht interveniert, und am nächsten Tage konnten die zerstrittenen Kontrahenten in seinem Beisein miteinander reden. Am Abend haben sich alle herzlich für seine Konfliktlösungsarbeit bedankt; dabei habe er nichts getan. Ich habe mit ihm Vergleichbares in einem Staff erlebt: Er konnte die vorhandene Aggressivität und Angst empathisch wahrnehmen; er selbst wurde nicht aggressiv, was eine große entspannende Wirkung hatte. Ich schildere das nicht, um die Bedeutung von Konzeptentwicklung und Wissenschaftlichkeit in der angewandten Gruppendynamik und Supervision zu bagatellisieren, aber ich möchte den Bezug von Person und Konzept betonen und damit die Ideologisierung von Konzeptentwicklung relativieren.

9. Leitung und Person

Wie eine Person durch ihre Autorität und ihr Wertesystem, ihr Charisma Leitung wahrnehmen kann, möchte ich exemplarisch mit *persönlichen Lernerfahrungen mit Otto Hürter* beschreiben. Seine Person war Schnittstelle von „Leitung und Prozeß".

Otto Hürter war mit 41 Jahren ein Trainer, der mit seiner Sprache und seinem emotionalen Engagement mit „Florett" kämpfte. Seine Auseinandersetzungsfähigkeit, seine Schärfe, hat Affekte ausgelöst und vitale Lernbewegungen in Gruppen und bei Einzelnen bewirkt. Heute ist er m.E. der einzige „Trainer der ersten Stunde" in der Sektion Gruppendynamik des DAGG, der von den „Enkeln" gehört wird, ohne deren Affekte auszulösen. Muß diese Veränderung der Wirkung bei der Person selbst nicht Konzeptveränderungen erfordern und bewirken?

Was ist nun eigentlich das Besondere an diesem Mann, den ich vor fast 30 Jahren kennenlernte? Er bot ein Sensitivitytraining für 12 TeilnehmerInnen an und war im Hauptberuf Assistent für Moraltheologie bei Professor Gründel in München, der mir die Teilnahme an diesem Training empfohlen hatte. Im Hauptberuf? Da zögere ich schon, was denn sein Hauptberuf war und ist. Otto Hürter ist für mich ein Lehrer, einer meiner wichtigsten Lehrer.

1968 war die Zeit, wo die sittlichen Normen, die ich von den Bezugssystemen meiner katholischen Mutter schlesisch-südtiroler Herkunft und meinem protestantisch-schlesischen Vater und seines Bezugskreises gelernt hatte, und die mir immer schon neben klarer Orientierung und Widersprüchlichkeit belastend und oft schuldgefühlfordernd unerfüllbar erschienen, in Frage gestellt wurden. Studenten, die jünger waren als ich, begehrten radikal auf. Mich beeindruckte und irritierte das. In dieser Zeit lernte ich den Moraltheologen und Arzt Otto Hürter als Trainer für Gruppendynamik kennen und erlebte Adornos Moralbegriff in der von ihm geleiteten Gruppe. Er würde vielleicht nicht sagen, daß er die Gruppe „leitete", für mich war es so. *Er gab der Gruppe seine Autorität, sein Bewußtsein, seine Gedan-*

ken und prägte damit den Gruppengeist. Das verstehe ich hier unter Leitung und damit erschließt sich für mich der Zusammenhang von Leitung und Person. Dieser Gruppengeist war von Aufklärungs- und Auseinandersetzungsvorstellungen beseelt, deren philosophischen Hintergrund ich später in Adornos Moralbegriff beschrieben fand:

> Das Problem des Moralischen ist das Verhältnis von Gesetz und Freiheit. Es lehrt, Widersprüche bewußt zu machen, bei denen das Gemütliche und das Glättende aufhört. „Man kann nämlich wohl sagen, daß so etwas wie die moralische Problematik überhaupt immer dann entsteht, wenn jene fraglose und selbstverständliche Vorgegebenheit von sittlichen Normen des Verhaltens im Leben einer Gemeinschaft nicht mehr vorhanden ist." (Adorno, 1996, S. 30)

In der Auseinandersetzung zwischen Otto Hürter und einigen Theologieprofessoren erlebte ich in dem Training den Unterschied zwischen Sitte und Moral. Sitte, die sich an allgemein gültige traditionelle Normen klammert, denen sich das Individuum zu unterwerfen hat, stellte Otto Hürter die Moral der Dialektik zwischen individuellen Bedürfnissen und Interessen und eben jenen sittlichen Determinationen gegenüber. Hier in diesem Training erfuhr ich, was die Studenten als ihre Ethik ausdrückten: das Individuum mit seinen Gefühlen, Wünschen und Ängsten muß sich nicht per se dem unterwerfen, was als Ethik oder Verhaltensnorm in der Gruppe und im Gemeinwesen vorgegeben ist. Nein, die Spannung zwischen Individuum und Gruppe wurde hergestellt und gehalten. Mit seiner Autorität garantierte er den Erhalt dieser Spannung, das war der *„Prozeß"*. Dabei war es mir besonders wichtig zu erkennen, daß nicht einfach als Gegennorm das Individuelle über das Allgemeine obsiegte, nein, die Gruppenbedürfnisse und Gruppennormen waren nicht wichtiger als die des Einzelnen, aber umgekehrt galt das gleiche. Immer war auszuhandeln, was dient und was schadet dem Ziel und was dient und was schadet der Freiheit.

Ich vergesse nie, wie ein damals sehr bekannter Theologieprofessor mit größter Energie in dem Training darum kämpfte, bestimmte Grundnormen und Grundwerte, die er für unverrückbar hielt, der Hinterfragbarkeit zu entziehen. Otto Hürter ließ das nicht zu. Seine angewandte Gruppendynamik hinterfragte jeden Wert und jede Norm, um sie dann nach neuerlichem Durchdenken zu bestätigen oder weiter infrage zu stellen. Diese Reflexibilität ohne Schranken und die Aufhebung von ideologisch vermittelten Denk- und Fühlverboten vermittelte mir ein Freiheitsgefühl, das ich bis dahin nicht kannte. Diese *„Prozeßerfahrungen"* wurden eine wichtige Grundlage meiner weiteren beruflichen Entwicklung.

Dieses mein erstes Training fand in einem Kloster statt, wo Otto Hürter außerhalb der Trainingszeit als Priester die Messe las und natürlich die TeilnehmerInnen dazu einlud. Ich ging nicht in diese Messe, wohl um neugierig-trotzig zu erproben, ob mir daraus Nachteile erwüchsen. Ebenso provozierte ich die Klosterpforte durch spätabendliche Ausgänge, die die Nachtpfortenschwester aus dem Schlaf zwangen, um mir das Kloster zu öffnen. Otto erwähnte lediglich gelegentlich an passender

Stelle in einer Trainingssitzung amüsiert, wie intensiv ich arbeite, da ich doch auch die Institutionen um die Trainingsgruppe herum (Klosterpforte und Messe) in meinen Auseinandersetzungsprozeß mit einbeziehe. Heute würde man vielleicht diese Intervention „positive Konnotation" oder „Umdeutung" nennen. Er ging nicht in die Falle der wertenden Autoritätsauseinandersetzung und bewirkte, daß die Auseinandersetzung mit Widersprüchen in mir selbst angeregt wurde.

In der Mittagspause gab es freiwillige Vorlesungen. Otto Hürter machte mit Lewin und seinen Schülern bekannt. Er erläuterte die Gruppentheorien von Bion und anderen Tavistock-Mitarbeitern, seine Vorlesungen waren Erzählungen, wo er Theoretisches mit dem im Training Erlebtem verknüpfte. Ich betrachtete dies als ein neues Geschenk des Lernens, wohl wissend, daß zu dieser Zeit Vorlesungen als Anachronismus galten. Diese Vorlesungen waren aber nicht Übermittlung von Wissensstoff, wie man dies aus Büchern genauso gut oder besser gewinnen kann, sondern es war Reflexion von Wissen. Hier erlebte ich Denken und Erleben in einen Zusammenhang gebracht, woraus Neugier und Lust am Lernen entstand. Denken und Erleben, Gefühl und Geist als untrennbare Teile eines Ganzen, spiegeln sich in vielen Sprachschöpfungen Otto Hürters wider. Er kann Sprache zelebrieren zur Erweiterung von Menschlichkeit. Dies ist ein Ziel und eine Methode zugleich.

Der Gruppenprozeß ist die ständige Auseinandersetzung zwischen Individuum und Gruppe; die ständige Reflexion des institutionellen Rahmens in seiner Geschichtlichkeit und dessen, was in diesem Rahmen geschieht, und letztlich die Reflexion des Verhältnisses zwischen Zielen, Aufgaben und dem, was sich gerade vollzieht.

Niemals wird der *Prozeß* zu Gunsten der Funktionalität eines Zieles aufgehoben, wie ebenso umgekehrt der Hier-und-Jetzt-Prozeß nicht zum Selbstzweck werden kann. Die Reflexion dessen, was geschieht, vor dem Hintergrund des Vergangenen (der Geschichte) und des Zukünftigen (des Zieles oder der Ziele), das ist Gruppendynamik, wie ich sie bei Otto Hürter gelernt habe. Form und Inhalt lassen sich nicht voneinander trennen, prozeßhaftes Lernen ist kein System, wo es ein Erstens, Zweitens oder Drittens gibt, sondern ist ein Lernen *„über Stock und Stein"*, mit (den Menschen) selber die Reflexionen, die Bewegungen zu vollziehen, von denen ich nun einmal meine, daß sie eigentlich die Bewegung des philosophischen Geistes seien (Adorno, 1996, S. 41).

Ebenso wie nicht jede Person in jede Rolle paßt oder jede Rolle zu jeder Person passen kann, so ist die Beziehung zwischen Personen und Konzepten zu betrachten. Die Spielräume oder die Räume der freien Bewegung sind zu betrachten. Wenn sich eine Person in einem Konzept nicht mehr bewegen kann, dann kann sich die Person oder das Konzept verändern; wenn beides nicht geht, dann kann man sich nur trennen. Dies muß nicht dazu führen, Personen oder Konzepte zu verteufeln. Diese Toleranz aus der jeweiligen kritischen Reflexion erarbeitet kenne ich von Otto Hürter.

Geleitete Selbstorganisation - Ein Paradox

Christiane Pennecke

Ausgelöst durch die Begegnung mit Otto Hürter - anläßlich des Organisationstrainings beim Arbeitskreis Gruppendynamik Münster e.V. (agm)[1], beschäftigt mich seitdem die Theorie der „Selbstorganisation“ sowie die konzeptionelle Überlegung zu „Leitung und Kontrolle“, die bei diesem Training aufeinandertrafen.

Für die neuerliche Auseinandersetzung mit der Theorie der Selbstorganisation bin ich O. Hürter sehr dankbar, obwohl ich in unserem ersten Treffen viele meiner „schmerzhaften“ Erfahrungen mit dem Verständnis von Selbstorganisation, wie es in der Gestalttherapie angewandt wird, auf ihn übertrug. Einige der Kernaussagen von O. Hürter, wie z.B. *„Ich begleite einen Selbstorganisationsprozeß“* riefen spontan Erinnerungen an Gefühle des „Alleingelassenseins“, mich „orientierungslos“ fühlen, da die mir vertrauten Verhaltensweisen nicht „angesagt“ waren, wach.

Das Organisationstraining fand im November 1995 unter der Leitung von I. Zimmer, F. Leinfelder und O. Hürter sowie drei AusbildungskandidatInnen[2] statt. Dieses Training ist das Abschlußseminar der gruppendynamischen Zusatzausbildung bei agm. In ihm sollen die erlernten Diagnose- und Interventionskompetenzen in organisatorischen Rollenbezügen im Hier und Jetzt des Trainings erprobt werden. Ziel des Seminars ist es, den TeilnehmerInnen die Spannung zwischen der Analyse von Organisationsbedingungen und institutioneller Handlungserwartung einerseits und der Reflexion und Handhabung ihrer/seiner eigenen Interessen und Wünschen andererseits erfahrbar zu machen.

Der staff traf sich bereits am Vortag, um sich kennenzulernen, aber auch Konzeptunterschiede zu diskutieren und das Design zu erarbeiten. Es wurde mit einem halboffenen Design gearbeitet, das sich an den jeweiligen Prozessen der Organisation orientierte.

Im Folgenden sollen nun zunächst die unterschiedlichen theoretischen Annahmen und Überlegungen dargestellt werden, um danach die praktische Umsetzung am Beispiel der Gestaltung der Anfangssituation sowie einzelne Sequenzen im Verlauf des Trainings zu beschreiben.

---

[1] Der Arbeitskreis Gruppendynamik Münster e.V. (agm) bietet u.a. eine mehrjährige gruppendynamische Zusatzausbildung an.

[2] AusbildungskandidatInnen zum/r TrainerIn für Gruppendynamik der Sektion Gruppendynamik im Deutschen Arbeitskreis für Gruppenpsychotherapie und Gruppendynamik (DAAG).

O. Hürter bezieht sich bei seinen Überlegungen auf die Theorie der Selbstorganisation. Er arbeitet mit „*so wenig Struktur wie eben möglich und gerade so viel wie nötig, damit sich die Dynamik entfalten kann*".

Die Theorie der Selbstorganisation folgt dem Grundsatz der natürlichen Ordnung, der besagt, daß es Geschehen - im Heraklitschen Sinne des „*alles fließt*" gemeint - gibt, „*die frei sich selbst überlassen, einer ihnen selbst gemäßen Ordnung fähig sind*" (Metzger, 1976, S. 662). Der Prozeß der Selbstorganisation unterliegt Gesetzmäßigkeiten. So ist er seinem Wesen nach rekursiv. Selbstreferentialität[3] bedeutet, daß jeder Zustand des Systems durch Zustände des Systems und durch nichts anderes determiniert ist. Es gibt keine lineare Kausalität, sondern immer eine zirkuläre Kausalität. Die Feedbackschleife führt in sich zurück, so daß das Ergebnis der ersten Operation die Grundlage der zweiten Operation ist und deren Ergebnis Grundlage der dritten usw. Insofern wird das Selbstorganisationssystem als operativ geschlossen bezeichnet. Operational abgeschlossen bedeutet, daß die Operationen des Systems vom System bestimmt werden und nicht von etwas anderem. Auf das Individuum übertragen heißt das:

> „es (ist) nicht von außen beeinflußbar .., aber entscheidend ist, was mit dem Einfluß von außen geschieht. Das System kann „gestört" werden oder „perturbiert", aber es bestimmt durch seine interne momentane Struktur, was mit der Störung geschieht." (Portele, 1989, S. 8)[4]

Das System bildet durch seine Operationen eine Grenze. Mit dieser Grenze stößt das System auf eine Umwelt. Das System tritt an der Grenze mit der Umwelt in Kontakt. Um dies tun zu können, müssen Grenzen offen sein, damit es zu einem Energieaustausch kommen kann[5].

Das klingt nun, als wenn sich Systeme ständig aus sich heraus neu formieren und als wenn sie so abgeschlossen wären, daß sich die Frage stellt, wie es zu einem Austausch bei einem selbstreferentiellen Systemen kommen kann, bzw. wie verarbeiten interagierende mehr oder weniger offene oder geschlossene Systeme Prozes-

---

[3] „*Selbstreferentielle Systeme sind Systeme, die die Elemente, aus denen sie bestehen (z.B. Handlungen) selbst produzieren und deshalb in all ihren Operationen diese Ordnung der basalen Produktion und Reproduktion mitvollziehen müssen (was immer sonst noch Sinn, Zweck oder Umweltbezug der Einzeloperation sein mag). Organische Realität und gesellschaftlich geordnete Realität besteht aus Systemen, die sich mit all ihren Operationen auch (oder sogar nur) auf sich selbst beziehen und im Selbstkontakt den Modus finden, indem sie Umweltbeziehungen realisieren.*" (Luhmann in Schulte, 1996, S. 22)

[4] „*Ein kindlicher und erwachsener Organismus kann bestimmen von innen her, was es mit dem Einfluß von außen macht, mit der Nahrung, den Geboten und Verboten, den Vorträgen, den Büchern usw.*" (Portele, ebenda)

[5] Hinsichtlich der eigentlich spannenden Frage, wie nämlich diese geschlossenen Systeme an der Grenze interagieren, stellt Portele fest, daß dieser Frage in der Selbstorganisationstheorie „*z.Zt. keine Bedeutung beigemessen*" wird (Portele, 1997, S. 11). In seinem letzten Artikel (1997) nimmt er wieder stärker Bezug auf Perls und spricht von der gegenseitigen Beeinflussung autonomer Gegebenheiten „*der kreativen gegenseitigen Anpassung von System (Organismus) und Umwelt*" (PHG, 1979, S. 12).

se an den Grenzen[6]. Bezogen auf Anfangsstituationen in Gruppen könnte das heißen, daß im Moment des Kontaktes, der fremd und ungewohnt ist, TeilnehmerInnen mit den ihnen eigenen Gefühlen, Empfindungen, Wahrnehmungen reagieren. Diese Reaktionen werden z.B. durch das setting konfrontiert und produzieren „Störungen“, die sich nicht an den Erfahrungshintergrund assimilieren lassen. Auf die Störung reagieren sie mit hohem Widerstand und versuchen noch intensiver, die Situation i.S. alter Erfahrungen zu gestalten, z.B. indem sie die Situation so gestalten, daß sie ihren Schemata entspricht (Übertragung). Wird der Mensch in dieser Situation, in der er versucht, die Störung zu assimilieren, auf sich zurückgeworfen, bleibt er in seinem System gefangen und muß wiederholen (Wiederholungszwang). Erst durch die Veränderung der Aufmerksamkeit des Bewußtseins auf den eigenen Umgang mit der störenden Situation, beginnt eine Veränderung. Die Frage ist nur, wer oder was initiert diesen Prozeß?

Im Konzept der Selbstorganisation hat Leitung - so E. Hürter - klassischerweise der, der im Moment am besten in der Lage ist, die Bedürfnisse in der Gruppe zu erkennen und entsprechend zu handeln, d.h. jeder ist Beobachter und Akteur zugleich. Das Selbstverständnis von Leitung in selbstorganisierten Gruppen ist, daß sie sich als Teil des (Lern-)Systems sieht. Als Teil des Systems ist der Leiter selbst einem Entwicklungs- und Lernprozeß in der Gruppe ausgesetzt. Seine wesentliche Aufgabe ist es, die Selbstregulationskräfte in der Gruppe anzuregen. Unbewußte, regessive Wünsche der TeilnehmerIn wahrzunehmen und bewußt zu machen und das Hier und Jetzt im Gegensatz zum Dort und Damals zu betonen.

Damit geht der Leiter m.E. aus dem selbstreferentiellen System heraus und übernimmt die Beobachterrolle. Das Ergebnis der Beobachtung fließt wieder in das System ein. Hier ist nun zu fragen, wieso sollte ein Leiter eines Selbstorganisationsprozesses dies tun und vor allem weshalb, da die Selbstorganisationstheorie besagt, daß

> „schwerlich etwas gezielt bewirken (werden) kann - letzten aufgrund der Geschlossenheit von Systemen, die von innenheraus sich steuern. Er kann keine Kontrolle von außen, keine Macht ausüben.“ (Mehrgardt, 1996, S. 33)[7]

---

[6] Für das individuelle (Lern-)System hat Grawe (1987) in den letzten Jahren - ausgehend von der Piagetschen Schematheorie die als Vorläufer der Systemtheorie gesehen wird - und der von Prigogine entwickelten Theorie der „dissipativen Strukturen“, ein 3-Phasen-Modell entwickelt, das zu erklären versucht, wie das abgeschlossene System (Individuum) mit einer Störung umgeht. Danach reagiert das System auf Störungen zunächst mit Abwehr (I), dann mit einer begrenzten Akkomodation (II) und schließlich, mit reflektierenden Abstraktion (III) in Bezug auf den Umgang des Systems mit dem störenden Objekt. Ein Schema ist: eine grundlegende Organisationseinheit psychischer Prozesse. Es ist gleichzeitig Produkt und Produzent der Individuum-Umgebung-Interaktion.

[7] Andererseits - so argumentiert Mehrgardt weiter - gibt es aber Macht, *„die von den Konstruktivisten als etwas bezeichnet wird, was es eigentlich nicht gibt, als soziale Konstruktion oder Konvention (z.B. Maturana). Damit wecken sie den Eindruck, Macht werde geleugnet bzw. zum individuellen Denkfehler bagatellisiert. Portele (1994) kommt daher zu der Aussage, daß Macht kein epistemologischer Irrtum, sondern ein ethischer Irrtum ist, den (er) nicht erkenntnistheoretisch widerlegen*

Wenn ich das bisher gesagte zusammenfasse, dann stellt sich die Theorie der Selbstorganisation wie folgt dar: Es erfolgt ein „Paradigmenwechsel" von offenen Systemen (oder wie Schulte sagt, von der Vernunft des Subjekt) auf sich selbst organisierende eben autopoietische Systeme. Diese beziehen sich zugleich auf sich selbst - als einzig mögliche Operationsweise - und auf Fremdbezug. Die Theorie stellt Realitätsbezug durch Selbstbezug her und gibt bestimmten Selbstbezug für Realitätsbezug aus. Die Systemtheorie ist in gewissem Sinn „in sich über sich hinaus".

> „Die eigentümlichste Charakteristik eines autopoietischen Systems ist, daß es sich sozusagen an seinen eigenen Schnürsenkeln emporzieht und sich mittels seiner eigenen Dynamik als unterschiedlich vom umliegenden Milieu konstituiert" (Maturana, Varela, 1987, S. 54),

was eine blockierende Paradoxie beinhaltet. Das Paradoxon des autopoietischen Systems löst Luhmann durch die angenommene Fähigkeit des Systems, sich selbst zu entparadoxieren, indem er das Wissen um die Realität, in der sich die Autopoiesis abspielt als „re-entry" d.h. durch eine System/Umwelt-Differenz wieder ins System einfügt. Mit dieser „distinguierten Lüge"[8] durchbrechen die Systeme ihren Begündungszirkel und können sich selbst als wirkliche, d.h. wie von außen, sehen. Die Lüge wird allerdings im „blinden Fleck" versteckt (vgl. dazu Schulte, 1993, S. 17ff).

Daher kommt Schulte zu der Aussage, daß sich *„die Systemtheorie als eine extravertierte oder umgestülpte Subjekttheorie erweist, die ihre eigene Abdunklung durch eine Mystik und Mythologie des Selbstsschutzes besorgt"* (Schulte, 1993, S. 12)[9].

Insofern spiegelt die Theorie ihre implizite erkenntnistheoretische Annahme wider - das Subjekt konstruiert seine Realität -. Das Subjekt erschafft die Wesen, deren Existenz sein Eingebettetsein in eine soziale Welt beweisen sollen, aus sich selbst heraus (vgl. dazu Maturana). Eine wirkliche und reale Begegnung mit einem widerstehenden Anderen findet nicht statt (Mehrgardt, 1994).

Im radikalen Konstruktivismus fehlt das Gegenüber, die Antithese wie Mehrgardt meint. Denn die Gegenüberstellung ist eine erkenntnistheoretische Gegenüberstellung. Der Mensch ist ein handelndes Subjekt, das die Umweltgegebenheiten zum Objekt seiner Erkenntnistätigkeit macht und diese im Aneignungsprozeß internalisiert (Rubinstein, 1971). In diesem Prozeß spielt der Vermittler eine zentra-

kann, sondern nur einen persönlichen ethischen Standpunkt beziehen kann." (Mehrgardt, 1996, S. 33)

[8] *„Einmal muß das System sich also zu einer Lüge entschließen, einmal eine Unwahrheit als Wahrheit nehmen, dann geht es."* (Luhmann, 1990, S. 415f)

[9] Mehrgardt beantwortet die Frage, ob ein geschlossener (selbstreferentieller) Erkennensbereich des einen Individuums auf einen geschlossenen Erkennensbereich eines anderen Individuums treffen, sich (paradoxerweise?) diesem öffnen und mit diesem einen geschlossenen dyadischen bzw. gruppalen Erkennensbereich bilden kann, mit dem Transzendenzprinzip. Er argumentiert, daß die Kriterien, bezüglich derer ein System geschlossen ist, tranzendieren, sobald die Erkenntnisbereiche erweitert werden. Zur weiteren Begründung verweise ich auf Mehrgardt (1995, S. 33).

le Rolle, da über ihn Erfahrungen, Bedeutungen und Fähigkeiten vermittelt werden[10].

Hinsichtlich einer allgemeinen Einschätzung der Bedeutung der Systemtheorie für eine Konzeptualisierung der Gruppe als System kommt Blackwell (1994) zu dem Schluß, daß die Relevanz nicht darin liege,

> „eine eindeutige Konzeptualisierung der Gruppe als System oder der Individuen als Systeme anzubieten, dafür sei die Systemtheorie selbst zu divergent, sondern wichtig sei, daß innerhalb der Systemtheorie Gedanken gedacht wurden, die eine hohe Relevanz für die gruppenanalytischen Positionen besitzen z.B. die Doppelfunktion des Beobachtens und Beobachtetwerdens." (Blackwell in Gfäller, 1996, S. 53f)

Die konzeptionelle Überlegung „Leitung und Kontrolle" geht davon aus, daß in einer Gruppe Machtverhältnisse existent sind, die es gilt, transparent zu machen, um aus der Dichotomie „Macht" bzw. „Sich-selbst-Überlassen" heraus ein drittes zu entwickeln, die Kontrolle des Individuums über seine Umwelt durch Bewußtwerdung.

G. Leuschner beschreibt drei gleichzeitig in einer Gruppe wirkende Aspekte: den intrapsychischen, interpsychischen Aspekt sowie die Beziehung der Gruppe mit der Umwelt. In diesem Spannungsfeld entwickeln sich Beziehungen, sowohl zwischen den Personen (Personalsystem, Wittenberger, 1996) als auch - aufgrund des dialektischen Wechselwirkverhältnisses zwischen Individuum und Gesellschaft (Institution) - eine rollenmäßige Beziehung. Da Menschen andere Menschen und die Beziehung zu ihnen brauchen, leben sie in dem Spannungsverhältnis zwischen individuellen Bedürfnissen und deren Befriedigung und den Erwartungen und Anforderungen der Gesellschaft (Institution). Diese Spannung ist - nach Leuschner u.a. - nicht aufhebbar, sondern muß immer wieder reflektiert und bestanden werden.

In den Beziehungen treten menschliche Grundkonflikte z.B. wie Macht - Abhängigkeit - Autonomie auf, mit denen sich der Mensch auseinandersetzen muß, an denen er wächst und sich entwickelt. Die Entwicklung vollzieht sich in der Überwindung von Widersprüchen. Da die Spannung, die aus den Widersprüchen entsteht, sowohl institutionell wie individuell abgewehrt werden müssen, gilt es ein setting zu finden, daß diese Prozesse transparent und damit bewußt und besprechbar macht.

Die konzeptionellen Überlegungen zu „Leitung und Kontrolle" berücksichtigen sowohl die innere Realität (Triebstruktur) eines Menschen als auch das spannungs-

[10] Diese Kritik richtet sich vor allem an die Gestalttheorie, die eine Umsetzung der Selbstorganisationsprinzipien auf die Gestaltgruppen vornimmt, ohne dabei eine Theorie der Gruppenprozesse erarbeitet zu haben, wie dies z.B. die Gruppendynamik vorlegt. (Zur Umsetzung der Selbstorganisationstheorie in die Gruppendynamik, vgl. dazu Schattenhofer, 1992). Aber auch hier bleibt die Frage des Gegenübers - i.S. einer dialogischen Einstellung, die Ausdruck der Ich-Du-Beziehung (M. Buber) ist, offen. *„Reflexionsprozesse müssen, um ihr steuerndes Potential entfalten zu können, (ein)geleitet werden, ob und wie das passiert, muß (dann) aber wieder Gegenstand der Reflexion selbst werden"* (Schattenhofer, 1992, S. 62), die durch wen eingeleitet wird?

erzeugende Moment in der Interaktion mit Institutionen, indem es Lernerfahrungen schafft, die das Spannungsverhältnis Macht-Abhängigkeit nicht leugnet, sondern nutzt, um Prozesse zu verdeutlichen, transparent und sie somit dem Bewußtsein zugänglich zu machen.

Bei der Definition des Machtbegriffes lehnt sich Leuschner an die Duxsche Definition an und begreift Macht als *„konstitutiv"* für den Menschen bei der Durchsetzung seiner Bedürfnisse und Interessen. Da Machtbegrenzung durch Gegenmacht erfolgt, folgert er, die Unterschiede der Machtpotentiale zu erkennen, wenn Menschen oder Gruppen in Beziehung treten. In der Konsequenz heißt das, daß Lehrende und Lernende sich in einer wechselseitigen Abhängigkeit befinden, die im Diskurs einen Verstehensprozeß initiiert.

Folgerichtig übernimmt in diesem Modell der Leiter bewußt seine Rolle als Autorität (i.S. einer „beratenden Autorität", vgl. dazu Zimmer, 1996). Die Wahrnehmung von Autorität bedeutet zunächst einmal, die Existenz solcher Unterschiede anzuerkennen (Sennet). Der Leiter bietet Position und eine Beziehung an, die Identifikation, Abgrenzung, Auseinandersetzung und Ablösung ermöglicht, um so zu einer wachsenden Mündigkeit beizutragen. Er schafft einen Raum, in dem TeilnehmerInnen die Außenwelt entdecken und mit anderen in Verbindung treten können; eine Autorität, die Grenzen setzt und die eine Balance findet zwischen sich einlassen und loslassen, nennt I. Zimmer (1996) *„mütterliche Autorität"*. Im Gegensatz dazu kennzeichnet *„väterlichen Autorität"* die *„Bereitschaft und Fähigkeit, sich in unbequemer Weise zu exponieren und zu artikulieren und so Identifikation und Abgrenzung zu ermöglichen"* (Ohlmeier, 1990 in Zimmer, 1996, S. 129).

Lernprozesse, die in einer solchen Autoritätsbeziehung stattfinden, aktualisieren Übertragungsgefühle wie z.B. alte Kränkungen, Ängste, Sehnsüchte und berühren so die Abwehrstrukturen. Dies bedeutet, daß in verstärktcm Maße Übertragungs- und Gegenübertragungsprozesse auftreten, die durchsichtig und auf adäquate Weise dem Selbstreflexionsprozeß zugänglich gemacht werden müssen, indem die Wirkkräfte von Übertragung und Gegenübertragung exploriert werden. Durch die Einhaltung der Abstinenzregel, (z.B. einen kontrollierten rollenangemessenen Umgang mit eigenen Gefühlsreaktionen und deren diagnostischer Nutzen als Gegenübertragungsreaktionen) wird das Rollengefälle nicht verleugnet, - da es in diesem Prozeß u.a. auch Schutz bietet -, sondern die Bearbeitung mitgebrachter Konflikte und damit verbundener Übertragungen wird ermöglicht.

Der Lehrende im gruppendynamischen Setting gibt seine Rolle nicht auf und fordert - neben den verstehbaren Ängsten - den Diskurs weiterhin freundlich zugewandt ein. Einfühlende Zuwendung macht den Verstehensvorgang glaubwürdig. Die Rollenkonsequenz stärkt die progressiven Kräfte in der Gruppe und die Glaubwürdigkeit des Leiters.

Nach Leuschner u.a. gibt es keine personenbezogene Lerngeschichte, die nicht mit Ängsten, Selbstzweifeln und Kränkungen besetzt ist. Daher ist es nicht erschreckend, wenn diese latent vorhandenen Erfahrungen manifest werden, sondern es ist ein zum Lernenden gehörender verinnerlichter Persönlichkeitsanteil, der hier bewußt und ansprechbar wird. Die Akzeptanz und damit die Voraussetzung zur Integration der genannten Ängste, Selbstzweifel und Wünsche wird - nach Leuschner - immer dann besonders schwierig oder in dem Lernprozeß unmöglich, wenn verfestigte Größenphantasien die Wahrnehmung der genannten Gefühle verunmöglichen, bzw. die äußere Situation nicht offen für einen Integrationsprozeß ist.

In „Leitung und Kontrolle" wird der Gedanke, daß Selbsterkennung nur an und mit einem Gegenüber erlebbar ist, am konsequentesten ausformuliert und praktiziert. Verhaltensweisen und Prozesse, die im Alltag eher unbemerkt geschehen, werden angehalten und auf eine Reflexionsebene gehoben, die es den TeilnehmerInnen möglich macht, sie wahrzunehmen und schließlich anzunehmen, wobei durch den Alltagsbezug der Transfer gegeben ist und aufgrund der Hineinnahme des Rollenbezuges der Widerstand minimiert wird.

Es geht also nicht darum, daß sich Menschen irgendwie erfahren, sondern es gibt ein Anliegen, daß die TeilnehmerInnen selbständig und unabhängig und damit eigenverantwortlich handeln lernen. Damit wird ein emanzipatorisches Konzept vertreten, daß die TeilnehmerInnen befähigen soll, Positionen zu vertreten und aktiv in den Kontakt (Auseinandersetzung) mit den Mitmenschen zu treten. Das Konzept unterstützt im Buberschen Sinn die Ich-Du-Beziehung, in der sich der Mensch erfährt und wächst.

Dabei geht es nicht darum, den TeilnehmerInnen zu sagen, „was sie erfahren" sollen, sondern die Erfahrungen mitzugestalten und bewußt zu machen. Damit nimmt Leitung die Möglichkeit wahr, Prozesse für die Reflexion zu unterbrechen, greift also ein, um zu verdeutlichen und zu klären. Die TeilnehmerInnen werden nicht sich selbst überlassen, sondern zur aktiven Mitgestaltung aufgefordert und angehalten, die Erfahrungen im Hier und Jetzt einzubringen und besprechbar zu machen. Somit versteht sich Leitung auch als Korrektiv, was den TeilnehmerInnen Sicherheit und Unterstützung gibt.

Die bereits aus den Konzepten ersichtliche Unterschiedlichkeit äußerte sich z.B. in dem von O. Hürter gemachten Vorschlag für eine Anfangsintervention. O. Hürter schlug vor, die Gruppe gleich von Beginn an in die sich entwickelnde Struktur einzubeziehen und formulierte eine mögliche Intervention: *„hat noch jemand anderes - außer uns - eine Idee, wie wir diese Situation gestalten können."* O. Hürter begründete diese Vorgehensweise damit, daß dies sofort den Wettbewerb beginnen läßt und die TeilnehmerInnen zeigen können, welche Anfangssituationen sie kennen, wodurch sie an ihren eigenen Ressourcen angeknüpft könnten.

Dieser Vorschlag rief im staff - wegen seiner Ambivalenz - heftige Diskussionen hervor, da er sowohl zu offenem, aggressivem wie verdecktem bzw. retroflektivem Verhalten einlädt, die die TeilnehmerInnen u.U. ins Schweigen entläßt. I. Zimmer und F. Leinfelder plädierten für eine Strukturvorgabe, um die TeilnehmerInnen erst einmal ankommen zu lassen und ihnen die Möglichkeit zu geben, sich zu orientieren.

Anhand der unterschiedlichen Anfangssituation wurde das Selbstverständnis von Leitung herausgearbeitet. O. Hürters Verständnis von Leitung ist die Begleitung eines Selbstorganisationsprozesses. Er versteht darunter, eine „gedeihliche Atmosphäre" zu schaffen, die angstreduzierend ist. Er versteht sich eher als „Gärtner", der Wachstum und Entwicklung stützt. Wobei er den Selbstorganisationsprozeß nicht mit laissez-faire verwechselt wissen möchte, sondern er schafft „Rahmenbedingungen", in denen sich eine Organisation selbst entwickeln kann.

Demgegenüber vertraten I. Zimmer und F. Leinfelder die o.g. Position und ergänzten, daß die Spannung zwischen persönlichen Bedürfnissen des Individuums und institutionellen Interessen nicht aufgehoben werden kann, sondern immer wieder reflektiert werden muß. Dies kann jedoch nur geschehen, indem sich das Individuum in seiner Rolle und den damit verbundenen Spannungen erlebt und von der Leitung darin unterstützt wird.

Nach einem längeren Diskussionsprozeß einigten wir uns darauf, nicht mit einer Vorstellungsrunde zu beginnen, sondern die TeilnehmerInnen - nach der Begrüßung und der Darlegung der Ziele des Trainings - in Einzelarbeit zu entlassen. Ihre Aufgabe bestand darin, auf ein großes Blatt zu schreiben, welche Rolle sie in ihrer Organisation einnehmen, welche Stärken und Schwächen sie im Umgang mit ihrer Rolle haben, welches Lerninteresse sie hier haben und welche Rolle sie in dieser, sich entwickelnden Organisation einnehmen möchten, um ihre Lerninteressen zu verwirklichen. Danach folgte die Vorstellung der TeilnehmerInnen anhand der Blätter und ein offener Prozeß begann, dem sich der Gruppenfindungsprozeß und -konsolidierungsprozeß anschloß.

Die Frage des Leitungsverständnisses stellte sich nochmals bei der Klärung, welche Funktion der staff in einer sich organisierenden Gruppe einnimmt. Da die „Leitergruppe" innerhalb der Organisation zunehmend mehr Kompetenzen übernahm, könnte sich der staff als „Aufsichtsrat" verstehen oder weiterhin verantwortlich für die Lernorganisation bleiben oder beides. Wie wird dann Leitung wahrgenommen? Die Beantwortung der Frage führte zu einem Dissens, der sich in der unterschiedlichen Entscheidung hinsichtlich einer Anfrage aus der „Leitergruppe", ob sie Beobachter in die „Mitarbeitergruppe" entsenden sollten, äußerte. Aus der Sicht des „Aufsichtsrats" ist dies eine Entscheidung, die die „Leitergruppe" selbst fällen muß; aus der Sicht des staffs, der verantwortlich für die Lernorganisation ist, ist dies seine Entscheidung. Nach O. Hürters Einschätzung ist der staff immer beides. Dennoch ist eine Sanktionierung z.B. der Leitergruppe innerhalb einer Lernorganisation problematisch und müßte situationsabhängig entschieden werden.

An dieser Stelle wurde die enge Beziehung zwischen dem zugrunde liegenden Konzept und die Auswirkungen auf das Leitungsverständnis am deutlichsten, die sich auch in anderer Form, z.B. der Einschätzung des Zeitpunktes und der Inhalte von Interventionen, niederschlug. Während O. Hürter eher sparsam in seinen Interventionen war und Interventionen bevorzugte, die er als Interventionen bezeichnet, die „über dem Scheitel der Möglichkeiten der Gruppe ansetzen", um neue Ebenen zu eröffnen[11]; gingen I. Zimmer und F. Leinfelder offensiver in den Prozeß, indem sie immer wieder Prozesse an Stellen reflektierten, wo Unsicherheiten in der Gruppe auftraten oder Normen gesetzt wurde, die den gesamten Prozeß labilisieren. So setzten z.B. die „Mitarbeiter“ anläßlich einer Selbstdarstellung die Norm, daß „Mitarbeiter“ in dieser Organisation stigmatisiert werden. An dieser Stelle bezogen sie Position und forderten die Gruppe zur Reflexion auf. Das Ergebnis der Reflexion war eine versteckte Kritik an der „Leitergruppe“ und indirekt am staff. Die „Mitarbeiter“ fühlten sich in der Organisation übersehen. Damit reagierten die „Mitarbeiter“ auf die Entscheidung der Leitergruppe, keinen Beobachter in die „Mitarbeitergruppe“ zu entsenden.

Dieses Training war für mich, als Ausbildungskandidatin, ein Lehrstück in der Kunst des Leitens, die - wie I. Zimmer es benannt hat - darin besteht, wahrzunehmen, wieviel Struktur für die Gruppe zu diesem Zeitpunkt notwendig ist und wieviel Zutrauen, sie alleine überlegen zu lassen, angemessen ist. Hierin waren sich I. Zimmer, O. Hürter und F. Leinfelder einig. Bei der Umsetzung wurde aber auch deutlich, daß Interventionen nicht nur von den jeweiligen theoretischen Überlegungen strukturiert werden, sondern Intuition und unterschiedliche Persönlichkeitsstile eine entscheidende Rolle spielen.

Das produktive Moment an diesem staff war, daß - trotz unterschiedlicher Vorstellungen die in heftigen Diskussionen ausgetragen wurden - die Unterschiede deutlich benannt wurden und die Auffassungen im Diskurs besprechbar waren. Es wurden Einigungen erzielt, mit denen alle arbeiten konnten, - ohne daß dabei die Unterschiede nivelliert wurden, sondern sich in der Auseinandersetzung oft produktiv erwiesen. Der Diskurs fand nicht nur in der Großgruppe, sondern auch im staff statt, wobei die Auseinandersetzung geleitet waren von der Neugierde und dem Wunsch, den anderen zu verstehen.

[11] O. Hürter vergleicht diesen Prozeß mit einer Schaukel. Er geht mit dem Prozeß bis zu dem Punkt, wo die Schaukel den höchsten Punkt erreicht und ein „Umschlag“ stattfindet. Dies setzt seiner Meinung nach Intuition und Deutung seitens des Leiters voraus, um den geeigneten Zeitpunkt zu erkennen. O. Hürters sieht sein Hauptinteresse stärker in der Entwicklung von Primärprozessen in der Gruppe liegen als in der Unterstützung von Sekundärprozessen.

Teil IV

Praxisprojekte

Selbstorganisation und die Aufforderung zur freiwilligen Selbstverantwortlichkeit - Erfahrungen mit einem paradoxen Lernkonzept in der Erwachsenenbildung

Angelika Behrenberg, Michael Faßnacht

1. Vorbemerkung

Als TeilnehmerIn an der Weiterbildung zur GruppenleiterIn bei Otto und Elisabeth Hürter 1990 bzw. 1991 machten wir erstmals Bekanntschaft mit der Idee der Selbstorganisation. Wir waren beeindruckt und fasziniert von dem hohen Maß der Beteiligung an der Prozeßsteuerung, die sich für jede TeilnehmerIn aus diesem Konzept ergibt und haben diese Arbeitsweise als besonders förderlich für die Entwicklung der eigenen Leitungskompetenzen erlebt. Diese Lernchance, die sich vor allem in der Förderung von Selbstverantwortlichkeit und Beteiligung der GruppenteilnehmerInnen äußert, wollten wir in unserem Arbeitsbereich, der Weiterbildung von MultiplikatorInnen für den Bereich der Erwachsenenbildung, in Zukunft auch anbieten. Gemeinsam mit unseren Weiterbildungsgruppen begannen wir zu lernen, wie sich das Konzept der Selbstorganisation in Weiterbildungsseminaren für ErwachsenenbildnerInnen und für MitarbeiterInnen in der Gemeindepastoral umsetzen läßt (vgl. dazu Behrenberg, Faßnacht, 1994a, S. 195-199). Die nunmehr sechsjährigen Erfahrungen mit unserem *„Lernkonzept der sich selbstorganisierenden Gruppe"* und den derzeitigen Stand des Konzeptes möchten wir im folgenden in zwei Schritten vorstellen. Zunächst werden wir etwas zur „Geschichte" unserer Arbeit mit selbstorganisierenden Weiterbildungsgruppen und unseren theoretischen Überlegungen hierzu sagen. Anschließend versuchen wir, einen Einblick in die Höhen und Tiefen der praktischen Umsetzung dieses paradoxen Modells zu geben. Zu unserer Freude funktioniert nämlich praktisch, was theoretisch zunächst in sich widersprüchlich und kaum umsetzbar erscheint. Mit dieser Darstellung verbinden wir unseren Dank an Otto und Elisabeth Hürter, die uns den Anstoß zu unserer Form des Arbeitens gegeben und uns aus dem fernen München wohlwollend ermutigt haben.

2. Was ist das „Lernkonzept der sich selbstorganisierenden Gruppe"?

Am Beginn des gemeinsamen Experimentierens mit unseren Weiterbildungsgruppen stand der Begriff „Selbstorganisation" als Chiffre für einen von uns intendierten (und den Gruppen „machtförmig" verordneten) neuen, anderen Umgang mit Macht und Leitung. Gruppenleitung - offizielles und von den TeilnehmerInnen gewähltes Lernziel der Weiterbildungsreihen - sollte in diesen Kursen vor allem durch die Erfahrung des gemeinsamen „Sich-selbst-Leitens" gelernt werden: Selbstorganisation statt Fremdorganisation war das Programm. Um unsere TeilnehmerInnen zur Anstrengung der Selbstorganisation zu motivieren und um unser eigenes Handeln zu begründen und zu reflektieren, brauchten wir jedoch eine klarere Vorstellung von dem, was in unseren Kursen passieren, was „wie überall" und was „anders" sein sollte.

Mit zunehmender Erfahrung bei unseren „Experimenten" mit der Selbstorganisation beschäftigten uns daher die besonderen Implikationen des Selbstorganisationsansatzes im sozialen Feld institutioneller Erwachsenenbildung, im Unterschied zum Beispiel zu Selbsthilfegruppen. Gleichzeitig ermutigten uns die Lernerfolge unserer ersten Weiterbildungsgruppen sowie die nach anfänglicher Skepsis wachsende Akzeptanz und Begeisterung unserer TeilnehmerInnen, die wir teilen konnten, diesen Ansatz weiter zu verfolgen und zu systematisieren. Wir nennen unseren Ansatz der Arbeit mit Gruppen auf der Basis der Selbstorganisation *Lernkonzept der sich selbstorganisierenden Gruppe*, um einerseits den aktiven Anteil der Gruppe am Selbstorganisationsprozeß, die *Selbststeuerung*, zu betonen und andererseits zu verdeutlichen, daß es um den didaktisch motivierten, lernzielgeleiteten „Einsatz" von Selbstorganisation im *Bildung*sbereich geht.[1] Mit diesem Lernkonzept stellen wir uns auf die Lernbedürfnisse unserer Zielgruppen ein, die jeweils „Fachwissen, Methoden und Handwerkszeug" für ihre Arbeit als haupt- oder nebenamtliche ErwachsenenbildnerInnen suchen und zugleich ihre Wahrnehmungs- und Handlungsmöglichkeiten auf der Ebene der Gruppe erweitern möchten. Ein weiteres Lernfeld, die Erweiterung der personalen und sozialen Kompetenzen, gerät oft erst im späteren Verlauf der Weiterbildung ins Blickfeld. Das Lernkonzept der sich selbstorganisierenden Gruppe erlaubt den TeilnehmerInnen, das Lernziel „Gruppenleitung" über den Weg der kontinuierlichen Selbststeuerung als roten

[1] Den Begriff Selbstorganisation verwenden wir überwiegend in der Bedeutung „Selbststeuerung". Um deutlich zu machen, daß eine Gruppe Selbstorganisation nicht passiv „erleidet", sondern ihren eigenen Prozeß erzeugt, sprechen wir von sich selbstorganisierender Gruppe. Die im Verlauf eines Gruppenprozesses entstehenden Muster und Strukturen verstehen wir als „selbstorganisiert" in dem Sinne, daß sie Ergebnis des Kräftespiels innerhalb des Systems Gruppe sind und nicht von der Leitung installiert wurden. Diese Unterscheidung ist allerdings in der Praxis dadurch relativiert, daß auch die Kursbegleitung Teil des Kräftespiels innerhalb des Systems Gruppe ist.

Faden durch den gesamten gemeinsamen Prozeß zu verfolgen und gleichzeitig Fachwissen und Methodenkompetenzen zu erweitern.

In der Diskussion über unser Konzept mit den TeilnehmerInnen und bei der Vermittlung unserer Vorstellungen an KollegInnen waren uns Begriffe hilfreich, die aus recht unterschiedlichen theoretischen Traditionen stammen. Sie haben sich in konkreten Situationen als erhellend erwiesen, haben jedoch leider (noch) nicht den Charakter eines systematischen Modells, aus dem sich die Begründung unserer Praxis stringent ableiten ließe. Hier ein kurzer Überblick über die uns für eine inhaltliche Begründung und begriffliche Konturierung unseres Konzeptes zur Zeit fruchtbaren theoretischen Perspektiven:

Chaostheoretische Perspektive

Eine Wurzel des Begriffs Selbstorganisation findet sich in den naturwissenschaftlichen Chaostheorien, die die Existenz unabhängiger, nichtlinearer, selbstreferentieller Prozesse zum Ausgangspunkt nehmen. Schlüsselbegriffe dieser Theorien wie „deterministisches Chaos", „Autopoiese" (Maturana/Varela), „dissipative Strukturen" (Prigogine) oder „Synergetik" (Haken) haben populärwissenschaftliche Bekanntheit erlangt und sind in unterschiedlichen Disziplinen rezipiert worden[2]. Die Anwendbarkeit des Begriffs Selbstorganisation über die Grenzen von Chemie, Physik und Biologie hinaus ist bereits von den naturwissenschaftlichen Begründern postuliert, jedoch wenig weiterverfolgt worden. Wie kann der Begriff Selbstorganisation ausgehend von seiner naturwissenschaftlichen Definition[3] sozialpsychologisch fruchtbar gemacht werden? Der Synergetik Heribert Hakens (1981) lassen sich drei Prinzipien entnehmen, die auch in sozialen Zusammenhängen Gültigkeit behalten und für die „Steuerung" selbstorganisierender Prozesse handlungsleitend sein können:

1. Die Modellvorstellung des *Phasenübergangs*, nach der ein System mit stabiler Gesamtdynamik durch Umgebungsveränderung, d.h. eine Veränderung in den Rahmenbedingungen des Systems zu einem qualitativen Struktursprung veranlaßt werden kann,
2. Die „Nichtlinearität des Zusammenhanges zwischen der Veränderung der Umgebungsbedingungen und der des Systems", d.h.: „kleine 'Ursachen' können große 'Wirkungen' haben" sowie

[2] Eine verständliche und strukturierte Einführung bietet: Kriz (1992).

[3] *„Selbstorganisierende Prozesse sind solche ... Prozesse, die innerhalb eines mehr oder weniger breiten Bereichs von Anfangs- und Randbedingungen einen ganz bestimmten geordneten Zustand oder eine geordnete Zustandsfolge (Grenzzyklus) einnehmen. Das Erreichen des bestimmten Ordnungszustands wird dabei nicht oder nicht wesentlich von außen aufgezwungen, sondern resultiert aus den spezifischen Eigenschaften der an dem Prozeß beteiligten Komponenten"* (Roth, 1985, S. 153f.). Greif stellt die These auf, *„daß eine zum Attraktor* (ein störungsresistenter stabiler Ordnungszustand, A. B.) *analoge Funktion in Organisationen von einflußreichen und kompetenten Individuen übernommen wird"* (Greif, 1996, S. 61).

3. Die Tatsache, daß „Prozesse nicht determinierbar aber unterstützbar" sind.[4]

Systemtheoretische Perspektive

Für die Beschreibung sozialer Prozesse in Gruppen unter dem Blickwinkel der Selbstorganisation bietet sich zweitens eine systemtheoretische Rezeption des Begriffs Selbstorganisation durch die sogenannten neueren, entwicklungsorientierten Systemtheorien an, wie sie von Luhmann in seiner Theorie Sozialer Systeme angestoßen worden ist (vgl. dazu Luhmann, 1993, Probst, 1987). Sie steht - wie auch die Chaostheorien selbst - in der Tradition des Konstruktivismus. Die zentralen Konstrukte zum Verständnis komplexer selbstorganisierender sozialer Systeme sind ihre *Selbstreferentialität* (in Teilaspekten auch benannt unter Begriffen wie Autopoiese, Selbsterhaltung, Selbstbezüglichkeit, Selbststeuerung, Rückkoppelung, Feedback, Rekursivität...) und ihre *Prozeßhaftigkeit*. Selbstreferentialität (mit ihren komplementären Implikationen der Autonomie und operationalen Geschlossenheit) (vgl. dazu Schattenhofer, 1992, S. 29) und auch Prozeßhaftigkeit sind dabei nicht Faktoren, die von außen in das System implantiert werden, sondern sie sind dem System „unausweichlich" inhärent.

> „Ein System ist selbstorganisierend, wenn es sich autonom verhält. (...) Verständlicher wird das, wenn man Selbstorganisation als Entwicklungsprozeß versteht, bei dem es kein Entweder-Oder gibt. Das autonome Verhalten ist kein voraussetzungsloser Zustand des Systems, sondern es setzt einen Lernprozeß voraus." (Schattenhofer, 1992, S. 23)

Für selbstorganisierende Gruppen bedeutet dies:

> „Die Gruppe erfüllt mit dem Prozeß ihrer Selbstorganisation kein vorgegebenes Ziel, sondern im Laufe der (aktiven) Auseinandersetzung mit den relevanten Umwelten bilden sich immer präzisere Eigenwerte im Sinne von Normen, Verhaltensmustern und Kommunikationsgrenzen heraus, die wiederum das nachfolgende Geschehen in der Gruppe beeinflussen." (Schattenhofer, 1992, S. 30)

Unsere Erfahrungen mit selbstorganisierenden Gruppen zeigen, daß Gruppen lernen können, durch den Einsatz von Steuerungssystemen oder Feedback-Routinen Selbstreferentialität gezielt zur Organisation ihres Prozesses zu nutzen (Vgl. Kap. 3.3.).

Gruppendynamische Perspektive

Die Wahrnehmbarkeit und Beschreibbarkeit selbstorganisierender Prozesse, die den Prinzipien der Nichtlinearität, Komplexität, Selbstreferenz und Prozeßhaftigkeit folgen, ist in sozialen Gebilden wie Gruppen augenfällig. Ohne unter dem

---

[4] Kriz, 1996, S. 41. Kriz leitet aus der Theorie Hakens sieben „Synergetische Prinzipien selbstorganisierten Lernens ab, denen er die Qualität von Leitsätzen zur „Steuerung" selbstorganisierten Lernens zuschreibt (ebd.). (s.u. Kap. 1.2.)

Stichwort der Selbstorganisation theoretisch reflektiert zu sein, werden diese Prozesse in der gruppendynamischen Arbeit z.B. mit Trainingsgruppen genutzt. Der unstrukturierte Einstieg sowie Hier und Jetzt-Prinzip und Feedback stellen förderliche Wachstumsbedingungen dar, die in der Trainingsgruppe einen selbstreferentiellen Prozeß anstoßen, der jeweils gruppenspezifisch ist und dennoch strukturelle Ähnlichkeiten mit den Prozessen anderer Gruppen unter ähnlichen Ausgangs- und Rahmenbedingungen aufweist. Die Phasenmodelle des Gruppenprozesses z.B. von Bion, Miles, Lawrence, Lewin, Rogers oder Tuckman, beruhen auf dieser Wahrnehmung und beschreiben die strukturellen Ähnlichkeiten, wie sie in den Selbstorganisationsprozessen unterschiedlicher Gruppen vorkommen (vgl. dazu Antons, 1992, S. 212-217; S. 301-311; Fengler, 1986, S. 33-105).

Erwachsenenpädagogische Perspektive

Schließlich beziehen wir uns auf Selbstorganisation als Weiterentwicklung einer philosophischen Tradition, die mit dem Subjektbegriff bei Kant und mit seiner Zuschreibung der Verantwortung für „selbstverschuldete Unmündigkeit" an die Adresse eben dieses Subjekts beginnt.[5] Dieser Tradition verpflichtet lösten sich im Bereich der Erziehung und Bildung eine ganze Reihe von Bildungsidealen ab, deren Entwicklungsperspektive sich als zunehmende Orientierung in Richtung auf Autonomie, Kompetenz und Subjekthaftigkeit der „zu bildenden Objekte" hin charakterisieren läßt. Diese Entwicklungslinie ist gekennzeichnet durch Begriffe wie Bildsamkeit, Mündigkeit, Autonomie, Selbstverantwortlichkeit, Subjektorientierung. Im Lernkonzept der sich selbstorganisierenden Gruppe verbindet sich für uns das oben beschriebene chaostheoretische und systemische Verständnis von Selbstorganisation mit dieser politisch-emanzipatorischen Sichtweise der Selbstorganisation als

> „Heilmittel gegen die fast alles umfassende Fremdorganisation, als Versuch, die eigenen Angelegenheiten (wieder?) selbst in die Hand zu nehmen." (Schattenhofer, 1995, S. 163)[6]

Das Lernkonzept der Selbstorganisation beschreitet unseres Erachtens einen Weg in der Erwachsenenbildung, der von seiner theoretischen Begründung her einen (scheinbar) neuen Anknüpfungspunkt in der naturwissenschaftlichen Chaostheorie

---

5 *„Dadurch ist es möglich geworden, das ins Zentrum der Betrachtung gerückte Prinzip der Selbstorganisation zum durchgängigen Interpretament (*Hervorhebung im Original*) der natürlichen, der sittlichen und der geistigen Welt zu erklären und naturwissenschaftliche Forschung mit den Geistes- und Sozialwissenschaften immanent zu verschränken."* (Hansmann, 1993, S. 563)

6 Dennoch bleibt eine gewisse Spannung zwischen einer emanzipatorischen und der chaos- und systemtheoretischen Herkunft des Begriffes bestehen: weisen letztere auf die „naturgesetzmäßige" Eigendynamik von Selbstorganisationsprozessen unter komplexen und schwer vorherseh- und steuerbaren Einflußfaktoren hin, so postuliert ein emanzipatorischer Gebrauch des Begriffs gerade die Möglichkeit der bewußten Aneignung dieser Prozesse. Für die Arbeit im Lernkonzept der sich selbstorganisierenden Gruppe bedeutet dies, Möglichkeiten und Grenzen der prozeßunterstützenden Steuerung auszuloten und sich über die Grenzen des Macht- und Verantwortungsbereiches als LeiterIn bewußt zu werden.

wählt, der jedoch in der erwachsenenbildnerischen Praxis auch als Weiterführung und Radikalisierung bisher bestehender Konzepte verstanden werden kann. „Vorläufermodelle“ der Selbstorganisation in der Erwachsenenbildung sind vor allem die Konzepte der Teilnehmerorientierung, Erfahrungsorientierung und Lebensweltorientierung.

> „So führt die Diskussion um Teilnehmer-, Erfahrungs- und Lebensweltorientierung letztlich konsequent zur Forderung nach Selbstbestimmung der Teilnehmer im Lernprozeß. (...) In der aufgezeigten Linie führt die Theoriediskussion in der Erwachsenenbildung also im Grunde folgerichtig zu Konzepten selbstorganisierten Lernens.“ (Hollenstein et al., 1990, S. 27)

Handlungsleitende Norm für uns als ErwachsenenbildnerInnen ist insbesondere die Förderung der Autonomie der am gemeinsamen Lernprozeß „Bildungsveranstaltung“ beteiligten Subjekte; sie sollen in ihrer Mündigkeit, ihrer Kritikfähigkeit, ihrer Selbstverantwortlichkeit und in ihrer Fähigkeit, miteinander wechselseitig Beziehungen zu gestalten (Interdependenz), unterstützt werden (vgl. dazu Schmitt, 1992, S. 4-13). So sehen wir den Selbstorganisationsansatz ebenfalls der emanzipatorisch-politischen Tradition der Angewandten Gruppendynamik verpflichtet.

2.1. Von der Fremd- zur Selbststeuerung einer Weiterbildungsgruppe: die „Umschaltung“ auf selbstgesteuertes Lernen

Um im Kontext (fremd-)organisierter Erwachsenenbildung vom Ansatz der Selbstorganisation profitieren zu können, ist es notwendig, die Möglichkeiten der Gruppe als ganzer und ihrer einzelnen TeilnehmerInnen in den Blick zu nehmen. Es geht dabei um die bewußte Entscheidung der Gruppe, sich auf diese Form des Lernens einzulassen und die Steuerung des gemeinsamen Lernprozesses im Hinblick auf das Thema, die Gruppe und die beteiligten Einzelpersonen auch gemeinsam in die Hand zu nehmen. So erfordert dies ein neues Verständnis der Teilnehmer- und Leitungsrollen. Denn damit wird aus einer fremdorganisierten Kurs- oder Lerngruppe im herkömmlichen Sinn der Erwachsenenbildung eine sich selbstorganisierende Gruppe und aus der den TeilnehmerInnen aus anderen Veranstaltungen vertrauten Kursleitung eine Kursbegleitung. Das Gelingen dieses Prozesses der Neuorientierung von der „Fremdsteuerung“ zur Selbststeuerung ist nach unserer Erfahrung entscheidend für das weitere Gelingen des Selbstorganisationsprozesses von Gruppen. Mit der Frage nach dieser „Schaltstelle“ im Prozeß möchten wir uns im folgenden beschäftigen.

Die Perspektive der TeilnehmerInnen

Aus der Perspektive der TeilnehmerInnen bedeutet „Umschaltung" dreierlei: die bewußte *Wahrnehmung*, daß hier in diesem Kurs etwas anders ist als gewohnt, die *Orientierung* in dieser fremden Lernumgebung und die *Entscheidung*, sich auf diese neue Lernerfahrung einzulassen. In der Anfangsphase der Lerngruppe werden die Erwartungen der TeilnehmerInnen hinsichtlich ihrer eigenen Rolle als TeilnehmerIn und ihre Erwartungen hinsichtlich der Rolle und der steuernden Vorgaben der Leitung nicht erfüllt. Die TeilnehmerInnen erleben Verwirrung, Ratlosigkeit und Ärger. In diesem Sinne handelt es sich um die klassische *unfreezing*-Situation, wie sie Lewin als Lern- und Veränderungsvoraussetzung beschrieben hat.

Der Umschaltprozeß verlangt von den TeilnehmerInnen eine Neuorganisation ihrer Erfahrungen im Sinne eines *Reframing*s (vgl. dazu Watzlawik, 1977, S. 96). Bekannte Erfahrungen müssen in einen neuen Rahmen eingeordnet und hinsichtlich ihrer aktuellen Bedeutung bewertet werden. Die Zurückhaltung der Leitung, der Mangel an Vorgaben und Orientierungshilfen durch die Lcitung würde von den TeilnehmerInnen in bekannten Kurskonzeptionen als Inkompetenz bewertet und zu Beschwerden oder zum Verlassen des Kurses führen. In diesem Kurs jedoch bekennt sich die Leitung zu diesem Verhalten und erklärt es als konzeptimmanent. Von den TeilnehmerInnen wird erwartet, das Konzept zu begreifen, sich auf diese Erfahrung einzulassen und die durch die Zurückhaltung der Leitung entstandene Lücke in Zusammenarbeit und Auseinandersetzung mit den anderen Gruppenmitgliedern auszufüllen. Gleichzeitig sind die in allen Gruppen in der Anfangsphase anfallenden Orientierungsaufgaben zu bewältigen: einander kennenlernen, Angst überwinden, einen Platz in der Gruppe finden, die eigenen Erwartungen und Befürchtungen hinsichtlich der Ebenen eigene Person, Gruppe, Thema klären usw..

Die Perspektive der LeiterInnen

Aus der Perspektive der Leitung bedeutet „Umschaltung", die „klassischen" Erwartungen der TeilnehmerInnen an die Leitung für die Gruppe transparent zu machen, diese Erwartungen zu enttäuschen und die TeilnehmerInnen mit einem neuen Leitungsmodell bekannt zu machen. Zudem haben wir das Interesse, die TeilnehmerInnen für unsere Art des Arbeitens zu interessieren und zu motivieren. Dies gelingt erfahrungsgemäß nur sehr bedingt durch einen verbalen „Werbeblock" zu Kursbeginn oder - wie wir es bei längerfristigen Fortbildungen immer auch anbieten - anläßlich eines Informationsvorgesprächs. Die meisten TeilnehmerInnen - wenn sie nicht Vorerfahrungen aus ähnlichen Zusammenhängen mitbringen - erleben erst nachdem sie die Anfangsphase der Gruppe mit erheblichen Gefühlen der Verwirrung und Frustration „durchlitten" haben, auch die Lernchancen des Konzepts der sich selbstorganisierenden Gruppe. Als Leitung verfolgen wir also zu Kursbeginn zwei Hauptziele: das Lernkonzept der sich selbstorganisierenden Gruppe soll transparent gemacht, möglichst begriffen, auf jeden Fall aber erlebt werden; die TeilnehmerInnen sollen motiviert werden, sich auf das Konzept einzulassen und ihren persönlichen Lernprozeß sowie den Lernprozeß der Gruppe als ganzer selbst zu organisieren. Da Angst und Irritation durch das unfreezing zum Erleben des Anfangs dazugehören, sich aber nicht unbedingt auf alle TeilnehmerInnen motivierend auswirken, erleben wir Leitung in der Anfangsphase in besonderer Weise als Balanceakt: die Gruppe braucht einerseits die Zurückhaltung der Leitung, das Offenhalten der erfahrungsgemäß von der Leitung besetzten Rollenfunktionen, um genügend Verunsicherung zuzulassen, damit der Gruppe der Unterschied zwischen Fremd- und Selbststeuerung bewußt wird und sie die Verantwortung für die Steuerung des gemeinsamen Lernens übernimmt. Damit in der Gruppe jedoch genügend Bereitschaft entsteht, Neuland zu betreten und das Risiko einzugehen, unter den kritischen Augen der Leitung und der übrigen TeilnehmerInnen Leitungsfunktionen zu übernehmen, braucht sie auch Sicherheit. Diese Sicherheit versuchen wir durch empathische Präsenz und durch größtmögliche Transparenz über das Konzept und unser Verhalten in der Leitungsrolle zu bieten.

Unter „Umschaltung" vom „klassischen" auf selbstorganisiertes Lernen, von der Fremdsteuerung auf die Selbststeuerung, verstehen wir also in der Anfangsphase, daß die Gruppe in Anwesenheit und mit Unterstützung der institutionellen Leitung, die sich in diesem Prozeß als Kursbegleitung definiert, die von der Leitung vorgegebene Aufgabe, sich selbst zu organisieren, begreift und übernimmt. Dieser paradoxe Auftrag zur freiwilligen Selbstorganisation wird von den Gruppen in der Regel als Rahmenbedingung des Kurses akzeptiert, jedoch nicht unbedingt geschätzt. Gelingt der Gruppe dann, sich ihrer Interessen zu versichern und den gemeinsamen Lernprozeß zu planen und zu unternehmen, trägt dieses Erfolgserlebnis dazu bei, das Arbeiten in diesem Modell zunehmend nicht als vorgesetzt, sondern selbstgewählt zu erleben. TeilnehmerInnen, die zunächst skeptisch und ungeduldig der Selbstorganisation gegenüberstehen, erleben nun die Chancen des Konzeptes und werden zu ProzeßgestalterInnen. Dieser Prozeß ist jedoch nach der Anfangsphase nicht endgültig abgeschlossen. Unsere Erfahrung ist, daß dieser Vorgang als *ganzer* irreversibel, in Teilen jedoch umkehrbar ist, so daß „Umschaltung" im Verlauf der Gruppenarbeit immer wieder einmal notwendig ist: In der (Selbst)-Vergewisserung der Gruppe über ihre Arbeitsweise und im durch die zunehmende Erfahrung in der Selbstorganisation differenzierteren Verständnis des Konzeptes, der wahrnehmbaren Rollen und Funktionen und der Entwicklungsprozesse der Einzelnen und der ganzen Gruppe.

2.2. Die „Steuerung" selbstorganisierender Prozesse

Die Leitungsrolle in der Arbeit mit selbstorganisierenden Gruppen, von uns zur Vermeidung von Verwechslungen mit der „klassischen" Leitungsrolle als *Begleitungsrolle* etikettiert, erschöpft sich nicht in Abstinenz, Abwesenheit oder stiller Beobachtung mit dazugehöriger Rückmeldung in der nächsten Prozeßreflexion. Zwar bedarf Selbstorganisation qua Definition eben gerade nicht der Leitung, doch geht es in unserem Lernkonzept ja nicht lediglich darum, Selbstorganisation geschehen zu lassen, sondern diese zum Erlernen von Gruppenleitungsverhalten optimal zu nutzen - und dies unter relativ knappen zeitlichen Rahmenbedingungen. Unter Rückgriff auf die von Kriz formulierten *synergetischen Prinzipien* selbstorganisierten Lernens lassen sich Anhaltspunkte zur Gestaltung und Überprüfung der Begleitungsrolle im Selbstorganisationskonzept formulieren: Die Steuerung von Selbstorganisationsprozessen erfolgt indirekt oder nichtlinear im Sinne der *„Erarbeitung und Bereitstellung von Bedingungen zur Verwirklichung inhärenter Strukturmöglichkeiten"* (Kriz, 1996, S. 41f.) des sozialen Systems Gruppe: Steuerung durch Unterstützung der Selbststeuerungsfähigkeit. In der „Geschichte" der Gruppe ereignet sich immer dann Selbstorganisation, wenn die Gruppe eine *„flexible Neuordnung als Reaktion"* auf Veränderungen in den inneren oder äußeren Bedingungen des Systems vollzieht. Solche Veränderungen kann die Kursbegleitung der Gruppe spiegeln oder auch selbst initiieren. Das Prinzip der Nichtlinearität: *„Kleine 'Ursachen' können ... große 'Wirkungen' haben"* ist u.a. für das Timing, die Dosierung und die Wirksamkeit von Interventionen zu berücksichtigen. Leitung im Sinne der Unterstützung von Selbstorganisationsprozessen bedeutet *„sensibles Erfassen, Fördern und Koordinieren ... bereits im Ansatz vorhandener Strukturierungs(=Lösungs-)Möglichkeiten"* (Kriz, 1996, S. 41f.). Für ein Verständnis von Leitung im Sinne der Unterstützung von Selbstorganisationsprozessen unterstreicht dies die Maxime des „Go with the flow of the group". Die Entscheidung, wann die Kursbegleitung in den Prozeß eingreifen sollte, ist dabei immer ein Balanceakt zwischen der Bereitstellung von Lernmöglichkeiten auf der einen Seite und der Gefahr, das Prinzip der Selbstorganisation zu verlassen und für (Rollen-) Konfusion zu sorgen, andererseits. Unsere Erfahrung ist, daß Zurückhaltung seitens der Kursbegleitung besonders wichtig ist, solange der „Umschaltprozeß" nicht verläßlich vollzogen wurde. Außerdem sollte die Kursbegleitung mit Leitungsinterventionen besonders zurückhaltend sein, wenn die Themen Abhängigkeit/Gegenabhängigkeit in der Gruppe im Vordergrund stehen. Sie kann die Präsenz dieser Themen jedoch durch Mitteilung entsprechender Wahrnehmungen belegen und spiegeln, um den Prozeß voranzubringen. Grundsätzlich ist jedoch die Begleitungsrolle eher durch seltene und sparsame Interventionen gekennzeichnet und trägt damit dem synergetischen Prinzip Rechnung, daß *„viele Freiheitsgrade (Chaos) und gewisse Instabilität"* die Entstehung neuer Strukturen im Sinne eines Phasenübergangs oder qualitativen Sprungs des Systems begünstigen. Für den Einfluß der Vorerfahrungen der TeilnehmerInnen, aber auch der Kursbegleitung gilt:

> „Für Gruppenlösungen bilden die bereits mitgebrachten Lösungsstrukturen der einzelnen Teilnehmer eine relevante Umgebungsbedingung, doch findet die neue Ordnungsbildung auf der interaktionellen Ebene statt. Jeder ist dabei zugleich 'Opfer' und 'Täter' im Gesamtprozeß - oder positiver: jeder fördert aktiv den Strukturbildungsprozeß und wird selbst von ihm gefördert (='slaving'-Prinzip der Synergetik)." (Kriz, 1996, S. 41f.)

Aufgaben der Kursbegleitung

Als Anhaltspunkte für unsere Arbeit und für die Reflexion unseres Leitungsverhaltens haben wir folgenden Katalog formuliert:

- Leitung als Begleitung: Selbstorganisationsprozesse erlauben, anstoßen, benennen, deuten,
- für Rollentransparenz bezüglich unserer eigenen Rolle sorgen,
- die (institutionellen) Rahmenbedingungen schaffen und Ressourcen bereitstellen („Lernquellenpool") (vgl. dazu Jerusel, Greif, S. 115-123); Ausgangsbedingungen schaffen für die Entstehung von Neuem,
- die Gruppe unterstützen, sich diese Ausgangsbedingungen selbst zu schaffen (im Sinne optimaler Wachstumsbedingungen),
- Begleitung als Katalysator zur Beschleunigung des Selbstorganisationsprozesses: Selbstorganisation vollzieht sich in einer „Laborsituation", unter künstlichen Rahmenbedingungen und einem engen Zeitrahmen; die Gruppe muß nicht „das Rad neu erfinden",
- die Gruppe ihrem „Entwicklungsstand" und Tempo entsprechend dabei unterstützen, Transparenz über den eigenen Prozeß und die aktuellen Themen zu erlangen,
- fortlaufende (Lern-)Prozeßdiagnostik, um Ressourcen zum richtigen Zeitpunkt zur Verfügung zu stellen.

Als allgemeine Konsequenz ergibt sich für die Begleitungsrolle die Notwendigkeit, ein wachsames Auge auf den eigenen Umgang und den Umgang der Gruppe mit Macht und Autorität zu haben. Es gilt, die der Begleitungsrolle zugeschriebene Macht transparent zu machen und zugleich die dem Konzept inhärenten Grenzen der Steuerungsmacht in dieser Rolle zu akzeptieren. Wesentlicher Bestandteil der Begleitungsrolle ist eine wertschätzende, achtende und empathische Grundhaltung: „Ich traue Dir zu, daß Du es selbst kannst". Dabei auf Fehlerfreundlichkeit und Ressourcenorientierung in der Gruppe zu achten erlaubt auch uns selbst als LeiterInnen, nicht allwissend sein zu müssen, sondern Fehler, Ratlosigkeit und eigene

Lernfortschritte ohne Angst vor Autoritätsverlust „zugeben" und bei passender Gelegenheit auch mitteilen zu können.

2.3. Voraussetzungen der Selbststeuerung

Wenn wir von Voraussetzungen der Selbststeuerung sprechen, meinen wir diejenigen Bedingungen, die Selbstorganisationsprozesse begünstigen und beschleunigen, die sich unter weniger unterstützenden Bedingungen möglicherweise zäher und mühsamer entwickelt hätten. Die Gruppen stellen sich in der Regel ein ehrgeiziges Lernprogramm, für das nur begrenzte Zeit zur Verfügung steht. In der Begleitungsrolle versuchen wir, die notwendigen Klärungsprozesse zu unterstützen, ohne der Gruppe die Steuerung abzunehmen.

Rahmenbedingungen

Die äußeren Rahmenbedingungen (An- und Abreise, Tagungsbedingungen, Arbeitszeiten) werden von der institutionellen Leitung gesetzt und die Gruppe auf Konsequenzen der Nichteinhaltung dieser Bedingungen aufmerksam gemacht. Dies gibt der Gruppe eine gewisse Sicherheit, stellt sie von der Aushandlung des Kursrahmens frei und sichert ihre Systemgrenzen nach außen. Dies erscheint nicht zuletzt aus Gründen der Zeitökonomie geboten. Ihre inneren Rahmenbedingungen bzw. Strukturen regelt die Gruppe selbst in der Vereinbarung der für ihre Arbeitsfähigkeit notwendigen Regeln und Normen und in der „befristeten" Verteilung von Rollenfunktionen. Viele Gruppen erleben eine Pendelbewegung zwischen Über- bzw. Unterstrukturierung des Systems, bevor sie das für sich angemessene Maß finden. Auch hier kann die Gruppe durch entsprechende Hinweise unterstützt werden.

Rollen und Rollenfunktionen

Nach dem Thema der Regeln und Normen gelangt häufig als nächstes die Frage nach Rollen und Rollenfunktionen ins Wahrnehmungsfeld der Gruppe. Die Gruppe übernimmt die Aufgabenrollen von der institutionellen Leitung (zu Beginn herrscht Arbeits- und Ergebnisorientierung vor), dann zunehmend auch Aufbau- und Erhaltungsrollen. Im weiteren Verlauf, mit wachsender Sicherheit, erproben schließlich einzelne TeilnehmerInnen ihre Rollenflexibilität. Zusammenhänge zwischen Rollenverhalten, Macht und Einfluß und Sympathien in der Gruppe werden gelegentlich wahrgenommen oder sogar ausdrücklich zum Thema gemacht.

Steuerungssysteme

Die Gruppe braucht Kenntnisse über Wege und Instrumente der Selbststeuerung. Im allgemeinen Sinne findet das von Jochen Schmidt formulierte dreischrittige

Erkenntnismodell „*Arbeiten - Rückkoppeln - Neuorientieren*" (Schmidt, 1987, S. 56f.) Anwendung. Diese Wahrnehmung sollte der Gruppe auch zugänglich gemacht werden. Im weiteren vollzieht sich die sukzessive Einführung eines *Feedback-Systems* in der Gruppe: auf der Ebene individueller Kommunikation (Etablierung von Feedback-Regeln, Störungspriorität) sowie auf der Gruppenebene: (Blitzlicht, Reflexionsphasen, Prozeßanalyse, bei Störungen: Feedback-Schleife[7]). Die Kursbegleitung kann diesen Prozeß unterstützen durch Modellverhalten, das Vorstellen möglicher Instrumente und durch die Verankerung einer ersten Reflexionseinheit im Design. Darüber hinaus greifen viele Gruppen vor allem in ihren ersten Arbeitseinheiten darauf zurück, Aufgabenrollen - insbesondere die Rolle der *Moderation* vorübergehend an einzelne TeilnehmerInnen zu vergeben.

Gemeinsamkeiten und Unterschiede in den Selbstorganisationsprozessen unterschiedlicher Lerngruppen

Nach unseren Erfahrungen mit unterschiedlichen selbstorganisierenden Gruppen beobachten wir eine Reihe von *Ähnlichkeiten* in der Entwicklung dieser Gruppen. Wir können uns darauf verlassen, daß bestimmte Lernergebnisse (Vgl. Kap. 2.5.) sich im Gesamtverlauf einstellen, auch wenn der Lernzeitpunkt nicht planbar ist. Die Gruppen durchlaufen einen nichtlinearen, spiralförmigen Prozeß mit insgesamt ansteigender Tendenz (Phasenübergänge, qualitative Sprünge). Sie vollziehen eine Pendelbewegung zwischen vorrangiger Sachorientierung und vorrangiger Gruppen- oder Beziehungsorientierung mit zunehmender Tendenz zu ausgewogener Gewichtung und zunehmender Selbststeuerungsfähigkeit auf beiden Ebenen. Klärungsprozesse laufen zunehmend schneller bzw. effektiver ab und notwendige Aushandlungsprozesse berücksichtigen zunehmend die Gesamtgruppe (Sensibilität für Minderheiten wächst). Die deutlichsten *Unterschiede* zwischen den Gruppen erleben wir hinsichtlich des Grades an Autonomie und Steuerungsfähigkeit, den die Gruppen in der zur Verfügung stehenden Zeit erreichen. Dies scheint insbesondere davon abhängig zu sein, welche Vorerfahrungen die einzelnen TeilnehmerInnen in den Prozeß einbringen, auf welche internen Ressourcen die Gruppe also zurückgreifen kann.

---

[7] Die aus dem Erkenntnismodell von Schmidt abgeleitete „Feedback-Schleife" unterstützt Gruppen in unklaren Situationen, Krisen, bei der Notwendigkeit der Neuorientierung. Als Diagnoseschritte haben sich bewährt: Was wurde wahrgenommen (bei mir, bei anderen)? Was wurde dabei erlebt? Wo steht die Gruppe jetzt? Wohin und wie soll es weitergehen? Wer übernimmt dabei welche Verantwortlichkeit? Ausführlicher beschrieben in: Behrenberg, Faßnacht, 1994b, S. 802.

3. Praktische Erfahrungen mit dem Lernkonzept der sich selbstorganisierenden Gruppe

Bei Informationsterminen zu unseren Weiterbildungsveranstaltungen stellen wir ausführlich das Lernkonzept der sich selbstorganisierenden Gruppe und den Ansatz des selbstgesteuerten Lernens vor. Wir berichten von Erfahrungen mit dieser Lernform und führen unsere Rolle als institutionelle Leitung mit der Funktion der Prozeßbegleitung ein. Als Grundschwierigkeit im Vorfeld bleibt, daß die Vorinformationen nur einen lückenhaften Eindruck des Konzeptes vermitteln können. TeilnehmerInnen bestätigen immer wieder, daß ihnen erst die praktische Erfahrung in der Kursgruppe die anfänglichen Erläuterungen wirklich nachvollziehbar macht. Eine Teilnehmeräußerung illustriert dieses Dilemma: *„Selbstorganisation fühlt sich anders an, als sie sich im Prospekt liest!"*

Die TeilnehmerInnen an unseren Weiterbildungsveranstaltungen werden durch unsere Art der Arbeit zunächst überrascht und verunsichert. Sie kommen mit der Erwartung, thematisch und methodisch etwas „mit nach Hause nehmen" zu können. Auch wenn sie bereits jahrelang mit Gruppen arbeiten, z.B. als Kursleiterinnen in Familienbildungsstätten, ist es neu und angstbesetzt für sie, die Gruppe und die dort ablaufenden Prozesse selbst zum Thema zu machen. Zu einer gruppendynamischen Veranstaltung hätten sich die meisten nicht angemeldet, weil Ideen fehlen, was sie in „ihren" Gruppen zuhause damit anfangen könnten. Bei den Informationsterminen stellt sich für sie die Frage, ob das vorliegende Angebot zur beruflichen Situation und den damit verbundenen Lerninteressen passend ist. Mit den Begriffen „sich selbstorganisierende Gruppe" und „selbstgesteuertes Lernen" verbinden sich vage Vorstellungen, die in den Informationsterminen überprüft werden. Häufig werden Zweifel geäußert, ob mit diesem Lernkonzept überhaupt effektiv gelernt werden könne, dabei wird Effektivität meist mit Ergebniswünschen auf der inhaltlichen Lernebene verbunden. Es werden Befürchtungen geäußert, die Gruppe werde im Strudel endloser Klärungsprozesse versinken, wenn es keine klare Leitungsvorgaben gäbe. Allerdings gab es in allen bisherigen Informationsveranstaltungen immer Personen, die von der Idee der Selbstorganisation begeistert waren und zögernde TeilnehmerInnen ermutigt haben, sich auf diese Lernform einzulassen. Aufgrund der ausführlichen Informationen im Vorfeld arbeiten wir mit Gruppen, die sich im Prinzip auf die von uns angebotene Lernform einzulassen bereit sind. Diese positive Motivation und die Freiwilligkeit der Teilnahme stellt ein wichtiges „Kapital" dar, das in schwierigen Prozeßphasen benötigt wird und hilft, Durststrecken durchzuhalten.

3.1. Anfangssituationen

Die in der Anfangsphase einer Gruppe von TeilnehmerInnen und Leitung erlebten Unsicherheiten sind vielfach untersucht und beschrieben worden (vgl. dazu Antons, 1992, S. 23-44, Geißler, 1991; König, 1996, S. 92-115; Langmaack, Braune-Krickau, 1993, S. 124-142). Sie treten auch im Lernkonzept der sich selbstorganisierenden Gruppe auf. Zusätzliche Verunsicherung erfahren die TeilnehmerInnen durch das ungewohnte Lernmodell Selbstorganisation. Sie bringen wenig oder keine Vorerfahrung mit, wie Selbstorganisationsprozesse angestoßen werden können. Erfahrungen aus anderen Gruppenkontexten sind nicht unmittelbar übertragbar. Es stehen noch keine gemeinsam akzeptierten Steuerungsinstrumente zur Verfügung. Die Erwartungen an die institutionelle Leitung sind hoch (sowohl inhaltlich wie strukturell) und die angekündigte und von uns eingenommene Rolle der Prozeßbegleitung ist noch „undurchsichtig". Die in der Gruppe zur Verfügung stehenden Kompetenzen und Ressourcen sind noch unbekannt, Spielregeln und Normen, die für diese Gruppe Geltung haben sollen, sind noch nicht verhandelt. Die individuellen Vorstellungen und Phantasien, was sich konkret hinter dem Begriff „sich selbstorganisierende Gruppe" verbirgt, sind nicht thematisiert. Befürchtungen, die dieses Lernkonzept möglicherweise auslöst, sind noch nicht ausgedrückt, aber bereits wirksam. Diese Unklarheiten benennbar und besprechbar zu machen, fördert die Transparenz über die Gruppensituation und die Arbeitsfähigkeit der Gruppe in dieser Phase entscheidend.

Aus diesem sicher nicht vollständigen Katalog möglicher Unsicherheiten ergeben sich gleichzeitig die ersten Aufgaben, an deren Bearbeitung sich die Gruppe machen kann. Für uns stellt sich in der Begleitungsrolle die Frage nach dem Maß der Unterstützung, das für die Gruppe in dieser Phase sinnvoll, notwendig, hilfreich, unumgänglich ist und was dem angestrebten Ziel (Selbststeuerung durch die Gruppe) abträglich, hinderlich, kontraproduktiv ist. Da wir seit 1991 Weiterbildungsreihen für sehr unterschiedlichen Zielgruppen[8] mit diesem Konzept durchgeführt haben, war es möglich, verschiedene Wege, den Anfangsprozeß zu begleiten, auszuprobieren. Dabei unterschieden sich die Anfangssequenzen vor allem im Grad der Strukturiertheit. Von diesem Experimentieren erhofften wir uns Erkenntnisse über die „optimale Begleitung" in der Phase der Umschaltung auf selbstorganisiertes Lernen. Besonders in den Anfängen der Arbeit mit diesem Lernkonzept waren wir der Meinung, der Einstieg müsse weitgehend unstrukturiert erfolgen, um

[8] Vierteiliger Gesprächs- und Gruppenleitungskurs zu theologischen und religionspädagogischen Themen (16 Kurstage), vierteiliger Ausbildungskurs zur Begleitung von Fastengruppen (20 Kurstage), sechsteiliges EinsteigerInnenseminar in die Erwachsenenbildung (10 Kurstage), vierteiliges MultiplikatorInnenseminar für die Seniorenbildung (17 Kurstage), sechsteilige Systematische Gruppendynamische Weiterbildung (24 Kurstage).

die Entfaltung von Selbstorganisationskräften zu ermöglichen. Stärker strukturierte Anfangsphasen (z.B. die Moderation des ersten Kurstages durch uns oder die Vorstellung des Instrumentes „Tagungsdesign") senkten den Angstpegel und ließen die Selbstorganisationskräfte mittelfristig ansteigen. Dies bedeutet, daß alle Beteiligten (uns selbst eingeschlossen) lernen, zwischen den Polen „Struktur und Prozeß"[9] zu balancieren. Durch das Experimentieren mit unterschiedlichen Strukturiertheitsgraden in den Anfangssituationen haben wir gelernt, daß das Gelingen von Selbstorganisationsprozessen nicht am Dogma des „unstrukturierten Anfangs" hängt.

Als Ergebnis unserer Auseinandersetzung mit Anfangssituationen in selbstorganisierenden Gruppen gibt es einige Strukturelemente, die für uns zu wichtigen Interventionen in der Anfangsphase geworden sind (wobei wir im Hinblick auf eine konkrete Gruppe, ihre Ziele und äußeren Rahmenbedingungen entscheiden, welche dieser Elemente sinnvoll sind):

- wir übernehmen für eine klar begrenzte Zeit die Moderation des Einstiegs; d.h. wir benennen den Zeitpunkt, an dem wir die Einstiegsmoderation beenden und die Rollenfunktionen der Leitungsrolle auf die Gesamtgruppe übergehen,
- wir versuchen, unsere Rolle als ProzeßbegleiterIn transparent zu machen,
- wir benennen die für die Weiterbildung von uns gesetzten Rahmenbedingungen,
- wir verweisen auf Hilfsmittel (z.B. Arbeitspapier „Reiseführer für sich selbstorganisierende Gruppen und solche, die es werden wollen"[10]),
- wir benennen Lernmöglichkeiten, die das Konzept in besonderer Weise bietet (Selbsterfahrung im geschützten Kontext einer Weiterbildungsgruppe, Erprobungsfelder für unvertraute Rollen, Einflußnahme auf die inhaltliche Schwerpunktsetzung, Gelegenheit zu Feedback und Prozeßreflexion, Auseinandersetzung mit potentiellen Unsicherheiten und deren Wirkung auf die individuelle Person und die Gruppe als ganzer, Erkenntnisse über das, was im Innenleben von Gruppen abläuft, Gelegenheit, Leitung durch Leiten zu lernen ...),
- wir stellen Informationen (Literatur, Arbeitshilfen, Medien, Arbeitspapiere) zum Arbeiten in und mit Gruppen und zum jeweiligen Sachthema des Kurses zur Verfügung (Lernquellenpool),
- wir benennen die Erfahrung, daß es einige Zeit braucht, bis die Selbststeuerung etabliert sein wird.

---

[9] In der Auseinandersetzung mit den Themen Struktur und Prozeß haben wir eine Reihe wertvoller Hinweise und Anregungen zum Experimentieren von Hermann Steinkamp bekommen, die zusammen mit unseren eigenen Erfahrungen in ein Arbeitspapier eingeflossen sind, das mittlerweile von vielen Gruppen als Unterstützung ihres Selbstorganisationsprozesses genutzt wurde. Das Arbeitspapier „Struktur und Prozeß" ist als Anlage 1 angefügt.

[10] Das Arbeitspapier ist als Anlage 2 angefügt.

Unsere Besorgnis, durch diese unterstützenden Interventionen am Anfang würde der Start des Selbstorganisationsprozesses verzögert oder gar verhindert, erwies sich als nicht begründet. Vielmehr wirken sie sich motivierend aus und bestärken die TeilnehmerInnen darin, die Steuerung zunehmend selbst in die Hand zu nehmen. Sie beugen dem Gefühl der Überforderung vor, das den weiteren Selbstorganisationsprozeß eher erschweren würde. Allerdings ist eine gewisse Widerständigkeit gegenüber den Erwartungen und Unterstützungswünschen aus der Gruppe besonders in der Anfangssituation notwendig, damit der Umschaltprozeß gelingen kann.

Wesentlich dafür ist eine *klare Intervention*, daß ab einem bestimmten Zeitpunkt die Steuerungsverantwortung auf die Gruppe übergeht. Bleibt dies undeutlich oder wird durch weitere Leitungsinterventionen seitens der Kursbegleitung relativiert, hat die Gruppe Schwierigkeiten, vom Selbstverständnis einer „traditionell" geleiteten Gruppe auf eine sich selbststeuernde Gruppe umzuschalten.

3.2. Die Gruppe steuert ihren Prozeß

Bei der Aufgabe, den eigenen Prozeß zu steuern, treten für die Gruppe verschiedene Fragen auf: Wer steuert? Wohin wird gesteuert? Wer bekommt die Erlaubnis zu steuern? Wie transparent soll der Steuerungseinfluß für die Gruppe sein? Wird die Steuerungserlaubnis zeitlich begrenzt? Wer stellt sich überhaupt für diese Aufgabe zur Verfügung? Wie wird gesteuert? Worauf gilt es zu achten? Wieviel Unterstützung gibt es? Was passiert bei Steuerungsversuchen in gegensätzliche Richtungen? Welche Regeln werden aufgestellt? Es ist deutlich, daß diese Fragen mit zentralen Gruppenthemen korrespondieren: Z.B. Rollenübernahme, Positionierung in der Gruppe, Verabredung von Zielsetzungen, Aufgabendelegation, Klärung von Ressourcen, Kontrollinstrumente, Entwicklung von Regeln und Normen .

Die Fragen beschreiben einen Teil der Unsicherheit über die Prozeßsteuerung, die nach der Umschaltphase in den Gruppen in der Regel auftritt. Durch die Intervention, die Steuerung in die Verantwortlichkeit der Gruppe zu geben, sind subtile, vielleicht von einzelnen völlig unbemerkte Steuerungsversuche einzelner Gruppenmitglieder (wie sich dies in klassischen unstrukturierten Situationen häufig ergibt) selten. Die Gruppe richtet den Fokus ihrer Aufmerksamkeit auf diesen Punkt und tritt in Verhandlung, wie diese Aufgabe gelöst werden kann. Das Bedürfnis nach Strukturbildung wird aufgegriffen und die Vorerfahrungen der einzelnen Gruppenmitglieder werden angefragt. Häufig wird bereits zu diesem frühen Zeitpunkt die Ambivalenz zwischen dem Wunsch, zwar Steuerung zu haben, aber nicht zuviel (fremd-)gesteuert zu werden, spürbar, gelegentlich wird sie auch schon thematisiert. Die meisten Gruppen entscheiden sich für zwei Steuerungsinstrumente:

Moderation und *Feedback*, die ihnen von der Funktion her bekannt sind, die aber erstaunlich oft auch bei bereits professionell arbeitenden Personen in der praktischen Umsetzung wenig erprobt sind. Parallel dazu entwickelt sich ein Kanon von *Regeln* und *Normen*. Die Aufmerksamkeit dafür entsteht meistens auf dem Weg über vermeintlich selbstverständliche Regeln und Normen, die von außerhalb mitgebracht werden, deren Gültigkeit für diese konkrete Gruppe aber bis zum ersten daraus entstehenden Konflikt nicht überprüft wurde.

Moderation

Die vorübergehende Vergabe der ModeratorInnenrolle an einzelne TeilnehmerInnen trägt zur Lösung verschiedener Probleme bei: Die Gruppe schafft sich eine erste Struktur, indem eine oder zwei Personen für einen verabredeten Zeitraum die Aufgabe delegiert bekommen, den Kommunikationsfluß zu beobachten und zu bündeln, den roten Faden in Erinnerung zu halten und Zeitabsprachen zu beachten. Die ModeratorInnen übernehmen einen Teil der klassischen Leitungsfunktion, sie tun dies in der Regel aber nicht so, daß die Gruppe aus ihrer Mitverantwortung für das weitere Geschehen entlassen wird, sondern meist in unterstützender Form, die aber die einzelnen GruppenteilnehmerInnen weiterhin zu aktiver Gestaltung auffordert.

Hauptmotiv, in der Anfangsphase die Moderation zu übernehmen, ist die Sorge vor zähen, langatmigen und als unproduktiv erlebten Arbeitsphasen (vielleicht ist dies eine Parallele zur Notwendigkeit von Leidensdruck, der nicht selten zur Bildung von Selbsthilfegruppen führt). Manchmal ergibt sich aus dieser Situation eine „unabgesprochene" Moderation, wenn eine TeilnehmerIn sich für Klärung, Strukturierung, Bündelung oder Visualisierung der Beiträge einsetzt.

Manche Gruppen tauschen sich über ihre Erfahrungen mit Moderation und ihre Erwartungen an Moderation aus. Die meisten Moderationen in Anfangssituationen sind zeitlich eng begrenzt auf eine Arbeitseinheit (ca. 1,5 Stunden). Entlastung scheint die Form der Doppelmoderation gemeinsam mit einer anderen Person zu geben, diese Form wird häufig gewählt. Bei fortgeschrittenem Gruppenprozeß werden die Zeiträume für die Übernahme der Moderation länger (z.B. Tagesmoderation), das Interesse, „Gelenkstellen" zu moderieren, steigt, es wird als Herausforderung verstanden, mit „unübersichtlicheren" Situationen zurecht zu kommen. Sie werden als Lernchance für eine Einübung von Moderation und Leitung wahrgenommen. Die zusätzliche Chance, sich von der Gruppe ein ausführliches Feedback über die Moderationsarbeit geben zu lassen, erhöht die Motivation, diese Aufgabe zu übernehmen. Schnell entwickelt sich auch die Einschätzung, daß es sich hierbei um eine wesentliche Leitungskompetenz handelt, die so auf einem direkten und praxisnahen Weg erprobt werden kann.

Mit zunehmender Erfahrung setzen die Gruppen die Moderation als Steuerungsinstrument gezielt und situationsbezogen ein. Der Anteil unmoderierter Sequenzen steigt. Die Sorge, „moderationsfreie" Zeiten erzeugten ein Vakuum mit chaotischen Folgen, die am Anfang in vielen Gruppen zu einer manchmal geradezu verkrampften Organisation von lückenloser Moderation führt, weicht der Erfahrung, daß viele Prozeßschritte auch gemeinsam bewältigt werden können. Einige Gruppen arbeiten auch, ohne das Instrument Moderation in der Anfangssequenz als Strukturierungshilfe zu nutzen, meist ist damit jedoch ein höherer Zeitbedarf für die plenaren Aushandlungsprozesse verbunden, da das Fehlen einer klaren Zuordnung der Aufgabenrollen offensichtlich Prozesse der Beziehungsklärung anregt. Moderation versagt als Steuerungsinstrument, wenn dadurch wichtige Themen in der Gruppe übersehen oder Störungen der Arbeitsfähigkeit ignoriert werden.

Feedback-System

Als weiteres Steuerungsinstrument wurde in allen (!) Gruppen die sukzessive Installation eines Feedback-Systems vorgenommen. Es dient dazu, die Lernerfahrungen der Einzelnen durch die Wahrnehmungen der Gruppe zu ergänzen (z.B. bei der Übernahme von Aufgaben und Funktionen), aber auch, sich des abgelaufenen Prozesses zu vergewissern. Feedback geschieht in der Gruppe

- in der individuellen Kommunikation zur Beziehungsklärung und zur gegenseitigen unterstützenden Rückmeldung,
- durch Installation von Rückmeldephasen für TeilnehmerInnen, die besondere Rollenfunktionen zeitlich befristet übernommen haben,
- durch Installation fester oder variabler Blitzlichtrunden,
- durch Installation von festen oder variablen Phasen zur Prozeßreflexion.

Das Feedbacksystem ist das entscheidende Steuerungssystem selbstorganisierender Gruppen, hier wird Transparenz über die gemeinsame Wahrnehmung abgelaufener Prozesse geschaffen und die weitere Vorgehensweise abgesprochen. Mit zunehmender Erfahrung mit dem Instrument der Prozeßanalyse (z.B. mit Hilfe der "Feedback-Schleife") gelingt es immer besser und mit akzeptablem Zeitaufwand, die nächsten Prozeßschritte zu entwickeln, in denen auch die inhaltlichen Lerninteressen ausreichend Berücksichtigung finden.

Neben der Prozeßsteuerung dienen die Reflexions- und Feedbackphasen natürlich auch den persönlichen Lernprozessen, die dadurch transparent und systematisiert werden. Die einzelnen Personen erhalten die Gelegenheit, ihre Selbsteinschätzung mit Hilfe der Feedbacks zu überprüfen, die Feedback-Gebenden lernen, differenzierte Wahrnehmungen zu formulieren und deren Wirkung zu entdecken. Außerdem wirkt sich die Nutzung des Feedback-Systems konstruktiv auf die Beziehungskultur der Gruppe aus. Die Neigung vieler Gruppen, für solche Rückmeldungen die Privatheit des informellen Systems zu nutzen, kann durch regelmäßigen Einsatz der Feedbackmöglichkeiten vermindert werden. Irritationen und Störungen können aufgegriffen und bearbeitet werden. Sehr ausführlich werden Feedbacks für die Auswertung der Übernahme bestimmter Rollenfunktionen (z.B. Moderation) genutzt. Die TeilnehmerInnen entdecken schnell die Lernchancen, die die Nutzung differenzierter und situationsbezogener Feedbacks beinhaltet. Unter „normalen Arbeitsbedingungen" des Alltags sind solche Feedbacks in der Regel nicht zu bekommen.

Normen und Regeln

In neuen Gruppen werden zunächst Normen und Regeln von außen mitgebracht und deren Gültigkeit stillschweigend als Selbstverständlichkeit vorausgesetzt. Eine weit verbreitete Norm findet sich z.B. in dem Satz „wer schweigt stimmt zu". Erst wenn Verhaltensmuster, die auf unabgesprochenen Normen aufbauen, auftreten, wird die Notwendigkeit, miteinander Regeln und Normen zu verabreden, deutlich. Viele Gruppen geben sich beispielsweise die Norm, Entscheidungen auf dem Weg über demokratische Abstimmungen mit einfacher Mehrheit zu treffen. In Konfliktsituationen erweist sich diese Norm oft als untauglich, wenn die Abstimmungsergebnisse zu fast gleich starken Positionen führen. Die Arbeitsfähigkeit ist dann meist trotz Abstimmung und verabredeter Spielregel nicht gegeben. Gruppen ergänzen ihr Regelwerk an dieser Stelle häufig.

Der Begriff des fehlerfreundlichen Lernens wird entdeckt und der bis dahin wirksame Druck „alles richtig machen zu müssen" kann aufgegeben werden. In der Folge steigt die Experimentierfreude und Kreativität auf der inhaltlichen Ebene deutlich an, da eingefahrene, sichere Wege verlassen und neue Ideen ausprobiert werden können.

Erfahrungen mit der Prozeßsteuerung durch die Gruppe

Die Praxis zeigt, daß am Anfang das Bedürfnis nach Strukturierung ausgeprägt ist und viele Gruppen eher zu einer Überstrukturierung neigen. Aus der Erkenntnis, daß in der Gruppe Dinge abgesprochen und verhandelt werden müssen, damit sie als gemeinsame Gruppenregeln Gültigkeit bekommen, entsteht manchmal die Tendenz, übergenau zu sein. Mit der Zeit finden aber alle Gruppen ein ausgewogenes Maß an Absprache, das genügend Klärung herbeiführt, ohne die Gruppe in ihrem Vorankommen zu sehr zu behindern. Durch regelmäßige Reflexionsphasen schafft sich die Gruppe eine zuverlässige Auseinandersetzung mit ihrem eigenen Prozeß, lernt dabei vieles über sonst subtil oder unbemerkt ablaufende Gruppenprozesse, erkennt wichtige Gelenkstellen im Gruppenprozeß und gewinnt Sicherheit in der Einschätzung der Gestaltung der nächsten Prozeßschritte.

Die Steuerungsfähigkeit der Gruppen entwickelt sich in der Anfangsphase ziemlich schnell, die meisten Gruppen entwickeln ein hohes Maß an Routine mit „Standardsituationen" (Entwicklung eines Tagungsdesigns, Planung der inhaltlichen Arbeit, Absprachen über Arbeitsaufträge, Entwicklung von Projekten etc.). Schwieriger gestaltet sich der Umgang mit unerwarteten Situationen oder stark emotional getönten Phasen. Hier wirkt vor allem die Angst, mit der Herausforderung der Situation nicht zurecht zu kommen. Gefühle der Überforderung stellen sich ein, können aber zunehmend angesprochen werden. Dadurch ist es z.B. möglich, daß im Moment „weniger involvierte Personen" Unterstützung leisten oder Steuerungsaufgaben übernehmen.

3.4. Die Gruppe sichert ihre Lernerfahrungen

Der Erfahrungsschatz einer sich selbstorganisierenden Gruppe wächst in kurzer Zeit schnell an. Die Bewältigung der sich ergebenden Aufgaben ermöglicht der Gruppe als System, aber auch den einzelnen Personen eine Vielzahl von Lernerfahrungen. Für die Sicherung der Lernerfahrungen problematisch ist die Tatsache, daß sich wichtige Ergebnisse wie nebenbei ergeben und dadurch manchmal der Aufmerksamkeit der Gruppe entgehen. Daher gehören *Reflexions- und Auswertungsphasen* als feste Bestandteile zum Gruppenalltag. Die meisten Gruppen stellen sehr schnell fest, daß es sich lohnt, gelungene Umgangsweisen mit Gruppensituationen ebenso zu benennen und in der Reflexion zu beachten wie die Situationen, die sich als schwierig und problematisch erwiesen haben.

Eine von vielen Gruppen gewählte Arbeitsform um Lernergebnisse zu sichern ist die Bildung von *Lernpartnerschaften.* Durch die stabile Zusammensetzung der Lernpartnerschaft über den gesamten Kursverlauf wächst ein Klima der Vertrautheit und Intimität, das die Auseinandersetzung mit persönlichen Themen begünstigt. Die Lernpartnerschaften bekommen in der Regel „sichere Plätze" im Tagungsdesign, sie entwickeln sich oft zur „Familie" innerhalb der Kursgruppe, in der Erfahrungen weiter verarbeitet, Klärungsprozesse angestoßen, Fragen entwickelt werden und auch mal ins „Unreine" gesprochen werden kann.

Einen wichtigen Beitrag zur Sicherung von Lernerfahrungen liefern alle Sequenzen, in denen die Erkenntnisse aus dem Hier und Jetzt der Gruppe (individuelle wie kollektive) aufgegriffen werden und überlegt wird, welche Transfermöglichkeiten es in die Situation zu Hause (beruflich etc.) gibt. Das Transferinteresse zählt zu den häufigsten vor Seminarbeginn geäußerten Lerninteressen. Daher verwundert es nicht, daß alle Gruppen Raum für Transferüberlegungen organisiert haben.

Einordnungen in einen theoretischen Zusammenhang durch Arbeitspapiere, Textauszüge und Literaturhinweise sowie gelegentliche „Theoriesplitter", die im Anschluß an erlebte Prozesse der Gruppe zur Verfügung stehen, helfen, Lernerfahrungen theoretisch zu reflektieren.

Manche Gruppen dokumentieren den Verlauf der Plenumssequenzen durchgängig durch Protokolle. Dies ist am Ende einer Weiterbildung ein spannendes Material, da der Prozeßverlauf auch bei längeren Zeiträumen gut rekapituliert werden kann. Allerdings ist der Aufwand ziemlich hoch und die protokollierende Person fällt für den Prozeß weitgehend aus, dies wirkt sich besonders bei kleinen Gruppen eher ungünstig aus.

Die Sicherung der Lernergebnisse auf der inhaltlichen Ebene erfolgt am intensivsten in der *Entwicklung eigener Projekte*, die später unter realen Bedingungen im eigenen beruflichen Umfeld durchgeführt werden. Die Kursgruppe dient dabei als Forum, bestimmte Projektteile zu erproben, Methodensicherheit zu gewinnen und Rückmeldungen über die Konzeptentwicklung zu gewinnen. Im geschützten Raum der Weiterbildungsgruppe können neue Methoden ausprobiert, Varianten erprobt oder im Rollenspiel Alternativen versucht werden.

3.5. Lernerträge

Die Lernerträge der TeilnehmerInnen in unseren Kursen ermutigen uns, am Lernkonzept der sich selbstorganisierenden Gruppe festzuhalten und dieses Konzept fortzuschreiben. Als Zeichen positiver Resonanz werten wir auch, daß relativ wenig Personen (unter 2 %) aus laufenden Kursen aussteigen. Leider liegen uns keine systematischen, vergleichbaren Auswertungsbefragungen aller Kursgruppen vor, es gibt jedoch eine ganze Reihe von TeilnehmerInnenaussagen, die Lernerträge auf verschiedenen Ebenen benennen[11]. Einige der Hauptaussagen greifen wir hier auf:

- Ein Hauptziel des Lernkonzeptes, Lernerfahrungen auf einer sachinhaltlichen Ebene mit zunehmender Prozeßkompetenz auf der Gruppenebene zu verbinden, kann als verwirklicht bezeichnet werden. So ermöglicht beispielsweise Projektarbeit die Weiterentwicklung der inhaltlichen Kompetenzen und schärft gleichzeitig den Blick für die Möglichkeiten der Umsetzung im Hier und Jetzt einer Gruppe.

---

[11] Ausführlich haben wir diese Ergebnisse im Rahmen eines Bundesprojektes zum „Lebenslangen Lernen" dokumentiert in: Behrenberg, Faßnacht, 1996, S. 96-103.

- TeilnehmerInnen heben hervor, daß sie Sicherheit in der Steuerung von Gruppenprozessen gewonnen haben, daß ihre Selbstsicherheit, sich in einer Gruppe unter Berücksichtigung der eigenen Bedürfnisse bewegen zu können, gestiegen ist.
- Als wesentlicher Lernertrag wird die zunehmende Fähigkeit, die eigenen Lerninteressen bewußt wahrzunehmen und in der Gruppe entsprechend einzubringen, empfunden. Dies geht mit einer aktiven Rollengestaltung einher. Die Rolle der schweigend abwartenden Person wird mehr und mehr abgelegt.
- Die Weiterentwicklung sozialer Kompetenzen, z.B. die Gestaltung der Beziehungsaufnahme oder die Beziehungsklärung, wird durch das Lernkonzept gefördert.
- Die Verantwortlichkeit für den eigenen Lernprozeß und seine Steuerung steigert die Rollenflexibilität, da unterschiedliche Funktionen innerhalb der Gruppe übernommen werden und das Erleben verschiedener Modelle zum Erproben unvertrauter Rollen einlädt.
- Die ausführlichen Feedbackprozesse bewirken eine genauere Selbstwahrnehmung und nutzen die korrigierenden und bestätigenden Formen der Fremdwahrnehmung zur Erweiterung der eigenen Handlungsmöglichkeiten.
- Die Selbstorganisationsfähigkeiten erstrecken sich auch auf die Bewältigung emotional belastender Situationen. Die Angst, solche Situationen nicht überstehen zu können sinkt, die Sensibilität im Umgang mit solchen Situationen steigt.
- Die Fähigkeit zu kooperativem Verhalten in Gruppen steigt, ohne daß die Verwirklichung eigener Interessen dadurch vernachlässigt würde. Die vielen notwendigen Aushandlungsprozesse in diesem Lernkonzept bieten ein weites Übungsfeld und fördern einen kreativen Umgang in der Entwicklung tragfähiger Kompromisse.
- Die Wirkung von Interventionen wurde unter verschiedensten Bedingungen erfahrbar, das Interventionsprofil konnte weiterentwickelt und ergänzt werden. Das Erproben unterschiedlicher Interventionen schafft Variabilität und Sicherheit.
- Gemeinsam bewältigte Probleme ermöglichen die Erfahrung von Solidarität und Kraft zur Veränderung.

Diese Stichworte sind sicher unvollständig, über manchen Lernertrag wurde vielleicht gar nicht gesprochen, manche Lernerträge wirken sich erst mittelfristig aus. Interessant ist es, nach längerer Zeit Personen aus diesen Weiterbildungen wiederzutreffen und nach erlebten Auswirkungen ihrer Teilnahme am Kurs zu fragen. Viele ehemalige TeilnehmerInnen haben selbst in ihrer Arbeit Selbstorganisationsprozesse angestoßen, dieses Lernkonzept oder Teile davon übernommen und ähnliche Erfahrungen wie wir selbst gemacht.

4. Selbstorganisiert und angeleitet: Zum Umgang mit dem „pädagogischen Paradoxon"

Sobald eine Bildungskonzeption emanzipatorische Ziele wie Autonomie oder Subjektwerdung verfolgt, steht sie unausweichlich im pädagogischen Paradoxon des „sei mündig!", „sei autonom!" oder „sei Subjekt!". In der Praxis bedeutet dies, den TeilnehmerInnen, KundInnen, LernpartnerInnen ... von vornherein zuzutrauen, was sie gleichzeitig im Laufe des Lernprozesses erst erwerben bzw. erweitern sollen: die Fähigkeit zu Autonomie, Selbstverantwortlichkeit, Selbstbestimmung, Selbststeuerung. Die faktisch asymmetrische Beziehung zwischen LeiterInnen und TeilnehmerInnen wird als potentiell symmetrisch definiert und dieser Schritt wird in der Regel zunächst einseitig von seiten der Leitung vollzogen, da die TeilnehmerInnen an die Zuschreibung von institutioneller Macht und Wissensmacht aufgrund früherer Lernerfahrungen gewöhnt sind und hiervon auch - z.B. im Sinne des „Einsammelns von Wissen" - profitieren wollen.[12]

Im Lernkonzept der sich selbstorganisierenden Gruppe wird diese paradoxe und durch ihre Einseitigkeit potentiell konfliktträchtige Situation auf die Spitze getrieben, indem den TeilnehmerInnen, die mit dem Interesse Leitung zu lernen gekommen sind, die Aufgabe übertragen wird, sich (freiwillig) selbst zu leiten. Jedoch wird in diesem Konzept das pädagogische Paradoxon transparent gemacht. Prägende Vorerfahrungen mit Lernsituationen, der erlebte Widerstand gegen die Zumutung des „organisiert Euch selbst!", Gefühle der Hilflosigkeit, Angst und Überforderung sowie Abhängigkeitswünsche können benannt werden.

Die dem Selbstorganisationsansatz inhärente Prozeßhaftigkeit beschreibt treffend, wie Selbstorganisationsfähigkeit einerseits bereits als Eigenschaft der Organismen sowie des sozialen Systems Gruppe vorhanden ist, aufgrund ihrer Fähigkeit zu Selbstreferentialität aber gleichzeitig von den einzelnen Organismen wie auch vom Gesamtsystem erlernt wird und in ihrer Wirkung als erlebbare qualitative Sprünge im Prozeß (Phasenübergänge) wahrgenommen werden kann. Der im Gesamtsystem erlebte Zugewinn an Autonomie und Selbststeuerungsfähigkeit, verbunden mit einer Erweiterung des (kollektiven und individuellen) Wissens über die „Funktionsweise" des sozialen Systems Gruppe, korrespondiert auf der individuellen Ebene ebenfalls mit subjektiv erlebter und über das Feedback der anderen TeilnehmerInnen verifizierbarer Erweiterung der eigenen Autonomie, Wahrnehmungs-

[12] Paulo Freire hat für die durch Lernerfahrungen vor allem in der Schule geprägte „Einsammeltechnik" des Wissens den Begriff der *„Bankiersmethode"* geprägt und für die unterschiedlichen Rollen im selben gemeinsamen Lernprozeß die Bezeichnungen *„Schüler-Lehrer"* und *„Lehrer-Schüler"* gewählt. Dabei ist wichtig, daß diese Rollen kontextabhängig eingenommen werden und sich in einem anderen Lernzusammenhang auch umkehren könnten. Es handelt sich um eine potentiell symmetrische Subjekt-Subjekt-Beziehung (Freire, 1970, S. 57; 65).

und Handlungsfähigkeit. Als wichtigste Auswirkung im beruflichen Feld benennen TeilnehmerInnen sehr häufig eine Schwerpunktverschiebung in ihrem eigenen Leitungsstil hin zur mehr Unterstützung der Autonomie und Selbststeuerungsfähigkeiten bei Einzelnen und in Gruppen. Die damit verbundene Herausforderung und Entlastung wird von den TeilnehmerInnen oft als anregend und befriedigend im Sinne höherer Arbeitszufriedenheit beschrieben. Eine Erfahrung, die wir teilen können!

Anlage 1

Arbeitspapier: „Struktur und Prozeß”

Die (Selbst-)Organisation einer Gruppe läßt sich unter unterschiedlichen Blickwinkeln beschreiben, z.B. unter der Perspektive der Verteilung von Verantwortung, von Beteiligung etc. Unter der Perspektive des Strukturiertheitsgrades einer Gruppe läßt sich ein Kontinuum vorstellen, das durch die Pole hohe Strukturiertheit versus niedrige Strukturiertheit begrenzt wird.

Hoher Strukturiertheitsgrad

In einer Gruppe mit hohem Strukturiertheitsgrad sind die Rahmenbedingungen des gemeinsamen Arbeitens klar festgelegt. Die Leitungsverantwortung ist eindeutig zugeschrieben, das Design (Arbeitsprogramm) der Gruppe liegt im vorhinein fest mit klaren Vorgaben über Themen, Arbeitsformen und Methoden. Die Rollen und Normen werden nicht diskutiert, sondern als selbstverständlich vorausgesetzt, oder sie werden von der Leitung vorgegeben und (in der Regel) nicht hinterfragt. Die Gruppe findet eine fertige Struktur vor; trifft diese die Erwartungen und Bedürfnisse der TeilnehmerInnen, ist die Gruppe arbeitsfähig. Andernfalls gerät die Gruppe in Konflikt mit der Leitung, sofern dies die installierten Normen und die Leitung zulassen. Unter den Bedingungen hoher Strukturiertheit werden Konflikte jedoch in der Regel nicht offen ausgetragen, daher besteht das hohe Risiko einer „Abstimmung mit den Füßen".

Niedriger Strukturiertheitsgrad

Eine Gruppe mit niedrigem Strukturiertheitsgrad kommt dagegen mit geringen Festlegungen aus. Das Geschehen vollzieht sich prozeßorientiert. Die Vergewisserung über den Ort, an dem die Gruppe zu einem bestimmten Zeitpunkt steht, liefert die Informationen dafür, wie es weitergehen soll. Rollen und Funktionen können wechseln, Normen lassen sich jederzeit infrage stellen. Die von den TeilnehmerInnen mitgebrachten Normen müssen überprüft und als für diese Gruppe gültig ausgehandelt werden. Durch diesen Aushandlungsprozeß schafft sich die Gruppe die für ihre Arbeitsfähigkeit notwendige Struktur (und verläßt damit den Pol extremer Unstrukturiertheit).

Balance des Strukturiertheitsgrades

Die Modellvorstellung dieses Kontinuums ist idealtypisch, d.h. keine Gruppe verortet sich lediglich an dem einen oder anderen Pol. Vielmehr balanciert sich eine Gruppe auf diesem Kontinuum aus in dem Sinne, daß sie zu verschiedenen Zeitpunkten dasjenige Ausmaß an Strukturierung bzw. Offenheit und Flexibilität wählt, das ihre Arbeitsfähigkeit unterstützt. Während dieses Ausbalancieren zwischen hoher und niedriger Strukturiertheit in „traditionell geleiteten“ Gruppen Aufgabe der Kursleitung ist, vollzieht sich dieser „Balanceakt“ im Lernkonzept der sich selbstorganisierenden Gruppe in der Verantwortung aller TeilnehmerInnen.

Anregung zur Metakommunikation

Die Kursleitung begleitet diesen Prozeß des Ausbalancierens und regt durch Impulse zur Metakommunikation (d.h. das Gespräch über das, was in der Gruppe wahrgenommen werden kann), die Auseinandersetzung, z.B. über den Strukturiertheitsgrad der Gruppe, an. Gruppen, die am Beginn eines Selbstorganisationsprozesses stehen, werden durch die Anregung zur Metakommunikation darin unterstützt, ihren Blick auf die verschiedenen Ebenen des Gruppenprozesses zu lenken, bzw. manche Ebene überhaupt als bedeutsam wahrzunehmen und damit allmählich ein Repertoire von Selbststeuerungsinstrumenten zu entwickeln.

Anlage 2

Arbeitspapier: „Reiseführer für sich selbstorganisierende Gruppen und solche, die es werden wollen"

1. Die Gruppe ist gemeinsam für ihre Lernprozesse und das Miteinanderumgehen verantwortlich. Diese Verantwortung wird der Gruppe von der Kursleitung nicht abgenommen.
   - Die Kursleitung begleitet die Gruppe in ihrem Prozeß der Selbstorganisation und versucht den Prozeß zu unterstützen und verstehbar zu machen (Hinweise auf das, was gerade passiert, Anregung zur Reflexion, Vorschläge, Informationen über Theorie und Praxis von Gruppenprozessen ...).
   - Die Kursleitung hat nicht den „Stein der Weisen" in der Tasche, sondern ist mit der Gruppe gemeinsam auf dem Weg (einschließlich gelegentlicher Holzwege).

2. Eine Gruppe organisiert sich selbst, wenn:
   - sie sich ihre Ziele selbst setzt
   - Rahmenbedingungen der Umsetzung klärt
   - klärt, wer in der Gruppe wofür Verantwortung übernehmen kann und wird (welche Kompetenzen gibt es in der Gruppe?)
   - ggf. klärt, welche Unterstützung von außen notwendig ist
   - reflektiert, ob und wie das Ziel erreicht wurde, bzw. welche weiteren Schritte zum Erreichen des Zieles hilfreich oder nötig sind.

3. Die Arbeit einer Gruppe wird dann erfolgreich sein, wenn:
   - die Gruppe das Thema, die Bedürfnisse der Einzelnen und die Bedürfnisse der Gruppe (Beziehungen) wahrnimmt und berücksichtigt
   - sie Störungen (Unklarheiten, Unbehagen, Ärger, abnehmendes Interesse ...) wahrnimmt und vorrangig bearbeitet
   - die Gruppenmitglieder ihre Bedürfnisse und Wünsche offen einbringen und Mitverantwortung für den gemeinsamen Weg übernehmen.

4. Die Gruppe wird auf ihrem Weg vom Wunsch zum Ziel Situationen erleben, die sie dazu anregen, weitere Übereinkünfte zu treffen, z.B.:
   - braucht es eine Gesprächsleitung (wechselnd)?
   - auf welchem Weg werden Entscheidungen getroffen?
   - welche Wege findet die Gruppe, sich über ihren Standort und Weg zu vergewissern?
   - welche Wege findet die Gruppe, die Meinungen und Beiträge der Einzelnen wahrzunehmen und aufzunehmen?
   - welche Arbeitsformen werden gewählt (Plenum, Kleingruppe, Einzelarbeit, Lernpartnerschaften ...).

Die Angst vor dem Chaos

oder: Wer weiter springen will, muß einen Schritt zurücktreten

Rainer Schildmayer

1. Ausgangssituation

Das Sozialreferat der Kommunalverwaltung einer Großstadt hat in den zurückliegenden Jahren große Anstrengungen unternommen, die Effizienz der Organisation und die Qualität der Dienstleistungen für die Bürger zu verbessern. Im Rahmen dieser Arbeiten entstand u.a. ein neues Leitbild für dieses Referat sowie „Spielregeln der Führung und Zusammenarbeit". Die Ergebnisse einer parallel dazu von Führungskräften und internen Personalentwicklern durchgeführten Untersuchung der Führungskultur in ausgesuchten Teilbereichen bestätigten einen großen Bedarf nach einer systematischen Fortbildung, denn nur wenige Führungskräfte hatten jemals eine Führungskräfte-Fortbildungsmaßnahme besucht.

Die Diskussion der Ergebnisse zeigte darüber hinaus, daß die in Teilbereichen aufgezeigten Probleme durchaus auf die anderen Bereiche der Organisation übertragbar und somit eher genereller (struktureller) Natur waren. Folglich konnten von einem referats- und hierarchieübergreifenden Fortbildungskonzept zusätzlich wichtige Impulse zur Unterstützung der laufenden Veränderungsvorhaben im Referat erwartet werden. Der interne Programmentwurf wurde schließlich im oberen Führungskreis diskutiert und verabschiedet. Das vierteilige Programm („Leitungskräfte müssen führen"), das ich nunmehr seit dem Frühsommer 1995 gemeinsam mit einer Kollegin durchführe, soll im folgenden skizziert werden. Dabei konzentriere ich mich zuvorderst auf die Gestaltungselemente zur Erhöhung der Selbststeuerungsfähigkeit *(S)* der Teilnehmer sowie auf die diesbezüglichen Ergebnisse der Prozesse.

2. Das Konzept

2.1. Leitidee und Zielsetzung

Im Verständnis der Auftraggeberin heißt Führen in erster Linie:

- Herstellen von Gemeinsamkeiten in Bezug auf das Erreichen von Zielen (Interaktion),
- Erkennen und Nutzen des eigenen Gestaltungsspielraumes für das Erreichen der Ziele und der Zufriedenheit der MitarbeiterInnen (Handlungsorientierung),
- Herbeiführen verbindlicher Vereinbarungen in Bezug auf die Leistung der einzelnen und der Gruppen von MitarbeiterInnen und Herstellen verbindlicher Zusammenarbeit (Kooperation).

Die Bedeutung dieses Führungsverständnisses für die einzelne Führungsposition (Rolle) der TeilnehmerInnen und für deren Person, soll im Verlauf des Programmes erarbeitet und auch erlebt werden (was mache ich, was paßt zu mir, wie geht es mir damit?). Das heißt folglich: Inhalte und Gestaltung orientieren sich an der Praxis, den Erfahrungen und den (Lern-)Zielen der TeilnehmerInnen. Die interdisziplinäre, ämter- und hierarchieübergreifende Zusammenarbeit, der Austausch, die wechselseitige Unterstützung und die Auseinandersetzung in der Seminargruppe sowie mit den Leitern/Trainern ist gleichfalls Gegenstand des Lernens. Schließlich entwickeln und verfolgen die TeilnehmerInnen eigene Praxisprojekte in Beratungs- und Supervisionsgruppen. Im einzelnen heißt das: die Gestaltung der einzelnen Lernphasen ist -innerhalb der Rahmenbedingungen- eine Aufgabe für Leiter/Trainer und die TeilnehmerInnen (Selbststeuerung lernen). Die Gruppe dient dabei als Lernfeld für die Auseinandersetzung der TeilnehmerInnen untereinander und mit den Leitern/Trainern im „Hier und Jetzt“.

Die ämter-, fachbereichs- und hierarchieübergreifende Teilnehmerzusammensetzung soll aufräumen mit dem weitverbreiteten Vorurteil, man kann (einfach) nicht miteinander arbeiten. Die TeilnehmerInnen sollen erfahren, welche Fragen auf welchen Ebenen auftauchen, welche typisch sind und wie sie voneinander lernen und profitieren können. In selbstentwickelten Praxisprojekten verfolgen sie ihre persönlichen Lernziele weiter und verbinden Lernen mit der Erledigung wichtiger Arbeiten (Transfer). Beratungs- und Supervisionsgruppen dienen der Reflexion der Lern- und Projektfortschritte.

Als probate Methoden sind in erster Linie vorgesehen: Einzel- und Gruppenarbeit, Plenum, Rollenspiel/Übungen, Wissensvermittlung über kurze Theorie-Inputs, Handouts, Beratung durch die TeilnehmerInnen und die Trainer/Leiter, Supervision, Feed Back.

Vor der Erfüllung wichtiger Rahmenbedingungen wie: eigene Führungspraxis (d.h. der/die TeilnehmerIn soll in einer Führungs- bzw. Managementposition sein), kontinuierliche Teilnahme (kein unkontrolliertes „Aussteigen“), die TeilnehmerInnen erfahren Unterstützung durch ihre Vorgesetzten bei der Durchführung ihrer Praxisprojekte (Sponsoring), Diskretion bzgl. personenbezogener Informationen, die TeilnehmerInnen und Trainer/Leiter in den einzelnen Abschnitten gewinnen (Vertrauen), sowie externe Durchführung (Distanzierung vom Tagesgeschäft), versprach sich die Veranstalterin günstige Auswirkungen auf den Erfolg des Programmes.

2.2. Struktur und Grob-Design

Die Strukturierung des vierteiligen Programmes und seine Ausdehnung auf den Zeitraum von einem Jahr folgt der Erkenntnis, daß „Führen lernen" keine Einmalangelegenheit ist und sieht folgende aufeinander aufbauende Abschnitte und Designelemente vor:

Orientierungstreffen (1 Tag)

- Einführung, Kennenlernen, Klärung der Erwartungen und Befürchtungen
- Vorstellung des Gesamtprogrammes und Klärungen
- Kontrakt
- Auswertung des Orientierungstreffens

Führungstraining (5 Tage)

Montag

- Diagnose der Führungs- und Veränderungskultur
- Die Ebenen der Führung
- Reflektionsgruppen *(S)*

Dienstag

- Berichte aus den Reflektionsgruppen, Designplanung *(S)*
- Rolle und Person
- Erarbeiten der individuellen Lernziele
- Entscheidung über die Gestaltung der Lernsituation *(S)*
- Arbeit an den Lernzielen der TN
- Reflektionsgruppen *(S)*

Mittwoch

- Berichte aus den Reflektionsgruppen, Designplanung *(S)*
- Weiterarbeit an den Lernzielen der TN
- Strukturiertes Feedback *(S)*
- Reflexionsgruppen *(S)*

Donnerstag

- Berichte aus den Reflektionsgruppen, Designplanung *(S)*
- Weiterarbeit an den Lernzielen der TN
- Vorbereitung des Praxisprojektes und Vorberatung *(S)*

Freitag

- Vorberatung der Praxisprojekte *(S)*
- Auswertung der Trainingswoche

Supervision (2 Tage)

1. Tag
   - „Wie war es in der Zwischenzeit?“
   - Projektsupervision/kollegiale Beratung
2. Tag
   - Projektsupervision und kollegiale Beratung
   - Vorbereitung auf das nächste Training
   - Auswertung der Supervision

Führungstraining (4 Tage)

Montag
- Klärungen, Ziele des Trainings, Plan
- Diagnose der Praxis der Gruppenarbeit in der Organisation
- Erarbeitung der individuelen Lernziele
- Entscheidung des Lernsystemes zur Gestaltung der Lernsituation *(S)*
- Arbeit an den individuellen Lernzielen *(S)*
- Plenare Tagesreflektion und Designplanung *(S)*

Dienstag
- Bearbeitung der individuellen Lernziele *(S)*
- Plenare Tagesreflektion und Designplanung *(S)*

Mittwoch
- Zwischenbilanz (Diagnose des Lernsystemes)
- Arbeit an den individuellen Lernzielen *(S)*
- Plenare Tagesreflektion

Donnerstag
- Abschluß der Bearbeitung der individuellen Lernziele *(S)*
- Auswertung des Trainings, Auflösung des Lernsystemes
- Auswertung des vierteiligen Trainingsprogrammes

Aus Zeitgründen beschränkt sich das Trainingsprogramm in seinem Theorieteil auf die Behandlung zweier zentraler Themen, die hier nur grob umrißhaft dargestellt werden sollen. Darüber hinaus erhalten die TeilnehmerInnen umfangreiches schriftliches Begleitmaterial sowie, wo immer im Prozeß erforderlich und möglich, Hinweise auf theoretische Bezüge.

Thema 1: Ebenen der Führung

Wir definieren Führen als das „Handeln zur Herstellung von Gemeinsamkeiten im Hinblick auf die Erreichung von Zielen“. Damit ist Führen zuvorderst Interaktion. Produktive Führung muß auf verschiedenen „Ebenen“ und unter Beachtung (und Nutzung) des Bedingungsrahmens (Umfeld, Märkte, Konkurrenz, Gesellschaft usw.), tätig werden.

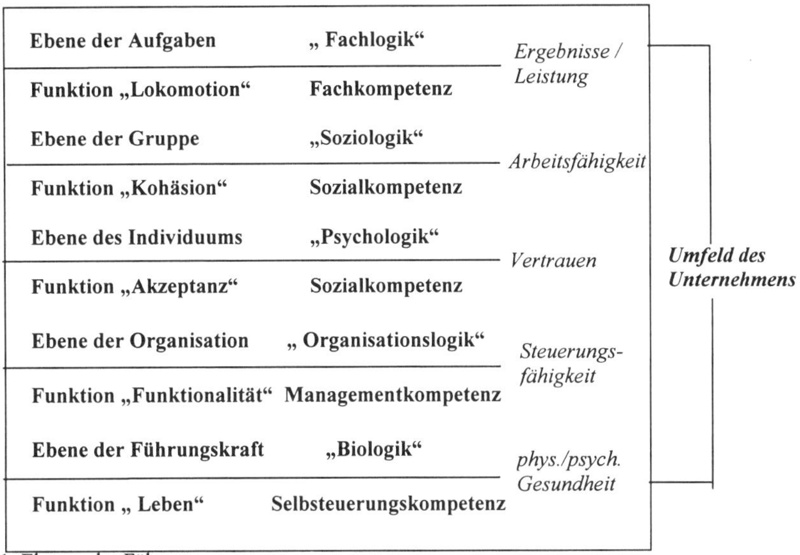

Abb. 1: Ebenen der Führung

Die Komplexität produktiven Führens besteht darin, daß

- die Funktion (Sinn) der Arbeit auf den unterschiedlichen Ebenen unterschiedlicher nicht sein kann und schließlich den unterschiedlichen „Logiken“ folgen muß,
- den hierfür erforderlichen Kompetenzen je nach hierarchischem Status unterschiedliche Bedeutung zukommt und die Instrumente und Systeme, denen sich die Führungskraft auf den einzelnen Ebenen als Werkzeuge bedient, bedienen muß, nicht nur häufig untauglich sind, sondern vielfach (von ihr selbst) erst generiert werden müssen. Und schließlich,
- daß Führung (oft) *gleichzeitig auf mehreren Ebenen* arbeiten muß (systemisches Handeln/Vorgehen), will sie erfolgreich sein.

Thema 2: Rolle und Person

Die Rolle ist die Summe aller Erwartungen, die an eine(n) PositionsinhaberIn gerichtet sind. Das Typische an der Führungs-/Leitungsrolle besteht darin, daß sich einerseits die Erwartungen der einzelnen „Gruppen“ nicht nur nicht decken, sondern im Gegenteil oft widersprüchlich sind. Damit ist die Enttäuschung von Erwartungen impliziter Bestandteil der Führungs-/Leitungsrolle (*Intra*-Rollenkonflikte). Daneben stehen jene Rollenkonflikte aufgrund unklarer, verschwommener Vorstellungen, aus denen der/die RolleninhaberIn nicht eindeutig erkennen kann, was von ihm/ihr erwartet wird (*Inter*-Rollenkonflikte). Es ist die Aufgabe der Führungskraft, selbst für (Erwartungs-)Klarheit zu sorgen. Die Erwartungen (Funktionsbeschreibungen) an eine Führungs-Position, mögen sie ein-, vieldeutig oder widersprüchlich formuliert sein, lassen in aller Regel einen -bewußt eingebauten (organisierten)- Ermessens-/Interpretationsspielraum. Gerade diese Tatsache unterscheidet Führungs- von Nicht-Führungs-Positionen. Die Unmöglichkeit, komplexe Systeme zentral (= *fremd*) zu steuern, liegt letztlich in der prinzipiellen Unmöglichkeit, (Arbeits-/Umfeld-)Situationen präzise vorhersagen und a priori und präzise beschreiben zu können. Sie zwingt deshalb dazu, Spielräume (und Redundanzen) für die *Selbst*steuerung einzubauen. Die Aufgabe einer Führungskraft besteht gerade darin, diesen (Denk- und Handlungs-) Spielraum, aus Gründen der Erfüllung der an die Position gerichteten Erwartungen sowie zur Aufrechtherhaltung der Kontinuität der Arbeit und der Berechenbarkeit der Organisation, zu nutzen. Ist dieser Spielraum nicht gegeben, so handelt es sich auch nicht um eine Führungsposition.

Wie allerdings jemand seine Rolle als Führungskraft wahrnimmt (ausfüllt), hängt von der Person der/des RolleninhaberIn ab. Es ist deshalb wichtig, seine eigenen wie auch die strukturellen (institutionellen) Anteile am (Rollen-) Verhalten zu (er-)kennen sowie eine („gesunderhaltende") Distanz zur positionalen Rolle zu halten und nicht restlos in ihr aufzugehen.

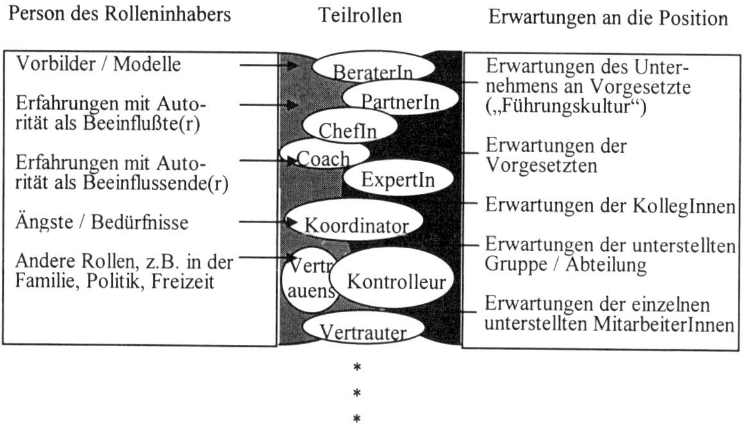

Abb. 2: Rolle und Person

Die konkrete Gestaltung der Führungs-Rolle über die Teilrollen (Optionen mit situationsabhängiger „Produktivität/Reichweite"), ist letztlich das Ergebnis der Wechselwirkung zwischen den Erwartungen der „Rollensender" und dem Verhalten des/der „RolleninhaberIn".

3. Erfahrungen

3.1. Orientierung bringt Klarheit und Fragezeichen

Im ursprünglichen Konzeptentwurf war das Orientierungstreffen nicht vorgesehen. Das Programm war auf insgesamt 12 Tage und in drei Abschnitten gegliedert. Die Erfahrungen der Verantwortlichen mit punktuellen Führungskräfte-Fortbildungsprogrammen in der Vergangenheit zeigten jedoch, daß sich das Interesse vieler TeilnehmerInnen an einer kontinuierlichen und aktiven Präsenz vor allem am aktuellen Inhalt des Veranstaltungsprogrammes (im Kontrast zur Arbeit zuhause) sowie am je individuellen Grad der Leidensfähigkeit (aushalten können) und der Frustrationstoleranz (warten können) im Lernprozess orientierte. Zur Vermeidung unerwünschter Fluktuation wurde schließlich entschieden, die jeweiligen Teilnehmer sehr viel konkreter zu informieren (früher war hierfür nur eine schriftliche Einladung vorgesehen) und auch darüber entscheiden zu lassen, ob sie (überhaupt) teilnehmen wollten. Nicht zuletzt der informell spürbare normative Charakter des Teilnahme-Angebotes („Wenn wir schon einmal so etwas anbieten, dann nehmen bitte (gefälligst) auch alle daran teil!“) gebot einen anderen Umgang mit diesem wichtigen Anliegen und den TeilnehmerInnen. Wie frei die Entscheidung wirklich sein kann, zeigen allerdings Äußerungen wie: „Was passiert denn, wenn ich jetzt nein sage?“ oder: „Ich kann doch gar nicht ablehnen?!“ Der Beweisnotstand ist evident. Ein Teilnehmer bringt es später, stellvertretend für die anderen, auf den Punkt: „Schubsen allein hilft nicht. Man muß schon auch wollen!“ Da die Gesamtlänge des Programmes nicht verändert werden durfte, wurde das Orientierungstreffen zulasten der zweiten Trainingswoche eingeführt.

Die Erfahrungen mit dieser Umstrukturierung bestätigen allerdings, daß die Entscheidung für ein Orientierungstreffen das ursprüngliche Fluktuationsproblem behoben hat. In den bislang vier Programm-Durchläufen (mit jeweils 20 TeilnehmerInnen) ist niemand zwischenzeitlich ausgestiegen. Lediglich ein Teilnehmer hat sich am Ende eines Orientierungstreffens entschieden, das Fortbildungsangebot abzulehnen. Vorläufiges Fazit: Teilnahmezwang provoziert Fluktuation, Information und Entscheidungsfreiheit bringt Kontinuität der Teilnahme.

Da es sich um eine interne Veranstaltung handelt, nimmt die Diskussion über das Thema Diskretion naturgemäß einen breiten Raum ein. Man kennt sich und man ist aufeinander angewiesen, will zwar lernen, nur nicht zuviel riskieren, nicht das Gesicht verlieren: „Was darf man hier sagen? Was muß man hier sagen, wenn man lernen will? Und wie gehen wir mit den in diesen Veranstaltungen gewonnenen Informationen über TeilnehmerInnen und andere Personen um, denn wir müssen hinterher nicht nur wieder, sondern (eigentlich) sogar besser miteinander arbeiten (können)?“ Es galt (und gilt), sich eine produktive Nähe-Distanz-Relation vorzustellen und zu finden, in der das zu Lernende gelernt werden kann. Gleichzeitig waren konstruktive Ansätze in Bezug auf eine Verbesserung der Qualität der fachbereichs-, ämter- und hierarchieübergreifenden Zusammenarbeit zu finden, um sich dann entsprechend zu verabreden. Die Praxis zeigt, daß es Antworten gibt, die auch in Öffentlichen Organisationen, denen zuweilen der Ruf vorausgeht, sie hätten ihre Bezeichnung nicht zu unrecht, Wirkung zeigen. Daß der am Ende des Orientierungstages geschlossene Kontrakt gehalten hat, wird durch die Tatsache bestätigt, daß bislang nur eine (eher fahrlässig verursachte) Indiskretion bekannt wurde.

Die unter dem Begriff Selbststeuerung angekündigte Einflußnahme der TeilnehmerInnen auf die Gestaltung der einzelnen Programmteile wurde hingegen eher als Aperçu zur Kenntnis genommen. Insgesamt empfanden die TeilnehmerInnen diese Orientierung als sehr informativ und produktiv, wenngleich bei einigen sowohl Fragezeichen als auch die Angst vor gruppendynamischen Veranstaltungen vorerst blieben.

3.2. Der Chaostag

Wenn nicht überhaupt eines jeden, so ist es doch wenigstens das Ziel eines Führungstrainings, den TeilnehmerInnen die Chance zu geben, selbstgestaltend sich das Lernen (den Stoff) zu erschließen, Verantwortung für den eigenen Lernweg und damit auch für die Ergebnisse zu übernehmen. Im Sinne einer wohlmeinenden Selbststeuerung forderten wir die TeilnehmerInnen am 2. Trainingstag auf, nachdem sie ihren Lernbedarf diagnostiziert sowie ihre Lernziele entwickelt hatten, über den Weg des Lernsystemes zu den Zielen der einzelnen TeilnehmerInnen (s. Grobdesign: *Entscheidung über die Gestaltung der Lernsituation*) zu beraten und zu entscheiden. Während wir am Anfang unsere Aufgabe als Leiter/Trainer vor allem darin sahen, die Führung zu übernehmen, wollten wir nun nach und nach die Verantwortung für die Vorgehensplanung in die Hände der TeilnehmerInnen legen. Unsere Rolle dabei war, uns immer dann einzubringen (einzumischen), wenn wir der Meinung waren, daß „überhaupt nichts mehr voran ging", auch, wenn sich z.B. eine allzu realitätsferne Entscheidung (z.B. „Das Wetter ist so schön. Gehen wir also erst mal spazieren!") abzeichnen sollte. Der Entscheidungsrahmen (Kontext) war durch die für das Training angebotenen Methoden und den Zeitplan definiert und zu Beginn der Veranstaltung präsentiert und kontrahiert worden. Wir beschränkten uns deshalb darauf, Situationsdiagnosen anzuregen (z.B.: „Wo stehen Sie im Augenblick?" oder „Was macht denn die augenblickliche Schwierigkeit aus?") oder Auskünfte über die Implikationen der angebotenen Methoden zu geben (auf Anforderung und soweit die TeilnehmerInnen diese nicht selbst geben konnten).

Selbsthypnose (Stille, betretenes Schweigen), Erstaunen („Wieso wir?"), Verblüffung („Wer? Was? Wir?"), Schrecken („Oh Gott!?"), Angst („Das können wir doch gar nicht?"), Ratlosigkeit („Wie soll das denn gehen?), Verweigerung („Wer kriegt denn hier das Geld und wofür?"), Resignation („Ich kann ja eh´ nichts tun!"),

Fatalismus („Ich hab`s ja geahnt...“), Teilnahmslosigkeit („Irgendwie wird die Zeit schon vorbeigehen.“), Hoffnung („Die *(Leiter/Trainer)* werden uns schon helfen!“), Selbstvertrauen („Also wieso sollten wir das nicht können?“), Aktionismus („Laß′ uns doch schon mal .... tun.“), Anfeuern („Das wäre doch gelacht, wenn wir das nicht schaffen würden!“), gleichzeitig, kommend und gehend, aperiodisch schwankend. Und „Chausseegrabenstrategien“: mal links in den Graben („Ich weiß zwar nicht wie *die* Lösung aussieht,), mal rechts in den Graben (aber *so* auf alle Fälle auch nicht!).

Diese emotionale Mixtur war wohl weniger der (schwierigen) Aufgabenstellung zuzuschreiben, als der „wirklichkeitskonstruktiven Perspektive“ (selbst den „Schiefen Turm von Pisa“ kann man -aus zwei Perspektiven- gerade sehen). D.h.: die je individuellen Vorstellungen (Wahrnehmungen) der einzelnen TeilnehmerInnen vom wirklichen Auftrag sowie den wirklichen Chancen und Begrenzungen durch die gesetzten Rahmenbedingungen (zu denen auch die TeilnehmerInnen *und* die Leiter/Trainer gehören) bestimmen (konstruieren) deren Wirklichkeit. Diese (individuellen) Wirklichkeiten entstehen u.a. und nicht zuletzt durch die unterschiedlichen Tätigkeiten, die die TeilnehmerInnen täglich wahrnehmen.

> „Unterschiedliche Professionen haben ihre eigenen Wirklichkeiten. Sie haben ihre eigenen Selbststeuerungs- und Beziehungslogiken ...., auf die sie sich in ihrem Selbstverständnis beziehen, ihre verschiedenen Umwelten, in denen sie sich bewegen. Sie haben jeweils ihre Entscheidungskriterien, nach denen sie ihr Handeln ausrichten und bewerten.“ (Schmid, 1993, S. 21)

Vorschläge ohne Ende, wenige wirklich verstanden und trotzdem abgelegt. Die unübersichtliche Situation macht den TeilnehmerInnen Angst, nicht entrinnen zu können, sie fühlen sich verantwortlich. Aber: wo anfangen und was hilft? Angst vor dem Chaos, Durchhalteparolen (als ginge es nur um Abwarten und Aushalten), nervöse Blicke auf die Uhr („Wieviel Zeit haben wir noch?“) und eher beunruhigend beruhigende Minen der Leiter/Trainer („Es *ist* noch genügend Zeit!“). Doch die hilfesuchenden Blicke in unsere Richtung werden immer häufiger. Dabei sind die Ressourcen auch nicht annähernd ausgelotet. Von der Teilnehmerzusammensetzung (Sozialpädagogen und Verwaltungsfachleute, -hierarchie-, ämter- und fachbereichsübergreifend) versprachen sich die TeilnehmerInnen doch im Vorfeld der Veranstaltung viel Produktivität. Und nun? Das Know How, die Aufgabe zu lösen, war im Raum, nur keiner vermochte es jetzt zu aktivieren. Die Verführung der Situation, dem Drängen der TeilnehmerInnen nachzugeben (und zu zeigen, was wir Leiter/Trainer „drauf haben“), ist für alle spürbar. Einige wenige versuchen′s „sportlich“ („Mal sehen, wer′s länger aushält?“).

Es ist vermutlich das Verhalten (von Leitern/Trainer bzw. von Führungskräften) in solchen Schlüsselsituationen, das oft darüber entscheidet, ob ein Projekt oder ein Veränderungsvorhaben realisiert wird oder nicht, ob die gefundene Lösung akzeptiert und umgesetzt wird oder fadenscheinige Argumente, Passivität und stoischer Gleichmut Wegbereiter des Abbruches oder des Scheiterns sind. Das „Selber-

Machen" („Generieren", „Zeugen") ist es, was „zufrieden macht". Dieses Erfolgserlebnis, das langfristig das Selbstvertrauen der TeilnehmerInnen in ihre Selbststeuerungsfähigkeit generiert und unverzichtbar ist für die Gesamtsteuerung einer Organisation, bliebe versagt, würde der kurzfristige Aspekt (Zeitgewinn für das aktuelle Training) obsiegen: Wer weiter springen will, muß einen Schritt zurücktreten. Die Intervention kann nur Hilfe zur Selbsthilfe heißen.

Die letztlich getroffenen Entscheidungen waren in allen bisherigen Veranstaltungen akzeptabel. Der „Chaostag", so heißt dieser Abschnitt seit dem ersten Training wird am Ende der ersten Trainingswoche wohl als anstrengend und erschöpfend bezeichnet, zuweilen auch glorifiziert, wie alles, was man glimpflich überstanden hat. Die positiven Rückmeldungen überwiegen jedoch: ein „dichter, intensiver Prozess", ein „interessantes Erlebnis", das "eine wichtige, unverzichtbare Erfahrung" für die Führungspraxis darstellt.

3.3. Neue Erfahrungen müssen verdaut werden

Ziel der den Trainingstag abschließenden Reflektionsgruppen (Quartette) ist es einerseits, die im Tagesablauf gewonnenen Erkenntnisse vor dem Hintergrund alter Denkmuster und Vorgehensweisen zu reflektieren (und zu "verdauen") und andererseits das Ergebnis dieses Reflektionsprozesses (tagesaktueller Grad der Zufriedenheit mit dem je eigenen Lernen) mit dem Plan des kommenden Trainingstages zu vergleichen, um gegebenenfalls erforderliche Designänderungen (s. „Berichte aus den Reflektionsgruppen und Designplanung") zu veranlassen. Die Wahl des Ortes und die Festlegung der Dauer der Reflektion liegt in der Verantwortung der TeilnehmerInnen. Diese Form der selbstgesteuerten „Verarbeitung" des Tagesgeschehens wird nachgerade als nützlich, wenn auch lästig empfunden, insbesondere die Tagesreflektion in der zweiten Trainingswoche, die die Leiter aus Zeitersparnisgründen ins Plenum verlegten. Tagesreflektion und Designplanung erfolgten hier plenar und standen somit als zusätzlicher Lernort für Leitungsaufgaben zur Verfügung. Als Gegengewicht zur teilweise selbstgesteuerten Fallberatung in Kleingruppen (6-7 TN) waren die täglichen Plenen eine wertvolle Ergänzung für die TeilnehmerInnen, die Komplexität der Leitung einer Großgruppe zu erfahren und sich in der Prozeßsteuerung zu üben.

3.4. Projektcontrolling über Peergroups - Ohne Eigenmotivation geht nichts

Ziel dieser Teilnehmertandems ist es, die Fortschritte der am Ende der ersten Trainingswoche formulierten und vorberatenen Praxisprojekte wechselseitig zu begleiten und zu reflektieren. Nicht zuletzt (und nicht völlig unbeabsichtigt) konnten (sollten) sich diese Lern-Paare, in Zeiten schwindender Energie, wechselseitig daran erinnern (dürfen), daß es noch etwas zu tun und zu lernen gab. Wie die Rückmeldungen der TeilnehmerInnen zeigen, kann diese Beratungs- und Lernbeziehung sehr produktiv/erfolgreich sein. Voraussetzung hierfür ist allerdings -und vor allem- eine hinreichende Eigenmotivation, die nicht zuletzt auch der häufig kolportierten Gleichgültigkeit der eigenen Vorgesetzten gegenüber eigeninitiiertem Lernen (und Arbeiten) der TeilnehmerInnen zu widerstehen vermag.

3.5. Supervision und kollegiale Beratung als Forum der Selbststeuerung

Dieser Teil des Trainingszyklus war für die Reflektion der Produktivität der Teilnehmer-Controller-Beziehung (s. 3.4) sowie zur Steuerung der Praxisprojekte vorgesehen. Die im zweiten Teil der ersten Trainingswoche entwickelten und vorberatenen Praxisprojekte standen bisweilen vor einer zentralen Schwierigkeit. Das Hauptproblem vieler TeilnehmerInnen war, das persönliche (Verhaltens-) Lernziel in eine zur Lösung anstehende Aufgabe (Praxisprojekt) zu integrieren. Einige TeilnehmerInnen konnten aus Zeitmangel (jede/r TeilnehmerIn hatte ein Zeitkontingent für die Vorbereitung seines Projektes) ihre konkreten Vorhaben erst nach dem Training (z.T. erst nach nochmaliger Unterstützung durch den Controller) endgültig formulieren. Die kooptierten Controller konnten jedoch nicht immer verhindern, daß der/die eine versuchte, in einen „Dreifach-Burger“ hineinzubeißen (überkomplexes Vorhaben), wogegen ein(e) andere(r) sich wiederum auf „Nebenschauplätzen“ erging („Warum es sich schwer machen, wenn`s einfach auch geht?“). In der Supervision wurde dies offenkundig und Korrekturen waren möglich.

Weitere Schwierigkeiten waren z.B. die Wahrnehmungen und Sichtweisen anderer TeilnehmerInnen nicht nur zu tolerieren, sondern auch deren Attraktivität (Gewicht) im Hinblick auf eine produktive Problemlösung zu erforschen oder auch, daß die Diagnose eines Problemes der eher schwierige (und zeitaufwendige) Teil einer Aufgabe/eines Falles ist und der Lösung unbedingt vorangeht.

Die TeilnehmerInnen lernten das Instrument Supervision und kollegiale Beratung (in der ersten und zweiten Trainingswoche), bis auf wenige Ausnahmen, erstmals kennen und fanden beides als „Austausch, Selbstkontrolle und Korrekturmöglichkeit“ nicht nur für das Praxis-Projekt sondern auch für das eigene Führungsverhalten produktiv. Sie erlebten, wie schwer Veränderung oft ist und wie leicht (gute) Vorsätze im Alltagsgeschehen untergehen können. Insbesondere für die Verwaltungsangestellten unter den TeilnehmerInnen wirkt Supervision zuweilen abschreckend.

3.6. Chaos da capo?

Mit der Erfahrung aus der ersten „Chaosphase“ gelang es nunmehr den Gruppen in der zweiten Trainingswoche in relativ kurzer Zeit (gemessen an den Zeitverbräuchen der ersten Trainingswoche) sich zu organisieren und produktive Settings für die Bearbeitung ihrer Lernziele zu vereinbaren. Nur noch spärlich: „Müssen wir jetzt wieder das tun, was wir wollen und brauchen?!“. Die Angst und Ratlosigkeit von ehedem wich zunehmend einem selbstsicheren „Selbstverständlich, was denn sonst?“, zuweilen auch einem eher spöttischen „Doch nicht (mehr) mit uns!“.

Nicht so anstrengend wie die erste Trainingswoche und trotzdem arbeitsintensiv, aufschlußreich und eigentlich zu kurz (ein Tag länger wäre besser) waren die häufigsten Rückmeldungen. Vielen wird die Bedeutung emotionaler Themen und Fragen für die Arbeitsfähigkeit der Gruppe deutlich. Aussagen wie „Wir haben unsere Selbständigkeit entdeckt“ und „Leiten kann auch Spaß machen“ bestätigen darüber hinaus die Produktivität des Selbststeuerungsanteiles am Konzept. So haben sich die TeilnehmerInnen bislang regelmäßig dafür entschieden, die Fallarbeit (kollegiale Beratung) zeitweise selbstgesteuert (zwei Gruppen à 6-7 TN mit, eine Gruppe jeweils ohne Begleitung durch die Leiter/Trainer) durchzuführen.

3.7. Einsichten oder: Lernender unter Lernenden

Bislang nur in Profitorganisationen tätig, war ich gespannt, was mich bei „Verwaltern und Sozialarbeitern“ wohl erwarten mag: „Gleichbehandlung (-macherei?), Akuratesse, Justitiabilität, Amtsmacht (All-), Vollzug, Recht, Distanz (Bürgerferne?)“ *meets* „Einzelfall, Rechtfertigung, Ohnmacht, Zuwendung, Großzügigkeit, Verständnis, Engagement (Bürgernähe?)!“ Eine widersprüchlichere Teilnehmerzusammensetzung konnte ich mir nur schwer vorstellen, denn: „Nichts ist so endgültig, wie etwas Vorläufiges!“ (mein Vorurteil). Allerdings: Wenn man einige Zeit auf dem Manager- oder Trainerbuckel hat, konnte man auch erfahren, daß Vielfalt (nicht unbedingt ein Synonym für Widersprüchliches, sondern nur eine andere Perspektive desselben) auch Bereicherung und Chance bedeuten. Und dennoch: *„Die Angst der Teilnehmer ist die Angst des Trainers.“* (Geißler, 1991, S. 70).

Der Umgang prägt (*„Unterschiedliche Professionen haben ihre eigenen Wirklichkeiten ...“* (Schmid, 1993, S. 21)) und ein übriges tut „Steuerzahlers Alptraum“ (Verwaltung: ein Faß ohne Boden?). Nun: Vor den Lohn haben die Götter den (Angst-)Schweiß gesetzt! Genausowenig wie es den Teilnehmern gelingen mochte, aus dem Stand weiter zu springen, mußte ich gleichermaßen einen Schritt zurücktreten (Vertrauen in die Kompetenz der Teilnehmer haben und keine übereilte Einmischung in den Selbststeuerungsprozess). Ich bin Lernender unter Lernenden (vgl. dazu Geißler, 1991, S. 30).

Deshalb mußte es -ob des Engagements- nicht überraschen, wenn die für den Lern- und Selbststeuerungsprozeß der Teilnehmer notwendige Distanzierung anfänglich nur zögerlich gelang. Die eigene Unsicherheit über den Ausgang und die Verantwortung für den Erfolg des Programmes verengen die Wahrnehmung und (über-) steuern das *„Engagement"*, reduzieren *„Selbstkontrolle/Distanzierung"* (vgl. dazu Elias, 1987, S. 16-19). Immerhin wäre da ja auch noch eine zuverlässige Kollegin gewesen. Nach dieser Entdeckung spätestens setzte die *„Dynamik der zunehmenden Erleichterung"* ein (Elias, 1987, S. 19). Der Ausgang ist bekannt und damit auch ein Stück Veränderung bei mir.

Führung und Zusammenarbeit

Praxisbezogenes Training für Führungskräfte

Gerd Schüning

1. Vorgeschichte

1988 wurde ich von dem Leiter der Personalentwicklung einer Großforschungseinrichtung angefragt, ob ich mir vorstellen könne für dieses Unternehmen eine Seminarreihe für Führungskräfte zu entwickeln und durchzuführen. Nach einigen internen Verhandlungen und konzeptuellen Gesprächen war es 1991 soweit. Die erste von mittlerweile fünf Seminarreihen fand statt. Heute ist diese Reihe, die einmal jährlich durchgeführt wird, Bestandteil des unternehmensinternen Qualifizierungsprogramms.

Die Dauer der Vorlaufphase von fast vier Jahren hatte drei Gründe:

1. Unternehmen haben häufig eine längere Vorlaufphase der Entscheidungsfindung, bevor die Realisierung stattfindet. Vor dem Beginn der ersten Trainingsreihe mußten eine Reihe von unternehmensinternen Entscheidergremien ihr Plazet geben.
2. Dieses Unternehmen befand sich in einer Phase gravierender Werteveränderungen. Während es bis in das Ende der 80er Jahre hauptsächlich über staatliche Subventionen finanziert wurde, muß es sich seitdem mehr und mehr als eigenfinanziertes - als Profitunternehmen - darstellen.
3. Anfang der 80er Jahre hatte eine Beratungsfirma den Auftrag, eine Seminarreihe für Führungskräfte durchzuführen. Diese Maßnahme endete in einem Desaster: Führungskräfte weigerten sich, an der Reihe weiter teilzunehmen, der Personalrat intervenierte und das Programm wurde abgesetzt.

Der letzte Punkt hat mich zum einen im ersten Durchlauf sehr belastet - ich wollte nicht auch scheitern -; zum anderen hat er das Design für diese Weiterbildungsreihe beeinflußt.

2. Konzeptionelle Überlegungen

Die Bildungsarbeit in dieser Organisation wird nicht nur durch die Unternehmensleitung/Personalentwicklungsabteilung alleine, sondern auch durch einen paritätisch besetzten Bildungsausschuß gesteuert, in dem Unternehmensleitung und Personalrat vertreten sind. Es gab also viele, die auf dieses Vorhaben schauten. Dabei wurden vor allem zwei Begriffe mit Vorsicht und Skepsis betrachtet: Selbsterfahrung und Gruppendynamik. Für dieses Vorhaben galten für den Auftraggeber folgende Ziele:

- „Verbesserung des eigenen Verhaltens im Umgang mit Vorgesetzten, Kollegen und Mitarbeitern,
- Analyse und Verbesserung der eigenen Kompetenz bezüglich Kooperation und zielorientierter Führung,
- Analyse und gezielte Berücksichtigung der Faktoren, die die Effektivität von Arbeitsgruppen / Teams und ähnlichem beeinflussen." (aus einer betriebsinternen Vorlage)

Die TeilnehmerInnen dieser Fortbildungsreihe sind in erster Linie Naturwissenschaftler, Ingenieure und Forscher. Dies war eine mir bis dahin unbekannte Personengruppe. Ich hatte zwar selber ein paar Jahre an einem sozialwissenschaftlichen Institut gearbeitet und am Anfang meiner Selbständigkeit auch einmal die Geschäftsführung einer Forschungseinrichtung supervidiert - aber forschende Naturwissenschaftler als TeilnehmerInnengruppe kannte ich nicht.

Ich konnte davon ausgehen, daß die TeilnehmerInnen sich selber nicht kannten (aus jedem Betriebsbereich soll nur ein/e TeilnehmerIn kommen). Ferner würden die TeilnehmerInnen auf Grund der Freiwilligkeit eine gehörige Portion Neugierde mitbringen. In meinem Vorurteilsrepertoire gab es auch eine Stimme, die mir sagte, daß Naturwissenschaftler Menschen sind, die sich diesen Beruf ausgesucht haben, um den Umgang mit Menschen eher meiden zu können.

Bei dieser eigenen Unsicherheit (mir unbekannte Teilnehmerberufe) und durch die unternehmensbedingten Ausgangsfaktoren (mißglückter Trainingsversuch, hoher Druck und Aufmerksamkeit) verstärkt, brauchte ich - durch ein entsprechendes Trainingsdesign - für mich selber ein Mindestmaß an Sicherheit. So entschied ich mich für ein dreiteiliges Seminardesign:

- einen ersten Teil (3 Tage) in dem Grundelemente zielorientierten Führens (Delegation, Kommunikation und Kontrolle) Thema sind,
- einem zweiten Teil: ein selbstorganisiertes gruppendynamisches Training (5 Tage) in dem der Einzelne und der Gruppenprozeß (Selbst- und Fremdwahrnehmung - wie nehmen ich Einfluß - wie werde ich beeinflußt - welche Art von Prozessen entstehen innerhalb der Gruppe) den roten Faden darstellen;
- und einem Abschlußseminar (3 Tage) das thematisch sich mit Konflikten, Konfliktdiagnose und Konfliktstrategien befaßt.

Verbunden sind die einzelnen Seminarbausteine durch ein Backhome-Projekt. Die TeilnehmerInnen sollten sich im ersten Baustein selber ein Lernprojekt definieren, mit dem sie planmäßig etwas Neues in ihrem *Führungs*alltag ausprobieren wollen. Dieses Backhome-Projekt sollte dann immer wieder Reflektionsgegenstand während der gesamten Seminarreihe werden.

3. Rahmenbedingungen

Freiwilligkeit

Für die Durchführung vereinbarte ich, daß sich die TeilnehmerInnen freiwillig melden und nicht vom Vorgesetzten geschickt werden sollten. Hierdurch erhoffte ich mir eine bessere Akzeptanz meines Angebots und eine gute Portion Neugierde bei den TeilnehmerInnen. Die Gruppengröße wurde auf 12 begrenzt.

Co-Arbeit

Gruppendynamische Arbeit sollte i.d.R. als Co-Arbeit stattfinden. Während des Gesamtkurses stand mir ein/e unternehmensinterne/r MitarbeiterIn als Co-TrainerIn zur Seite. Diese Unterstützung insbesondere in Form von gemeinsamen Austausch, gemeinsamer Orientierung über den Stand der Gruppe und des Einzelnen, sowie unserer eigenen Befindlichkeit in der Trainerrolle schien mir im Rahmen des selbstorganisierten gruppendynamischen Trainings besonders notwendig. Der Austausch hilft den Trainern Wahrnehmungsverzerrungen in Hinblick auf den Gruppenprozeß und die TeilnehmerInnen zu klären. Zugleich erhalten diese über das Trainerverhalten unterschiediche Modelle für Führung und die Chance, sich ihren jeweiligen Sympathieträger bei den beiden Trainern auszuwählen.

Kontinuität und Verbindlichkeit

Ferner gelang mir eine Vereinbarung mit der Unternehmensleitung, daß sich die Teilnahmeanmeldung auf die gesamte Kursreihe bezieht - es also nicht möglich ist, einen Baustein ausfallen zu lassen. Dies war mir aus drei Gründen wichtig:

1. Mir war mittlerweile klar geworden, daß die Forschungsprojekte z.T. unterschiedliche Phasen an Arbeitsbelastung hatten. Daher war die Wahrscheinlichkeit groß, daß im Zweifelsfall ein Vorgesetzter während einer arbeitsintensiven Phase seinem Mitarbeiter die weitere Teilnahme erst einmal verweigert.
2. Die Gruppengröße mit 12 TeilnehmerInnen war so gewählt, daß eine relativ dichte Beziehungsaufnahme innerhalb der Gruppe möglich ist. Ein minderverbindliches Kommen und Gehen, würde diese Dichte unterlaufen.
3. Ich hatte ein hohes Interesse, prozeßorientiert in einer kleinen Gruppe zu arbeiten.

Die Kursreihe wäre gefährdet gewesen, wenn die Verbindlichkeit der Teilnahme durch betriebsbedingte Faktoren nicht hätte gewährleistet werden können. Die hierfür getroffene Vereinbarung mit der Unternehmensleitung sah folgende Regelung vor: Das Projekt wurde direkt beim Personalvorstand angebunden. Der Mitarbeiter, der sich für eine Teilnahme anmeldete, mußte sich vorher die Genehmigung seines Vorgesetzten einholen. War er einmal angemeldet, kann eine Unterbrechung oder ein Abbruch nur nach vorheriger Rücksprache mit dem Vorstand stattfinden. Diese Regelung hat sich sehr bewährt. Innerhalb der Seminarreihe gibt es keine Fluktuation bei den Teilnehmern, was auch bedeutet, daß sich innerhalb der Gruppe ein hohes Maß an Vertrauen, Verläßlichkeit und Offenheit entwickeln kann. Darüber hinaus erfahren die TeilnehmerInnen zweierlei:

1. Die Bedeutung von Rahmenbedingungen für prozeßorientiertes Arbeiten - einer Arbeitsform die sie in ihrem Alltag in Form von Projektarbeit erleben -. Der Unterschied ist, daß dort häufig keine klare Rahmenabsprachen getroffen werden.
2. Welche hohe Wertigkeit aus Sicht der Unternehmensleitung die TeilnehmerInnen dieser Seminare haben.

4. Erster Seminarteil: „Führungsinstrumente“

Die TeilnehmerInnen bekommen nicht nur Informationen (z.B. über Führungsziele, Delegation, Kommunikationsmodelle) sondern sie können an Hand der „sachlichen“ Inhalte für sie ungewohnte Lernformen üben (u. a. Malen, sich einer Gruppe präsentieren, Verhaltensreflexion, Fallarbeit). Sie sollen sich als Gruppe beschnuppern und das selbstorganisierte Training planen. Die Mischung aus Sicherheit (durch die Inhalte) und Verunsicherung (durch die Lern- und Arbeitsformen) hat sich gut bewährt.

Auch für mich ist diese Eingangsform eine angenehme Möglichkeit, mich selber den TeilnehmerInnen zu zeigen und gleichzeitig die Einzelnen, wie die Gruppe, kennenzulernen.

5. Zweiter Seminarteil: „Führung und Person“

Der zweite Seminarteil ist ein selbstgesteuertes gruppendynamisches fünftägiges Training.

Selbstgesteuert ist dieses gruppendynamische Training, damit die TeilnehmerInnen lernen können, wie sie sich in einem System verhalten und von ihm beeinflußt werden, in dem nicht eine von außen gesetzte Ordnung/Hierarchie die Antworten auf die Fragen der zu herrschenden Ordnung und der erwünschten sozialen Spielregeln vorwegnimmt. Dies entspricht ihrer betrieblichen Situation, in der die meisten als Projektleiter ohne funktionale Machtausstattung ihre jeweiligen Projektgruppen leiten und steuern müssen. Diese Form der Steuerung bedarf einer hohen sozialen Kompetenz aller Beteiligten.

Gruppendynamisch ist dieses selbstorganisierte Training, weil in diesen fünf Tagen ausschließlich die Gruppe und damit die TeilnehmerInnen Gegenstand der Betrachtung sind. Hierdurch ist eine intensive Feedbackmöglichkeit für den Einzelnen gegeben. Die Reflexion bezieht sich auf das Hier und Jetzt. Die TeilnehmerInnen lernen hierdurch wie sie selber mit ihrem jeweiligen Verhalten wirken und wie der gemeinsame Gruppenprozeß beeinflußt wird. Dies wird dadurch verstärkt, daß wir Trainer die operative Leitungsfunktion verweigern.

Das Training beginnt schon im ersten Seminarteil. Dort haben die TeilnehmerInnen zwei Zeitstunden - und bei Bedarf ihren freien Abend - sich auf den zweiten Kurs vorzubereiten, den Ablauf und die Inhalte zu planen und selbst zu organisieren.

Inhaltlich bekommen die TeilnehmerInnen nur die Information, daß es in diesem Baustein um Selbst- und Fremdwahrnehmung geht und, daß die beiden Fragen: „Wie nehme ich Einfluß?“ - „Wie werde ich beeinflußt?“ immer wieder Thema werden, und daß alles, was an einem Tag passiert, in ihrer Kompetenz und Verantwortung liegt.

Vom Rahmen her findet dieses Training in einem abseits gelegenen Haus statt, daß nicht bewirtschaftet ist. Die TeilnehmerInnen müssen von der Anreiseplanung über Küchenplan bis zur Tagesgestaltung alles selbst steuern und realisieren. Sie erhalten lediglich eine Information über den Ort und eine dortige Telefonnummer, falls Fragen nach Küchenequipment, Freizeitmöglichkeiten o.a. auftauchen sollten. Zwei Elemente gestaltet und verantwortet das Trainerpaar:

> jeden Abend findet eine einstündige Tagesreflexion statt und am letzten Tag eine Auswertung des Gruppenprozesses. Ferner wissen die TeilnehmerInnen, daß die Trainer auf konkrete Anfragen bei konkreten Aufgaben zur Verfügung stehen. Sei es zum Spülen oder Kochen, seien es inhaltliche Fragen, zu denen die TeilnehmerInnen ein Kurzreferat haben wollen; in jedem Fall muß dies von ihnen mit den Trainern verhandelt werden.

In der Tagesreflexion wird in einem minimalstrukturierten Rahmen - Anfang und Ende sind definiert - in einer Mischung aus Metakommunikation und Beziehungsklärung ausgetauscht, was für den Einzelnen, bzw. auf die Gruppe bezogen am Tage bedeutsam war.

Aufgabe der Trainer ist es, auf die Einhaltung des verabredeten Rahmens zu achten und damit zu garantieren, daß die direkte Kommunikation und die Beziehungsklärung nicht die Auseinandersetzungsmöglichkeiten am Tage ersetzen. Insbesondere hierzu gibt es immer wieder eine leichte Verführbarkeit, da ja nun „Trainer die Sicherheit garantieren“. Im Hinblick auf die Übernahme eigener Leitungsverantwortung durch die TeilnehmerInnen, müssen wir darauf achten, daß diese unsere operative Leitungsabstinenz nicht durch das Zuschieben einer reflexiven Leitungsrolle ersetzt wird.

Am letzten Tag findet dann eine Prozeßauswertung statt, die an die Erfahrungen der TeilnehmerInnen anknüpft. Bedeutsam ist hierbei, daß das gesamte Training kein durch Übungen strukturierter und initiierter Prozeß ist, sondern einer, den die TeilnehmerInnen selber gestaltet und erlebt haben. Das Thema „Training als Scheinwelt" im Unterschied zur „Wirklichkeit im übrigen Leben" ist damit kein Gegenstand der Auswertung.

Die bisherigen Veranstaltungen hatten folgendes Ablaufmuster:

Montag: Ankunft, Orientierungslosigkeit, erste Versuche des Strukturierens (Kaffee kochen, Versuche sich über Freizeitaktivitäten anzubinden, erstes großes Kochabenteuer),

Dienstag: Ausprobieren, was man in und mit der Gruppe machen kann, „Wer bin ich hier?" (eine große gemeinsame Aktion z.B. Wandern findet statt),

Mittwoch: Erste Unzufriedenheiten (Wir sind doch nicht hier, um Ferien zu machen!) und Versuche, nachhaltig auf die Gruppe Einfluß zu nehmen (Sagt mir doch mal, wie ich bin ?),

Donnerstag: Falls noch notwendig erarbeitet sich die Gruppe innere Sicherheit, um dann eine intensive Feedbackrunde durchzuführen,

Freitag: Auswertung des Gruppenprozesses.

Das Anstrengendste für mich ist es immer wieder auszuhalten, daß ich „nichts" zu tun habe und daß ich nicht den „Erfolg gestalten kann". Ich bin abhängig von dem, was die TeilnehmerInnen machen. Hier hilft mir immer der Satz von Virginia Satir „trust the process"! Wichtig für mich - um den Prozeß mit allen seinen Tiefen und Höhen aushalten zu können - sind die Gespräche mit meiner/m KollegIn. Am Freitag genieße ich dann allerdings den erfolgreichen Abschluß des Gruppen- und Arbeitsprozesses.

6. Dritter Seminarteil: „Konflikte in Alltagssituationen"

Dieser Baustein, der die Seminarreihe abschließt, ist mir von der Planung her besonders unter dem Aspekt „Reste auffangen" wichtig gewesen. Das selbstorganisierte gruppendynamische Training ist für die TeilnehmerInnen eine gravierende neue Erfahrung. Es macht Sinn, zur Vertiefung dieser Erfahrung nach drei Monate noch einmal Rückschau zu halten. Ferner sind sie mittlerweile vom prozeß- und personenorientierten Lernen so angetan, daß sie gerne noch einmal die Möglichkeit der Methodik der Fallarbeit nutzen. Daneben geht es um das Wiedersehens in der vertrauten Gruppe, um den Austausch, ob und wie das, was man in seiner Praxis ausprobieren und ändern wollte gelungen ist. Es ist also nicht nur eine zusätzliche inhaltliche Veranstaltung zu dem Thema Konflikte, zum Abschluß der jeweiligen

Backhome-Projekte oder der Vertiefung inhaltlicher Fragen, sondern auch ein „Sich versichern dessen, was man erreicht hat".

In diesem Baustein findet auch ein „Kaminabend" statt. Ein Vorstandsmitglied steht den TeilnehmernInnen zu einem Gespräch zur Verfügung, indem einerseits betriebliche Themen aus Sicht der Unternehmensleitung dargestellt werden, andererseits diese ihre Fragen stellen können. Für beide Seiten ist das immer wieder eine besondere Veranstaltung. Die TeilnehmerInnen haben Zeit und Möglichkeit in formellem wie auch informellen Gesprächsrahmen, unmittelbar mit jemandem aus der Unternehmensleitung Gespräche zu führen, zu kritisieren und zu erfragen, bzw. zu hören, was die Unternehmensleitung beschäftigt; der Vorstand hört wie und was bei der Mitarbeiterschaft von der Unternehmensleitung her ankommt und was die MitarbeiterInnen beschäftigt.

Den Vorstand interessiert - neben anderen Dingen - auch immer wieder, wie seine MitarbeiterInnen diese Seminarreihe sehen. Da er positive Rückmeldungen erhält, stützt dies mein Arbeitskonzept.

7. Was wurde erreicht

Diese Frage läßt sich im Rückblick sowohl für das Unternehmen, wie auch die einzelnen TeilnehmerInnen teilweise beantworten.

Für das Unternehmen selber:

1. Das Thema Führung wurde enttabuisiert; heute gibt es eine Weiterbildungsreihe für Führungskräfte in den unterschiedlichen Verantwortungsbereichen.
2. Über die Jahre haben sich kleine Netzwerke gebildet. Die TeilnehmerInnen, die aus unterschiedlichen Standorten und Qualifikations- und Aufgabenbereichen kommen, können nun häufig Fragen und Probleme schneller als vorher auf dem „kleinen Dienstweg" regeln.
3. Das Trainingsprogramm ist eine gute Imagemaßnahme für dieses Unternehmen, das immer stärker in Kooperation mit Drittunternehmen seine Märkte suchen muß. Ein Großteil der Mitarbeiter hat zeitlich befristete Arbeitsverträge. Nach fünf Jahren wechseln sie in der Regel in andere Unternehmen. Mit der positiven Erfahrung daß dieses Unternehmen in sie investiert hat, sind sie leichter zu erreichende Ansprechpartner für erforderliche Kooperationen.

Für die TeilnehmerInnen:

1. Sie haben Gruppenkompetenz dazu gewonnen. Sie haben erfahren und gelernt, wie eine Gruppe funktioniert, und wie sie sich innerhalb einer Gruppe verhalten.

2. Viele der TeilnehmerInnen sind keine hierarchisch definierten Führungskräfte, sondern steuern als Projektleiter Arbeitsgruppen ohne Führungsmacht. Gerade für diesen Mitarbeiterkreis war es wichtig zu erleben, wie eine (Projekt-)Gruppe beeinflußt werden kann, und wie die Gruppe selber Mitglieder beeinflußt.
3. Im Verlauf des ¾ Jahres haben die TeilnehmerInnen mehr Klarheit über ihren jeweiligen individuellen Führungsstil und ihre persönliche Führungsmotivation gewonnen. Sie sind sicherer im Umgang mit ihren Mitarbeitern geworden. Dieses klarere Führungsverhalten wird auch von den jeweiligen Mitarbeitern bestätigt.
4. Die Feedbackkompetenz, die sie sich im Verlauf der Seminarreihe erworben haben führt in ihrem Arbeitsalltag u.a. auch zu einer deutlicheren und differenzierteren Konfliktfähigkeit. Probleme werden nicht mehr so oft ausgesessen oder verniedlicht.

8. Abschlußbemerkungen

In dieser Seminarreihe ist es gelungen, den gruppendynamischen Dreierschritt: „Auftauen - Verändern - Verfestigen“ zu realisieren.

Ich denke, daß ich damit eine für die Zielgruppe angemessene Lernform gefunden habe. Es ist gelungen, ein Design zu entwickeln, das die TeilnehmerInnen fasziniert: eine völlig andere Art des Lernens und Arbeitens.

Dies verdeutlicht sich für mich daran, daß - bis auf eine Gruppe - bisher alle Gruppen das Angebot, nach einem Jahr ein dreitägiges follow-up-Seminar durchzuführen, genutzt haben. Hierfür ist ein besonderes Engagement notwendig. Dieses follow-up muß - wenn die Gruppe ihren Bedarf feststellt - bei der Zentrale beantragt und selber organisiert werden. Die TeilnehmerInnen müssen ihre Vorgesetzten überzeugen, neben dem Ausfall der Arbeitszeit auch die Reisekosten aus ihren jeweiligen Institutsetats zu finanzieren.

Verantwortung statt Verwaltung

Externe Organisationsuntersuchung als Beitrag zur Entwicklung von Selbststeuerung in der Sozialbürokratie

Christian Schrapper, Carl Otto Velmerig

1. Einleitung

Prozesse der Veränderung in und von Organisationen sind häufig langwierig, aufwendig und kostenintensiv - so die Erfahrung mit Planungs- und Neuorganisationsprozessen in privaten Unternehmungen ebenso wie in öffentlichen Verwaltungen. Der Einsatz externen Sachverstandes für solche Veränderungs- und Entwicklungsprozesse wird dabei sehr unterschiedlich erfahren und bewertet. Einerseits gilt externe Begutachtung und Beratung als Garant für aufdeckende Problemdiagnosen, sowie für eine zielstrebige Gestaltung von unvermeidlichen Veränderungen, auch und gerade wenn diese schmerzhaft sind. Andererseits gibt es erhebliche Zweifel an der Originalität und Brauchbarkeit solcher Diagnosen sowie an der längerfristigen Wirksamkeit der darauf basierenden Veränderungsversuche.

Mitarbeiter und Führungskräfte in Institutionen der öffentlichen Verwaltungen machen darüber hinaus nicht selten die Erfahrung, daß mit viel Aufwand und Kosten eingesetzter externer Sachverstand folgenlos bleibt, da die beharrenden Kräfte ihrer Organisationen hierdurch nicht erreicht und zu wirksamen Veränderungen bewegt werden können.

Nicht erst seit Konzepte der "lernenden Organisation" oder der selbstorganisierten Steuerung und Veränderung von und in Organisationen (wieder) im Gespräch sind, wird darüber nachgedacht, wie und wodurch Organisationen überhaupt zu Entwicklung und Veränderung im Sinne einer Anpassung ihrer Strukturen, Konzepte und Regeln an veränderte Umweltbedingungen und Anforderungen zu bewegen sind. Die Entdeckung der Systemtheoretiker und Kybernetiker, daß komplexe physiologische und soziale Systeme vor allem selbstbezüglich, durch selbstreferentielle Prozesse, Außeneinflüsse bewerten und ggf. zu Steuerungsimpulsen verarbeiten (vgl. dazu Willke, 1993), war und ist maßgeblich für die Entwicklung von Konzepten für Organisationsentwicklungsprozesse.

Ein zentraler Streitpunkt ist immer wieder das Verhältnis von Innen und Außen, von Fremdsteuerung und Selbststeuerung, z.B. durch Markt oder Politik, Veränderungen der Umwelt oder gesetzlicher Regelungen, oder eben durch externe Organisationsgutachten. Es geht dabei vor allem um die spezifische Art und Weise, in der solche Interventionen von außen aufgenommen, und innen verarbeitet, abgewehrt, adaptiert oder übergangen werden.

Welche Funktion und welchen Auftrag kann externe Begutachtung in Form von fachlicher Beratung, Prozeßbegleitung und Moderation durch Experten von außen für Veränderungsprozesse in komplexen Organisationen haben? Dieser Frage wollen wir im folgenden nachgehen, ausgehend von einem konkreten Projekt, aber doch konzeptionell generalisierend. Wir beziehen uns dabei auf ein konkretes Arbeitsfeld, die kommunale Jugendhilfe, versuchen aber zugleich exemplarisch Zugänge, Begriffe und Methoden der Begutachtung komplexer Organisationen darzustellen und zu diskutieren.

2. Auftrag und Aufgabenstellung des Untersuchungsprojektes

Mittels öffentlicher Ausschreibung wurde vom politischen Leiter des Sozialdezernates einer westdeutschen Großstadt eine Beratungsfirma gesucht, die für das Jugendamt, die sozialen Dienste und die städtischen Heime der Jugendhilfe ein umfangreiches Qualifizierungs- und Entwicklungskonzept erarbeiten sollte. Insgesamt sind in diesen Arbeitsbereichen über 650 Menschen beschäftigt, der jährliche Finanzrahmen für diese Aufgaben lag zuletzt bei ca. 250 Millionen DM. Das geforderte Konzept sollte, wie nicht anders zu erwarten, sowohl den gestiegenen Anforderungen an öffentliche Leistungen für Kinder und Familien in einem urbanen Ballungsraum Rechnungen tragen, als auch berücksichtigen, daß die verfügbaren finanziellen Mittel begrenzt sind und zunehmend knapper werden. In einem umfangreichen Ausschreibungstext waren zahlreiche Untersuchungsfragen vorgegeben, die sich zu drei zentralen Fragestellungen bündeln ließen:

1. Wie funktioniert heute Hilfeplanung und Hilfegewährung im Jugendamt, den sozialen Diensten und den städtischen Heimen? Gefordert war eine differenzierte Analyse des aktuellen Zustandes von Organisation, Arbeitsabläufen und Regeln, aber auch von Selbstverständnis, Arbeitsklima und Bewertungen dieser Arbeit.
2. Welche Potentiale und Defizite sind in der Organisation feststellbar? Hierbei ging es vor allem um die Gegenüberstellung von Selbst- und Fremdeinschätzungen der Stärken und Schwächen, der Ideen und Motive, der Kräfte und Widerstände für oder gegen Veränderung, Entwicklung und Qualifizierung.
3. An welchen Aufgaben und Zielen für den Arbeitsbereich soll sich die zukünftige Entwicklung orientieren? Gefordert war, geklärte Entwicklungsaufträge, verbindliche Aufgaben und realistische Ziele für Veränderung und Qualifizierung zu formulieren, die sowohl herausfordernd und radikal

(= an die Wurzel reichend) als auch erfüllbar und erfolgversprechend sein sollten.

Die Aufgabe der externen Beratungsfirma sollte, so die vorgeschlagene und ausgewählte Konzeption, in dieser Arbeitsphase vor allem darin bestehen, Antworten auf diese drei Fragen in der untersuchten Organisation selbst und bei ihren zahlreichen Mitarbeiterinnen und Mitarbeitern zu suchen. Ziel sollte es nicht sein, eine abschließende externe Begutachtung nach dem Motto "So ist das Jugendamt und das soll es tun, um besser zu werden!" zu Papier zu bringen. Vielmehr sollte dem gesamten Amt, vom Dezernenten über die Leitung bis zu den Fachkräften in den Sachgebieten, sozialen Diensten und Heimen, eine "Bühne" und ein "Spiegel" angeboten werden: eine "Bühne", auf der sie sich selbst würden darstellen können, und ein "Spiegel", in dem sie sich dabei selbst würden betrachten können, um sich als Ganzes besser zu erkennen und zu verstehen. Auf der Basis so gewonnener Bewertungen von Zuständen und Potentialen der Organisation sollten dann Bedarf, Ansatzpunkte und Chancen für die gewollten Veränderungen erkennbar werden. Der Hintergrund dieser Selbstbesinnung und dieses Wunsches nach Selbstreflexion war die Einsicht und Erfahrung (zumindest der an der Ausschreibung und den Kontraktgesprächen Beteiligten), daß zahlreiche externe Gutachten und Entwürfe in der Vergangenheit keine durchgreifende Verbesserung der erkannten und detailliert beschriebenen Probleme bewirkt hatten.

Die Beratungsfirma schlug vor, das Projekt "Weiterentwicklung und Qualifizierung der Hilfeplanung und der Hilfen zur Erziehung" in zwei eigenständig kontraktierte Arbeitsphasen aufzuteilen:

1. Zuerst eine Analyse von Ausgangslagen und Problemen, sowie die Entwicklung einer Konzeption für das weitere Entwicklungsprojekt;
2. Erst danach sollte auf dieser Basis die Vorbereitung, Begleitung und Durchführung erforderlicher Qualifizierungs- und Entwicklungsmaßnahmen beraten und ggf. vereinbart werden.

Durch diese Aufteilung sollte sichergestellt werden, daß konkrete Veränderungsschritte nur auf der Basis einer gründlichen Diagnose einerseits und einer gemeinsamen Diskussion und Willenserklärung andererseits, in Angriff genommen würden. Diesem Vorschlag stimmte das Amt zu.

2.1. Ansatz und Ablauf der Untersuchung

Der verwendete Untersuchungsansatz kann ganz allgemein als Aktions- und Feldforschungsansatz bezeichnet werden (vgl. dazu Dießenbacher, Müller, 1987, S. 1251-1261). Im Mittelpunkt standen nicht Objektivität, Theorieperfektion und Beweisbarkeit, sondern Intersubjektivität, Verständigung über Inhalte und Intentionen, und die Aussagerelevanz für die Betroffenen. Dementsprechend mußten die einzusetzenden Instrumente und Methoden in erster Linie der Organisation helfen, ihre eigene Realität genauer wahrnehmen und darstellen zu können.

Das zentrale Instrument der Untersuchung bildete eine Aktionsforschungswoche "vor Ort". Ziel dieser Woche war es vor allem, die Organisationsdynamik des Amtes mitzuerleben, um sie analysieren zu können. Der sachliche Kontext dazu, und damit ebenfalls Ziel der Woche, war die Beantwortung und Klärung zahlreicher Untersuchungsfragen, die sich aus den vorbereitenden und begleitenden Gesprächen und Materialanalysen ergeben hatten.

Untersuchungsplan

Vorbereitung und Planung	Hauptuntersuchung	Auswertung
Dezember 95-Januar 96	*29.01.-02.02.96*	*Februar-April 1996*
1,5 Monate • Orientierung und Information über Aufbau und Arbeitsweise des Jugendamtes, der sozialen Dienste und der Heime • Vorbereitung des Arbeits- und Zeitplans der Hauptuntersuchung mit der Projektgruppe • Abstimmung von Inhalt und Organisation der Hauptuntersuchung mit dem Lenkungsausschuß • Datenbeschaffung über die Arbeitsweisen und Ergebnisse der Hilfegewährung im Jugendamt	5 Tage • Personalversammlung für alle an der Untersuchung beteiligten Mitarbeiterinnen und Mitarbeiter • Interviews in elf Sozialstationen • Interviews in sechs städtischen Heimen • Interviews mit Abteilungen und Sachgebieten im Jugendamt • Interviews mit der Leitungsrunde im Jugendamt • Untersuchung von zwei ausgewählten Stadtteilen mit Gesprächen in verschiedenartigen Einrichtungen und Diensten für Kinder und Familien • Interviews mit freien Trägern • Interview mit dem Sozialdezernat • Interview mit dem Personalrat • Erste Vorstellung von Untersuchungsergebnissen im Lenkungsausschuß	2,5 Monate • Fragebogenauswertung zum Verlauf von Hilfeplanungsprozessen (exemplarisch je 10 aus ASD, BSD und Heimen) • Entwurf des Ergebnisberichtes (fünf Wochen nach der Hauptuntersuchung) • Erörterung mit dem Lenkungsausschuß • Abgabe des Berichtes (vier Wochen nach Erörterung) • Fachtagung zur Vorstellung und Diskussion des Qualifizierungskonzeptes mit allen Mitarbeiterinnen und Mitarbeitern aus Jugendamt, ASD und Heimen sowie aus den an der Untersuchung beteiligten Einrichtungen freier Träger

Die Untersuchung war zeitlich so konzipiert, daß, nach den erforderlichen Vorbereitungen mit einem konzentrierten Einsatz durch ein 10-köpfiges Untersuchungsteam in 5 Tagen vor Ort, alle wesentlichen Informationen und Einschätzungen gesammelt und ausgewertet werden sollten.

2.2. Organisatorische Einbindung

Für die organisatorische Steuerung und Begleitung der Untersuchung hatte das Amt sowohl eine Projektgruppe wie auch einen Lenkungsausschuß eingesetzt. Die Projektgruppe bestand aus einer Abteilungsleiterin und einem Sachgebietsleiter des Jugendamtes sowie je einer Leitungskraft einer Sozialstation und eines Heims. Ihre Aufgabe war die organisatorische Vorbereitung und Abstimmung der Organisationsuntersuchung. Die Mitglieder des Lenkungsausschusses wurden zur einen Hälfte durch die Leitung, zur anderen Hälfte durch den Personalrat benannt (24 Personen). Seine Aufgabe war es, gemäß einer grundsätzlichen Vereinbarung zwischen dem Personalrat und der Stadtverwaltung, Abläufe und Ergebnisse von Projekten der Verwaltungsmodernisierung zu begleiten. Die beratende Organisation hatte mit beiden Gremien von Anfang an intensive Kontakte. Insgesamt gab es folgende "politischen" und geschäftlich relevanten Kontakte:

Gespräche auf "Chefebene"
Hier trafen sich der Sozialdezernent, also der politische Vorgesetzte des Jugendamtes und der Geschäftsführer der Beratungsorganisation, der zugleich auch Leiter des Untersuchungsprojektes war - zum Teil auf beiden Seiten durch Stäbe und Mitarbeiter unterstützt. Auf dieser Ebene wurden vor allem Kontraktinhalte und Finanzierungen vereinbart, wobei hier auch sehr stark die Bedeutung des kommunalpolitischen Umfeldes erkennbar wurde und zu berücksichtigen war.

Gespräche mit der Projektgruppe
Hier wurden vor allem organisatorische und organisationstechnische Fragen der Untersuchung besprochen und geregelt. Die Projektgruppe verstand sich am deutlichsten als interne Partnerin der "Berater". Die Mitglieder der Projektgruppe fühlten sich persönlich für das Gelingen des Untersuchungsprojektes verantwortlich.

Gespräche mit dem Lenkungsausschuß
Hier wurden vor allem die Fragestellungen, die Ergebnisse des Berichtes und die Art der Veröffentlichung diskutiert. Der Lenkungsausschuß spiegelte dabei wichtige Strömungen und Interessenlagen innerhalb des Amtes wider: Leitungsinteressen, Mitarbeiterinteressen, fachliche Interessen; Veränderungswünsche, Veränderungsängste, usw. Für die Akzeptanz der Untersuchung in der Organisation und die "Stimmung" gegenüber diesem Projekt war der Lenkungsausschuß bedeutsam. An und in dieser Gruppe konnte man die "empfindlichen Stellen" der Organisation exemplarisch erkennen.

Gespräche mit der Amtsleitung (sowohl dem kommissarischen Leiter, wie seinen Abteilungsleitern) fanden nur im Rahmen der Projektgruppe bzw. des Lenkungsauschusses statt. Als Kontraktpartner für die Beratungsorganisation stand die Amtsleitung nicht zur Verfügung, hat die Untersuchung aber unterstützt und daran mitgewirkt. Die Beratungsorganisation hat die sogenannte Leitungsrunde (Amtsleiter plus Abteilungsleiter) gleichwohl im Rahmen der Untersuchung als Leitungsgremium untersucht und ihr auch die ersten Untersuchungsergebnisse als Leitungsrunde zurückgemeldet (s.u.).

3. Methoden und Instrumente der Untersuchung

Die einzusetzenden Methoden und Instrumente waren gezielt auszuwählen. Sie mußten Kriterien erfüllen, die sich aus dem Untersuchungsziel - Erkenntnisgewinn und Entwicklung von Handlungsperspektiven für das Jugendamt - ergaben:

1. Sie mußten im Sinne der Fragestellung,
2. den Eigentümlichkeiten des Gegenstandes gemäß und
3. unter den vorgegebenen Bedingungen (Zeit, Geld u. sonstige Umstände) funktionieren.

Besonders aus den ersten beiden Kriterien leiteten sich Prinzipien ab, die im folgenden näher erläutert werden.

3.1. Prinzipien für die Auswahl und Gestaltung der Untersuchungsmethoden und -instrumente

Dialogfähigkeit

Die Realitäten eines Jugendamtes kann man nicht abschreiben wie ein Tafelbild; man muß sie vielmehr "herauslesen" und "hineininterpretieren". Anders ausgedrückt: Es muß gelingen, mit dem Gegenstand der Untersuchung, den Strukturen, Konzepten und Personen des Jugendamtes in einen Dialog zu kommen. Im Hin und Her von Aussagen und Rückmeldungen, von Hypothesenbildungen und -überprüfungen, von Stellungnahmen und Antworten, kann und soll sich Erkenntnis verdichten und Wesentliches (intersubjektive Wahrheit) sichtbar werden. Das bedeutet, daß die zu verwendenden Methoden und Instrumente dialogfördernd sein müssen.

Externität

Ein Jugendamt ist kein offenes Buch, sondern ein lebendiges System, das sich naturgemäß gegenüber seiner Umwelt abgrenzt und dadurch vieles verbirgt. Wenn man nun in die Organisation "eindringt", um besser und tiefer in sie hineinschauen zu können, wird man, vorausgesetzt, daß die Organisation diese Grenzüberschreitung überhaupt zuläßt, notwendigerweise zu einem Teil von ihr. Damit hat man aber nicht nur die Klugheit des Insiders gewonnen, sondern auch seine Dummheit.

Die Wahrnehmungsbeschränkungen des Externen gegen die des Internen einzutauschen, darin liegt kein Sinn. Darum müssen die Methoden und Instrumente die Untersuchenden davor schützen, vom Untersuchungsgegenstand "aufgefressen" zu werden. Im gewählten Setting müssen zugleich Nähe und Distanz herstellbar sein.

Selbstentfaltung

Gleichwohl kommt es darauf an, im Sinne der Fragestellung soviel Einsichten wie möglich zu gewinnen. Will man ein System "nur" von außen betrachten, aber dennoch viel sehen, so muß man es dazu animieren, "sich zu öffnen", genauer: seine Oberfläche zu vergrößern. Die Organisation selbst muß dazu gebracht werden, "sich zu zeigen", ihre Realität, ihre Befindlichkeit, ihren Zustand, auch ihre Probleme, zu demonstrieren - Einblick in ihre Intimität zu geben. Insoweit damit auch interne Tabus gebrochen, "blinde Flecken" sichtbar gemacht werden und Verschwiegenes zur Sprache gebracht wird, ist bereits die Untersuchung ein Beitrag zur "Selbst-Bewußt-Werdung" des Systems. Zum Nutzen der Untersuchung sollen die Methoden und Instrumente der Organisation helfen, ihre eigene Realität genauer wahrnehmen und darstellen zu können.

Empathie

Empathisches Verhalten auf Seiten der "Forscherinnen und Forscher" (im folgenden nur Forscher), also die Bereitschaft, sich auf den anderen einzustellen, ist aus zwei Gründen erforderlich:

1. Zum einen ist es eine Voraussetzung für die Wahrnehmung einer fremden Wirklichkeit. Nur wenn ich bereit bin, mich vorübergehend auf das mir Fremde einzulassen, es gedanklich, emotional, körperlich oder sonstwie zu erleben, kann ich es auch kategorisch, metaphorisch, sensorisch oder intuitiv erfassen.
2. Zum anderen muß ich als Forscher bei aller Autonomie der Partner dazu bereit sein, eine gemeinsame Situation herzustellen und etwas mit dem anderen zu teilen, um überhaupt eine gemeinsame Gesprächsbasis herstellen zu können.

Daraus ergibt sich, daß Methoden und Instrumente so beschaffen sein müssen, daß sie auch für den zu Beforschenden ausreichend handhabbar oder zumindest tolerierbar sind, bzw. den Erfordernissen der gemeinsamen Situation angepaßt werden können.

Vertraulichkeit

Um der Bereitschaft, sich zu öffnen, eine realistische Basis zu geben, ist es erforderlich, ein Mindestmaß an Vertraulichkeit mit den Beteiligten zu vereinbaren. Schon der Klärungsprozeß zu dieser Frage gibt Einblicke in Hoffnungen und Befürchtungen, in Erfahrungen und Erlebnisse, die das Verhalten in der Organisation bestimmen. Er macht darüber hinaus deutlich, wo sich in der Organisation strukturelle, konzeptionelle oder auch personelle "Fallen" befinden. Zugleich darf Vertraulichkeit nicht zur Verantwortungsdelegation verführen. Die Gesprächspartner bleiben auch im geschützten Raum für ihre Aussagen zuständig und für deren Wirkung oder Nicht-Wirkung verantwortlich (vgl. dazu Hürter, 1977, S. 162).

Methoden und Instrumente, insbesondere Dokumentationsformen, müssen zugleich transparent und vertraulich gehandhabt werden, so daß Interessen einerseits geschützt und gewahrt, andererseits aber auch sichtbar gemacht werden können.

3.2. Das Setting der Untersuchung

Die Untersuchungssettings und wie sie funktionierten, also die konkrete Anbahnung und Durchführung der Organisationsuntersuchung, werden im folgenden beschrieben. Dabei werden die meisten Kontakte und Gespräche aus Gründen des Darstellungsumfangs nur pauschalierend angeführt. Ausführlich werden einige methodische Aspekte des zentralen methodischen Instruments, der Aktions- und Feldforschungswoche, vorgestellt. Die Darstellung nimmt Rücksicht auf das Diskretionsinteresse des betroffenen Amtes. So stehen detaillierte Befunde und Ergebnisse für eine Veröffentlichung nicht zur Verfügung.

Die Hauptuntersuchung als "Aktionsforschungswoche"

Um das Jugendamt "richtig kennenzulernen", nahmen die Forscher Quartier in einer Nachbargemeinde und trafen sich innerhalb einer Woche (Mo-Fr) zu insgesamt ca. 40 Gesprächen von je etwa 3 Stunden Dauer mit insgesamt ca. 600 Mitarbeitern und einigen freien Trägern. Die Bezeichnung Aktionsforschungswoche sagt wenig über den Erlebnisgehalt aus, der für alle Seiten mit dieser "neugierigen Belagerung" verbunden war. Mit fortschreitender Dauer begann das ganze Jugendamt "zu brummen wie ein Bienenstock"; eine zunehmende Aufgeregtheit war unverkennbar. Im Kreis der "Forscher" traten im Laufe der Woche all' die Phänomene, Zustände und Impulse auf, die auch für das innere Erleben des Jugendamtes selbst typisch sind, d.h. "der Funke sprang über", die Forscher ließen sich infizieren und konnten so auch an sich selbst die "Krankheiten" des Jugendamtes diagnostizieren.

Ziel

Diese Effekte waren keineswegs unbeabsichtigt. Ziel der Aktionsforschungswoche war es vor allem, die Organisationsdynamik des Jugendamtes mitzuerleben, um sie analysieren zu können. Dafür war es notwendig, diese Dynamik anzuregen und Latentes akut werden zu lassen. Der sachliche Kontext dazu, und damit ebenfalls Ziel der Woche, war die Beantwortung und Klärung zahlreicher Untersuchungsfragen, die sich aus der Voruntersuchung und der Materialanalyse bis dahin ergeben hatten. Daneben diente, wie sich dann später herausstellte, der intensive Austausch mit Personen und "Stellen" auch dem "Ausgraben" weiterer Daten, Fakten und Dokumente. Nicht zuletzt konnten die Forscher und die Mitglieder der Organisation in dieser Woche erste Erfahrungen hinsichtlich ihrer gegenseitigen Glaubwürdigkeit und Kooperationsbereitschaft sammeln.

Zu den Zielen dieser Woche - und der ersten diagnostischen Phase überhaupt - gehörte es zwar auch, das Jugendamt zu aktivieren, aber mehr im Sinne der Aktualisierung seiner Latenzen. Eine Anregung und Begleitung zur intensiven und systematischen Selbsterforschung war erst für den zweiten Teil, den eigentlichen Organisationsentwicklungsprozeß, vorgesehen. Den Befunden aus der Untersuchung maßen die Forscher große Bedeutung für anschließend geplante Kontraktgespräche zur zweiten Phase bei. Sie sollten als Ausgangsmaterial in der dann folgenden systematischen Organisationsentwicklung dienen.

Design

Aus der Zielsetzung ergab sich, daß auch durch das Design der Woche, also ihre zeitliche und methodische Gestaltung und die Auswahl der beteiligten Stellen auf Seiten des Jugendamtes, ein Höchstmaß an Beteiligung, Bewegtheit, Reflexionsbereitschaft und Offenheit erreicht werden mußte. Dieses sollte durch eine kompakte und invasive Form der Untersuchung gewährleistet werden.

Das Jugendamt sollte durch die "neugierige Belagerung" seitens der Forscher, durch ihre ständige Präsenz und die Konzentration auf die wichtigsten Abteilungen und Stäbe bei möglichst umfassender Einbeziehung aller dort tätigen Mitarbeiter "in Schwingung versetzt" und angeregt werden, sich mit seiner Situation auseinanderzusetzen. Eine strikte und unflexible Terminplanung sollte verhindern, daß sich einzelne Personen und Stellen allzuleicht der Konfrontation entziehen konnten. Die Gespräche und Termine waren so geplant, daß sich unterschiedliche Settings ergaben, in denen jeweils schwerpunktmäßig

1. die Beziehung Person / System besprechbar wurde, oder
2. Gruppen in ihrer Interaktion beobachtbar waren, oder Teilsysteme in ihrer Eigentümlichkeit und Bezugnahme zum Ganzen erkennbar wurden.
3. Inhaltlich sollte allen Gesprächen (mit kleinen Varianten) der gleiche Leitfaden zugrunde gelegt werden

Leitfaden

Bei dem Leitfaden handelte es sich um einen Fragenkatalog, der einerseits an den drei Perspektiven *Struktur, Konzept* und *Person* orientiert war, der andererseits aber gezielt dem Untersuchungsauftrag des Kontraktes nachging, nämlich der Klärung der Qualität und Praxis der Hilfeplanung und der Hilfen zur Erziehung sowie möglicher Perspektiven zu ihrer Verbesserung. Die Funktion des Leitfadens bestand darin, die Erörterung der Realitäten des Jugendamtes sachlich zu strukturieren. Er wurde allen Mitarbeiterinnen und Mitarbeitern zu Beginn der Untersuchungswoche zur Verfügung gestellt, damit diese sich aktiv mit den gestellten Fragen auseinandersetzen konnten.

Zeitstruktur

	Montag	*Dienstag*	*Mittwoch*	*Donnerstag*	*Freitag*
	6.45 Abflug 8.15 Ankunft	Heime Nr. 1 - 3	Heime Nr. 4 - 6	Stadtteil B - vier Einrich- tungen	Sozialstation Nr. 8 und 9
9.00 bis 12.30	9.00: Vorge- spräch mit Lenkungs- ausschuß	Sozialstation Nr. 5	Wirtschaftl. Leitung von Heim Nr. 2	Jugendamt: - Streetwork	Jugendamt: - Abt. 51.3
	9.30: Personal- versammlung	Jugendamt: - AK Wirt- schaftl. Ju- gendhilfe Personalrat	Stadtteil A: - Jugend- einrichtungen - Kindertages- betreuung		Gespräch mit freien Trägern Lenkungs- ausschuß
			Pause		
	Sozialstation Nr. 1 , 3 u. 4	Dezernent Sozialstation Nr. 6	Stadtteil A: - fünf Einrich- tungen	Stadtteil B: - drei Einrich- tungen	Rückfahrt
14.00 bis 17.00	Jugendamt: - Abteilung 51.6	Jugendamt: - JGH - Abtl. 51.5 - Abtl. 51.4	Stadtteil A: - Wirtschaftl. Jugendhilfe - Sozialstation	Jugendamt: - Amts- und Abteilungs- leitungen	
		Heim Nr. 4, Wirtschaftl. Leitung		Sozialstation Nr. 7	
			Pause		
19.30 bis 21.30	Auswertung des Tages (Staffarbeit)	Auswertung des Tages (Staffarbeit)	Auswertung des Tages (Staffarbeit)	Auswertung des Tages (Staffarbeit)	

Der Terminplan der Untersuchungswoche weist vor allem regelmäßige und klar begrenzte Zeitstrukturen auf. Dies scheint auf den ersten Blick dem Gebot der Flexibilität und Empathie zu widersprechen. Hier wird ja - zumindest auf der Ebene der Zeitstrukturen - nicht die Realität der zu untersuchenden Organisation nachvollzogen, sondern sie wird im Gegenteil zum Zweck der Untersuchung einer fremden Struktur unterworfen; diese Unterwerfung ist aber beabsichtigt, denn die strikte und kompakte Zeitstruktur der Aktionsforschungswoche sollte einerseits das Jugendamt in die angestrebte Dichte der Untersuchung zwingen und andererseits durch ihre strikten Grenzen die Forscher davor schützen "aufgefressen" zu werden.

Diesem Zweck diente auch, ohne daß dieses vorher ausdrücklich bedacht wurde, der Aufenthalt der Forschergruppe in einer Nachbargemeinde: 20 Minuten S-Bahn-Fahrt waren für den inneren Perspektivenwechsel, für Annäherung und Distanzierung hilfreich.

Personalversammlung als interaktives Plenum

Den Beginn der Aktionsforschungswoche bildete eine Informationsveranstaltung für alle, auch die nicht unmittelbar betroffenen, Mitarbeiter des Jugendamtes. Damit sollte der öffentliche Dialog über die gemeinsam betreffenden Fragen demonstrativ eröffnet werden. Durch diese seit Jahren zum ersten Mal wieder stattfindende Vollversammlung sollten die Mitarbeiterinnen und Mitarbeiter

1. die "ganze Organisation" und damit das Thema der Woche sinnlich erleben,
2. durch ein deutliches Zeichen aufgerüttelt und eingestimmt werden, und
3. möglichst umfassend informiert und zur Mitarbeit eingeladen werden.

Für den verantwortlichen Lenkungsausschuß und die Leitung des Jugendamtes sollte die Veranstaltung die Möglichkeit bieten, dem Inhalt und der Form nach die Bedeutung des Vorhabens und den Anspruch auf eine ernsthafte Beteiligung der Mitarbeiterinnen und Mitarbeiter zu demonstrieren. Für die Forscher schließlich sollte so die Gelegenheit gegeben sein, den Stil ihrer Zusammenarbeit, eigene Ansprüche, Ziele und Kompetenzen und nicht zuletzt sich selbst, die sog. "Interviewer/innen", vorzustellen.

Klein- und Großgruppengespräche

Alle Gespräche im Jugendamt waren als Gruppengespräche geplant. Einzelgespräche waren nicht vorgesehen. Damit sollte deutlich werden, daß das Interesse der Untersuchung der Organisation galt und nicht der einzelnen Person. Es sollte nicht nur über die Organisation geredet werden, sondern sie sollte stets real präsent sein und wirken. Das sollte selbstverständlich die Betrachtung individueller Lagen nicht ausschließen, das eigentliche Interesse aber galt der Dynamik der Organisation. Diese sollte im gemeinsamen Erleben von betroffenen Mitgliedern und beteiligten Forschern besser verständlich werden. Darüber hinaus sollte damit das Entstehen einer inoffiziellen Gesprächssituation möglichst verhindert werden, zum einen, um die Forscher vor zu viel Verwicklung zu schützen, zum anderen, um der organisationstypischen Dynamik, zwischen verschiedenen Wirklichkeiten und Meinungen zu trennen ("Hier kann ich es Ihnen ja sagen..."), nicht selbst zu erliegen.

Methodisch sollten diese Gespräche so strukturiert sein, daß sie sowohl jedem einzelnen Teilnehmer eine sichere Gelegenheit boten, sich zu äußern, als auch genügend Raum und Zeit für eine Gruppendiskussion übrig ließen. Die Forscher stellten sich darauf ein, diese Gespräche zu leiten, waren aber auch bereit, den Organisationsmitgliedern diese Aufgabe ganz oder teilweise zu überlassen.

Sach- und Prozeßorientierung

Entsprechend der allgemeinen Zielsetzung der Aktionsforschungswoche sollte jedes Gespräch zweierlei erreichen: Einerseits die gestellten Sachfragen klären, andererseits die dynamischen Zusammenhänge der Personen, Aufgaben und Strukturen erlebbar machen. Damit war eine Gratwanderung zwischen Sach- und Prozeßorientierung programmiert, die von den Beteiligten situativ gesteuert werden mußte.

Bezüglich der konkreten Gesprächsform wurden keine Vorgaben gemacht. Die jeweiligen Gesprächskreise sollten die Möglichkeit haben, ihre eigene Form der Bearbeitung der Untersuchungsfragen zu finden. Gleichwohl ergab sich aus dem vorgegebenen Ziel, sowie dem Selbstverständnis aller Beteiligten auch eine Beschränkung der Formenvielfalt. Es bestand im Kreis der Forscher Einigkeit darüber, daß das jeweilige Gruppengespräch abzugrenzen wäre gegenüber beispielsweise einer supervisionsähnlichen Beratung, einer investigativen journalistischen Befragung, einer fachlich-politischen Debatte, einem kreativen Workshop, einem organisationspolitischen Sondierungsgespräch, o. ä.. Um den Gesprächsprozeß fachlich sicher begleiten zu können, wurden zweiköpfige Gesprächsteams gebildet, in denen sowohl Fach- und Feldkompetenz als auch Prozeß- und Moderationskompetenz vertreten war.

Die Mitglieder der Forschungsgruppe

Die Forscher waren generell durch vielfältige Erfahrungen im Feld der Sozialen Arbeit, meistens im speziellen Bereich der Jugendhilfe, durch eine langjährige Beratungspraxis und zum Teil durch fundierte methodische Ausbildungen qualifiziert. Die meisten hatten sowohl einen wissenschaftlichen als auch einen praktischen Bezug zum Feld. An der Aktionsforschungswoche waren Fachleute mit folgenden z.T. Mehrfachausbildungen beteiligt[1]:

- Diplom-SozialarbeiterIn/Diplom-SozialpädagogIn
- Diplom-PädagogIn
- Diplom-Soziologe
- Diplom-Betriebswirt
- Verwaltungsfachkraft

mit Zusatzqualifikationen:

- Supervisor, 3 x
- Trainer für Gruppendynamik, 2 x
- Sozial-Managerin, 2 x.

Die Arbeit der Forschungsgruppe

Alle an der Untersuchung beteiligten Forscher verabredeten für die Abende eine ausführliche Reflexion und Bearbeitung der durch die Gespräche des Tages gemachten Erfahrungen und der dabei gewonnenen Informationen. Damit sollten verschiedene diagnostische Zugänge eröffnet werden:

1. Durch die gemeinsame Systematisierung und Generalisierung der Befunde sollte den Einzelnen eine bessere Orientierung ermöglicht und ihr Blick auf Wesentliches gelenkt werden (man sieht sonst den Wald vor lauter Bäumen nicht mehr!).
2. Durch die vergleichende Verknüpfung verschiedener Quellen und Aussagen sollte deren Wahrheitsgehalt überprüfbar werden.

[1] Neben den Verfassern (Chr. Schrapper als Leiter, C. O. Velmerig als Trainer für Gruppendynamik und Organisationsberater) nahmen Mitarbeiter des "Instituts für soziale Arbeit" in Münster, H.-G. Güler von "Schickler & Partner" als Betriebswirt, sowie B. Herrmann als Trainer für Gruppendynamik und Organisationsberater teil.

3. Durch die Interpretation der Tageserlebnisse und -erkenntnisse sollten neue, aktuelle Fragestellungen entwickelt und die gemeinsame Aufmerksamkeit auf bestimmte Punkte gelenkt werden.
4. Durch die Reflexion der eigenen Befindlichkeit in der Konfrontation mit den konkreten Menschen und Verhältnissen sollten Hypothesen über den inneren Zustand des Jugendamtes und seine Befindlichkeit als Organisation gewonnen werden (Analyse der Gegenidentifikation).
5. Durch die Identifikation der Forscher mit den Rollen ihrer verschiedenen internen Gesprächspartner sollte sich auch im Dialog der Forscher das wechselseitige Verhältnis von internen Spielern und Gegenspielern abbilden und damit einer genaueren Analyse zugänglich werden (Analyse von Spiegelungsphänomenen).
6. Auf einer tieferen Ebene der Organisationsdynamik (unterhalb der Rollen und Strukturdynamik) sollten die Kräfte, die das Jugendamt bewegen, spürbar werden und sollten die Mythen, aus denen diese Organisation lebt (z.B. der Mythos von der Unregierbarkeit oder vom Erlöser), erlebbar werden, um sie so erkennen und verstehen zu können.
7. Darüber hinaus sollte durch den Vergleich und die Reflexion von Gesprächsverläufen die Fähigkeit zur Steuerung der Gespräche unterstützt und weiterentwickelt werden.
8. Nicht zuletzt sollte die abendliche Runde in der eigenen Ingroup auch der emotionalen Entlastung und der psychischen Hygiene dienen.

Der Gruppe der Forscher bildete also zu diagnostischen Zwecken ebenfalls eine Organisation, um dadurch die Dynamik der zu untersuchenden Organisation angemessen verstehen zu können (vgl. dazu Hürter, 1977, S. 159, Willke, 1994, S. 15-16).

Feldarbeit

Die *Möglichkeiten* der Wahrnehmung und des Erkennens, die eine solche Aktions- und Feldforschung besitzt, wurden bereits beschrieben. Die wesentlichen strukturellen und konzeptionellen *Begrenzungen* der Arbeit in der Forschungsgruppe und der Arbeit im Feld hingegen liegen bei der detaillierten Verarbeitung von Daten, Fakten und Dokumenten. Den Aktionsforschern ergeht es so ähnlich wie den Archäologen, die bei einer Grabungskampagne weit mehr Material ans Tageslicht befördern, als sie im Moment verarbeiten können. Die genaue und präzise Materialanalyse muß ex-post-facto erfolgen. Wichtig dafür ist, daß in der Feldsituation eine erste sinnvolle Systematisierung des Materials gelingt und eine ordentliche Dokumentation erfolgt. In der Situation selbst werden die "Funde" eher als Hinweise auf eine "Spur" wahrgenommen ("Da könnte es noch mehr geben!") und als Indizien für die Richtigkeit oder Unrichtigkeit der eigenen Annahmen.

So wie die zu untersuchende Organisation in Aufregung versetzt wird, so geraten auch die Forscher in eine Art "Grabungsfieber". Die damit verbundene besondere Wachheit, Empfindlichkeit und Aufmerksamkeit kommt der Hypothesenbildung zugute, kann aber bisweilen auch die Perspektive verengen. Die Gefahr des "Sich-Verrennens" ist real. Es ist daher von großer Wichtigkeit, daß dem durch methodische Vorkehrungen entgegengesteuert wird:

- Eine Möglichkeit dazu besteht in der fachlichen Begleitung der Staff-Arbeit (engl. staff = Stab, Mannschaft) durch weitere externe Berater, die im übrigen keinen Kontakt zum Feld aufnehmen. Diese können sich dann ganz auf die Aufgabe konzentrieren, den Staff auf evt. Wahrnehmungsblockaden (= Interaktionsblockaden) aufmerksam zu machen.
- Eine weitere Möglichkeit ist die Beteiligung eines "Senior-Forschers" oder Deans (engl. dean = Dekan), der, durch eine überragende Autorität gesichert und eine breite Erfahrung geschult, einen unabhängigen Blick behält.
- Schließlich kann durch die Beteiligung ausreichend polarer Fachlichkeit die Vielfältigkeit der Wahrnehmung im Staff gesichert werden.

Das Forschungsteam entsprach hier in seiner Zusammensetzung und seinem methodischen Vorgehen dem letzten Modell.

Feedback

Das wichtigste Instrument zur Vermeidung von Fehldiagnosen ist die Rückmeldung von Befunden und Hypothesen. Dem Prinzip des Dialoges und der intersubjektiven Wahrheitsfindung entsprechend entsteht eine valide Aussage überhaupt erst dann, wenn Forscher und "Beforschte" sich über diese Aussage verständigt haben. Es ist daher von großer Bedeutung, so früh wie möglich die eigenen Wahrnehmungen zum Gegenstand der Diskussion mit den untersuchten Organisationsmitgliedern zu machen. An der Wirkung seiner Aussagen auf die Organisation und ihre Mitglieder kann der Forscher ablesen, welchen Wahrheitswert diese Aussagen haben können. Dies gilt sowohl auf der Sach- wie auf der Beziehungsebene.

Von der Sache her betrachtet ist jedes Organisationsmitglied über seine Organisation besser informiert als ein externer Forscher. Die Organisationsmitglieder sind die eigentlichen Experten ihrer Situation. Darum kann ein Forscher aus einer sachbezogenen Diskussion über die Richtigkeit seiner Aussagen nur lernen - die Organisationsmitglieder allerdings auch. Indem sie sich fragen (lassen), was sie daran hindert, die eigene Situation so einzuschätzen wie der Forscher, entdecken sie nicht nur dessen diagnostische Schwächen, sondern auch die Grenzen der eigenen Wahrnehmung, bzw. überschreiten sie in diesem Moment bereits. ("Ich hätte mich nie getraut, das so zu sehen oder auszusprechen, aber jetzt wo sie das so sagen, ...").

Auf der Beziehungsebene ist es für den Forscher vor allem wichtig zu sehen, welche Interaktion ihm angeboten wird und welche Reaktionen er auf seine Interventionen erhält. Welche Rolle und Funktion des Forschers wünscht oder fürchtet die Organisation? Die Beantwortung dieser Frage läßt Rückschlüsse auf die Organisation selbst zu. Auch diese Rückschlüsse können im Sinne des Feedbacks der

Organisation wieder zur Verfügung gestellt und damit erneut überprüfbar gemacht werden.

Für die konkreten Gespräche im Jugendamt wurde die Möglichkeit des unmittelbaren Feedbacks von Eindrücken an den jeweiligen Kreis sowie einer expliziten Rückmeldung erster Hypothesen an die Leitungsrunde und den Lenkungsausschuß vorgesehen. Dagegen wurde von den Forschern eine ursprünglich für den letzten Wochentag vorgesehene Feedback-Infoveranstaltung (als Pendant zur Eröffnungsveranstaltung) aus der Sorge, sich selbst zu überfordern, auf einen späteren Zeitpunkt, ca. vier Monate nach der Untersuchung, verschoben.

Bis dahin stand der Lenkungsausschuß als repräsentativer Partner für eine Diskussion der Ergebnisse zur Verfügung. Der Ausschuß erhielt vier Wochen nach der Untersuchungswoche den schriftlichen Untersuchungsbericht, nahm dazu in einem gemeinsamen Gespräch Stellung und beschloß, diesen mit geringfügigen Korrekturen in einer Auflage von 650 Exemplaren allen an der Untersuchung Beteiligten zur Verfügung zu stellen.

Feld- und Beziehungskompetenz

Eine wesentliche Voraussetzung für die richtige Einschätzung der vorgefundenen Situationen und den richtigen Umgang mit diesen Situationen, also für die Analyse des Untersuchungsgegenstandes und die richtige Wahl der Beobachtungsposition, ist die fachliche Kompetenz der Forscher. Sie müssen den Gegenstand, das Feld, in dem sie sich bewegen, so gut kennen, daß sie Wesentliches von Unwesentlichem unterscheiden können. Sie müssen soviel Erfahrung mit vergleichbaren Situationen mitbringen, daß sie auch nach dem Nichtoffensichtlichen, ja sogar nach Nichtvorhandenem fragen können. Man kann ja nur vermissen, was man selbst besitzt, man kann nur suchen, was man selbst kennt. Dieses gilt aber nicht nur für harte, sondern auch für weiche Fakten. Konkret: für die Analyse einer zentralen Kooperationsaufgabe eines Jugendamtes wie der Hilfeplanung, reicht es nicht aus, Funktionen als Ereignisse, Verfahren und Ergebnisse zu beschreiben und zu bewerten. Vielmehr kommt es darauf an, auch den organisatorischen Inhalt - nämlich Interaktion und Beziehungsgestaltung in fachlicher Kooperation - zu erfassen.

Die dafür erforderliche methodische Kompetenz ist mit dem Erwerb von Feldkompetenz nicht selbstverständlich verbunden. Sie beinhaltet u.a. umfassende Fähigkeiten zur Selbst- und Fremdwahrnehmung, Souveränität in der Analyse und Gestaltung von Beziehungs- und Organisationsprozessen und eine stark ausgeprägte eigene Rollenklarheit. Ein solche Beziehungskompetenz geht über das übliche Maß dessen hinaus, was von Organisationsmitgliedern im sozialen Feld verlangt wird. Damit trägt sie aber entscheidend zur Erweiterung der Perspektiven und damit zum Ergebnis der Untersuchung bei. Darüber hinaus ist diese Beziehungskompetenz erforderlich, um sich innerhalb des organisatorischen Umfeldes richtig plazieren zu können.

Für den Aktions- oder Feldforscher kommt es darauf an, sein Verhältnis zum Gegenstand nicht nur gedanklich sondern auch praktisch, also sozial-interaktiv, zu klären und zu gestalten, da er ja unmittelbar in diesen Gegenstand eingreift. Zugleich ist die Kenntnis des Feldes und damit der strukturellen und konzeptionellen Rahmenbedingungen, unter denen Kooperation sich vollziehen soll, von entscheidender Bedeutung. Das Wissen auch um die nicht-sozialpsychologischen Verhältnisse im Feld bewahrt vor einer Reduktion von Organisationsproblemen auf soziale Interaktionsfragen. Wirtschaftliche und politische Vorstellungen bestimmen das Verhalten von Organisationen und den darin lebenden Menschen genauso wie fachliche Ideen und sozialpsychologische Motive. Diese Vorstellungen und den damit verbundenen Diskussionsstand aus Erfahrung zu kennen und nicht erst im Forschungsprozeß kennenzulernen, sich in der "Landschaft" einer Organisation auszukennen, ist also für ihre Beratung und die Kooperation mit ihr von großem Vorteil. Das Team hier war so zusammengesetzt, daß beide Kompetenzen zum Tragen kamen.

3.3. Verlauf der Aktionsforschungswoche

Der tatsächliche Verlauf der Aktionsforschungswoche entsprach weitgehend den Planungen. Kleinere terminliche Verschiebungen gaben zu keinen weiteren Interpretationen Anlaß.

Der Prozeß der Hypothesenbildung in der Forschungsgruppe

Möglichst viele Gespräche mit möglichst vielen Beteiligten in möglichst kurzer Zeit zu führen, hatte zur Folge, daß weniger das Detail, der Einzelfall, die Besonderheit, dafür aber das Typische, das Wesentliche, das Bestimmende sichtbar werden konnte. Dies galt auch für die Arbeit im Team. Im folgenden soll der rote Faden dieser Arbeit dokumentiert werden: die Entwicklung der zentralen Hypothesen über das Jugendamt. Die Darstellung folgt der Tagesfolge.

Montag

Der Montag steht zunächst im Zeichen der Auftaktveranstaltung. Sie findet regen Zuspruch. Von insgesamt etwa 650 Mitarbeitern haben sich ca. 500 eingefunden. Über drei Stunden bleibt die Beteiligung nahezu konstant. Eine Pause führt nicht zu erwähnenswerten Abwanderungen. Auffallend ist die hohe Zahl von Fragen (fast die Hälfte), die sich eigentlich nicht an das "Qualifizierungsprojekt Hilfeplanung" richten und auch nicht an die Forscher, sondern an die eigene Leitung und die alltägliche, wenn auch keineswegs unwichtige, Probleme betreffen.

Der erste Eindruck ist: "Hier fehlen den Mitarbeiterinnen und Mitarbeitern viele Informationen. Hier fehlt es an Entscheidungen. Hier fehlt es an verläßlicher Kommunikation und Orientierung."

Der zweite Eindruck ist, daß die Mitarbeiter einerseits gerne "mitspielen" würden, andererseits aber niemand ernsthaft daran glaubt, "daß sich durch das Projekt irgend etwas ändern wird". Den Forschern scheint man Ehrlichkeit zuzugestehen, aber auch Naivität zuzuschreiben.

Die ersten Gespräche am Montagnachmittag verstärken diesen Eindruck. In der abendlichen Auswertungsrunde wird von Ironie und Zynismus berichtet und von Leitern, die bereits innerlich und/oder äußerlich gekündigt haben. Mitarbeiter sehen sich in ihrer Verantwortung nicht ernstgenommen und haben resigniert. Im Untersuchungsteam machen sich Verblüffung und Erschrecken breit. "Was ist das denn für'n Laden?" fragt jemand.

Dienstag

In den Gesprächen des Tages verdichtet sich der zwiespältige Eindruck, daß die Mitarbeiter des Jugendamtes einerseits interessiert und aufgeschlossen gegenüber neuen Konzepten sind, andererseits aber weitgehend hoffnungslos, was deren tatsächliche Realisierung angeht. Die Kooperation des ASD mit den zentralen Diensten scheint eher selten zu gelingen. Der ASD kooperiert lieber mit freien Trägern ("Das geht leichter.") als innerhalb des Jugendamtes. Eine Sicht, die von den zentralen Diensten mit umgekehrten Vorzeichen geteilt wird.

Die Auswertung im Forscherteam ergibt folgende Einschätzung: Es herrscht im Jugendamt ein grundlegender Mangel an fachlicher und institutioneller Autorität mit der unmittelbaren Folge fehlender gegenseitiger Wertschätzung und Verbindlichkeit.

Noch am gleichen Abend entwickelt sich eine lange und intensive Diskussion um die Frage, wie diese Situation verändert werden kann. Dabei steht die Suche nach "Hebeln" im Vordergrund: Propheten, Botschaften, Wunder, Leidensdruck, Visionen, Persönlichkeiten - vieles wird bemüht. Interaktionsdynamisch betrachtet versucht das Team die Resignation im Jugendamt zu bekämpfen. Damit wird deutlich, daß hinter aller Ironie und allem Zynismus der Mitarbeiter eine Hoffnung existiert, eine Hoffnung auf Erlösung von außen. An der eigenen Anstrengung und der Enttäuschung über die vergebliche Suche nach der "großen Lösung" wird den Teammitgliedern bewußt, daß dieser Kampf möglicherweise nicht zu gewinnen ist. Es ist wahrscheinlich ein Kampf gegen Windmühlenflügel.

Jetzt wird auch klar, warum innerhalb der letzten zwei Jahre alleine 6 externe Beratungsprojekte und Gutachten ins Haus geholt werden konnten, ohne je zu relevanten Umsetzungen der gemachten Vorschläge zu kommen: Zwischen der Wahrnehmung einer völlig desolaten Realität einerseits und dem Wunsch nach Erlösung andererseits gibt es für die Mitglieder der Organisation keinen realistischen Bezug zu ihrer institutionellen Wirklichkeit mehr. Sie sind in einem Mythos gefangen, ähnlich dem letztlich unentscheidbaren "Kampf zwischen Gut und Böse": Je größer das Elend, um so größer die Hoffnungen und die Bereitschaft auszuharren; aber auch umgekehrt: je klarer die Aussicht auf Veränderung, um so unüberwindlicher türmen sich Hindernisse auf. In diesem Dilemma sind die Organisationsmitglieder so gefangen, daß sie keine realistischen Veränderungsmöglichkeiten mehr erkennen oder verwirklichen können. Im Moment dieser Erkenntnis verfliegen Depressivität und Anspannung. Im Team beginnt eine Phase kreativen Phantasierens über konkrete Handlungsschritte, darüber, was man in und mit diesem Jugendamt alles anstellen kann, um Schritt für Schritt zu Verbesserungen zu kommen. Es schält sich der Gedanke heraus, mehrere Wege gleichzeitig zu verfolgen:

1. Man schafft Inseln von Verbindlichkeit und Kooperation bzw. erkennt solche Inseln, die schon bestehen, öffentlich an.
2. Man löst strukturelle Paralysen auf und begründet neue eindeutige Strukturen.
3. Man gibt den Leitern die Mittel an die Hand, Wachstum und Entwicklung einzuleiten und zu fördern.

Die Frage, ob damit nicht schon wieder neue Luftschlösser gebaut werden, wird an diesem Abend nicht mehr besprochen.

Mittwoch

Am Mittwoch öffnet sich die Organisation. Plötzlich werden immer mehr Dokumente ausgehändigt. Kooperationsprobleme werden schnell "gebeichtet". Die eigene Ahnungslosigkeit wird nicht verborgen. Ansätze, aus denen nichts wurde, werden bereitwillig aufgezählt, von ständigen Arbeitskreisgründungen berichtet, aus denen nichts folgt. Es wird berichtet, wie einfachste Ansätze zur Teamarbeit scheiterten, weil man sich nicht auf eine Zusammensetzung des Teams einigen konnte. Zugleich erfahren die Forscher aus der Sicht der freien Jugendhilfeträger, wie die Mitarbeiter des Jugendamtes versuchen, persönlichen Belastungen aus dem Weg zu gehen: Wenn Arbeitsgruppen nicht funktionieren, bildet man sog. "Neigungsgruppen" und vermeidet damit eine Klärung von Kooperationsfragen, geht Konflikten untereinander aus dem Weg. Noch, so scheint es, können es sich alle leisten, andere "Stellen", "die Strukturen", oder sonstwen für die eigenen Probleme verantwortlich zu machen und "es sich einzurichten". Man jammert halt miteinander und ist zugleich versorgt.

Die im Forscherteam gestellte Frage: "Wer sollte hier eigentlich ein Interesse haben, etwas zu verändern, etwas zu riskieren?" bleibt unbeantwortet. Zugleich irritiert die Offenheit, mit der die Schwachstellen und Absurditäten, auch die kleinen Skandale der Organisation vorgeführt werden. Man ist sich so eigentümlich sicher in all' den Zuständen, erscheint so unangreifbar. "Warum erzählen die uns eigentlich alles", fragt jemand, "haben die nichts zu verbergen?" - "Vielleicht verstecken die ihre eigentlichen Probleme hinter all diesen Demonstrationen von Nicht-Funktionalität: Wir dürfen uns die nicht funktionierenden Strukturen angukken und fragen uns, warum funktionieren die eigentlich nicht? Sie sind ja nicht gerade völlig „daneben", sie könnten doch eigentlich besser funktionieren. Wir dürfen uns die nicht umgesetzten Konzepte anschauen und fragen uns, warum werden die denn nicht umgesetzt, die sind doch gut?" - "Bleiben also nur noch die Personen! Was ist mit den Personen und ihren Fähigkeiten? Sind möglicherweise die

Personen überfordert? Sind sie nicht mehr in der Lage, ihre Konflikte zu regulieren?"

Es ist mehr eine Frage als eine Hypothese: Wenn es keine durchschlagenden Argumente gegen vorhandene Strukturen gibt, diese aber nicht gelebt werden, und zahlreiche Konzepte, die praktiziert werden könnten, nur in Schubladen liegen, sind dann vielleicht die Personen überfordert, angemessene Kooperationsbeziehungen einzugehen? Offenbar liegen die Probleme der Organisation vor allem in der herrschenden Beziehungskultur und der Unfähigkeit zur professionellen Kooperation! Das Team einigt sich darauf, diese These am nächsten Tag der Leitungsrunde zur Diskussion vorzustellen.

Donnerstag

Die Gespräche im Laufe des Tages liefern keine Gegenbeweise für die Hypothese des Teams. Der Blick fällt auf einige Nischen, in denen es den Beteiligten offenbar gelungen ist, ihre Interessen und Erwartungen untereinander und mit der Organisation so abzustimmen, daß ein Stück Professionalität und Wirksamkeit wachsen konnte. Auffallend ist das souveräne Auftreten der formellen oder informellen Leiter in diesen Nischen, und ihre Bereitschaft, sich pragmatisch zugunsten der eigenen Ziele zu arrangieren.

Am Nachmittag dann findet die Präsentation der Haupthypothese in der Leitungsrunde statt. Eine Ankündigung, daß in dieser Sitzung eine "Bombe platzen würde" erweist sich als leere Drohung, scheint aber ein erster Hinweis darauf zu sein, daß sich das Thema auf Persönliches zuspitzt. Zu Beginn findet eine sprachlose Verständigung über das Thema "Wer darf hier mitmischen?" statt, die sich dann zu der ausgesprochenen Frage weiterentwickelt: "Warum darf ich hier nicht mitmischen?" und der Antwortfrage "Muß hier eigentlich immer jeder mitmischen?" Statt einer Klärung entstehen Durcheinander und Verärgerung. Die Hypothese des Teams verifiziert sich sinnlich wahrnehmbar. Darauf angesprochen äußern die Leitungsspitzen des Jugendamtes unisono: "So ist das immer bei uns!" Diese spontanen Demonstrationen und unbewußten Inszenierungen bringen das wichtigste Problem der Organisation klar zum Ausdruck: Ein eklatanter Mangel an Kooperations- und Führungsfähigkeit. Auf die Darstellung dieser zentralen Hypothese der Forscher reagiert die Leitungsrunde mit

- Abgrenzung, was die eigene Person betrifft,
- vorauseilender Zustimmung,
- Erleichterung darüber, "daß es endlich mal gesagt wurde",
- überzeugter Zustimmung und Verstärkung, und
- Verwirrung und Ambivalenz.

In einem weiteren Schritt werden viele konstruktive Wünsche und Ideen zu einer besseren Zusammenarbeit untereinander und darüber hinaus geäußert. Dann folgt wieder das bereits beschriebene Verhalten.

In der abendlichen Teamsitzung ist die Forschergruppe stolz auf den eigenen Treffer und diskutiert erste Ansätze für ein Qualifizierungskonzept. Start sollte ganz oben in der Organisation sein.

Freitag

Am Freitag erfolgt im Lenkungsausschuß u.a. eine ausführliche Präsentation aller bis dahin entwickelten Einschätzungen und Hypothesen mit der Zielrichtung "Defizite in der Konfliktfähigkeit der Leiter und der Mitarbeiter des Jugendamtes". Dort gibt es dann breite Zustimmung zur Einschätzung der Forscher, viele weitere illustrierende Beispiele und - zum Schluß - die dritte Inszenierung: Wieder geht es um die Fragen: Wer darf mitmischen, wer hat das Sagen, wer vertritt wen? Es ist den Beteiligten kaum möglich, den Wunsch nach gegenseitigem Vertrauen mit dem Wunsch nach Einflußnahme zu verbinden. Der Lenkungsausschuß steht kurz davor, seine noch wenig entwickelte Autorität zu opfern und sich den Interessen anderer (Personalrat, Dezernat, etc.) auszuliefern.

4. Ergebnisse der Untersuchung

Im Anschluß an die Untersuchungswoche wurden die Befunde der Gespräche und ergänzender schriftlicher Befragungen sowie weitere Materialien und Dokumente systematisch ausgewertet und in einem Bericht an das Jugendamt dokumentiert und kommentiert. Dabei dienten die in der Untersuchungswoche bereits gewonnenen Hypothesen als Ausgangspunkt. In zeitlicher und räumlicher Distanz vom Gegenstand wurden sie auf Plausibilität und Belegbarkeit anhand der dokumentierten Befunde geprüft.

Die Praxis der zu untersuchenden Hilfeplanung und Hilfegewährung wurde als eine zentrale Funktion des gesamten Jugendamtes unter den Gesichtspunkten *Struktur, Konzept* und *Person* interpretiert. Als *Strukturen* wurden dabei die im Amt und seiner institutionellen Umgebung herrschenden Verhältnisse begriffen, die Beziehungen also, die auch dann bestehen bleiben, wenn man die einzelnen Menschen austauscht. Unter dem Blickwinkel *Konzept* wurde untersucht, wie die Mitglieder und Teilsysteme des Jugendamtes ihre allgemeinen und besonderen Ziele definieren und welche Mittel und Wege zur Zielerreichung sie einsetzen und beschreiten. Der Aspekt *Person* stand für konkretes fachliches und institutionelles Handeln. Dabei ging es nur unter anderem um Fragen der Qualifikation und Ausbildung, in erster Linie aber um Verhaltensmuster und -strategien, welche die Organisation "als Ganze" hervorgebracht hat, welche die Beteiligten als "typisch" bezeichnen würden.

In der Zusammenschau von Struktur, Konzept und Person wurde deutlich, welche *Funktionen* die Organisation in bezug auf Hilfeplanung und Hilfegewährung zur Zeit erfüllt, welche Stärken und Schwächen sie dabei entwickelt und wie eine Weiterentwicklung eingeleitet werden könnte.

Im folgenden werden hier Auszüge aus dem Kapitel "Ergebnisse" des offiziellen Berichtes an das Jugendamt dokumentiert:

> "Die zentralen Probleme im Jugendamt/ASD liegen weder in den *Strukturen* allein, noch fehlen *Konzepte*, aber die offensichtlichen Probleme können auch nicht *Personen* allein angelastet werden. Wenn das Ziel eine ebenso fachlich wie wirtschaftlich leistungsfähige Organisation der Aufgaben der Jugendhilfe ist,
>
> - die auf einer eigenständigen und eigenverantwortlichen Handlungskompetenz fußt und doch
> - abgestimmte Ziele verfolgt und
> - nach verbindlichen Regeln funktioniert,
>
> dann liegen die zentralen Probleme für das „Funktionieren“ in der Verbindung von *Strukturen, Konzepten* und *Personen.*
>
> In der gesamten Organisation der Hilfeplanung und Hilfegewährung gibt es *zuviel und zuwenig eigenständige Handlungskompetenz* (= Autonomie) zugleich:
>
> - *zuviel Autonomie*, da weder durch verbindliche Ergebnisziele, noch durch institutionelle Regeln oder durch fachliche Autorität insgesamt funktionierend geleitet wird *(jede/r kann machen, was sie/er will)*,
> - *zuwenig Autonomie*, da institutionelle Wertschätzung, fachliche Orientierung und persönliche Führung insgesamt so unzureichend ausgeprägt sind, daß für die Mitarbeiterinnen und Mitarbeiter der Rahmen und die Anforderungen ihres Handelns nicht sicher sind; dies erzeugt Unsicherheit bis hin zu Ohnmacht und schafft *Abhängigkeit (keine/r weiß, wann sie/er etwas richtig macht)*.
>
> Um fachliche und finanzielle Verantwortung tragen zu können, müssen beide Verantwortungsbereiche (Pädagogik und Finanzen) zielorientiert verbunden werden:
>
> - mit dem vorgegebenen Geld die mögliche Pädagogik oder
> - die gewollte Pädagogik mit dem erforderlichen Geld oder
> - ein ausgehandelter Kompromiß dazwischen.
>
> Da es aber keine zuverlässigen Vereinbarungen über Ziele, Ergebnisse und Ressourcen gibt, vielmehr einen ständigen Wechsel von überhöhte Erwartungen (z.B. zahlreiche, aber unkoordinierte Modellprojekte) und unkalkulierbaren Ankündigungen von Stellen- und Mittelkürzungen, bleibt für viele nur der Rückzug in die Beliebigkeit von Resignation, Nischendasein oder Destruktivität - alles haben wir in Jugendamt, Heimen und ASD in erschreckendem Ausmaß gesehen.
>
> Dieser Prozeß zerstört auf allen Ebenen die fachliche und institutionelle Autorität (das, was Geltung hat) im Jugendamt/ASD. Es gibt keinen verbindlichen Sinn, für den es sich lohnt, die Mühsal von Auseinandersetzung, Konflikt und Verständigung auf sich zu nehmen. Nur dadurch aber, daß in

einer Organisation die Mehrheit der Mitarbeiterinnen und Mitarbeiter es als lohnend erleben, sich um Verständigung zu bemühen - nicht nur diese einzuklagen - kann Verantwortung für das eigene Handeln getragen werden - fachlich wie finanziell, institutionell wie persönlich.

Aufgaben der Leistungsgewährung erfordern daher von den handelnden Personen in einem Jugendamt, Sozialen Dienst oder Heim vor allem die Kompetenz, verantwortlich zu verhandeln, d.h. in Sach- und Zielkonflikten Interessengegensätze, Positionen und Handlungsspielräume herauszuarbeiten, sowie dann ebenso zielbezogen-engagiert *(„für ein Kind oder eine Familie zu kämpfen")* wie ergebnisorientiert-pragmatisch *(„tun, was getan werden muß")* mögliche Lösungen zu erarbeiten, Kompromisse zu finden und umzusetzen.

Diese persönliche Kompetenz und Wertschätzung professioneller Konflikt- und Verhandlungsfähigkeit ist bei zahlreichen Mitarbeiterinnen und Mitarbeitern im Jugendamt, in den ASD´s und städtischen Heimen zu wenig entwickelt. Dies gilt insbesondere für die Leitungskräfte. Strukturen und Konzepte verhindern, daß Fachkräfte die erforderliche Konflikt- und Verhandlungsfähigkeit entwickeln und schätzen können und gleichzeitig verhindern Personen, daß Strukturen und Konzepte durchgesetzt werden, die diese Kompetenzen herausfordern und belohnen: Ein Paradox - hier sehen wir das zentrale Problem im Jugendamt X-Stadt.

Solche Defizite in der Konflikt und Verhandlungsfähigkeit sind aber auch deswegen so gravierend, weil die zentralen Aufgaben und Funktionen moderner kommunaler Jugendhilfe genau auf diese Kompetenzen angewiesen sind:

- *Hilfeplanung* ist im Kern ein Prozeß des Verstehens und der Verhandlung von Krisen, Konflikten und Interessengegensätzen, sowie der Vereinbarung von Lösungen, die für alle Beteiligten tragfähig sind.
- *„Neue Steuerung"* basiert auf der Fähigkeit und Bereitschaft zur Übernahme von Verantwortung und zur Aushandlung von Prioritäten, um mit begrenzten Ressourcen vereinbarte Ergebnisse zu erreichen.
- Die soziale, wirtschaftliche und kulturelle *Situation von Kindern und Familien in (einer Großstadt)* konfrontiert das Arbeitsfeld „Jugend und Soziales" mit einer Vielzahl von sehr realen und existentiellen Konflikten und Krisen.

Das im folgenden vorgeschlagene Entwicklungsprojekt kann dieses grundlegende und traditionsreiche Defizit akzeptierter Autorität und Sinngebung im Jugendamt X-Stadt nicht durch Schulungs- und Qualifizierungsmaßnahmen für einzelne Personengruppen kompensieren. Die erforderliche fachliche und insitutionelle Autorität kann nur durch eine Vielzahl von abgestimmten Aktivitäten erarbeitet werden, vor allem aber durch glaubwürdiges Handeln im Sinn der geforderten Idee einer zugleich bedarfsgerechten, qualifizierten *und* sparsamen Jugendhilfe.

Diese Autorität kann aber nur entwickelt werden, wenn das Projekt selbst mit entsprechender Autorität ausgestattet wird, d.h. vor allem mit verbindlicher Geltung auf allen Ebenen - vom Dezernenten bis zur Sachbearbeiterin. Nur so kann es gelingen, das skizzierte Paradox von zugleich Gehindert-Werden und Selber-Verhindern aufzubrechen. Die Sollbruchstellen sind in der Analyse ebenfalls deutlich geworden:

- diese Jugendhilfe-Praxis ist nicht mehr bezahlbar;
- diese Jugendhilfe genügt vielfach nicht den wachsenden Anforderungen junger Menschen und ihrer Familien in X-Stadt;
- diese Jugendhilfe ist für viele Mitarbeiter fachlich und persönlich kein befriedigender Arbeitsplatz.

Nur wenn es gelingt, auf alle drei Problemanzeigen zugleich Antworten zu entwickeln, kann es gelingen, dem geforderten Ziel einer ebenso wirksamen wie sparsamen und ebenso qualifizierten wie hilfreichen Jugendhilfe in X-Stadt ernsthaft ein Stück näher zu kommen. Voraussetzung dafür ist aber auch, daß die fachliche Frage nach der Optimierung und Effektivierung der pädagogischen und wirtschaftlichen Prozesse von der politischen Frage nach der Mittelverteilung im städtischen Haushalt getrennt wird. Aufgabe der Verwaltung ist es dann, das Qualitäts- und Leistungsniveau bei gegebenen Ressourcen optimal zu gestalten. Optimal heißt aber gerade nicht „möglichst gut“, sondern so wie es den Bürger/Innen und der Politik glaubwürdig zugesichert werden kann. Für welches Qualitäts- und Leistungsniveau die Politik dann die Mittel bereitstellt, ist ihre Entscheidung und Verantwortung."

Es folgte im Bericht ein auf diesen grundsätzlichen Einschätzungen fußendes Konzept für die Entwicklung und Qualifizierung der Hilfeplanung und Hilfegewährung in X-Stadt. Der Bericht wurde an alle Mitarbeiterinnen und Mitarbeiter verteilt und in einer weiteren Personalversammlung ca. 2 Monate später von Sprechern der Abteilungen und Heime, der Sozialstationen, des Personalrates, sowie durch den Dezernenten ausführlich bewertet und diskutiert. Auch im zuständigen politischen Fachausschuß wurde der Bericht vorgestellt und diskutiert. Die Reaktionen waren bei einigen ablehnend und empört, überwiegend aber zustimmend und erleichtert darüber, „ ... daß endlich mal ausgesprochen wird, wie es bei uns ist ... “.

Trotz dieser grundsätzlich positiven Aufnahme der Vorschläge kann - auch aufgrund politischer Veränderungen der Mehrheitsverhältnisse - über konkrete Projekte zur Qualifizierung der Hilfeplanung und Hilfegewährung erst 1997, eineinhalb Jahre nach dem Untersuchungsprojekt, verhandelt werden. Wieviel von dem in der Untersuchungsphase deutlich spürbaren Interesse an Auseinandersetzung und Veränderung dann noch wirksam werden kann, muß abgewartet werden.

5. Selbststeuerung und Veränderung

Das hier geschilderte und reflektierte Projekt einer Organisationsuntersuchung ist für uns ein Beispiel für eine selbststeuerungsbezogene Intervention in eine Organisation. Dies macht sich vor allem an folgenden vier Punkten fest:

- Wir haben nach einer Form für eine ebenso respektvolle wie neugierige Annäherung an eine Großorganisation und ihre Mitglieder gesucht und diese in der alten Idee der Aktionsforschung (vgl. dazu Horn, 1979, Kern, 1982): gefunden. Die kompakte und komplexe Gestaltung der Untersuchungswoche beförderte eine neugierige Nähe und ließ gleichzeitig reflektierende Distanz zu - für die Untersucher, wie für die "Untersuchten". Der Institution und ihren Mitgliedern erschienen die Forscher zwar als machtvolle Eindringlinge, zugleich aber gewährte die Form der Untersuchung einen hohes Maß an Schutz vor fremdbestimmter Ausforschung. Dies gab den Betroffenen die Möglichkeit, sich an Stelle von Anpassung oder Widerstand gegenüber den Forschern auf eine Reflektion ihrer eigenen Lage einzulassen und prinzipiell selbst darüber zu entscheiden, wofür und in welchem Maße sie dabei die externen Forscher zu nutzen bereit waren.
- Der doppelten Zielsetzung der Untersuchung, einerseits Defizite und Mißstände klar herauszuarbeiten, andererseits aber auch Ansatzpunkte für die Weiterentwicklung von Strukturen, Konzepten und Personen zu finden, haben wir durch eine Vorgehensweise zu entsprechen versucht, in der sich die Organisation und ihre Mitglieder als Partner an einem gemeinsamen Klärungsprozeß beteiligen konnten. Dadurch wurde bei den Betroffenen Engagement und Risikobereitschaft (wieder)geweckt. Entsprechend liegt der Wert der inhaltlichen Ergebnisse in einem erheblichen Maße darin begründet, daß diese vor allem den Betroffenen selbst als bedeutsame Ausgangspunkte für eine Weiterentwicklung erscheinen.
- Trotz aller Skepsis über den Zustand und die Entwicklungschancen der öffentlichen Verwaltung (siehe dazu Wimmer, 1988) wollten wir begründete und zugleich realisierbare Vorschläge zur Entwicklung und Qualifizierung zentraler Arbeitsweisen in einer konkreten Institution herausarbeiten. Gerade weil diese Skepsis ihre berechtigte Begründung u.a. in der besonderen Abgeschlossenheit und Unbeweglichkeit öffentlicher Verwaltungssysteme hat, erschien es uns notwendig, zuallererst einen Zugang zum Selbstverständnis der Betroffenen zu finden und bei diesen einen Prozeß der Selbstverständigung zu fördern. Die Reaktionen, die auf unsere Befunde und Einschätzungen erfolgten, machten uns durch ihre Bewegtheit und Ambivalenz deutlich, daß wir in einigen Punkten "den Nerv des Systems" mit angemessener Kraft getroffen hatten.
- Während die gängigen externen Begutachtungen und Beratungen letztlich auf eine Veränderung von Rahmenbedingungen abzielen, haben wir versucht, das Verhältnis der Institutionsmitglieder zueinander und zu diesen Rahmenbedin-

gungen zu klären, um dadurch Veränderungspotentiale zu finden, zu wecken, zu befördern. Während sich die meisten externen Funktionsanalysen nur auf die sachbezogenen Arbeits- und z.T. auch Steuerungsleistungen konzentrieren, haben wir den organisationsbezogenen Steuerungsfunktionen hohe Aufmerksamkeit geschenkt. Dadurch sind diejenigen Beharrungskräfte sichtbar geworden, die ein rein sachorientiertes Veränderungsinteresse - trotz bestem Willen - oft scheitern lassen. Nach unserem Eindruck haben die Betroffenen dabei deutlich erkennen und wahrnehmen können, wie diese Beharrungskräfte aus inneren Stärken und Schwächen der Organisation, aus Hoffnungen und Befürchtungen ihrer Mitglieder, erwachsen - unabhängig von den jeweiligen Rahmenbedingungen, aber immer mit diesen verbunden. Hier also wird Veränderung ansetzen müssen.

Literaturverzeichnis

Adorno, Th. W. (1996). Probleme der Moralphilosophie. Frankfurt/Main: Suhrkamp.

Andresen, T. (Hrsg.) (1990). Das reflektierende Team. Dialoge und Dialoge über die Dialoge. Dortmund: Modernes Lernen.

Antoni, C. H. (1994). Gruppenarbeit in Unternehmen. Weinheim: Beltz.

Antons, K. (1992). Praxis der Gruppendynamik. 8 ed., Göttingen: Hogrefe.

Antons-Volmerg, K. (1994). „Nichts ist so praktisch wie eine gute Theorie": Zum Handwerkszeug des Gruppendynamikers. In: 10. OAGG Gruppendynamik-Tagung am 22.1.1994.

Bachmann, C. H. (Hrsg.) (1981). Kritik der Gruppendynamik. Grenzen und Möglichkeiten sozialen Lernens. Frankfurt/Main: Fischer.

Baecker, D. (1993). Die Form des Unternehmens. Frankfurt/Main.

Baecker, D. (1996). Cave canem. In: Zeitschrift für Organisationsentwicklung, 2/1996.

Baitsch, C. (1993). Was bewegt Organisationen? Selbstorganisation aus psychologischer Perspektive. Frankfurt/Main: Campus.

Bandura, A. (1979). Sozial-kognitive Lerntheorie. Stuttgart: Klett.

Bartel, M. (1994). Nutzen und Gefahren klientenzentrierter Vorerfahrung für die Supervision. In: Zeitschrift FoRuM Supervision, Heft 3, Tübingen.

Bateson, G. (1992). Ökologie des Geistes. Anthropologische, psychologische, biologische und epistemologische Perspektiven. 4. Auflage. Frankfurt/Main: Suhrkamp.

Bauman, Z. (1992). Modernität und Ambivalenz - Das Ende der Eindeutigkeit. Hamburg: Junius.

Bauman, Z. (1995). Postmoderne Ethik. Hamburg: Hamburger Edition.

Beck, U. (1986). Risikogesellschaft. Auf dem Weg in eine andere Moderne. Frankfurt/Main: Suhrkamp.

Beck, U., Giddens, A. & Lash, S. (1996). Reflexive Modernisierung. Eine Kontroverse. Frankfurt/Main: Suhrkamp.

Behrenberg, A., Faßnacht, M. (1994a). Zur Arbeit mit sich-selbstorganisierenden Gruppen in der kirchlichen Erwachsenenbildung. In: Erwachsenenbildung 40, S. 195-199.

Behrenberg, A., Faßnacht, M. (1994b).“Warten auf die nächste Störung”. Konflikte in Gruppen und wie man damit umgehen könnte. In: Katechetische Blätter 119, S. 795-802.

Behrenberg, A., Faßnacht, M. (1996). Selbstorganisation in der Erwachsenenbildung als Beispiel für selbstbestimmtes Lernen. In: Nacke, B., Dohmen, G. (Hrsg.) (1996). Lebenslanges Lernen. Erfahrungen und Anregungen aus Wissenschaft und Praxis. Würzburg: Echter, S. 96-103.

Bennis, W. G., Benne, K. D. & Chin, R. (Hrsg.) (1975). Änderung des Sozialverhaltens. Stuttgart: Klett (Original 1969).

Bertalanffy, L. v. et al. (1972). Systemtheorie. Berlin.

Bischof, N. (1985). Das Rätsel Ödipus. München: Piper.

Bittl, K.-H. (1996). Tätigkeitsbericht des Fränkisches Friedensbildungswerkes e.V. Hesse-Str. 4, 90443 Nürnberg.

Blackwell, D. (1994). The Psyche and the System. In: Brown, Zinkin (1994). The Psyche and the Social World. London, New York: Routhledge.

Bradford, L. P., Gibb, J. R. & Benne, K. D. (1972). Gruppen-Training. T-Gruppentheorie und Laboratoriumsmethode. Stuttgart: Klett (Original 1964).

Cecchin, G. (1988). Zum gegenwärtigen Stand von Hypothetisieren, Zirkularität und Neutralität. Eine Einladung zur Neugier. In: Familiendynamik 13, S. 190-203.

Claessens, D. (1977). Gruppe und Gruppenverbände: Systematische Einführung in die Folgen von Vergesellschaftung. Darmstadt: Wissenschaftliche Buchgesellschaft.

Clausewitz, C. v. (1992). Vom Kriege. Hamburg.

Däumling, A., Fengler, J., Nellessen, L. & Svensson, A. (1974). Angewandte Gruppendynamik. Selbsterfahrung, Forschungsergebnisse, Trainingsmodelle. Stuttgart: Klett-Cotta.

Dell, P. F. (1986). Klinische Erkenntnis. Dortmund: Modernes Lernen.

Doppler, K., Voigt, B. (1981). Gruppendynamik und der institutionelle Faktor. In: Bachmann, C. H. (1981). S. 340-362.
Dörner, D. (1989). Die Logik des Mißlingens. Reinbek: Rowohlt.
Dorst, B. (1983). Erlebnisdimensionen von Jugendlichen beim Videospiel. In: Fritz, J., Dorst, B. & Metzner, J. (1983): Videospiele, regelbare Welten am Draht. Bamberg: Spielmittel.
Dress, A., Hendrichs, H. & Küppers, G. (Hrsg.) (1985). Selbstorganisation. Die Entstehung von Ordnung in Natur und Gesellschaft. München: Piper.
Dunkel, W. (1988). Wenn Gefühle zum Arbeitsgegenstand werden. In: Soziale Welt 39. S. 67-85.
Dux, G. (1992). Die Spur der Macht im Verhältnis der Geschlechter. Frankfurt/Main: Suhrkamp.

Edding, C. (1995). Die Domestizierung der Gruppendynamik. In: König, O. (Hrsg.) (1995). S. 69-86.
Elias, N. (1987). Engagement und Distanzierung - Arbeiten zur Wissenssoziologie I. Frankfurt/ Main: Suhrkamp.

Fatzer, G., Jansen, H. H. (1980). Die Gruppe als Methode. Weinheim: Beltz.
Fengler, J. (1981). Grenzen der Gruppendynamik. In: Bachmann, C. H. (1981). S. 118 - 156.
Fengler, J. (1986). Soziologische und Sozialpsychologische Gruppenmodelle. In: Petzold, H., Frühmann, R. (Hrsg.) (1986). Modelle der Gruppe. Bd. I, Paderborn: Junfermann. S. 33-105.
Fengler, J. (1995). Feedback als Interventionsmethode. In: König, O. (Hrsg.) (1995). S. 179-201.
Foerster, H. von (1992). Entdecken oder Erfinden. Wie läßt sich Verstehen verstehen? In: Foerster H. v. et al. (1992). Einführung in den Konstruktivismus. München, Zürich, S. 41-88.
Freire, P. (1970). Pädagogik der Unterdrückten. Bildung als Praxis der Freiheit. Reinbek: Rowohlt.
Freud, S. (1970). Studien-Ausgabe. Frankfurt/Main: Fischer.
Freud, S. (1974). Massenpsychologie und Ich-Analyse. Frankfurt/Main: Fischer.
Froschauer, U. (1996). Die Ökologiebewegung - Entstehungsgeschichte, Ziele, Funktionen. In: Königswieser, R. et al. (Hrsg.) (1996). S. 87-100.

Gehm, T. (1995). Selbstorganisierte Untersuchungsdesigns in der Kleingruppenforschung. In: Langthaler, W., Schiepeck, G. (Hrsg.) (1995). S. 3-35.
Gehm, T. (1996). Informationsverarbeitung in sozialen Systemen. Weinheim: Psychologie Verlagsunion.
Geißler, K. A. (1991). Anfangssituationen. 4. Auflage. Weinheim: Beltz.
Geißler, K. A. (1995). Lernprozesse steuern. Weinheim: Beltz.
Gerhards, J. (1988). Emotionsarbeit. Zur Kommerzialisierung von Gefühlen. In: Soziale Welt 39, S. 47-65.
Gfäller, G. R. (1996). Beziehungen von Soziologie und Gruppenanalyse. In: Gruppenpsychotherapie und Gruppendynamik 30/1.
Goldmann, F., Wirnschimmel, K. (1994). Die Beobachtung in Gruppen. Wien: Selbstverlag.
Gomringer, E. (Hrsg.) (1992). Konkrete Poesie. Stuttgart.
Grawe, K. (1987). Schema-Theorie und Heuristische Psychotherapie. Forschungsbericht der Universität Bern. 1/87.
Greif, S. (1996). Selbstorganisationstheorien. In: Greif, S., Kurtz H. J. (Hrsg.) (1996). S. 53-66.
Greif, S., Kurtz, H. J. (Hrsg.) (1996). Handbuch selbstorganisiertes Lernen. Göttingen: Verlag f. Angewandte Psychologie.
Greif, S., Kurtz, H. J. (1996). Selbstorganisation, Selbstbestimmung und Kultur. In: Greif, S., Kurtz, H. J. (Hrsg.) (1996). S. 19-31.

Haag, F., Krüger, H., Schwärzel, W. & Wild, J. (Hrsg.) (1972). Aktionsforschung. Forschungsstrategien, Forschungsfelder und Forschungspläne. München: Juventa.
Habermas, J., (1968). Erkenntnis und Interesse. Frankfurt/Main: Suhrkamp.
Habermas, J., Luhmann, N. (1971). Theorie der Gesellschaft oder Sozialtechnologie. Frankfurt/Main:Suhrkamp.
Haken, H. (1981). Erfolgsgeheimnisse der Natur. Synergetik: Die Lehre vom Zusammenwirken. Frankfurt/Main: Ullstein.
Hansmann, O. (1993). Aspekte zur Grundlegung einer pädagogischen Theorie der Selbstorganisation. In: Pädagogische Rundschau 47, S. 561-572.
Hege, M. (1979). Engagierter Dialog. 2. Aufl.Stuttgart: Gustav Fischer.

Heigl-Evers, A. (Hrsg.) (1979). Die Psychologie des 20. Jahrhunderts, Lewin und die Folgen, Sozialpsychologie, Gruppendynamik, Gruppentherapie. Zürich: Kindler.

Heintel, P. (1996). Das T-Gruppenmodell und seine Bedeutung für (systemisches) Organisationslernen. In: Schwarz, G. et al. (Hrsg.) (1996). Gruppendynamik- Geschichte und Zukunft. Wien: Universitätsverlag, S. 145-167.

Hentig, H. (1980). Gruppen-Verführung. In: Psychosozial, 2, S. 79-98.

Hochschild-Arlie, Russell (1990). Das gekaufte Herz. Zur Kommerzialisierung der Gefühle. Frankfurt/Main: Campus.

Hollenstein, E. et al. (1990). Lernen Erwachsener zwischen Anleitung und Selbstorganisation. Bonn: Pädagogische Arbeitsstelle des Deutschen Volkshochschulverbandes.

Homans, G. C. (1960). Theorie der sozialen Gruppe. Köln, Opladen: Westdeutscher Verlag.

Horn, K. (1972). Gruppendynamik und der subjektive Faktor. Frankfurt/Main.

Hürter, E. (1996). Selbst-Organisation, Diplomthesis am C.G. Jung Institut, Zürich.

Hürter, O. (1977). Gruppendynamik in Organisationen. In: Gruppenpsychotherapie und Gruppendynamik 12, S. 151-168.

Jerusel, S., Greif, S. (1996). Lernquellenpool. In: Greif, S., Kurtz, H. J. (Hrsg.) (1996). S. 115-123.

Kafka, F. (1978). Tagebücher 1910-1923. Frankfurt/Main: G. Fischer

Kafka, F. (1983). Hochzeitsvorbereitungen auf dem Lande. Frankfurt: G. Fischer

Kauffman, S. (1995). Der Öltropfen im Wasser. München, New York: Piper.

Kersting, H. J. (1996). Supervision, die hohe Kunst der Unterscheidung. In: Kersting, H. J., Neumann-Wirsig, H. (Hrsg.) (1996). Systemische Perspektiven in der Supervision und Organisationsentwicklung. Aachen: Wissenschaftlicher Verlag des IBS. S. 19-40.

Kets de Vries, M. (1990). Chef-Typen. Wiesbaden.

Keupp, H. (1994). Psychologisches Handeln in der Risikogesellschaft - Gemeindepsychologische Perspektiven. München: Quintessenz.

Keupp, H. (1995). Die (Wieder-)Gewinnung von Handlungskompetenz: Empowerment in der psychosozialen Praxis. Vortrag im Sozialreferat München, Manuskript.

Knoll, A. (1997). Von der Fürsorge zur Sozialtherapie. Diss. Kassel.

König, O. (Hrsg.) (1995). Gruppendynamik - Geschichte, Theorien, Methoden, Anwendungen, Ausbildung. München, Wien: Profil.

König, O. (1996). Macht in Gruppen - Gruppendynamische Prozesse und Interventionen. In: Leben lernen 106. München: Pfeiffer.

Königswieser, R., & Pelikan, J. (1990). Anders - gleich - beides zugleich. Unterschiede und Gemeinsamkeiten in Gruppendynamik und Systemansatz. In: Gruppendynamik 21/1, S. 69-94.

Königswieser, R., Exner, A., & Pelikan, J. (1995). Systemische Intervention in der Beratung. Zeitschrift für Organisationsentwicklung 2, S. 52-65.

Königswieser, R., Haller, M., Maas, P., & Jarmai (Hrsg.) (1996). Risiko-Dialog - Zukunft ohne Harmonieformel. Köln: Deutscher Instituts-Verlag.

Krainz, E. E. (1990). Alter Wein in neuen Schläuchen? Zum Verhältnis von Gruppendynamik und Systemtheorie. Gruppendynamik 1, S. 29-43.

Kriz, J. (1992). Chaos und Struktur. Systemtheorie. Band 1. München: Quintessenz.

Kriz, J. (1996). Chaos und Selbstorganisation. In: Greif, S., Kurtz, H. J. (1996). S. 33-43.

Küppers, G. (Hrsg.) (1996). Chaos und Ordnung - Formen der Selbstorganisation in Natur und Gesellschaft. Stuttgart: Reclam.

Langmaack, B., Braune-Krickau, M. (1985/1993). Wie die Gruppe laufen lernt. Anregungen zum Planen und Leiten von Gruppen. Weinheim, Basel: Beltz.

Langthaler, W., Schiepek, G. (Hrsg.) (1995). Selbstorganisation und Dynamik in Gruppen. Münster: Lit.

Lapassade, G. (1972). Gruppen, Organisationen, Institutionen. Stuttgart: Klett.

Lehmenkühler-Leuschner, A., Zimmer, I. (1996). Interview mit O. Hürter anläßlich der FIS-Supervisionstage. In: FoRuM Supervision, S. 123 - 135.

Leuschner, G. (1993). Macht und Machtverhältnisse in sozialen Institutionen als Fokus in der Supervision. In: FoRuM Supervision, Sonderdruck Nr. 2, 10/93.

Leuschner, G. (1993). Wechselseitige Abhängigkeit und Diskurs: Aspekte angewandter Gruppendynamik in der Supervisionsausbildung. In: FoRuM Supervision, Sonderdruck Nr. 1, 3/93.

Leuschner, G., Schaaf, J. (1988). Angewandte Gruppendynamik in der Teamsupervision und Organisationsberatung. In: Kersting, H. J. et al. (1988). Diagnose und Intervention in Supervisionsprozessen. Aachen.
Leuschner, G. (1991). Leiter-Supervision. In: Sozialpädagogik 3/91. Gütersloh.
Lewin, K. (1947). Groupdecision and social change. In: Newcamb, T. M., Hartley, E. E. (Hrsg.) (1974). Readings in social psychology. New York: Holt, Rinehart & Winston.
Lewin, K. (1951/1963). Feldtheorie in den Sozialwissenschaften. Bern 1963 (Deutsch); New York 1951 (Englisch).
Lewin, K. (1953). Die Lösung sozialer Konflikte. 1. Aufl. (in Deutsch). Bad Nauheim: Christian.
Lewin, K. (1969). Grundzüge der topologischen Psychologie. Bern: Huber.
Lewin, K. (1976). Die Wirklichkeit sozialer Phänomene. In: Ammon, G. (Hrsg.) (1976). Analytische Gruppendynamik. Hamburg: Hoffmann und Campe, S. 38-52.
Lewin, K. (1981). Werkausgabe. In: Graumann, K. F. (Hrsg.) (1981). Wissenschaftstheorie, Band I. Bern/Stuttgart: Huber/Klett-Cotta.
Lewin, K. (1982). Werkausgabe. In: Graumann, K. F. (Hrsg.) (1982). Band IV. Feldtheorie. Bern/ Stuttgart: Huber/Klett-Cotta.
Lewin, K. (1982). Werkausgabe. In: Graumann, K. F. (Hrsg.) (1982). Band VI. Psychologie der Entwicklung und Erziehung. Bern/Stuttgart: Huber/Klett-Cotta.
Lewin, K. (1983). Werkausgabe. In: Graumann, K. F. (Hrsg.) (1983). Wissenschaftstheorie, Band II Wissenschaftstheorie. Bern/Stuttgart: Huber/Klett-Cotta.
Lippit, R. (1979). Kurt Lewin und die Anfäge der Gruppendynamik. In: Heigl-Evers, A. (Hrsg.) (1979). Die Psychologie des 20. Jahrhunderts, Bd. VIII: Lewin und die Folgen. Zürich: Kindler, S. 621-624.
Lück, H. E. (1996). Die Feldtheorie und Kurt Lewin. Weinheim: Beltz.
Luhmann, N. (1990). Wissenschaft der Gesellschaft. Frankfurt/Main: Suhrkamp.
Luhmann, N. (1991). Risiko auf alle Fälle. In: FAZ v. 02.01.1991, Nr. 1, S. N 3.
Luhmann, N. (1984/1993). Soziale Systeme. Grundriß einer allgemeinen Theorie. Frankfurt/Main: Suhrkamp.
Luhmann, N., Fuchs, P. (1989). Reden und Schweigen. Frankfurt/Main: Suhrkamp.

Marrow, A. J. (1977). Lewin K.– Leben und Werk. 1. Aufl. Stuttgart: Klett.
Maturana, H., Varela, F. (1987). Der Baum der Erkenntnis. Bern, München, Wien.
Mehrgardt, M. (1995). Erkenntnistheorie und Gestalttherapie. In: Gestalttherapie 2/95, S. 20.
Mehrgardt, M. (1996). Erkenntnistheorie und Gestalttherapie. Teil 2. In: Gestalttherapie 2/96.
Metzger, W. (1975). Gestalttheorie und Gruppendynamik. In: Gruppendynamik 6/75, S. 311-331.
Metzger, W. (1976). Gestalttheorie im Exil. In: Die Psychologie des 20. Jahrhunderts I. Die europäische Tradition. München.
Metzger, W. (1979). Der Einfluß von Kurt Lewin auf die Entwicklung der Sozialpsychologie. In: Heigel-Evers (Hrsg.) (1979). S. 7-16.
Mey, H. (1965). Studien zur Anwendung des Feldbegriffs in den Sozialwissenschaften. München.
Mills, T. M. (1969). Soziologie der Gruppe. München: Juventa.
Mills, T. M. (1978). Seven steps in developing group awareness. In: Journal of Personality and Social Systems 1/4, S. 15-29.
Mills, T. M., Farrell, M. P. (1977). Group Relations and Science: The Question of Compability. In: Journal of Personality and Social Systems 1. S. 11-31.
Moser, H. (1975). Aktionsforschung als kritische Theorie der Sozialwissenschaft. München: Kösel.

Nabokov, V. (1993). Deutliche Worte. Reinbek: Rowohlt.
Nacke, B., Dohmen, G. (Hrsg.) (1996). Lebenslanges Lernen. Erfahrungen und Anregungen aus Wissenschaft und Praxis. Würzburg: Echter.
Nau, E. (1983). Gruppendynamik in Deutschland - Ein Überblick. In: Kölner Zeitschrift f. Soziologie und Sozialpsychologie 25, S. 126-143.
Neidhardt, F. (1979). Das innere System sozialer Gruppen. In: Kölner Zeitschrift f. Soziologie und Sozialpsychologie 31, S. 639-660.
Neidhardt, F. (1983). Themen und Thesen zur Gruppensoziologie. In: Kölner Zeitschrift f. Soziologie und Sozialpsychologie 25, S. 12-34.
Nellessen, L. (1995). Der Preis der Konsolidierung. In: König, O. (1995). Gruppendynamik. München: Profil. S. 57-68.

Neuberger, O. (1995). Mikropolitik. Der alltägliche Aufbau und Einsatz von Macht in Organisationen. Stuttgart: Enke.
Nietzsche, F. (1994). Weisheit für Übermorgen. Unterstreichungen aus dem Nachlaß. München.

Ohlmeier, D. (1990). Vaterlose Gesellschaft. In: Rohde-Dachser, C. (Hrsg.) (1990). Zerstörter Spiegel. Psychoanalytische Zeitdiagnosen. Göttingen.

Petzold, H., Frühmann, R. (Hrsg.) (1986). Modelle der Gruppe. Bd. I, Paderborn: Junfermann.
Portele, H. (1989). Gestalttherapie und Selbstorganisation. In: Gestalttherapie 1/89, S. 5-28.
Portele, H. (1997). Was mir an der Gestalttherapie so gut gefällt. Unveröffentl. Vortrag, 5/97.
Portele, H., Roessler, K. (1994). Macht und Psychotherapie. Ein Dialog, Köln: Edition Humanistische Psychologie.
Probst, G.J.B. (1987). Selbst-Organisation. Ordnungsprozesse in sozialen Systemen aus ganzheitlicher Sicht. Berlin/Hamburg: Parey.

Rechtien, W. (1995). Zur Geschichte der angewandten Gruppendynamik. In König, O. (Hrsg.) (1995). S. 39-56.
Roth, G., (1985) Selbstorganisation - Selbsterhaltung - Selbstreferentialität. In: Dress, A. et al. (1985). Selbstorganisation. Die Entstehung von Ordnung in Natur und Gesellschaft. München: Piper, S. 149-180.
Rubinstein, S. L. (1971). Grundlagen der allgemeinen Psychologie. Berlin: Volk und Wissen.

Sader, M. (1991a). Anmerkungen zum Stand der Kleingruppenforschung. In: Gruppendynamik 21/3, S. 263-278.
Sader, M. (1991b). Psychologie der Gruppe. Weinheim: Juventa.
Sader, M. (1996). Beobachtungslernen in der Gruppe. In: Gruppendynamik 27/1, S. 67-83.
Sandner, D. (1978). Psychodynamik in Kleingruppen. Stuttgart: Reinhardt.
Sandner, D. (1988). Qualitative Gruppentherapieforschung. In: Gruppenpsychotherapie und Gruppendynamik, 24, S. 184-195.
Schattenhofer, K. (1992). Selbstorganisation und Gruppe: Entwicklungs- und Steuerungsprozesse in Gruppen. Opladen: Westdeutscher Verlag.
Schattenhofer, K. (1995). Selbstorganisation und Gruppe: Untersuchungen zur Selbststeuerung von Gruppen. In: Langthaler, W., Schiepek, G. (Hrsg.) (1995). S. 163-172.
Schattenhofer, K. (1995). Was ist eine Gruppe? Gruppenmodelle aus konstruktivistischer Sicht. In: König, O. (Hrsg.) (1995). S. 117-142.
Schein, E. (1972). Wie vollziehen sich Veränderungen? In: W.G. Bennis, K.D. Benne & R. Chin (1975). S. 128-139.
Schiepeck, G. (1995). Ausbildungsziel: Systemkompetenz. In: Reiter, L., Brunner, E. & Reiter-Theil, S. (Hrsg.) (1995). Von der Familientherapie zur systemischen Perspektive. Berlin, Heidelberg: Springer.
Schiepeck, G., Manteufel, A., Strunk, G., & Reicherts, M. (1995). Kooperationsdynamik in Systemspielen. Ein empirischer Ansatz zur Analyse selbstorganisierter Ordnungsbildung in komplexen Sozialsystemen. In: Langthaler, W., Schiepeck, G. (Hrsg.) (1995).
Schimkus M. (1996). Zum Wandel der Trainerrolle. Unveröffentlichtes Manuskript eines Vortrages auf der Tagung der Sektion Gruppendynamik des DAGG, November 1996.
Schindler, R. (1971). Die Soziodynamik der therapeutischen Gruppe. In: Heigl-Evers, A. (Hrsg.) (1971). Psychoanalyse und Gruppe. Göttingen: Vandenhoeck & Ruprecht.
Schmid, B. (1993). Menschen, Rollen und Systeme - Professionsentwicklung aus systemischer Sicht. In: Organisationsentwicklung 4/93, S. 18-26.
Schmid, B. (1996). Soziale Netzwerkintervention und zirkuläres Fragen am Beispiel des gallischen Dorfes Klein-Bonum. In: Kersting, H. J., Neumann-Wirsig, H. (Hrsg.) (1996). Systemische Perspektiven in der Supervision und Organisationsentwicklung. Aachen. S. 181-190.
Schmidt, J. (1987). Von der Organisationsentwicklung zur Selbstorganisation: Prozeßbeschreibung und pragmatische Konsequenzen. In: Organisationsentwicklung 6/87, S. 43-61.
Schmidt, J. (1989a). Systemisch denken lernen. Oder: Lernprozesse rekonstruieren, Lernprozesse konstruieren. In: Organisationsentwicklung 8/4.
Schmidt, J. (1989b). Unspezifische Gruppendynamik. In: Gruppendynamik 20, S. 297-312.
Schmidt, J. (1990a). Mit einem Sprung in die 90er Jahre? Bemerkungen zu einer Fortbildung der 2. Generation. In: Organisationsentwicklung 9/1.

Schmidt, J. (1990b). Schwierigkeiten mit der Autorität. Zur kurzen Geschichte und zum aktuellen Potential eines bislang gruppendynamischen, tatsächlich aber existentiellen Problems. In: Gruppendynamik 21. S. 373-392.

Schmidt, J. (1993). Die sanfte Organisationsrevolution - Von der Hierarchie zu selbststeuernden Systemen. Frankfurt/New York: Campus.

Schmidt, S. J. (1987). Der radikale Konstruktivismus: Ein neues Paradigma im interdisziplinären Diskurs. In: Schmidt, J. S. (Hrsg.) (1987). Der Diskurs des radikalen Konstruktivismus. Frankfurt/Main: Suhrkamp. S. 11-89.

Schmitt, K. H. (1992). Vom Teilnehmer zum Subjekt. Katechetische Blätter 117, S. 4-13.

Schrapper, Ch. (1996). Zwischen Risikogesellschaft, Sozial-(Dienst-)Leistung und Verwaltungsmodernisierung. Jahrbuch der Sozialen Arbeit 1997, Münster: Votum.

Schulte, G. (1993). Der blinde Fleck in Luhmanns Systemtheorie. Frankfurt/Main: Campus.

Schumacher, B. (1995). Die Balance der Unterscheidung. Zur Form systemischer Beratung und Supervision. Heidelberg: Carl Auer.

Schütze, F. (1992). Sozialarbeit als „bescheidene" Profession. In: Dewe, B., Ferchhoff, W., Olaf-Radtke, F. (Hrsg.) (1992). Erziehen als Profession. Opladen: Leske & Budrich. S. 133-170.

Schwarz, G. (1987). Die heilige Ordnung der Männer - Patriarchalische Hierarchie und Gruppendynamik. Opladen: Westdeutscher Verlag.

Schwarz, G. et al. (Hrsg.) (1996). Gruppendynamik. 2. Auflage. Wien: WUV.

Senge, P. M. (1996). Die fünfte Disziplin - Kunst und Praxis der lernenden Organisation. Stuttgart: Klett-Cotta.

Sennet, R. (1985). Autorität. Frankfurt/Main: S. Fischer.

Serres, M. (1993). Die fünf Sinne. Frankfurt/Main.

Sievers, B., Weigand, W. (1985). Rolle und Beratung in Organisationen. In: Supervision 7/85.

Simon, F.B. (1993). Die Kunst nicht zu lernen. In: Systeme 1/93, S. 46-57.

Svensson, A. (1971). Bemerkungen zum Dependenz-Konzept und zu Interaktionsformen in Gruppen. In: Gruppenpsychotherapie und Gruppendynamik 4/3, S. 217 ff. (Abdruck in: Heigl-Evers, A. (1973). Gruppendynamik. Göttingen: Vandenhoeck & Ruprecht)

Tuckmann, B.W. (1965). Developmental Sequence in Small Groups. Psychological Bulletin 63/6, S. 384-399.

Tyrell, H. (1983 a). Zwischen Interaktion und Organisation. In: Gruppe als Systemtyp. In: Kölner Zeitschrift f. Soziologie und Sozialpsychologie 25, S. 75-87.

Ulich, D., Mayring, P. (1992). Psychologie der Emotionen. Stuttgart: Kohlhammer.

Ulrich, H. (1970). Die Unternehmung als produktives soziales System. Stuttgart/Bern: Huber/Klett-Cotta.

Watzlawik, P. (1977). Die Möglichkeit des Andersseins. Stuttgart: Huber.

Weber, M. (1972). Wirtschaft und Gesellschaft. Tübingen.

Weigand, W. (1994). Zur Organisationsdynamik einer Klinik für Suchttherapie aus der Sicht des Beraters. In: Maelicke, B. (Hrsg.) (1994). Beratung und Entwicklung sozialer Organisationen. Baden-Baden: Nomos. S. 157-169.

Weigand, W. (1995). Gruppendynamische Praxis im Dialog mit der Kleingruppenforschung. In: Langthaler, W., Schiepeck, G. (Hrsg.) (1995).

Weigand, W. (1996). Braucht die „Risikogesellschaft" noch Solidarität? In: Forum Supervision. Sonderheft 1, 8/1996, S. 63-79.

Willke, H. (1987). Strategien der Intervention in autonome Systeme. In: Baecker, D. et al. (Hrsg.) (1987). Theorie als Passion. Niklas Luhmann zum 60. Geburtstag. Frankfurt/Main: Suhrkamp. S. 333-361.

Willke, H. (1988 b). Therapeutisches Handeln - eine Risikoanalyse. In: Zeitschrift für systemische Therapie 6/2, S. 110-114.

Willke, H. (1992). Beobachtung, Beratung und Steuerung von Organisationen in systemtheoretischer Sicht. In: Wimmer, R. (Hrsg.) (1992). Organisationsberatung: Neue Wege und Konzepte. Wiesbaden. S. 17-42.

Willke, H. (1993). Systemtheorie. Stuttgart, Jena: Fischer.

Willke, H. (1994/1996). Systemtheorie I: Systemtheorie. Stuttgart, Jena: Gustav Fischer.

Willke, H. (1994). Systemtheorie II: Interventionstheorie. Stuttgart, Jena: Gustav Fischer.

Willke, H. (1994/95). Systemtheorie III: Steuerungstheorie. Stuttgart, Jena: Fischer.

Willke, H. (1997). Selbsteuerung - Zur Hochkonjunktur des Konzeptes und seiner systemtheoretischen Bedeutung. Vortrag auf der Fachtagung der Sektion Gruppendynamik: Selbsteuerung in Gruppen und Organisationen, 5.-7. Juni 1997 in Königswinter - unveröff. Manuskript.

Wimmer, R. (1996). Erlebt die Gruppendynamik eine Renaissance? - Eine systemtheoretische Reflexion gruppendynamischer Arbeit am Beispiel der Trainingsgruppe. In: Schwarz, G. (Hrsg.) (1996). Gruppendynamik - Geschichte und Zukunft. Wien: WUV. S. 113-143.

Witte, E. (1989). Sozialpsychologe. Ein Lehrbuch. München: Psychologie Verlagsunion.

Wittenberger, G. (1996). Über das Irrationale in Gruppen und die Schwierigkeit, als SupervisorIn eine Gruppenidentität zu entwickeln. In: FoRuM Supervision, Sonderdruck Nr. 1 8/96.

Zimmer, I. (1996). Abhängigkeit und Freiheit. Zum Umgang mit Autorität in der Supervision. In: FoRuM Supervision, Sonderdruck Nr. 1 8/96.

Autorenverzeichnis

Dr. phil. habil. Klaus Antons-Volmerg
Dipl. Psychologe. Seit 1982 selbständig tätig als Trainer, Supervisor und Organisationsberater. Trainer für Gruppendynamik (DAGG), Supervisor an der Akademie in Münster.

Angelika Behrenberg
Dipl. Psychologin und Dipl. Theologin. Tätigkeit in der Zentralen Studienberatung der Universität Münster. In freier Praxis als Psychotherapeutin und Supervisorin sowie in der Weiterbildung von MultiplikatorInnen im Feld der Erwachsenenbildung. Ausbildungskandidatin der Sektion Gruppendynamik im DAGG.

Michael Faßnacht
Dipl. Psychologe und Dipl. Theologe. Referent im Diözesanbildungswerk Münster. Arbeitsschwerpunkte: Psychologie und Gruppendynamik in der Erwachsenenbildung, Theologische Bildung, Ausbildung und Praxisberatung für HonorarmitarbeiterInnen. Ausbildungskandidat der Sektion Gruppendynamik im DAGG.

Prof. Dr. rer. pol. Karlheinz A. Geißler
Seit 1975 Universitäts-Professor für Wirtschafts- und Sozialpädagogik an der Universität der Bundeswehr in München. Beratungs-, Trainings- und Supervisionstätigkeiten in der beruflichen Erwachsenenbildung.

Prof. Dr. Marianne Hege
Dipl. Psychologin und Sozialpädagogin. Tätig als Trainerin (DAGG) und Supervisorin (DGSv).

Elisabeth Hürter
Gymnasiallehrerin, Supervisorin (DGSv) und Psychoanalytikerin (C. G. Jung). In freier Praxis tätig als Trainerin für Gruppendynamik (DAGG), Lehrsupervisorin und Ausbilderin für Psychodrama.

Gerhard Leuschner
Leiter des Fortbildungsinstitutes für Supervisoren (FIS) und Mitherausgeber der Zeitschrift Forum Supervision.

Prof. Dr. Lothar Nellessen
Professor für Gruppendynamik und soziale Therapie an der Universität Gesamthochschule Kassel, Gruppendynamiker, Organisationsberater und Lehrsupervisor.

Dr. phil. Frank-Michael Orthey
Wissenschaftlicher Mitarbeiter im Lehrgebiet Berufspädagogik an der Universität der Bundeswehr, München. Beratungs- und Trainingstätigkeiten in der beruflichen Erwachsenenbildung.

Christiane Pennecke
Dipl.-Psychologin, Klinische Psychologin/Psychotherapeutin (BDP), Ausbilderin, Supervisorin und Lehrtherapeutin beim Institut für Integrative Gestalttherapie, Würzburg, Dozentin beim Institut für Verhaltenstherapie, Berlin. Seit 1985 in freier Praxis tätig. Trainerin für Gruppendynamik (DAGG).

Dr. Karl Schattenhofer
Dipl. Psychologe, Trainer für Gruppendynamik (DAGG), Supervisor (DGSv), Psychodrama-Ausbildung. Nach dem Studium Bildungsreferent in der außerschulischen Jugendarbeit; seit 1986 als Supervisor und Personalentwickler für die Sozialverwaltung der Stadt München tätig. Freiberuflich als Trainer und Berater für Führungskräfte in Unternehmen und Institutionen; Lehraufträge an Hochschulen.

Rainer Schildmayer
Betriebswirt, nach der Ausbildung zum Rundfunk- und Fernsehtechniker. 10 Jahre Bundeswehr (incl. Studium der Betriebswirtschaft). Anschließend 2 Jahre Sozialforschung, 1974 bis 1992 industrielle Personalarbeit (Personalleitung, Management Development, Ausbildung in Organisationsentwicklung und Gruppendynamik). Seit 1993 freiberuflich tätig als Organisationsberater, Trainer und Supervisor.

Dr. phil. Christian Schrapper
Sozialarbeiter (grad.), Dipl. Päd., 1992 bis 1997 Geschäftsführer des Institutes für soziale Arbeit e.V. (ISA), Münster. In dieser Zeit Forschungs-, Beratungs- und Entwicklungsprojekte in der Jugend- und Sozialverwaltung mit den Schwerpunkten: Jugendhilfeplanung, Weiterentwicklung von Konzeptionen und Organisation sozialer Dienste, Begleitung von Projekten der Verwaltungsmodernisierung (Neue Steuerung). Seit dem 1.10.1997 Hochschullehrer an der Universität Koblenz-Landau.

Gerd Schüning
Dipl. Sozialarbeiter, Dipl. Supervisor. Trainer für Gruppendynamik (DAGG), Supervisor (DGSv). Nach Tätigkeit in Forschung, Lehre und Erwachsenenbildung heute selbständig tätig in den Bereichen Organisationsentwicklung, Supervision und Training, Lehrsupervisor an der GHK Kassel.

Carl Otto Velmerig
Dipl. Pädagoge, Trainer für Gruppendynamik (DAGG), Supervisor (DGSv). Gestaltet seit 18 Jahren Seminare, Trainings und Beratungsprozesse in verschiedenen Feldern und Organisationen. Seit 1989 selbständig als Trainer, Supervisor und Organisationsberater tätig.

Prof. Dr. Wolfgang Weigand
Professor für Erziehungswissenschaft an der Fachhochschule Bielefeld, Lehrgebiet: Berufliche und betriebliche Weiterbildung; Supervisor (DGSv), Gruppendynamischer Trainer (DAGG), Berater von Organisationen im Profit- und Non-profitbereich, Vorsitzender der Deutschen Gesellschaft für Supervision, Mitherausgeber der Zeitschrift Supervision, zahlreiche Veröffentlichungen zu Theorie und Praxis der Supervision.